LA PÉNICHE SAINT-NICOLAS

DU MÊME AUTEUR

Les Feuilles lorraines : 2 000 ans d'histoire, Presses Universitaires de Nancy-Serpenoise, 1983.
La Moselle, une rivière et des hommes, PUN Serpenoise, 1985.
L'Arbre aux pendus : vie et misères de Jacques Callot, PUN Serpenoise, 1985, Prix Erckmann-Chatrian, 1985; Bourse Goncourt du récit historique, 1986.
L'Univers de Jacques Callot, Henri Crespel, 1986.
Le Piéton de Nancy, PUN Serpenoise, 1987.
Les Feuilles lorraines de la Révolution, PUN Serpenoise, 1988.
La Légende du siècle : L'Est Républicain 1889-1983, PUN, 1989.
Les Coches bleues, roman, Grasset, 1991.
Les Grandes Heures de Lorraine, Perrin, 1993.
La Mémoire du perroquet, roman, Grasset, 1993.
Les Frères Goncourt : un déshabillé de l'âme, biographie, PUN, 1994.
L'Académie Goncourt, « Que sais-je ? » n° 2819, PUF, 1994.
Encyclopédie régionale : La Lorraine dans les textes, Serpenoise, 1996.
Encyclopédie régionale : Le Théâtre en Lorraine, Serpenoise, 1997.
Bonnes plumes au pays des Goncourt, Albin Michel, 1997.
Le Hameau des mirabelliers, roman, Presses de la Cité, 1998, Feuille d'or du Livre sur la place et Radio-France Nancy.
La Lorraine, en passant par Jean Morette, Serpenoise, 1998.

Théâtre

La Bataille de Nancy, monté par Anne Delbée au Centre national dramatique de Nancy en 1989 (édité par les Presses Universitaires de Nancy, 1990).

Michel Caffier

LA PÉNICHE SAINT-NICOLAS

Roman

Production Jeannine Balland
Roman Terres de France

PRESSES DE LA CITÉ

ISBN 2-258-04965-2

PREMIÈRE PARTIE

La Lorraine

1

LA GRANGE

Les Espagnols logeaient dans les combles de l'auberge. Quand ils quittaient leur résidence forcée, le matin vers huit heures, puis, à leur retour, vers seize heures, ils offraient au Village le spectacle de leur marche silencieuse. On les guettait derrière les fenêtres basses de la Rue ou, du coin de l'œil, sur le seuil des maisons, en balayant ou en relevant la paille des tas de fumier.

Le rite quotidien ne variait jamais. Le capitaine Manuelo Garcia Ibanez marchait en tête. Il précédait, toujours placés dans le même ordre, les sous-lieutenants Miguel de Montana et Felipe Navaro. Ils portaient chaque jour le même uniforme, noir avec la veste longue et l'étrange bonnet de police cabossé comme une barrette de curé. Dès que baissait la température dans la plaine des Vosges, ils endossaient leurs pèlerines sombres.

Ils avançaient, rigides et impassibles, à la façon d'un peloton qui monte relever un poste de garde. Ils contournaient la fontaine de la placette qui élargissait la chaussée en face de l'église. Ils marchaient d'un même pas jusqu'au portail du Domaine, en haut de la Rue, puis disparaissaient à la vue des regards curieux jusqu'à la fin de leur travail.

La Rue traversait le Village dans toute sa longueur. En bas, bien à l'écart de la route de Nancy à Epinal, elle commençait avec le pont du Ruisseau. A l'opposé, elle se perdait dans les prés vers la Moselle après les derniers arbres du Domaine.

La Rue n'avait pas de nom. On l'appelait ainsi parce qu'il n'en existait pas d'autres. Le reste n'était que ruelles, culs-de-sac, avancées prolongées de chemins de ferme. Des deux côtés de la percée, les maisons alignaient des façades basses, parfois chapeautées de la tabatière d'un grenier à foin. La porte de la grange prenait plus de place que l'entrée du logis familial et les deux fenêtres voisines. Jusqu'au sol caillouteux du chemin, l'usoir offrait sa large plate-bande aux tas de fumier, aux outils aratoires et aux tas de bois qui servaient de limite entre les domiciles.

Seuls dominaient au-dessus des autres toits le clocher de l'église et la carcasse de la résidence de la colonelle à l'entrée du Domaine. Cette demeure d'un officier en exil avec Napoléon à l'île d'Elbe ressemblait, avec son perron, ses colonnes et ses pilastres, à celles bâties par les militaires et les notables proches de l'Empereur dans leur fief ou dans les environs des villes de camp ou de séjour de la Grande Armée, à Boulogne, Compiègne, Fontainebleau. A l'intérieur, l'ameublement et la décoration rappelaient la Malmaison. Au Domaine, la vaisselle évoquait la simplicité paysanne par les paysages, la faune ou la flore, et, à travers des lieux typiques ou des symboles, les campagnes du maître de maison. Octavie Gervais sortait volontiers deux services de table consacrés à la Vénétie et à la Toscane, champs de bataille et de réussite de son mari, ses assiettes peintes de vues de Sienne où elle avait été la femme du gouverneur. Pour des hôtes plus rares, la série des Pyramides rappelait le commencement de l'ascension du colonel Maximilien Gervais.

D'une certaine façon, les officiers espagnols appartenaient à la même panoplie. Faits prisonniers dix-huit mois plus tôt à la bataille de Leipzig, ils restaient sur parole à la disposition d'Octavie Gervais. La colonelle les occupait dans une grange à des travaux de dentelle, comme d'autres captifs ibériques travaillaient en Lorraine dans des fonderies, sur des chantiers de terrassement, dans des fermes ou des brasseries. Convenablement traités par la colonelle, Manuelo Garcia Ibanez et ses deux amis subissaient chaque jour l'humeur, le caporalisme de Grognard, leur cerbère.

Avec le pilon de sa jambe perdue à Erfurt, Onésime Laffont traînait le surnom de Grognard, qu'il devait également à son humeur maussade. Le vieux soldat gardait de vingt années de campagne un sens étroit de la discipline, de la tenue et de la hiérarchie, acquis dans les veilles des bivouacs ou les tours de garde dans les résidences des états-majors. Invalide particulier du Domaine, il profitait abusivement de l'indulgence d'Octavie Gervais pour imposer sa présence dans les offices et les dépendances. Hiver comme été, sa journée commençait à six heures dans la cuisine, au rez-de-chaussée des appartements. Les bras croisés sur la table, son oignon posé devant lui, il attendait que Marie ou sa servante serve la soupe dans la timbale bosselée, astiquée jour après jour depuis la prise de l'uniforme. Le déjeuner fini, en passant sur la pierre à aiguiser la lame de son couteau, il commentait le menu du midi, écrit à la craie sur une ardoise près des fourneaux. Il repassait le soir glaner quelques restes, avec un intérêt prononcé pour les lentilles, sa gourmandise.

Grognard régnait sur la grange dans la cour de la Résidence. Un quart d'heure avant huit heures, quel que soit le temps, il attendait les Espagnols, adossé au chambranle de la porte grande ouverte. Dès qu'ils pénétraient dans la cour après le portail, il vérifiait l'heure sur la montre sortie de son gousset. Au terme de leur marche les hommes s'arrêtaient devant lui. L'un après l'autre, ils donnaient leur nom en accentuant la prononciation ibérique : Ibaniessz, de Montagna, Navarro. Dédaigneux, Grognard commandait sèchement : « Pressez-vous », « Allez vous asseoir ! », « Au travail ! », « Ne perdez pas de temps ! » Il prenait ensuite position au milieu de la grange, sur une botte de paille serrée dans les lanières de chanvre. Il surveillait à la fois les tables des brodeuses, qui travaillaient face à la porte, et celle des prisonniers tournée vers le mur des râteliers vides du fond, qui certains jours servaient de refuge à un chat fatigué de ses chasses.

Depuis des années, Octavie Gervais utilisait la grange désaffectée comme atelier de broderie. Elle employait là une dizaine de femmes de villageois entraînés dans l'armée par la persuasion de son mari. Elle vendait la production la plus raffinée à ses amies de la bourgeoisie environnante et les pièces ordinaires à un fournisseur de boutiques d'Epinal et de Nancy, de Paris également, prétendait-elle.

Arrivés en Lorraine avec une colonne de compatriotes éparpillés dans les campagnes, les trois officiers espagnols accomplissaient sans difficulté les travaux d'aiguille dans la lueur de la bougie reflétée par une boule de verre. Comme Grognard imposait la discipline, Berthe surveillait la qualité. La nièce de la bonne du curé attendait son heure pour remplacer sa tante au presbytère. A la grange, elle ne brodait pas elle-même. Le matin, elle distribuait les pièces en cours et le matériel conservés pendant la nuit dans l'armoire derrière son comptoir. Dans la journée, elle tournait lentement autour des brodeuses et des brodeurs. Mis à part les aboiements de Grognard, elle seule parlait aux Espagnols, avec un minimum de mots, sur le ton des ordres qu'on donne à un animal. Sa rigueur et les exigences de sa dévotion rassuraient les bonnes âmes du Village, préoccupées par le voisinage quotidien des jeunes femmes et des fringants prisonniers.

Octavie Gervais gardait pour elle les rares détails fournis par l'armée sur les trois militaires capturés sur les rives de l'Elster, à la fin de la bataille de Leipzig, avec d'autres

Espagnols engagés dans l'armée de Wellington après sa victoire dans les cordillères madrilènes et à Bayonne.

Miguel de Montana, le Basque, provenait curieusement de la marine. Naufragé en mer Egée dans un combat contre un vaisseau anglais, il avait rejoint l'armée autrichienne avec une unité turque. Madrilène, Felipe Navaro était fils d'un éleveur de chevaux de corrida. Il ne montait plus au Village de bête prêtée par le maréchal-ferrant depuis le simulacre de fuite au galop qui avait laissé toute la Rue dans la perplexité, un jour de marché.

L'aventure de Manuelo Garcia Ibanez valait aux trois hommes la sollicitude de la colonelle. Fils de l'alcade Ignacio Garcia Ibanez, président du tribunal de Grenade, le capitaine descendait, par son père et par sa mère, de familles andalouses qui, génération après génération, fournissaient à la province et à l'Espagne des juristes, des médecins ou des soldats, quelques prêtres ou religieuses. A une époque où s'imposait le besoin de voies de communication et de ponts dans les reliefs tourmentés de la péninsule, Manuelo Garcia Ibanez se destinait au génie civil. L'occupation française de son pays l'amena plus à détruire avec les guérilleros andalous qu'à construire. Après quelques années de résistance juridique, l'alcade Ignacio, au début de 1813, entra dans l'action armée, au cœur de l'Andalousie devenue terre de guérillas, de massacres et de représailles. Octavie Gervais tenait la tragique confidence du capitaine lui-même.

— Vingt-deux Garcia Ibanez, hommes, femmes, enfants, décimés, fusillés, empalés, brûlés, massacrés. D'une famille entière, moi seul survivant.

Consciente des exigences de Grognard et de Berthe, la colonelle passait à l'atelier chaque mardi. Pour intimider la revêche surveillante, elle vérifiait d'abord la réserve de bobines de fil sur ses étagères, le rangement des pièces brodées dans son armoire. Le vieux soldat patientait, debout, les mains posées avec gravité sur le paisseau de genévrier qui lui servait de canne. Puis Octavie allait d'une table à l'autre. La main sur l'épaule d'une femme, elle observait le mouvement de l'aiguille qui sautait dans la lumière filtrée. Elle prenait place en bout de banc à côté d'une brodeuse pour demander à voix basse des nouvelles d'un mari, ou d'un promis, gardé à l'armée malgré l'exil de Napoléon.

A la table des prisonniers qui poursuivaient leur travail, Octavie redisait son étonnement de voir ces hommes de guerre aussi habiles à la dentelle que les femmes de la plaine des Vosges. Manuelo Garcia Ibanez répondait longuement en parlant de l'âme espagnole, assez haut pour que la grange entière en profite :

— L'Espagne est un pays rude. Elle porte la marque des invasions et celle de l'Inquisition. Elle subit la sécheresse des étés, les excès des hivers. Elle oblige ses habitants à des règles de vie, sans faille ni lacune. Dans les rares espaces de la réconfortante liberté, chacun trouve son réconfort dans la foi, le chant, la poésie, la chasse, la corrida. Enfants, adolescents, étudiants, les jeunes bourgeois comme nous apprennent le français, le piano, le violoncelle, la nage et l'escrime. Avec une mère ou une sœur, le surjet et le feston.

La colonelle sortie de la grange, Grognard reprenait son poste sur son siège de paille. Tapant le sol de son bâton, il criait pour les femmes et pour les hommes « on ne se retourne pas ! », coupant court au silencieux partage d'émotion entre les villageoises et les Espagnols.

— Que vous parlez bien, et sans accent ! admirait Georgina Méline quand elle rencontrait Manuelo au lavoir que les Espagnols, peu fournis en linge, étaient les seuls hommes du Village à fréquenter.

Veuve d'un voltigeur, fille d'Augustin Méline, le maire, Georgina travaillait à l'atelier avec Eugénie, sa sœur cadette, mariée mais sans nouvelles de son cuirassier, enrôlé avec les conscrits de 1813. Elle partageait avec Octavie Gervais la confidence du drame familial du capitaine. Elle n'en parlait jamais avec lui dans leurs rares entretiens mais montrait sa compassion par des gestes amicaux, discrets et répétés. Elle mêlait une des chemises du capitaine à son linge pour la repasser. Elle apportait au lavoir des poignées de noisettes, une tarte aux mirabelles ou aux myrtilles, une tranche de pâté, quand son père tuait le cochon. Elle lui fournissait son savon. Elle lui tricotait des gants. Il parlait tandis qu'elle cognait les draps du plat de son battoir. Il racontait plutôt sa brève carrière militaire, en regrettant de n'avoir pas trouvé la mort dans les combats de Salamanque ou des Arapiles. Le plus beau cadeau de Georgina était de ranimer un peu de son courage.

Le regard de Georgina s'assombrissait quand le capitaine quittait l'atelier de broderie pour répondre à l'invitation d'un goûter chez la colonelle. Ce jour-là, Manuelo Garcia Ibanez, qui ne disposait que de son unique tenue, ajoutait sur sa veste noire le crachat d'une médaille aux couleurs jaune et rouge de l'Espagne, éclatante comme un hélianthe épanoui. Quelques minutes avant l'heure de la réception il soufflait la bougie de sa boule de verre, mouchait la mèche avec le plaisir de l'écolier rangeant son plumier à la fin de la classe. Il sortait de sa poche un mouchoir brodé à ses initiales, lourd du bronze de sa décoration. Il dégageait celle-ci de son enveloppe. Il la lustrait avec le coton festonné et enfonçait dans sa vareuse les deux épingles rigides. Il contournait les tables pour passer de face devant les femmes. Comme à l'entrée du matin il s'arrêtait devant Grognard : *« Manouelo Garssia Ibaniessz, prié à la réssepssione de madame la colonelle .»* Irrité de la narquoise prononciation, Grognard lâchait la bouffée de sa pipe, rageusement, d'un seul souffle.

Installée à l'écart de la ville, Octavie Gervais gardait son jour de visite comme au temps de ses séjours dans les garnisons de son mari. Deux fois par mois elle accueillait ses amies et relations, mères, épouses ou filles de militaires, cadres administratifs, propriétaires terriens ou chefs de fabrique. Elles arrivaient en coupé ou en cabriolet accompagnées d'un valet pour conduire la monture, ou groupées dans une berline. Des hommes passaient, sans s'attarder, venus à cheval, seuls ou avec un ami rattrapé en chemin. Ils apportaient aux conversations des salons la matière de la vie publique, des affaires et de la politique. Certains, sous le prétexte d'un hiver rigoureux et d'un début d'année pluvieux, s'abstenaient depuis le changement de régime qui plaçait le Domaine sous la discrète surveillance de la police royale.

Ce jour-là, le rez-de-chaussée de la Résidence appartenait aux visiteurs. Ils bavardaient dans les salons entre les collections de portraits prélevés par le colonel Maximilien Gervais dans les stocks des prises de guerre. Au fourre-tout des porcelaines ou de l'orfèvrerie, le mari d'Octavie préférait les tableaux de petits maîtres. Dans le vestibule, les couloirs, les boudoirs, les invités croisaient une Europe entière, poudrée, galonnée, perruquée. Pour son bureau plus secret, le colonel gardait l'exotisme des turbans d'aghas et de cadis, des voiles de fatmas et des chèches de fellahs, abondants dans les croquis et les sanguines achetés au retour d'Egypte à un dessinateur de l'expédition archéologique. Depuis le départ pour l'île d'Elbe, le portrait de Napoléon, à cheval sur un tertre d'Austerlitz, dormait au grenier, remplacé par celui de Maximilien Gervais lui-même, dans son uniforme d'aide de camp du général Drouot.

A la mi-mars revinrent, à la première réception du mois de la colonelle, un procureur, un maître verrier et un ancien médecin de l'armée d'Italie qui, depuis des mois, boudaient l'invitation. Le capitaine Garcia Ibanez entrait dans le salon principal à l'instant où le procureur Nourry priait ces dames de l'écouter.

— Chères amies, la nouvelle, que je connaissais depuis quarante-huit heures sous le boisseau des dépêches officielles, n'est plus un secret d'Etat : Napoléon est en France, débarqué par surprise à Toulon.

Par un blanc prolongé, le magistrat laissa l'information produire son effet. Habituées elles aussi, depuis six mois, à la prudence et à la réserve, les invitées ne manifestèrent leur étonnement que par quelques soupirs ainsi qu'il s'en produit dans l'attente d'une fin de propos. Surpris de ne pas obtenir plus d'effet, le procureur, d'un ton neutre, ajouta simplement une conclusion qu'en aucun cas on ne saurait lui reprocher :

— Cet homme nous surprendra donc toujours.

Manuelo Garcia Ibanez observait la scène avec curiosité. Elle lui rappelait avec tristesse le salon de sa mère quand l'alcade Ignacio interpellait les invités pour les engager à combattre l'occupation française qui imposait un roi à l'Espagne. Les femmes soupiraient ainsi derrière le voile de leur éventail. Les hommes accordaient soudain un intérêt particulier aux portraits des anciens Ibanez, mêlés à la reconquête d'Isabelle la Catholique ou aux découvertes de Christophe Colomb. De la même manière, derrière le procureur Nourry, le maître verrier regardait dans son cadre la sanguine d'un enfant autrichien, vieilli par une perruque trop apprêtée. Aussi décontenancées, des dames se passaient de main en main un sucrier ou une assiette de macarons.

Octavie Gervais connaissait de longue date ces instants d'embarras que provoquent dans une assemblée mondaine une remarque acide, une nouvelle inattendue ou quelque choquante incongruité. Soudain, coupant court aux murmures, elle montra au-dessus de son chignon enrubanné le réticule brodé de perles blanches qu'elle tenait jusque-là contre sa poitrine :

— Mes amis, je peux vous en dire un peu plus sur l'annonce qu'a faite le procureur Nourry. Par un envoi arrivé de Lyon, grâce à une discrète estafette, je tiens une lettre du colonel Gervais, lui aussi de retour de l'île d'Elbe.

Je vous épargnerai les paragraphes qui me rassurent sur l'état de sa santé, et sur celui de ses sentiments, pour vous livrer une confidence qui prend désormais l'allure d'une nouvelle.

Tandis qu'elle dépliait les feuillets sortis de son sac, les femmes déposaient les tasses et les soucoupes sur les tables basses et les étagères. Les hommes se regroupaient, un peu à l'écart, cachant leur curiosité dans la gravité du visage.

— « Je te rejoindrai bientôt », annonce mon cher époux. « Rien ne peut désormais arrêter notre marche. Hier sur le terre-plein du col de Laffrey, au-dessus d'un lac des Alpes grenobloises, l'Empereur a gagné la plus grande bataille de sa carrière. Sans fifres ni tambours notre troupe réduite serpentait dans la moyenne montagne, la berline précédée et suivie des cavaliers de notre garde restreinte. A chaque virage, nous devinions mieux les carrés de soldats qui, aux abords du village, guettaient notre lente montée... »

En tournant le feuillet, Octavie observa :

— Cette lettre est un témoignage historique.

Elle poursuivit sa lecture :

— « Au sortir de la dernière boucle, nous étions devant cette troupe étrange, faite de grenadiers, portant encore leur bonnet, et de jeunes royalistes arborant la cocarde blanche sur leur bicorne. L'escorte à peine arrêtée, l'Empereur jaillit de la voiture. Il marcha vers le drapeau et sa garde. Il souleva les plis, regarda un instant les lettres dorées. Il se retourna vers la troupe, les bras croisés sur sa redingote grise. Comme tant de fois, sa voix roulante, saccadée par l'accent, domina le brouhaha et le cliquetis des armes : “Soldats du 5e de ligne, je suis votre empereur. Reconnaissez-moi !” Il avança de quelques pas. Ouvrant les pans de son manteau il dit encore : “S'il est parmi vous un soldat qui veuille tuer son empereur, me voilà !” Ce ne fut qu'un cri : “Vive l'Empereur !”, accompagné du salut des coiffures, y compris des bicornes, plantées sur la pointe des baïonnettes. La route de Grenoble était ouverte et, au-delà, celle de Paris. »

Cette fois, au fond du salon, le maître verrier applaudit. Son adhésion entraîna celle de ses voisins puis des femmes assises sur les banquettes et les fauteuils. Avec son habituel souci de l'harmonie, Octavie Gervais, haussant le ton, apporta une conclusion qui invitait à la détente :

— Nos vaillants guerriers savent être bucoliques : « Dans quelques jours », me dit le colonel, « je t'apporterai le bouquet de lavande que j'ai cueilli pour toi sur les pentes de Laffrey. » Peut-être goûterons-nous, à notre prochain rendez-vous, quelques gouttes de chartreuse, également rapportée dans les bagages.

Contrairement à leurs habitudes les hommes prolongeaient leur présence, ravis d'analyser à chaud, pour les dames, la situation qui s'annonçait. Leurs interlocutrices craignaient de nouvelles levées de recrues et les désirs de revanche des uns et des autres. Marie la cuisinière et son aide, qui servaient et desservaient, traînaient entre les groupes pour recueillir, elles aussi, informations et commentaires. Debout devant une fenêtre, Octavie Gervais parlait avec le prisonnier espagnol, délaissé par les autres.

— Capitaine Garcia Ibanez, que pensez-vous de cela?

— D'une amertume à l'autre, dans les deux camps, je redoute une nouvelle confrontation. Le vaincu d'hier aura soif de revanche. L'Europe refera le gros dos. Combien de morts, où et quand? La solitude de la détention m'apprend, ici, la sagesse de la paix. Isolé de la meute décimée, le fougueux jeune loup devient un animal paisible.

— Une question me brûle les lèvres depuis longtemps : pourquoi ne fuyez-vous pas? La cage n'est guère gardée.

— Miguel de Cervantès dit qu'un homme déshonoré est pis qu'un homme mort. La parole donnée me préserve de la fuite. L'administration du roi revenu a gardé jusqu'à ce jour l'officier allié que j'étais. Je ne suis pas le prisonnier du tyran déchu mais celui de la nation française. Que puis-je espérer du retour de ceux qui me capturèrent comme ennemi ? Qu'importe ! Ma vie endeuillée, foudroyée, n'a plus de véritable sens.

— La vie ne nourrit pas la mort. Vous en retrouverez le goût dès que vous connaîtrez la liberté. Sans porter atteinte au respect de l'honneur que vous accordez à ceux qui massacrèrent votre famille, je vous aiderai à briser vos chaînes à l'occasion de l'interrègne qui s'annonce.

Le procureur Nourry approchait pour prendre congé. Octavie Gervais le retint en aparté. Attentif au propos que la maîtresse de maison lui tenait à voix basse, l'homme de loi pivotait sur lui-même pour cacher aux autres l'expression de son visage, l'agitation de ses mains. Enhardie par le courrier de son mari, la colonelle demandait au procureur d'officialiser, par sa signature, la mise en liberté du capitaine Garcia Ibanez et des deux sous-lieutenants.

— Cette affaire concerne l'armée. Je n'ai pas de compétence légale en la matière.

— Vous ne serez pas seul dans cette décision face à l'administration impériale, dont le retour est imminent. Augustin Méline, le maire de cette commune, apportera volontiers son paraphe. Comme maîtresse de la maison qui occupe les prisonniers, je me porterai garante. Quant au colonel Gervais, je le convaincrai sans difficulté de la nécessité humaine et morale de votre intervention.

La dernière allusion pesa beaucoup dans l'acquiescement du procureur : la confiance d'un officier proche de Napoléon à l'île d'Elbe apportait une garantie à une carrière perturbée par des changements de régime et leurs orientations contradictoires.

— Je vous donne mon accord, madame. Préparez tout. Je viendrai demain matin avec mon greffier.

Avant que ne tombe la nuit, Manuel, sous prétexte d'un rinçage, traversa la placette pour gagner le lavoir. Habituée au manège, Georgina arriva peu après.

— Grognard ne tient plus en place. Il paraît que Napoléon arrive à Paris. Que fera-t-il des prisonniers comme vous?

— Il est capable de nous enrôler de force dans son armée reconstituée.

— Accepteriez-vous?

— Georgina, j'ai donné tout à l'heure la réponse de Miguel de Cervantès à la colonelle.

— Si vous êtes libre, la regretterez-vous?

— Ma sympathie va davantage vers vous. Hélas, mon cœur brisé ne vibre plus comme je le souhaiterais.

Eugénie Méline arrivait à son tour au lavoir.

— On lave son petit linge en famille? Derrière les fenêtres, la Rue attend votre sortie avec impatience. Berthe aura de quoi raconter au curé ce soir.

— Ta langue de vipère vaut bien la sienne, dit Georgina à sa sœur.

Manuelo s'éloigna seul en riant.

Le lendemain matin, Grognard, fumant ou curant sa pipe, assis à sa place habituelle, manifesta plusieurs fois sa satisfaction. En de courtes tirades coupées de longs silences, il revenait sur ses campagnes et ses batailles. Curieusement, il s'appropriait les chefs qui le commandaient : à l'entendre, on l'aurait cru familier d'Oudinot et de Berthier, à la pointe du combat, à leur côté, à Bautzen et à Friedland, à Wagram et à Iéna. Peu avant midi, Marie, la cuisinière, qui ne traînait jamais du côté de la grange, vint chercher les prisonniers.

— Madame la colonelle prie ces messieurs de la rejoindre.

— Quels messieurs?

Marie haussa les épaules en montrant de la main la table du fond.

Assise entre le procureur Nourry et le maire, Octavie Gervais attendait les officiers espagnols dans le bureau de son mari, sous le tableau de l'Empereur à Austerlitz descendu de la réserve. Figé dans sa veste rigide, le registre des actes posé sur une étagère à côté d'un encrier de porcelaine, le greffier se préparait à écrire. Le magistrat se leva.

— Messieurs Garcia Ibanez, de Montana et Navaro, capturés par la France à Leipzig, confiés à la garde réciproque des propriétaires du Domaine, le colonel Maximilien Gervais et son épouse, et du maire de ce village, le citoyen Augustin Méline, les circonstances nous amènent à vous accorder la liberté. Après la signature de ces décharges je vous remettrai vos pièces militaires, un sauf-conduit pour gagner la frontière la plus proche et, grâce à la générosité conjointe des représentants de la nation et de la colonelle Gervais, un pécule qui vous servira de viatique.

Amusée de la surprise des deux sous-lieutenants, Octavie souriait à Manuelo impénétrable. Seul perçait le silence le crissement de la plume du greffier qui recopiait sur son registre le court texte préparé par le procureur. Après les signatures, Miguel de Montana demanda quand ses camarades et lui pourraient partir.

— Vous êtes libres ! répondit le magistrat. Prenez à votre guise le temps de préparer votre départ.

Manuelo Garcia Ibanez feuilletait les pages de son livret militaire. L'état civil, les dates, les lieux lui rappelaient les trois années de souffrances endurées. Le carnet gardait la couverture de papier huilé placée par sa mère à leur dernière rencontre. Il lui semblait y déceler encore les effluves de la violette qui dominait le parfum de doña Ibanez. En passant devant Octavie pour quitter le bureau, il dit presque pour lui-même, en réponse au procureur Nourry :

— Il s'agit moins de préparer le départ que le retour.

En marchant vers la grange, les trois hommes décidèrent de quitter le Domaine le lendemain matin. Pour la dernière soirée, le sous-lieutenant Navaro proposa de préparer un repas en commun, avec les dentellières qui le voudraient. Il offrit de s'en occuper aussitôt avec l'aubergiste Claudel.

Le capitaine et Miguel de Montana retournèrent seuls à l'atelier. Debout contre la porte, Grognard attendait, impatient. Se désintéressant de lui, les deux hommes avancèrent vers les tables des femmes :

— Ce soir, nous régalons nos compagnes de travail, dit Manuelo.

Déjà, Grognard s'interposait :

— Les femmes, silence ! Les prisonniers, au travail !

Le sous-lieutenant de Montana sortit de sa poche le permis de circulation remis par le procureur. Il le passait et repassait sous le nez du gardien.

— Voici la libertad, citoyen Grognon. Viva la libertad !

Grognard battit en retraite vers la cour, en espérant obtenir une explication. Dans la grange, l'ouvrage continua comme à l'ordinaire, sans plus de conversations ou d'allées et venues.

Avant la tombée de la nuit les femmes rejoignirent les officiers dans le hangar du cabaretier, sauf Berthe et deux ou trois mères de famille contraintes de rentrer chez elles. Quelques maris, récupérés en chemin, accompagnaient leur épouse. Alerté par Georgina, le maire sembla présider la réunion jusqu'à l'arrivée du curé.

Le sous-lieutenant Navaro guidait les invités vers les plateaux des cuves qui servaient de tablettes pour les tranches de pâté et les tartines, entre les pichets de vin gris et des carafes d'eau.

Cet adieu soudain créait une gêne chez les uns et les autres. Les femmes bavardaient entre elles par petits groupes. Augustin Méline s'accrochait au cabaretier pour ne pas rester seul. Le curé virevoltait, passant d'une de ses ouailles à l'un ou l'autre des deux sous-lieutenants, habitués de son office dominical. Assis sur un seau retourné, Manuelo Garcia Ibanez observait, le regard égaré.

— Avec vous, le curé ne perdra pas un bon paroissien, dit Georgina.

— Dieu a rappelé brutalement auprès de lui tous les Garcia Ibanez. Leurs prières suffiront à m'ouvrir les portes du paradis le jour venu.

— Quand partez-vous ?

— Demain matin. Nous marcherons vers l'est, puis nous aviserons en chemin.

— Pourquoi ne restez-vous pas ici pour entamer une autre vie ?

— Mon esprit abattu somnole dans l'engourdissement de cette hibernation. Je veux me ressaisir, réfléchir, me retrouver un jour moi-même, dans je ne sais quelle activité. Le passé trop sombre empêche de s'attarder. Libre, me voici contraint de fuir. Sans but. Sans attente. Ma survie m'accable de peine et de honte.

— Chacun d'entre nous porte son lot de souffrances, plus encore quand les guerres s'en mêlent. A vingt-trois ans, je suis veuve d'un mari, parti aux armées le lendemain matin de notre mariage. Vais-je passer ma vie sous le regard d'un Grognard, le nez plongé sur le jour minuscule que brode mon aiguille dans la lueur d'une flamme de bougie ? La grange sera bien triste, demain !

Manuelo se leva. Il regardait Georgina, presque aussi grande que lui, blonde autant qu'il était brun, les yeux clairs face à son regard sombre. La présence des invités et des autres dentellières l'empêchait de lui prendre la main en guise de gratitude pour les mots de solitude échangés et les rares complicités du lavoir. Par reconnaissance, il lui confia la lettre de remerciements destinée à Octavie Gervais.

Les invités quittaient le hangar. Triste, les yeux humides, Georgina, sans se retourner, suivit Eugénie et son père.

— Te voilà presque veuve une seconde fois, dit la cadette.

Dans l'aube naissante, le coq de l'aubergiste chantait, le lendemain matin, quand les trois hommes quittèrent le Village, en ligne comme des pèlerins, la besace au bout d'un bâton. En passant sur le pont du Ruisseau les deux sous-lieutenants s'étreignirent pour saluer leur liberté.

Regardant vers la lueur qui montait à l'est, Manuelo Garcia Ibanez pensa à un proverbe arabe, analysé dans une dissertation de classe : « Le soleil se lève pour le brin d'herbe comme pour le cèdre. » A l'époque du devoir il se croyait cèdre.

Il s'abstint de crier « Viva la libertad » avec les deux autres.

2

LA FLOTTE

A l'avant du train de bois, bloqué par le socle du haut-fond, le patron appela les deux flotteurs.

Manuelo et La Broque, l'autre manœuvre, remontèrent les accouplements de fûts de sapins qui émergeaient au ras de l'eau. Pieds nus, ils sautillaient sur l'écorce glissante. Ils tendaient souplement les bras pour conforter leur équilibre, facilité par l'arrondi que, dans le faible courant, la courbe de la rivière imposait à la flotte. Maître à bord, Monsieur Louis grognait en dirigeant ses hommes :

— C'est la bosse de Rethel. Une fois je la passe, une fois je la rate.

Sur la rive, des paysans, habitués à leur haut-fond, agitaient les mains pour montrer le meilleur passage, un peu plus à droite.

— Je voudrais les voir, avec cinquante mètres de sapins au cul, soupira le patron en bloquant sa perche pour éviter une dérive.

Sans attendre l'ordre, Manuelo et son compagnon sautèrent dans l'eau qui ne dépassa guère leur ceinture. Obéissant aux conseils criés par les riverains, ils s'arc-boutèrent côte à côte pour pousser la tête des premiers fûts hors du berceau sableux. Changeant de bord, Monsieur Louis enfonça sa gaffe qui trouva difficilement une assise. Malmenées, les harts tressées avec des branches de jeunes sapins crissaient comme de vrais cordages autour des pièces qu'elles réunissaient.

— La radure bouge, cria le patron.

En un instant le plat chargement ripa sur l'eau retrouvée. Sur un nouveau coup de perche, il flotta comme une planche sur un ruisseau. Les riverains applaudirent. La Broque et Manuelo, restés près du bas-fond, écartaient au passage les bordures des autres assemblages de bois. Les douze éléments du convoi reprenaient leur ligne normale. La fin oscillait librement dans le sillage de la partie de tête. Les deux hommes nagèrent quelques mètres, en raclant des genoux le fond de la Moselle, avant de se hisser à leur place habituelle.

La flotte de sapins vosgiens arrivait dans la contrée, qu'après trois autres voyages Manuelo Garcia Ibanez préférait. Le courant de la Meurthe, au début du parcours, des passages resserrés, ensuite, empêchaient de profiter du calme des vergers de mirabelliers. Après le confluent de la Gueule d'Enfer, dont les flotteurs détestaient les tourbillons, la largeur de la Moselle obligeait à de fréquentes manœuvres, avec la gaffe tendue comme un gouvernail. Là, à un peu plus d'une journée de navigation après Thionville, quand on laissait derrière soi les tours carrées du château de Manderen, fameux grâce à l'illustre Malbrough, le relief changeait. Les rives bosselées des villages prolongeaient vers les collines des arpents de vignes ou des bois, serrés alentour d'une ferme fortifiée ou d'une abbaye isolée.

Se reposant de l'incident du haut-fond de Rethel, Manuelo, allongé sur le bois, la tête soutenue par les coudes et les mains, détaillait les méandres étalés en larges boucles entre le Stromberg de Cons, à gauche, et la muraille allongée du château de Sierck, à droite, rigide au-dessus de la conque des façades du quai, arrondi comme un amphithéâtre. Déjà, le patron amorçait son approche de la rive, en haut de cette crique naturelle, près de l'étroite embouchure du ruisseau de Montenach.

L'ancien capitaine de la brigade espagnole de Wellington à la bataille de Leipzig trouvait, dans la descente du bois sur le cours de la Moselle, l'isolement qu'il cherchait pour reprendre pied et décider de son avenir. La Broque, baptisé du nom de son village, parlait peu, même quand les deux hommes s'endormaient le soir sous la vieille tente militaire dressée à proximité du chemin de halage.

Manuelo ne regrettait pas son choix.

A chaque étape, après le départ du Domaine, son impatience de quitter ses deux compagnons d'infortune grandissait. Avec excitation, les sous-lieutenants fêtaient leur liberté retrouvée. Ils se mêlaient aux bandes tapageuses des auberges de la halte pour abuser des médiocres vins du pays. Contrairement au capitaine, leur choix était fait de gagner Strasbourg, dans le but de descendre le Rhin pour embarquer à Anvers, ou à Amsterdam, sur un vaisseau en partance pour l'Espagne ou le Portugal. A Raon-l'Etape, la bien nommée, Manuelo, lassé de la route commune, prit comme un signe du destin l'offre faite à la cantonade par un client de l'auberge d'un emploi d'accompagnateur sur un train de bois. L'homme parlait indifféremment de flotteur ou de voileur. Le soir même, Manuelo dormait sous la tente en bordure de la Meurthe, satisfait de retrouver un exercice pratiqué à l'école du génie civil sur les torrents de la Sierra Nevada ou le cours plus paisible du Guadalquivir.

Près du goulet du ruisseau de Montenach, l'appontement de Sierck-les-Bains n'avait pas son calme habituel. Des cris venaient, derrière les premières maisons du vieux village, de la place du marché. Descendus des collines, de jeunes paysans passaient par petits groupes, les garçons coiffés de chapeaux enrubannés, les filles de couronnes de fleurs des champs.

— Bonne aubaine ! dit le patron, que La Broque appelait « Monsieur Louis » sans qu'on sache si c'était son prénom ou son nom. C'est la Saint-Jean, la fête du patron du pays. Je vous offre le casse-croûte.

Ordinairement, les deux flotteurs mangeaient sur place comme des vagabonds. Sur des braises, ils cuisaient des pommes de terre, parfois une saucisse, rarement un poisson assommé d'un coup de gaffe ou remonté par La Broque au bout de son fil de chanvre. Manuelo s'habituait à ce dénuement, plus spartiate que celui d'une escouade en retraite. Le train de bois n'offrait aucun abri ni de place de rangement. Pendant la navigation, chaque homme accrochait son sac ou sa besace au sommet d'un bâton planté entre les sapins, hors d'atteinte de l'eau; il le gardait près de lui pendant les haltes par crainte des rôdeurs qui ne manquaient pas. La batterie de cuisine se limitait à une poêle et une cruche. Des feuilles de marronnier ou des écorces servaient de gamelle, avec le couteau sorti du modeste bagage pour unique couvert. Le midi les hommes croquaient un ou deux fruits, le plus souvent chapardés, ou une boule de pain, achetée au passage par La Broque qui rattrapait rapidement l'équipage, sans avoir à se presser, sur le chemin de halage.

L'église de Sierck-les-Bains, dédiée à saint Jean-Baptiste, sonnait l'angélus. Le soleil descendant transformait en miroir, vers l'amont, la courbe large de la rivière. En aval, il colorait, avec des tons pastel, l'ocre du château et de sa muraille, les verts des arbres qui coiffaient les toits des maisons. Les trois hommes suivaient le quai, encore en cours d'aménagement devant des façades nouvellement percées vers la rivière. Des familles s'installaient sur le seuil, sur des bancs tournés vers Cons et la colline du Stromberg. Sur la haute butte arrondie, à l'herbe pelée par la sécheresse, s'accrochaient en grappes des groupes que, de loin, on devinait agités.

— Ils préparent la roue du solstice, dit Monsieur Louis. Dans trois heures elle illuminera le ciel.

Manuelo retrouvait ces rues étroites qu'on resserrait

chez lui pour garder la fraîcheur de l'ombre et qui, dans cette montée vers le château, protégeaient des courants d'air. En haut d'une venelle pentue, les trois hommes s'arrêtèrent sur le chemin de ronde, près d'une tour malmenée par le temps et quelques obus bien ajustés. Appuyés sur le muret vermoulu ils dominaient la ville basse et ses toits inclinés. Les rues du Moulin et des Tanneries longeaient le ruisseau de Montenach jusqu'au mouillage de la flotte, aplatie comme une grosse planche sur l'eau devenue sombre. Derrière eux, Manuelo reconnaissait, descendant de la chapelle d'un couvent de récollets, les hymnes des complies, si souvent chantés chez les frères de Grenade. Ni le rythme des répons ni les enflures de l'orgue ne l'émouvaient plus. Il comptait sa foi parmi les biens disparus. Sa révolte contre les crimes subis par sa famille avait, depuis longtemps, balayé l'idée de rejoindre le silence d'un monastère pour s'y préparer à la solitude d'un ermitage.

Ils s'attablèrent à la terrasse d'une auberge qui élargissait son espace avec des planches et des tréteaux dressés sur la chaussée. C'était le rendez-vous des étrangers venus, comme chaque année, assister au spectacle. Les familles mangeaient des pâtés froids, des tartelettes apportées dans un panier, que les hommes arrosaient de vin blanc de Cons, servi sans chauvinisme par l'aubergiste de la rive opposée. Vers Apach et Perl, les alignements de piquets de vignes, noircis par l'ombre du soir, striaient à perte de vue le fond clair du sol argileux.

— Les pères récollets du Kœnigsberg ne manqueront pas de vin de messe, dit Monsieur Louis en montrant les terrasses des vignobles.

Le tenancier, que troublait peu l'affluence, proposa aux trois arrivants un sandre qu'il présenta sur un plat d'étain. Un peu plus tard, une serveuse apporta le poisson, sur un lit de petits légumes coupés en dés et mêlés à des lardons. Un moine mendiant prit place à côté de La Broque. Il accepta volontiers l'assiette que lui tendait Monsieur

Louis. Sans attendre, il emplit son gobelet et coupa un filet du poisson :

— Vous êtes des déserteurs ?

Manuelo se demanda un instant si la robe de moine ne cachait pas un policier. La question insidieuse surprenait.

— Pourquoi des déserteurs ? dit-il.

— L'armée de Napoléon est en déroute. L'Europe entière poursuit la curée.

— Et moi, je poursuis ma route avec mes quarante mètres cubes de bois de construction. Depuis que je navigue, Trèves a changé de mains cinq ou six fois.

Le moine observait le patron de la flotte, en reprenant du sandre et des légumes. Manuelo l'interrogea à son tour :

— Que faites-vous sur ces routes ?

— Depuis que la Révolution m'a chassé de mon cloître, je chemine sur les rives de la Moselle, de Coblence à Thionville. Je suis comme un Templier : à chaque pas, je croise les ruines d'une abbaye ou celles d'un château. Ici alternent les traces de l'épée de l'homme et du glaive de Dieu. J'ose espérer que la piété domine. Nous avons, derrière nous, les restes du couvent chartreux de Marienfloss, parti en cendres avec les sans-culottes. Versez-moi un doigt de ce vin du Stromberg, que je vous dise la suite. Merci. La suite ou, plutôt, ce qui a précédé. Au quinzième siècle, Marguerite de Bavière, une princesse palatine, épouse du duc de Lorraine Charles II, se retira chez ces chartreux pour oublier les frasques sentimentales de son ardent mari. Pour apaiser son chagrin, et appeler la Vierge à son aide, elle prit l'habitude de réciter à la file des Je vous salue, Marie ! Elle avait inventé le rosaire. Bien des mains, depuis, ont lissé, comme elle, le buis des grains du chapelet.

Le moine ferma son couteau qu'il glissa dans sa soutane de bure.

— Je vous laisse aux distractions païennes. Je vais dormir

dans un creux des ruines du couvent de Marienfloss, en alignant moi aussi les Ave Maria.

Tandis qu'il s'éloignait en direction de la colline, Manuelo se demandait encore s'il s'agissait d'un moine mendiant ou d'un habile pique-assiette. Il retenait surtout de la rencontre que Napoléon perdait pied, une nouvelle fois, et que lui-même bénéficiait d'une seconde remise en liberté.

— J'espère que ce vieux moine m'a laissé un peu de piquette, grogna Monsieur Louis en revenant d'une autre table avec, en main, un morceau de gâteau.

Dans la nuit tombée, on apercevait, de l'autre côté de la rivière, deux torches allumées sur les flancs du Stromberg. On devinait des ombres, autour, dans un environnement de roulements de tambour et de jaillissements aigus de fifres et de pipeaux. Vers le sommet de la colline s'agitaient des lumières de flambeaux ou de chandelles. Du campanile des récollets tombèrent lourdement les coups de onze heures frappés sur la cloche de bronze. L'écho rebondit en fuyant sur l'onde endormie de la Moselle. Aussitôt, en face, le feu embrasa d'un coup la roue traditionnelle de la Saint-Jean.

Les consommateurs de l'auberge, La Broque et Monsieur Louis en tête, se précipitèrent sur le muret de la terrasse. Manuelo se percha sur le banc pour voir au-delà des têtes alignées.

La roue dévalait la pente en direction de la rivière, guidée par la perche que deux costauds dirigeaient, et freinaient, comme un moyeu. La boule incandescente, crachant ses flammèches et ses étincelles, éclairait au passage les deux rangées de spectateurs criant et applaudissant au rythme des tambours, frappés plus fort et plus vite. Parfois, la course du brûlot ralentissait pour retrouver la trajectoire rectiligne. Grimpée à côté de Manuelo, une femme expliqua :

— Si la roue atteint la Moselle, les gens de Cons offriront des tonneaux de vin à ceux de Sierck. Dans tous les cas nous leur enverrons des paniers de cerises, pour les remercier et les féliciter.

Les deux guides menaient bien leur affaire. Malgré la vitesse accrue ils gardaient la maîtrise de la roue qui perdait de l'ampleur en approchant de la rive. Les rayons embrasés brillaient, attisés par le mouvement et par le souffle d'air. A l'approche de la rive, le reflet de la pièce de feu surgit dans l'eau bleuâtre que caressait la clarté de la lune. L'image de la boule scintillante resta présente jusqu'à l'irréel. Abandonnée par ses accompagnateurs l'épave rougissante rebondit sur le tremplin dressé au-dessus de la rive. Elle plongea dans la Moselle, fusant, tel un fer plongé dans son bac par le forgeron. Un nuage de fumée enveloppa la berge. Un tonnerre d'applaudissements et de cris traversa la rivière dans les deux sens. Des feux secondaires s'allumèrent sur les collines. Çà et là des clochettes et des tambourins, quelques archets de violons remplaçaient les roulements abandonnés des tambours.

Les familles et les convives désertaient la terrasse de l'auberge. Manuelo resta seul avec celle qui avait parlé des tonneaux de Cons et des cerises de Sierck.

— C'est la course à l'encan, dit-elle. Ils descendent pour la suite du spectacle sur la place du marché : les habitants cherchent les baquets, les bancs, et même les volets, que les jeunes ont pris en passant dans les rues. Ils ne les récupéreront qu'en échange d'une pièce, ou de la promesse d'une bonne bouteille de leur cave.

La femme invita Manuelo à s'asseoir en face d'elle à une table qui dominait la ville et la vallée. Avec ses longs cheveux tenus en une chute souple par un bandeau de toile blanche, elle ne ressemblait pas aux paysannes. Sa robe tombait jusqu'au sol sur des sabots décorés, plus faits pour la promenade que pour le pâturage. Jeune encore, elle ne semblait pas dépasser la trentaine. Elle montra la colline du Stromberg, animée comme un champ de foire par la danse et les chants :

— Dans ta province aussi les hommes jouent avec le feu ?

— Ma province est plus éloignée que tu ne crois : je viens du sud de l'Espagne.

— Tu voyages pour ton plaisir ?

— Pour être bref, je te répondrai que je cherche ma voie. Le feu ne signifie pas la même chose, là où je vivais : on le craint plus qu'il n'amuse. Au moindre souffle de vent il embrase les plaines et les flancs des montagnes. Quand la nature ne s'en mêle pas, les hommes sortent les torches pour brûler la terre et ses occupants avec : les Wisigoths après les Romains, des Arabes, des Français, presque tout le temps, à leur compte ou pour des alliés de circonstance. Chez moi, le feu exprime la peur, à commencer par celle de Dieu : la flamme du repentir et la soumission guident les pénitents en procession.

— Ton langage ne ressemble guère à celui des nautoniers de passage. Tu es prêtre, ou en passe de l'être ? Avocat, professeur ?

— Mon patron m'emploie comme flotteur. J'aide un train de bois à prendre le courant. Je le guide. Le soir venu je l'approche de la berge. A Trèves, dans deux ou trois jours, je déciderai.

— Tu décideras quoi ?

— Si j'affronte la terre brûlée. Ou si je lui tourne le dos.

— Je n'en sais pas assez pour comprendre ton embarras. Si je cherchais un compagnon de route tu me conviendrais. Bel homme et beau causeur. Je vis en solitaire, pas seulement dans le souvenir de mon mari, emporté à trente ans par le choléra. Ses vignes me nourrissent et me permettent la vie douce. Je lis, je peins, je chante, parfois, le matin, en m'accompagnant au clavecin. Je cultive mon potager et mon jardin d'orchidées : elles se plaisent dans ma terre calcaire, sèchent dans la lumière qui cuit le pinot voisin. Dans cette vallée qu'ont dominée, sans plus de ménagements, le sabre et le goupillon, je mélange deux espèces des collines de Montenach, la *soldaten orchis*, l'orchidée militaire, qui cache ses pétales sous son casque, et l'orchidée pourpre, qui rappelle les évêques de Metz ou de Trèves, tachetée de traces violettes comme un mouchoir de dentelle.

Le charivari remuait la nuit. La liesse courait sans retenue des deux côtés de la Moselle. Les sons des instruments disparaissaient sous les applaudissements, les cris, les résonances des troncs de bois ou des culs de marmites tapés avec acharnement. La jeune femme commanda deux verres de marc à l'aubergiste.

— Je m'appelle Marguerite.

— Comme celle de Bavière qui débitait son rosaire?

— Tu as rencontré ce vieux moine mendiant qui se soucie plus de manger que de prier. Parfois, l'hiver, je l'héberge deux ou trois jours pour qu'il se réchauffe. C'est le seul homme que je tolère plus d'une nuit sous mon toit. Les autres, que je repère de ma fenêtre à l'arrivée de la diligence de Trèves ou de celle de Thionville, payent leur nuitée en nature, et avec la promesse de ne jamais revenir chez moi. Plutôt que les grains de rosaire, je grappille ces petits plaisirs, parfois grands, qui nourrissent mon épicurisme.

— Sans craindre le péché?

— Je ne crois plus à cela. Je remercie Dieu de m'avoir donné la vie, puis après la souffrance de mon deuil, la force de retrouver le charme de l'aube naissante sur la frise haute du Stromberg, le parfum de l'orchidée, fût-elle militaire, une escapade des sens ou le bouquet de cet alcool de poire. Tu ne me dis rien de toi.

Manuelo Garcia Ibanez cherchait trop, depuis des semaines, à tirer ses pensées et ses souvenirs pour livrer des confidences à l'attrayante Marguerite, si calme et sûre d'elle-même. Elle lui rappelait une gitane, et sa leçon d'amour, dans une auberge de la Sierra au temps de ses études. Avec la même impudique retenue, elle exprimait sinon le bonheur, le plaisir de vivre. Il s'en tint à Leipzig, sans autre détail, ramenant l'essentiel à ses rotations printanières sur les troncs de sapins au fil de la Moselle.

La belle Marguerite connaissait le cours de la rivière, les légendes et les anecdotes attachées aux romantiques escarpements qui dominaient le cours à partir de Sierck et jusqu'à Coblence, au-delà de Trèves. Elle racontait mieux que le moine mendiant. Dans la nuit enfin apaisée, au clair d'une lune pleine, il l'écoutait tandis que de la rivière montait la fraîcheur nocturne. La cloche de bronze des récollets scandait d'heure en heure le temps qui défilait comme passaient dans le récit les légendes riveraines en compagnie d'Adèle, la fille du roi Dagobert, installée dans un couvent de filles nobles, Laurette de Salm, dressée en amazone contre l'électeur de Trèves qui convoitait son château du Stardenbourg, la mystérieuse Réchenza, veuve du roi de Pologne Ladislas, qui prit le voile à Clotten à la mort de son frère.

— Ces vaillantes dames du temps jadis sont mes compagnes dans un cours mosellan dominé par les chevaliers et les croisés, les éminences et les moinillons, les envahisseurs parfois, dont certains, à la guerre de Trente Ans, étaient des Espagnols comme toi.

Il était cinq heures. Des chuintements de chouettes et des ululements de hiboux annonçaient la fin de la nuit, les premiers roucoulements de tourterelles l'approche de l'aube. Une odeur de pain cuit montait des venelles. Marguerite accompagna Manuelo jusqu'en bordure du ruisseau de Montenach.

— Si tu repasses, prends la poste. Mon balcon domine le relais. Je te reconnaîtrai.

Elle posa un baiser sur son front. Elle mouilla son doigt sur les feuilles d'un arbuste et le passa sur les lèvres du flotteur.

— Il paraît que la rosée de la Saint-Jean porte bonheur

La Broque roulait la toile de tente. Il regarda Manuelo qui arrivait, sa besace sur le dos.

Dans le jour naissant des volutes éparses flottaient au-dessus de la rivière. Des sauts de poisson claquaient autour des fûts de bois, laissant des bulles qui s'épanouissaient en rides circulaires. Monsieur Louis, qui avait dormi sur sa radure, à l'avant du train, partit régler le péage sur un ponton à la sortie du village. Les taxes, si souvent versées entre Metz et Trèves, constituaient l'essentiel de sa conversation quand il croisait d'autres voileurs, ou des mariniers, à une halte ou à une étape.

Pour se rafraîchir, Manuelo plongea dans la Moselle, sans s'éloigner de la rive à cause de l'élan donné au courant par la courbe harmonieuse et longue. Nageant sur le dos, il observait la colline de Sierck qui superposait le gris des toits, le vert des arbres et l'ocre des murailles. Le campanile des récollets dominait sagement les maisons assoupies.

La Moselle s'animait. A un rythme régulier deux bacs reliaient la rive de Cons, derrière la boucle, à celle de Sierck, passant des piétons et une ou deux charrettes. En lisière des berges glissaient des barques de pêcheurs solitaires qui traînaient des lignes. Au milieu du lit descendaient et montaient des bateaux de commerce, laborieusement entraînés par des voiles carrées qu'arrondissait mollement la brise matinale.

La Broque et Manuelo enfonçaient les gaffes dans le sable pour lancer les radeaux vers des fonds plus rapides. Monsieur Louis dirigeait la manœuvre pour placer la masse flottante vers l'aval sans désarticuler l'enchaînement des assemblages de troncs. Il arrivait qu'à la prise d'eau se rompent les trains mal maîtrisés. Les fûts de sapins ou de chênes libérés brisaient les harts qui les unissaient, ils filaient soudain dans le plus fort du courant ou flottaient doucement pour s'échouer dans un creux de souches ou sur une grève de graviers, pour le profit des riverains promptement venus sur les lieux.

La flotte contournait le Stromberg. Des paysans jetaient dans trois ou quatre chariots les détritus de la nuit de fête, pièces de bois calcinées, débris de toutes sortes. Certains recueillaient à la pelle la cendre des feux qu'ils versaient dans des tonneaux.

— Ils l'éparpilleront sur la terre de leurs vergers par superstition, dit La Broque.

Il engageait la conversation pour que Manuelo lui en dise davantage sur son absence nocturne. Entre deux manœuvres devant les premiers villages du Luxembourg, il revint sur la Saint-Jean et surtout sur le prénom :

— Ce jour-là, chez moi, à La Broque, les Jean du village allumaient la bûche du feu. Pendant les guerres, les pépères Jean ont tenu la torche à la place des jeunes enrôlés. Les vieux Jean fatigués ne sautaient plus au-dessus des flammes, ce qui donne une épouse dans l'année mais empêche aussi les lumbagos. Au lieu de chevaucher le feu les anciens jetaient dessus un bouquet d'armoise ; au petit matin, ils emplissaient de cendres un sachet qu'ils gardaient sur eux. Avec l'armoise, les vieux de La Broque combattaient le mal de dos, les vieilles soignaient leurs dents. Les filles et les jeunes femmes en prenaient pour activer leurs menstrues. Il y en avait pour tout le monde.

Rarement La Broque alignait autant de mots. Manuelo écoutait sans répondre. Autour d'eux il suivait attentivement le changement de décor. Sans perdre de sa largeur la rivière progressait entre des flancs resserrés et bosselés qui répétaient plusieurs fois, en aval, le dôme imposant du Stronberg. Les villages abondaient. Ils mêlaient sans frontières apparentes les limites de leurs vignes, les maisons basses aux toits relevés plaquées sur les rives, la crête coiffée d'un reste de château, d'une tour ou de la pointe d'une église. Parfois, dans un resserrement, au croisement d'un bateau, Manuelo apercevait sur les collines les bouquets dorés des mirabelliers chargés de fruits, les taches vert-jaune des pommiers aux branches lourdes.

A moins d'une heure de Sierck, la douane prussienne imposait une halte au long d'un ponton que surmontaient deux miradors. Des soldats renforçaient le contrôle. Sans prendre le risque de descendre sur les fûts glissants, ils vérifiaient les papiers de l'équipage. Un caporal, étonné, porta le livret militaire de Manuelo à un officier qui le remit lui-même à l'intéressé.

— J'ai combattu aussi à Leipzig. Maintenant, Napoléon est kaput.

Il passa la main devant sa gorge comme le fil d'un couperet. Monsieur Louis avant de relancer la manœuvre et le bateau dit à ses amis :

— Ils lui ont peut-être coupé la tête ! Il l'avait déjà un peu perdue !

Après la dernière halte, sous un vignoble à l'écart d'un bourg, la navigation, le lendemain, imposait la plus grande prudence. Les flotteurs craignaient ces jours de marché qui, au trafic des barges de calcaire et de gravier, ajoutaient celui des « markt-schiffe ». Ces barques et ces radeaux conduisaient à Trèves des paysans, des maraîchers et leurs produits, des passagers ordinaires. Les embarcations, où piaillaient des poules et des canards, frôlaient la longue suite de fûts. La Broque et Manuelo tendaient les cordages pour adoucir le choc des frottements. Au passage, des enfants ou des femmes leur tendaient une pomme, une poire, des prunes qui compensaient l'impossibilité de l'habituel ravitaillement.

La rivière animée annonçait la grande ville, que précédaient des faubourgs denses et, dans une vallée élargie, des fabriques et des entrepôts.

Monsieur Louis livrait son bois à une menuiserie en bordure de la rivière. Abritée par une digue, une ancienne gravière servait de bassin de réserve pour les bois arrivés de France ou, à la descente, de Coblence. Un manutentionnaire vérifiait longuement le chargement, comptant les fûts dont il mesurait la longueur et le diamètre. L'examen prenait le reste de la journée et se prolongeait dans la matinée du lendemain. Seulement alors, les hommes étaient libres pour le retour vers Raon, en plusieurs étapes, effectuées, selon les circonstances, à pied, en bateau, en voiture. Ils passaient la dernière nuit dans le cantonnement des ouvriers de la menuiserie, vignerons ou bûcherons des campagnes, hébergés sur place pendant la semaine. Ils profitaient de la cantine, pour une somme modique qu'alourdissait, à l'occasion, une cruche de vin d'Igel préférée à la bonne eau de la Fontaine d'Hélène, la sainte mère de l'empereur Constantin, le bienfaiteur de Trèves.

Les flotteurs vosgiens retrouvaient parfois des confrères de Saint-Dié ou de Blâmont, plus souvent des nautoniers, accostés à proximité, qui remontaient de Cologne de la terre de pipe, du cuivre, du plomb ou des eaux minérales. La rencontre permettait l'échange d'informations sur les conditions de navigation, les péages, les contrôles, les obstacles. Ceux qui descendaient apportaient aux autres les nouvelles de France. D'étape en étape, depuis leur départ sur le Rhin, les meneurs de barges, en route vers Thionville et Metz, apprenaient la déconfiture de Napoléon, écrasé, quelque part du côté de Bruxelles, poursuivi en France par les Autrichiens, les Prussiens, les Russes et les Anglais, contraint à l'abdication, rendue définitive par l'exil dans un îlot britannique de l'Atlantique Sud. La situation entraînait des discussions, observées ironiquement par les menuisiers allemands. Les mariniers français opposaient farouchement leurs regrets ou leur satisfaction. Dépassé par le flot des arguments, La Broque, un peu rond à cause du pétillant d'Igel, répétait avec résignation :

— Ça ne rendra pas les fûts de sapins moins glissants dans les tourbillons du courant.

Manuelo en savait assez sur la situation nouvelle.

Il préféra la solitude d'une marche. Il se rafraîchit au passage à la Fontaine d'Hélène et poursuivit son chemin, en bordure de la rivière, jusqu'au pont romain qui marquait l'entrée de Trèves. A son premier voyage, à la suite d'un différend entre Monsieur Louis et la menuiserie, il avait profité de trois jours d'attente pour visiter la ville qui rappelait la civilisation latine dans chacun des édifices. Les blocs de basalte des piles du pont, mêlés au calcaire plus récent des restaurations d'après-guerre, exprimaient la continuité du temps, au-delà des générations d'hommes et de leurs disparitions. Dans la pierre millénaire des arches du viaduc, il puisait une leçon de vie.

Assis sur le parapet, il lançait des graviers dans l'eau, suivait ses pensées en observant le flux des ronds provoqués par leur chute. La disparition de l'Empereur levait toute inquiétude sur son séjour en France. Elle confortait son désir de ne pas retourner en Espagne, où la vie quotidienne lui rappellerait tellement, visage après visage, un souvenir avant l'autre, sa famille anéantie. Pour recommencer une existence, aucun lieu ne lui semblait plus propice que le village vosgien de sa captivité avec le calme et la discrétion de sa vallée. Manuelo caressa les blocs romains du pont serrés dans des bandes de fer. Il y renforçait la solidité de sa décision, mûrie au gré des flots des quatre voyages, prise au terme du dernier.

Avant midi, le lendemain, le compte de la flotte était réglé. Les manutentionnaires de la menuiserie qui le connaissaient ne chicanaient pas Monsieur Louis sur le nombre de kilomètres à payer. La recette ne pesait pas lourd. Manuelo, ses quelques pièces en poche, quitta définitivement le patron et son aide, sans un mot de plus, avec banalité. Il arriva à temps sur la Konstantin-platz de Trèves pour prendre place dans la malle-poste de Sierck.

La route suivait le cours de la Moselle, à quelques mètres de la rive. Des arrêts dans des villages perchés imposaient un détour par des chemins sinueux tracés dans le vignoble. Manuelo savourait le tracé de la rivière dominée du haut des coteaux, frétillante sous le soleil, piquetée de voiles ouvertes comme des ailes de papillon. Vu de ces belvédères le cours sinueux se rétrécissait, rapprochant avec exagération les points de repère habituels des navigateurs. Son voisin, aimable, détaillait pour lui les collines escaladées ou contournées, le Palmberg, le Koepchen, le Scheuberg. Manuelo, de loin, reconnut le Stromberg qui dressait un butoir au-dessus du relief vallonné.

La berline terminait son étape à la poste de Sierck-les-Bains. Une voiture partait à l'aube, le jour suivant, pour Thionville. Manuelo retint sa place au maître de poste. En quatre ou cinq relais, il atteignit Charmes, trois jours plus tard. Il acheva son périple à pied.

Il connaissait mal les alentours du Village. Pendant leurs mois de détention, les sous-lieutenants et lui sortaient peu dans la campagne, elle aussi prisonnière de l'hiver.

En s'éloignant de la route d'Epinal, où l'avait déposé le charroi d'un porteur de tuiles, il découvrait la plaine étalée vers la Moselle, que rien ne signalait. Il se réjouissait de retrouver bientôt la rivière, dolente, freinée par les bancs de graviers, si différente de son allure conquérante quand elle serpente entre les rives abruptes et indociles. Une rangée d'arbres informes, que rehaussait la présence de quelques saules, indiquait le cours du Ruisseau qui contournait une ferme et, à l'entrée de la commune, piquait droit vers l'arrière du Domaine.

La moisson finie, les champs étalaient le tapis ras des épis coupés, ou le voile noir, bosselé, de la terre brûlée pour le chaumage. Des vergers servaient de limites entre les carrés de culture. Les branches courtes et tourmentées des mirabelliers croulaient sous les fruits qui étincelaient en grappes éclatées. Des pommiers, surchargés, étalaient sur l'herbe des feuillages alourdis, pantelants comme des membres blessés.

Manuelo approcha du Ruisseau pour profiter de la fraîcheur de l'eau et de l'ombre des arbres. Dans le courant fort lent, sur le fond sableux qu'assombrissaient des galets plats, il apercevait le ballet hésitant et incohérent des vairons et des gardons. Des libellules filaient au ras de l'onde, repérables dans le soleil par l'éclat diaphane de leurs ailes. Manuelo s'arrêta : à l'ombre d'un saule, au sortir d'un léger coude, Grognard pêchait, assis, comme à son habitude, sur une borne de chemin. Il avança sans bruit puis, arrivé à la hauteur de son ancien garde, lança comme autrefois à l'entrée de la grange des dentellières :

— Manuelo Garciiia Ibaniessz !

Grognard releva sa canne avec la rapidité de celui qui ferre une bonne prise. L'hameçon fiché dans une feuille, le fil resta tendu et courba le scion :

— Tel est pris qui croyait prendre, dit Manuelo.

Grognard s'inquiétait plus de sa ligne que de l'arrivant :

— Si je casse, je rentre.

Manuelo tira à lui la branche harponnée, en recommandant au pêcheur de ne pas bouger sa canne pour éviter d'emmêler le fil et les ramures. Pour se donner une contenance, le vieux soldat répétait, abasourdi :

— Ibaniessz ! Ibaniessz ! Ça alors ! Ibaniessz !

L'hameçon aplati entre le pouce et l'index serrés avec force, Manuelo souriait.

— Si le poisson ne mord pas, il paraît que la saison est bonne pour le gros gibier.

— Que veux-tu dire ?

— L'Aigle a perdu ses plumes. De Thionville à ici, la Lorraine ne parle que de cela.

Grognard accrocha un ver à son hameçon. Il gardait contenance en poursuivant sa pêche.

— Est-ce qu'on raconte aussi que l'Etat ne nous donnera plus qu'une demi-solde ? Une jambe sur deux, une demi-solde.

Il tapait son moignon de sa main libre.

— Que viens-tu faire ici ? D'où sors-tu ?

Manuelo résuma son travail de flotteur. Le sort du Village l'intéressait davantage.

— Que devient la colonelle ?

— Elle n'est plus colonelle. Elle a d'abord monté en grade, avec les étoiles de général de son mari, justement récompensé. La voici maintenant baronne, par la grâce de l'Empire qui a profité de ses Cent-Jours pour distribuer sa réserve de hochets.

— Elle doit être heureuse.

— Hélas, madame la baronne est veuve. Le général Gervais est mort à Waterloo : ça lui évitera la demi-solde.

A l'approche de midi les vairons frétillaient autour de l'amorce; sans changer celle-ci, Grognard sortait à la file les frêles poissons de sa friture du soir. Décrochant ses prises et replongeant son fil, il raconta les péripéties des mois écoulés.

Promue générale, Octavie Gervais avait suivi son mari nommé à la citadelle de Lille. Un personnel réduit, dirigé par la cuisinière Marie, entretenait la maison. La grange n'abritait plus d'atelier de dentelle. Berthe remplaçait sa tante, décédée, comme bonne du curé. Georgina, la fille du maire, travaillait à l'auberge, à la fois aux cuisines et dans la salle. Sa sœur Eugénie pleurait son cuirassier, emporté par un boulet pendant la campagne de France :

— Pas un demi-boulet, Ibaniessz! Un boulet entier!

— Et maintenant?

— Madame la baronne, de retour avant Waterloo, porte son deuil en silence. La solitude n'est pas nouvelle pour elle, ni la charge de l'intendance. Elle respecte le délai de son récent veuvage en attendant la fin de l'été. Elle noie son ennui, ou sa tristesse, dans la cuisson des confitures. Elle passe ses matinées dans les fourrés à cueillir des myrtilles et ses après-midi à les mettre en pots. Peut-être rêve-t-elle de transformer la grange en confiserie. Désœuvré je pêche, un peu déchu, moi aussi, comme le petit tondu. Dans ma cagna, l'après-midi ou le soir, je sculpte des soldats dans la terre glaise : si je refais Waterloo avec eux peut-être que Blücher arrivera à l'heure.

Manuelo reprit son sac, laissant Grognard à son tourniquet de fil lancé et de vairon remonté. Eloigné de quelques mètres, il cria : « On ne se retourne pas ! », l'ordre entendu, si souvent, devant sa table du travail obligatoire.

En ce tout début d'après-midi la Rue somnolait derrière ses volets clos. Aucun cheval n'attendait au seuil des granges. Même les poules négligeaient le perchoir des tas de fumier des usoirs. Manuelo entra à l'auberge, fraîche et sombre. Claudel, le cabaretier, le reconnut aussitôt :

— Georgina, viens voir qui nous arrive là !

La jeune femme sortit de la cuisine en essuyant une soupière :

— Manuelo Garcia Ibanez ! Avec rien d'autre que sa besace.

Le voyageur marqua un temps d'arrêt : il pensa soudain à ce qu'aurait produit un tel retour dans la maison de Grenade avec Colomba, la gouvernante de doña Ibanez, étonnée, dans le patio, devant le jet d'eau. Après celui de l'enfant prodigue, ce retour du soldat inspirait beaucoup les peintres espagnols. Claudel mit fin à l'embarras :

— Une petite croûte, capitaine ?

— Appelle-moi Manuelo. Peux-tu me loger quelque temps ?

— La police te cherche-t-elle ?

— Je n'existe plus pour personne, ne crains rien. Donne-moi un toit pour un prix d'ami.

— La soupente est libre, telle que les lieutenants et toi l'avez laissée. Je t'offre le gîte si tu ramasses mes pommes et mes mirabelles et, après, mon raisin.

Georgina apporta une assiette de cochonnailles froides et une miche de pain. Pendant que Manuelo mangeait attablé en face du cabaretier, elle continua d'essuyer la vaisselle devant la porte de la cuisine pour ne rien perdre de la conversation qui portait davantage sur la vie du Village que sur les rotations du flottage.

— Un homme comme toi trouvera bien un emploi au Domaine de la baronne.

Claudel mit la main devant les lèvres :

— Il manque même un maître de maison.

En conduisant Manuelo vers le salon, Marie ajusta son tablier blanc sur son corsage noir. A l'entrée de la pièce, elle annonça avec timidité :

— Madame la baronne, voici un visiteur que nous n'attendions pas !

Octavie Gervais guettait debout entre deux fauteuils. Sa robe de deuil la grandissait, donnait de la gravité à son visage. Elle tendit les mains, par habitude des condoléances. Manuelo les réunit pour les effleurer des lèvres.

— Je connais votre sort, madame. Vous imaginez combien je comprends votre peine. C'est la même qui me conduit ici pour reconstruire ma vie, loin des cendres et du néant.

Le portrait du général Maximilien Gervais dominait la pièce, encadré au-dessus de la cheminée, veillé par la flamme d'une bougie et trois fleurs dans un vase à long col. Sur les murs des lettres du défunt, des décorations, un pistolet, une poudrière, placés sous verre ou sur des tablettes, remplaçaient les aquarelles ou les fusains de paysans du Danube ou de cousins des Hohenzollern.

— Ces guerres bouleversent bien des destins, dit Octavie. La générale rentre dans le rang mais la veuve profite du sacrifice du mari : on lui épargne les brimades et on éloigne les policiers de son village. Une autre société se constitue, qui s'efforce d'oublier, sous le nouveau régime, l'adulation portée au précédent. Les nominations et les mises à l'écart bouleversent l'administration, le clergé, les municipalités. Même ici notre modeste maire, Augustin Méline, redevient simple citoyen. Le procureur Nourry, qui contribua si bien à votre soudaine libération, paye le zèle manifesté pendant les cent jours de sursis de l'Empereur : il fustige les voleurs de poules dans un tribunal crotté du Cantal.

Marie apporta des verres et une carafe de liqueur d'estragon.

— Votre retour ne me surprend pas vraiment, dit la baronne.

— Comme un naufragé, je m'attache à l'îlot où j'ai échoué. Combien d'entre nous, arrachés à leur terre par les armes, recommencent ainsi une existence en Autriche, en Russie, en Egypte ou en Turquie et, bien au-delà, dans les Amériques ou en Asie?

— Ici, nous avons besoin de bras. Ne pouvez-vous espérer mieux? Offrir vos capacités d'ingénieur à une entreprise ou une administration, tenir votre vraie place dans la société?

— De ma souche Ibanez il ne reste que moi. Le nom m'intéresse moins que la lignée. Je suis l'ultime trace des Ibanez de la conquête arabe, de l'Inquisition et de l'occupation française. Je veux qu'une famille renaisse avec moi.

— Je m'appuierai sur vous quand le courage me reviendra. Le Domaine doit vivre, rapporter, offrir de l'emploi aux soldats revenus estropiés, ou meurtris à l'âme, et aux veuves des disparus qui pleurent misère. Vous ne serez pas de trop.

Ces premières semaines de vie nouvelle convenaient à Manuelo. Comme il le souhaitait, l'activité chassait les amères pensées. Tôt le matin, il partait dans les vergers de Claudel, les paniers et les cuves serrés sur le plateau de sa carriole à bras. Affairé à la cueillette des fruits, il retrouvait la solitude de l'arrière des radeaux quand La Broque godillait à l'avant avec Monsieur Louis. Avec un crochet fiché dans un bâton, il secouait les branches des arbres, sans forcer trop pour ne pas briser le bois fragile. Les mirabelles tombaient et rebondissaient sur la toile jetée au sol, autour de Grenade les paysannes recueillaient ainsi les olives et les noix. Il découvrait la mirabelle, qui ne pousse vraiment bien qu'en Lorraine, la robe tachetée d'une ombre rouge, qui nuance une gamme de jaunes, du plus pâle au plus doré et presque brun. Sa fragilité l'inquiétait, aggravée quand, du fruit trop mûr, suintait le suc à l'âpre parfum sucré.

Jusqu'en début d'après-midi, il emplissait ses récipients, mis à l'ombre d'un cerisier depuis longtemps récuré par les étourneaux. Des villageois s'écartaient du chemin pour échanger quelques mots avec lui. La plupart le connaissaient, tous savaient l'appui que lui accordait la baronne. Ils parlaient du temps, qu'ils associaient souvent à un saint du calendrier dans des dictons qui mêlaient Maurice à la pluie et Materne à l'annonce d'un hiver froid. Les anciens des armées de la Révolution ou de l'Empire préféraient les récits de leurs campagnes. Comme Grognard, ils associaient leur aventure à celle d'un chef prestigieux ou vénéré : ils avaient fait le camp de Boulogne avec Oudinot, l'Autriche avec Mouton, l'Irlande avec Humbert, la Berezina avec Eblé. Petit à petit, Manuelo apprit que ceux-ci étaient tous lorrains.

Dans les journées trop chaudes, vers dix heures, Georgina apportait une cruche d'eau fraîche. Elle venait seule, ou accompagnée de sa sœur Eugénie. Assis sous un mirabellier, ils bavardaient un quart d'heure, ou à peine plus, s'amusant des incidents quotidiens de la vie communale. Ragaillardi dans sa foi royaliste, le curé harcelait chaque jour le nouveau maire, Leborgne, pointilleux descendant d'un sans-culotte activiste. Sa gouvernante, Berthe, régentait la vie de l'église paroissiale. Elle terrorisait le bedeau en comptant l'argent de la quête, les enfants de chœur en les fouillant, comme des voleurs, à la sortie de la sacristie. Confinée dans ses confitures, la baronne préoccupait également les deux sœurs Méline.

— Pourquoi ne tentes-tu pas ta chance? Elle n'a pas dix ans de plus que toi. Grognard répète partout que tu es revenu à cause d'elle.

Manuelo ne garda pas longtemps la réponse pour lui. Chaque jour il se sentait plus proche de Georgina, la confidente des semaines d'atelier de dentelle. Il appréciait son équilibre et sa discrétion. Femme de décision, elle ne craignait aucune difficulté, imposait le respect, assumait son rôle. L'agilité de son corps la rendait vivace. Son visage rond cerné de cheveux courts lui gardait un air de jeune fille au terme de son adolescence. Avec son esprit vif et curieux, elle était une des rares du Village à savoir lire et écrire. L'attention qu'elle portait à le servir et à l'aider à l'auberge montrait son intérêt pour lui qui n'était plus, comme au printemps, un étranger de passage.

Au soir tombant, sans se soucier de celles qui bavardaient sur le seuil des maisons, ni des autres, épiant entre les volets un rien entrouverts, Manuelo, le cabaret fermé, emmenait Georgina vers un verger qui n'était plus celui des mirabelliers mais des pommiers. Dans la pénombre ils écrasaient des fruits trop blets et trop lourds, tombés en compote sous les branches. Ils avançaient, main dans la main, à la façon des villageois, sans parler, complices, déjà, par leur sortie vespérale. Un soir, ils s'arrêtèrent sous un arbre parfumé d'acide et de sucre mêlés. Manuelo tenait Georgina appuyée contre le tronc, la protégeant de l'écorce par son bras gauche. Il leva son menton de la main droite pour que leurs regards se croisent mieux.

— Georgina, il faut que je te pose une question qui m'obsède un peu plus chaque jour : veux-tu te marier avec moi ?

— Moi, une paysanne de la plaine vosgienne et toi, le fils de l'alcade ? Et puis, comme ça, sans nous connaître mieux ?

— Nous en savons assez. Grognard se trompe : je suis revenu pour le calme, pour le lieu et pour toi. Quand je suis parti, libre ou comme tel, tu m'as demandé pourquoi je ne restais pas. Me voici.

Elle posa ses lèvres sur les siennes. Il l'emporta, en courant d'un pommier à un autre, comme dans une ronde. Ils s'embrassèrent longuement plusieurs fois.

— Rentrons maintenant, dit Manuelo. Que Berthe soit rassurée par tes voisines dès la première messe.

L'idée vint d'Octavie Gervais de célébrer le mariage dans la grange des dentellières qui, avec la cour devant, offrait de la place pour le Village tout entier.

Septembre s'achevait à la façon d'un mois d'août, avec le ciel bleu, la température douce. Sous un portique de barres de fer cuisait un bœuf entier, tourné sur sa longue tige par le maréchal-ferrant et son aide, dans l'odeur envahissante de la graisse, parfumée d'herbes et d'épices. Le plateau d'un char à banc supportait, dans un coin d'ombre, deux tonneaux de vin.

Venant de l'église après la messe, les mariés arrivaient à pied, dans l'allégresse des trois cloches secouées avec ardeur par le bedeau et les enfants de chœur. Augustin Méline précédait le couple, sa fille Eugénie au bras. Des voisins et des amis prolongeaient le bref cortège qui entra dans la grange sous un nuage de grains de riz. La table où travaillaient les officiers espagnols servait de pupitre au maire et au clerc de notaire, invités par la baronne pour enregistrer les actes. Elle servait elle-même de témoin avec Claudel, l'aubergiste, qui en rougissait de confusion.

Célébrant pour la première fois un mariage, le citoyen Leborgne laissa officier le clerc de notaire qui compliqua tout. Le livret militaire de Manuelo à la main, et après de minutieux examens des papiers de sa libération, le tabellion estimait qu'on ne pouvait accepter une identité aussi longue.

— Vais-je inscrire sur mes registres madame Georgina, Pauline, Elisabeth Méline épouse de Manuelo Garcia Ibanez? Il faut choisir.

— J'ai marié des Ibanez, risqua le curé. Je baptiserai des enfants Ibanez.

— Quant à vous, monsieur, poursuivit le clerc de notaire, vous êtes inscrit sur vos papiers comme capitaine Manuelo, Isidoro, Federico, Garcia, Ibanez. Ce n'est pas un nom, c'est une litanie.

La baronne s'impatientait :

— Il ne s'agit pas d'une question dynastique. Grognard ne s'appelle pas Grognard mais Laffont et nous graverons Grognard sur sa tombe comme sur le registre paroissial, pour son dernier voyage. Je trouve l'alignement des noms plutôt poétique. Ce qui sera écrit ici persistera. C'est au marié de décider de sa nouvelle identité.

— Je comprends que l'élaboration des textes de traité de paix soit si lente et leur abrogation si rapide. Ce mariage est aussi mon baptême français, mon passeport pour une seconde vie. J'étais Ibanez et, ici, on m'appelait capitaine. Inscrivez donc Manuelo Capitaine Garcia Ibanez. La trace d'hier subsistera, le nom de Capitaine s'imposera.

La baronne applaudit. Le maire Leborgne aidé par le clerc posa la question :

— Georgina, Pauline, Elisabeth Méline, acceptez-vous pour époux Manuelo Capitaine Garcia Ibanez?

Elle pouffa dans son bouquet de roses rouges.

Quand, la cérémonie finie, son mari lui présenta sur un pic de bois un morceau de bœuf sous un doigt de graisse caramélisée, Georgina dit :

— Je t'aime, Manuelo Garcia Ibanez, mon beau Capitaine.

3

L'ÉCOLE

Sur les chemins et dans les prés la neige étouffait l'écho de la cloche de l'église qui sonnait le glas.

A la fin de février Grognard était le premier mort de l'année au Village. Le grenadier disparaissait par lassitude, vaincu, sans combattre, par la bronchite apparue après Noël. A la baronne, qui abrita ses dernières semaines dans une chambre de domestique, il répétait :

— Je déserte.

Quand la toux se calmait après des tisanes de capucine, le malade geignait par bribes, en recherchant son souffle, contre l'oubli de la nation pour de vieux serviteurs comme lui, punis de leur fidélité et de leur survie :

— La nuit, j'entends les cris des blessés de Bautzen et de Friedland. Je les prends comme des reproches adressés à moi, qui meurs dans la tiédeur d'un lit.

Depuis des années, Octavie Gervais aidait Grognard par la nourriture, que lui portait Marie, la cuisinière, et des paquets de tabac que, jusqu'à la maladie, absorba le foyer de la pipe recourbée. Elle adoucit sa fin en écoutant avec patience ses souvenirs de campagnes qu'il enjolivait, abusivement, de gestes de bravoure et d'anecdotes colorées de prénoms slaves ou de Bohême. La baronne entretenait ainsi la mémoire du général Maximilien Gervais. Elle retrouvait, aussi, les lointains itinéraires de son mari quand elle hébergeait au Domaine des officiers en demi-solde, devenus colporteurs ou marchands ambulants pour nourrir leur famille.

Le glas qui espaçait ses derniers tintements rassurait la population. Enfin, il annonçait l'accord du curé de donner une sépulture religieuse à Grognard. Tolérant, à l'article de la mort, pour des mécréants indifférents à ses offices et à ses prêches, l'abbé Thomas reprochait au défunt, éloigné depuis toujours de la vie paroissiale, d'incarner l'esprit de subversion au nouveau régime. Soldat de l'armée impériale, Grognard restait, pour le royaliste pasteur du Village, un lointain suppôt des révolutionnaires, bouffeurs de calottes et exterminateurs du clergé, ce qu'était également Leborgne, le maire, nullement guéri des influences familiales au fil des années. Par Marie, la cuisinière du Domaine, on connut, plus tard, la visite faite, la veille de l'enterrement, par Octavie Gervais au presbytère. Tout dévoué au roi, le curé tenait compte, aussi, de l'avis de la baronne, toujours influente malgré l'origine de son titre.

De longue date l'église n'avait réuni autant de gens, avec des travées plus denses qu'aux offices de Noël, de Pâques, ou de la Saint-Elophe, le patron communal. Ces obsèques coupaient l'engourdissement rural au milieu de l'hiver. Elles offraient aux vieilles dames l'occasion de papoter sur le sort d'un homme qui eût fait un bon mari et un solide travailleur mais que la guerre et les années transformèrent en vieux garçon insatisfait et bougon, supporté par ses concitoyens parce que protégé de la baronne. Il ne déplaisait pas aux hommes de narguer le curé en manifestant leur sympathie au retraité de l'an II qui, de quelques mois, suivait dans la tombe le Petit Tondu décédé à Sainte-Hélène le printemps précédent.

Réunis, comme au catéchisme, par la mauvaise Berthe, les enfants croquaient des yeux les quatre anciens venus de la ville avec leur bonnet à poil et leur giberne, deux bien plantés dans leurs bottes éculées, les autres en sabots comme les gens du Village.

Isidore Capitaine, qui avait l'âge des garçons, se tenait dans la travée des hommes, près de son père Manuelo qui ne le confiait pas à la catéchèse de l'abbé Thomas. Isidore observait avec amusement et fierté son grand-père Augustin Méline ; titulaire de l'harmonium, l'ancien maire cultivait sa réputation de citoyen catholique et loyaliste, avec l'espoir de reprendre, un jour, son écharpe au citoyen Leborgne.

Dans ses interventions le curé brossa le portrait villageois d'Onésime Laffont, sans jamais l'appeler Grognard. Il le montra attentif au service de madame la baronne, serviable pour tous, soucieux de sa tranquillité à la pêche ou à la récolte de fruits sauvages.

— Comme beaucoup des fils de ce village, il servit la patrie. Blessé, il eut la chance de revenir au pays et de connaître une fin de vie dans une paix retrouvée.

Les quatre vétérans estimèrent l'évocation sommaire. Sur le parvis et au cimetière, comme le faisait volontiers le défunt, ils rappelèrent leurs marches forcées, les bivouacs et les assauts, sans craindre de citer celui que dans son homélie le curé appelait « l'usurpateur ». La main sur la poitrine symbolisant la fidélité, ils rectifièrent la position avant la mise en tombe quand Octavie Gervais, d'une voix ferme, salua le vieux domestique et « à travers lui, ceux qui restent les témoins de cette épopée et ceux que nous pleurons ».

Elle leva la tête, croisa le regard de Manuelo Capitaine Ibanez, puis ajouta :

— Ceux qu'en silence on pleure dans l'Europe entière.

Avant l'accueil au Domaine, Grognard logeait dans l'ancienne maison paternelle, en bordure d'un pré à côté de l'auberge. Il utilisait une seule pièce qui ressemblait à une grotte avec pour sièges, autour d'une cheminée ordinaire, des pierres basses provenant d'une ruine. Dans un coin gisait un grabat. Selon la tradition les vieux du Village souhaitaient qu'on brûle la paillasse du défunt, à l'écart, dans une pâture. Choqués par cette méfiance les anciens de la garde s'indignèrent. Ils menaient, avec une certaine insistance narquoise, un baroud d'honneur, prenant l'occasion de la discussion pour fustiger l'indifférence et l'abandon. A la peste et au choléra, qui inquiétaient les purificateurs, ils opposaient leurs faims, leurs soifs, leurs peurs et, toujours, leurs camarades, emportés dans les flots du Danube, ou pétrifiés dans les glaces de la Berezina. Sur la neige tassée du seuil, le ton montait. Revenu de la sacristie dans sa pèlerine fourrée, le curé écoutait en silence. Le maire Leborgne, par commodité, opinait du côté de ses concitoyens.

Manuelo avança d'un pas à la hauteur des hommes, alignés face à face comme des conscrits de deux communes qui se défient pour un ruban.

— Cette paillasse que vous vous disputez appartient toujours à Grognard. Que dirait-il, vivant, en vous entendant? Choisirait-il, comme toujours, la tranquillité du voisinage en tirant sur sa pipe? Resterait-il solidaire des grognards, comme lui, qui sont là? N'en faisons pas un drame mais un hommage. Cette paille ne peut plus servir. La toile qui l'entoure ne vaut guère mieux. Brûlons-les, ici même, sur la place, et pas dans un écart, par méfiance. Ne chassons pas dans un brasier sanitaire l'ombre de Grognard, demandons-lui plutôt de nous réchauffer une dernière fois.

Au garde-à-vous, les anciens applaudirent les premiers, suivis par les villageois.

— C'est une bonne idée, dit le citoyen Leborgne.

Le curé serra sa pèlerine contre lui.

— Nous passons du fétichisme à la sorcellerie. J'interdis cette mascarade aux âmes pieuses.

Sauf Berthe, qui entraîna les enfants de chœur en les poussant à la manière des oies, personne ne suivit l'ordre de l'abbé Thomas. Le grenadier au bonnet à poil porta la paillasse avec le soin qu'on donne à une dépouille. Il sortit une poignée de brins secs de la toile. Un de ses camarades apporta la mèche rougie d'un briquet d'amadou. Attisé par la brise sèche qui roulait des poussières de neige sur la chaussée, le feu prit aussitôt. La vingtaine de personnes observait en silence, partagées entre l'émotion du deuil et l'intérêt pour cette aimable solution. Manuelo rejoignit Georgina et son fils.

— Cómo estás, Manuelo ?

— Qué tiempo más malo !

Sortie du cimetière après une prière devant la stèle du général, Octavie Gervais arriva près d'eux.

— Vous lui parlez espagnol ?

— Je lui apprends ses deux langues maternelles, celle des Méline et celle des Ibanez. Il n'en saura jamais trop. A son âge, je connaissais déjà la première déclinaison latine.

— Confiez-le au curé.

— Je préfère mon latin de cuisine à son latin de sacristie. Isidore n'est pas seul au Village. Les autres enfants mériteraient aussi un maître.

— Comme vous ?

— Je sais trop de choses pour enseigner avec sérénité. Dans son village, mon père, l'alcade Ibanez, assurait la retraite d'un vieux professeur de Grenade qui offrait l'école et le collège aux fils de bergers et de carriers. A cause de la tradition, les filles continuaient à battre le lait et à tirer l'aiguille derrière les volets et les persiennes baissées.

— Pourquoi ne pas imiter cela ici, mêlant cette fois les filles aux garçons ?

— Le maire ne veut pas en entendre parler. Il se contente des cours que donnent les religieuses au presbytère, trois fois par semaine, et de l'asile offert aux marmots de deux et trois ans.

— Venez me voir à l'occasion, que nous réfléchissions ensemble à cela.

Georgina et Manuelo marchèrent vers la porte de l'auberge. En guise de coup de l'étrier à la mémoire de Grognard, Claudel, le patron, offrait aux villageois une rasade de vin chaud ; plongée dans un seau bouillant, sa louche de bois mélangeait délicatement l'odeur de l'alcool et celle du sucre. Manuelo posa sur les lèvres d'Isidore son doigt trempé.

— Arrête, je vais m'étouffer. C'est trop fort pour moi.

Georgina plissait les yeux en buvant.

— On dirait que la baronne s'ennuie de toi.

— Les journées sont longues.

— Les nuits aussi.

Il attendit qu'elle avale sa gorgée puis la prit par les épaules, doucement.

— Ne m'ennuie pas, une nouvelle fois, avec les ragots du Village. Ta sœur Eugénie, qui est veuve, aussi, avec d'autres nuits longues, prend plaisir à te les rappeler pour se venger de n'être pas aussi heureuse que toi. Je crois qu'elle me ferait les yeux doux plus volontiers qu'Octavie Gervais. Je comprends le désarroi de la générale. Elle n'a pas perdu une famille entière, comme moi, mais sa raison d'exister. Au fond de son cœur, on sent une gravité comme la mienne. A cause de cela, elle me fait confiance. Sans plus. Elle est sainte, à sa manière. Elle me rappelle une autre veuve qui trompait son deuil dans l'appétence et la concupiscence. La baronne préfère assumer dans l'exigence une solitude qui n'en finira pas. Pour que tu ne m'ennuies pas davantage, j'ajouterai qu'elle le fait discrètement, et chastement, ce qu'Eugénie ne comprend pas bien.

Georgina tendit à son mari un fond de vin dans la louche en bois de l'aubergiste :

— Quelle rigueur de pensée, dans ce discours !

— En m'épousant tu m'as donné la nationalité française : Don Quichotte me berçait, je suis maintenant cartésien dans un pays, Georgina Capitaine Garcia Ibanez, où les baronnes d'Empire ne lorgnent pas sur les manœuvriers de verrerie.

A une demi-heure de marche sur la voie royale 57 qu'empruntaient les rouliers et les voyageurs entre Paris et Mulhouse, la Verrerie occupait la moitié des hommes du Village. Avec les inondations et les loups, le verre fournissait la principale matière des conversations dans les familles ou sur les bancs du jeu de quilles en attendant son tour de jouer. Certains gardaient sur une étagère, ou dans une boîte sortie dans les grandes occasions, un morceau de verre de carrosse rapporté, comme souvenir, par un lointain grand-père. A toutes les tablées on attribuait à l'aïeul la gloire d'avoir dit au roi Stanislas qui visitait la manufacture : *Roté vo de lè vo me géné*, « ôtez-vous de là vous me gênez », qui exprimait à la fois le caractère volontaire des verriers et la délicate précision de leur travail, soumis aux enchaînements rapides et sans à-coups.

Les vieilles du Village, qui geignaient toujours, rappelaient les terribles agonies des hommes, emportés par les quintes caverneuses secouant les poumons, desséchés par les silicates absorbés et par l'air, sans cesse insufflé dans les cannes. Les épouses préféraient les rythmes saisonniers des semailles et des moissons à l'alternance des embauches et débauchages des entreprises soumises aux modes, aux concurrences et aux événements. A cause de l'instabilité du marché, les verriers conservaient leurs activités paysannes qui, dans les moments de presse, imposaient les soins de la culture, de l'élevage et de la vigne à l'épouse et aux enfants.

Avec la paix revenue, le changement de style du mobilier et de la décoration, dépouillés des aigles et des symboles gréco-latins de l'Empire, les affaires reprenaient. La Verrerie occupait deux centaines d'ouvriers et d'ouvrières, âgés de douze à quarante-cinq ou cinquante ans. Il était impossible de tenir plus longtemps, surtout pour les souffleurs, qui s'appelaient entre eux les « joues cassées » parce que la peau, trop sollicitée, formait sur le visage des bajoues difformes, flasques comme des baudruches vides.

La Verrerie devait son nom au temps des glaces à miroir et pour carrosses, aux verres en rond fournis pour les vitrages. Elle fournissait désormais de la gobeleterie, verres à pied ou à jambe, gobelets, des corbeilles pour le pain et les fruits.

Manuelo travaillait à la réserve de bois. La manufacture consommait chaque jour une vingtaine de stères. L'ancien flotteur vivait avec plaisir dans l'odeur des écorces qui dominait celle, plus âcre, de la sciure. Il côtoyait des charretiers qui n'étaient pas des hommes à bavarder beaucoup, fatigués du voyage et pressés de reprendre la route. Quelques-uns connaissaient les voileurs de Raon-l'Etape et de Bruyères. Monsieur Louis menait toujours sa barge entre les Vosges et Trèves, sans La Broque tué, contre une pile de pont, dans un tourbillon violent de la Moselle luxembourgeoise.

Le bois occupait un entrepôt à l'entrée de la Verrerie dans une vaste cour, à côté du sable, et du salin, fait de débris d'herbes, de fougères et de bois. Grâce à l'initiative de Manuelo, les rouliers ne déversaient plus leur chargement en vrac, dans n'importe quel ordre d'arrivée. Ils suivaient une ligne, selon l'espèce des fûts. Ils déchargeaient leurs pièces à l'aide de palans. Elles alimentaient aussitôt les scieurs du dépeçage, et les femmes qui affinaient les bûchettes destinées aux fours. Dans l'année, pour fournir un million et demi de verres et gobelets, la Verrerie consommait une petite forêt dans ses feux.

Pour l'achat d'un lot de fûts sur pied Manuelo accompagnait parfois un contremaître. Il profitait, avec sérénité, de ces marches paisibles dans les sentes forestières. Il imposait à son compagnon le temps de cueillir des champignons, des framboises et des myrtilles, baptisées brimbelles par les gens du pays. La nature contribuait à son enracinement nouveau. Jusqu'à son engagement dans l'armée, son décor habituel se limitait aux collines pelées, et aux terrasses verdies par des amandiers et des oliviers. Ses arbres familiers étaient les cyprès des villages, les palmiers des placettes des villes. Marchant vers les futaies de la plaine vosgienne, il passait sous des tunnels de verdure, formés par les cimes lourdes des chênes, sur un tapis d'herbe et de feuilles que piquetaient les fleurs de saison, jaunes, mauves, blanches. La lumière bleuâtre d'une clairière marquait, au bout d'une ligne droite, la fin du couloir naturel, sonore comme une volière. Ailleurs, s'alignaient les troncs droits des hêtres, grands comme ceux que Monsieur Louis livrait comme bois de chauffage aux forges et aux verreries.

Les deux hommes s'arrêtaient volontiers pour bavarder avec les gars de la forêt, bûcherons ou charbonniers, vivant seuls ou en petits groupes, avec une famille parfois, nichée dans une cabane, avec femmes et enfants, en cercle autour d'un tapis de brindilles pour tenir les vipères à l'écart.

Sauf en hiver, les loups ne fréquentaient pas ces espaces balisés par les bruits des cognées et les cris des débardeurs. Au printemps filaient, tapies dans les broussailles, des familles de sangliers poussant les marcassins des premiers beaux jours. En été, le bruit des pas, ou l'odeur, chassait un renard, alangui au soleil entre les feuilles légères d'un charme. A l'automne, quand la rouille brunissait les frondaisons, des biches en chaleur, et des daguets qui n'y comprenaient rien, traversaient les chemins d'un bond svelte et assuré.

Le contremaître s'étonnait des connaissances de Manuelo qui prétendait que du gros gibier descendait de Pologne ou de Russie jusqu'aux sierras de l'Espagne, suivant les mêmes traces, de génération en génération. A l'inverse, il le trouvait naïf d'échanger avec des guérisseurs, cachés comme des sorciers dans les ombrages secrets, des remèdes de plantes, comme la reine-des-prés pour la fièvre ou la diarrhée, les compresses de graines de chardon à poser sur les engelures. Il n'aimait pas, non plus, que son manœuvre, au milieu d'une coupe, calcule instantanément, de tête, le volume des stères et le nombre de bûchettes espérées.

Sans connaître les détails de son aventure, le maître verrier appréciait l'étrange personnalité de Manuelo. Il n'imaginait pas l'orienter vers les ateliers où les gestes s'apprennent, enfant, en cueillant le verre dans un four de fusion avec, en mémoire, les récits, ou les conseils, d'un père ou d'un oncle.

Autour de la Verrerie les familles des villages donnaient des lignées de souffleurs expérimentés. Ils maniaient la canne comme un archet quand ils roulaient le verre sur le marbre : d'un coup de pincette ils le détachaient, aussitôt, d'une jambe ou d'un pied. Pour son patron, la formation du manœuvrier Capitaine Garcia Ibanez convenait mieux à la vente, à la présentation des produits de la manufacture dans les villes de la région et même à Paris ou à Lyon.

Malgré les avantages du salaire et des commissions, Manuelo ne cherchait aucune promotion de cette sorte. Il se voyait mal dans une tournée de clients, mêlé, autour d'une table d'hôtes de l'étape du soir, à une discussion sur les campagnes ibériques de Napoléon, ou sur la brutalité des témoignages peints et dessinés par Francisco de Goya y Lucientes, un ami de son père. Il n'aurait pas supporté davantage de partager avec un bimbelotier satisfait un plat de choix accompagné d'un cru de qualité. Comme les anciens de la Garde venus aux obsèques de Grognard, il portait en lui la gêne de survivre à tant de proches disparus. Malgré l'abandon de sa foi, son éducation religieuse lui imposait une pénitence secrète ; elle le rendait humble, sans autre ambition que de partager le bonheur avec Georgina et de préparer Isidore à sa vie d'homme.

Comme l'offre du maître verrier de placer les gobelets et

les coupes dans les boutiques et les communautés, il refusait celle de la baronne qui insistait pour lui confier l'intendance du Domaine, la gestion des terres morcelées en plusieurs métairies. Au fond de lui, il restait plus citadin que paysan, formé par ses études à modeler la nature aux besoins de l'homme plutôt qu'à l'exploiter dans sa richesse naturelle. Quand elle reçut Manuelo pour parler du projet d'une école du Village, indépendante de celle de la paroisse, Octavie Gervais revint à la charge :

— Je ne vous demanderai pas de trier les génisses, ni de choisir les poulets qui deviendront coqs et ceux qui seront chapons. A la Verrerie, vous gérez des tas de bois ; ici, je vous propose d'organiser mille hectares, deux cents bêtes et quelques douzaines de paysans pour produire plus, vendre mieux. Nos terres du bas subissent trop souvent les crues d'une Moselle incapable de trouver son lit dans les alluvions. Un ingénieur sait comment drainer, dévier un bras mort, bâtir des digues.

— Je construis une famille. La tâche me suffit.

La baronne ne renonçait qu'en apparence, résolue à revenir à la charge le moment venu. Un clerc de notaire en rupture d'étude gérait la comptabilité du Domaine au jour le jour, « à un œuf près » disaient les métayers, surpris par la minutie des bilans. Octavie Gervais contrôlait elle-même sur le terrain. A cheval, en compagnie de son cocher, elle passait chaque jour dans une ferme, visitait les étables et les poulaillers, surveillait la propreté des cours et des mares, la tenue de l'habitation.

Grave et respectueuse, la baronne redressa le bas du cadre du général, déplacé par un époussetage.

— Comment imaginez-vous notre école ?

— Le Village compte huit enfants, garçons et filles, de six à dix ans ; huit autres ont moins de cinq ans. Voilà de l'ouvrage pour une décennie et pour un maître attentif, qu'il faudra payer et loger.

— Cela ne me coûtera pas plus de deux bêtes par an.

— Vous les regagnerez quand les élèves devenus adultes s'occuperont autrement qu'à garder les vaches et casser les cailloux des chemins.

Manuelo se souvenait de ses classes de collège installées dans d'anciens monastères, avec d'imposants meubles en bois massif, cirés une fois par semaine par des femmes pauvres, payées de quelques restes du réfectoire et d'un bon pour une boule de pain. Des vitraux ornaient les fenêtres ogivales. Des scènes d'évangélisation, les élèves retenaient, surtout, les voiles gonflées des caravelles, les becs jaunes des toucans mexicains frôlant les ailes d'un angelot, les coiffures à plumes des Incas, courbées devant les mitres des évêques conquistadores :

— Avec un peu plus de clarté, et un chauffage pour l'hiver, la grange aux dentellières, où je brodais prisonnier, ferait une bonne école. Les tables que nous utilisions serviraient de pupitres, l'armoire de Berthe de bibliothèque. Nous trouverons bien un tableau noir, abandonné dans un garde-meuble ou un rebut municipal.

— Avec un crucifix au-dessus du bureau du maître?

— Que je sache il n'y a pas, pour l'heure, d'école sans Dieu. A la fin des cours la litanie des saints et des « priez pour nous » est une détente pour les enfants. Respectons la règle. Le curé fera le reste de l'ouvrage au catéchisme, pour ceux qui le souhaitent. Il sera plus délicat de trouver l'homme capable d'enseigner sans se lasser des ânonnements de syllabes, des répétitions de chiffres et, sans doute, des inévitables caboches bornées.

— Occupez-vous de la grange, je me charge du maître.

Manuelo disposait de cinq mois pour tenir l'école prête vers le premier septembre, son jour de rentrée quand il était pensionnaire. A travers Isidore, et les récits qu'il lui tenait, sa jeunesse revenait par vagues, douces, éloignées de la tempête finale.

— J'aime bien que tu retombes en enfance, disait Georgina. Ton visage s'éclaire d'un trait de bonheur.

Sur des feuilles de papier millimétré, fournies par les dessinateurs de la Verrerie, il traçait les plans de sa classe, assis en face de son épouse, penchée sur sa boule éclairée de brodeuse. Comme la plupart des femmes du Village, elle exécutait des travaux pour un courtier, qui fournissait des commandes à des commerces régionaux ou plaçait des pièces dans les boutiques de Paris.

Le maigre salaire de Manuelo imposait à Georgina ce travail pénible et absorbant qui exigeait une attention constante pour respecter le modèle fourni. Complice de son mari dans sa remontée des enfers, elle acceptait cette tâche ardue avec une amoureuse fidélité.

Veuve sans avoir connu de vie conjugale, elle comparait sa vie quotidienne avec celle de sa mère, d'amies ou de parentes. Elle appréciait le calme de Manuelo que rien ne prenait au dépourvu, sa façon de réfléchir vite, de trouver le mot juste. Il lui donnait la fierté de lui servir de compagne. Elle craignait le voile de tristesse qui, parfois, égarait son regard dans une lointaine fixité. Leurs étreintes la rassuraient, l'étonnaient, comme le reste, après les échecs des unes et des autres. Elle goûtait son plaisir, ce mot banni autour d'elle par les femmes qui parlaient plutôt de « la chose », avec un ton de lassitude plus que de satisfaction. Après une banale première nuit de noces oubliée, presque silencieuse, mécanique comme la monte des bêtes à l'étable et au pré, elle profitait des caresses répétées avec des mots doux, des complicités charnelles, le rythme sans contrôle d'une montée commune qui augmentait le souffle et l'ardeur de Manuelo qu'elle accompagnait des petits cris aigus des gémissements de son extase. Absorbée par la minutie de son travail d'aiguille, elle regrettait, dans leurs tête-à-tête de travail, de ne pouvoir davantage divaguer pour percer mieux les pensées de son mari, connaître les détails de son passé.

Sur ses croquis, Manuelo cherchait à donner de la clarté à l'étable. Formé à vivre entre le soleil et l'ombre, il préférait la lumière. Les logis sombres du Village, leurs volets toujours clos l'agaçaient. A cause des vitraux du collège, peut-être, il aimait les fenêtres, sans la crainte des regards indiscrets. Le flanc de la grange permettait la percée d'une baie que le vieux stock de la Verrerie équiperait, sans mal, de deux ou trois panneaux au profit de murs, débarrassés de l'inutile, passés à la chaux blanche.

Pour le gros des travaux il espérait l'aide d'Augustin. Le père de Georgina préféra se tenir à l'écart d'un projet contesté par l'abbé Thomas et que n'approuverait donc pas, malgré l'influence de la baronne, le milieu catholique consulté avant chaque nomination de maire. A l'inverse de son père, Eugénie Méline, qu'une coupure au doigt empêchait de manier l'aiguille, offrit de dégager la grange des vieilleries qui l'encombraient. Elle s'y employait avec Félicie, la bonne d'Octavie Gervais, la petite amie d'Onésime le cocher. Quand il le pouvait celui-ci rejoignait Manuelo pour le travail de maçonnerie entrepris par le verrier pendant ses jours de repos puis en soirée, avec l'allongement des jours printaniers. Quatre rangées de pierres crayeuses formaient l'épaisseur du mur que l'espace de la baie ouvrait comme un large four. Il fallut l'intervention du charpentier pour placer, en haut et en bas, deux poutres de soutien destinées à l'encadrement des vitres.

Quand arrivait Manuelo, Eugénie cessait le tri des outils et récipients abandonnés dans la grange, le dégagement des râteliers, préservés pour décorer la classe. Pendant que son beau-frère éliminait au poinçon les joints entre les parpaings, elle énumérait ses trouvailles de l'après-midi, une baratte déglinguée, un moule à gaufres, récupérable avec la pose d'un nouveau manche. Elle sortait d'un seau d'eau fraîche remontée du puits une fiole de vin frais qu'elle accompagnait, certaines fois, de macarons de sa fabrication. Si elle retournait à son ouvrage elle chantonnait gaiement, aussi près que possible de la brèche. Elle cessait son travail dès que Manuelo rangeait les outils dans une caisse laissée sur place. Elle restait près de lui pour observer l'ouvrage fait. La grange prenait des allures de demeure isolée, comme les maisons de l'octroi à l'entrée des villes. Manuelo critiquait le résultat :

— La porte ne me plaît pas. Elle flotte dans ses vieilles planches comme une tenture détendue, qui convient à des bêtes lasses revenant du pâturage, pas à des enfants venus apprendre l'alphabet en traînant les sabots. Je consoliderai un côté, j'agrémenterai l'autre.

En remontant vers le Village, Eugénie marchait à côté de son beau-frère :

— D'autres que les enfants ont besoin d'un Bon Samaritain dans la commune.

— Les jeunes ont besoin de guides. Que les adultes se débrouillent.

— Imagines-tu la langueur forcée d'une femme seule qui voudrait retrouver la réalité de son corps ?

— Les soldats rencontrent cela à l'étape de leurs marches forcées, ou les flotteurs de bois, à l'escale du soir. Eugénie, ne joue pas à cela avec moi : tu as perdu d'avance.

— J'ai perdu quand tu as choisi Georgina. Pourquoi pas moi ?

Ils arrivaient devant la maison d'Augustin Méline qui hébergeait sa fille en échange de travaux domestiques. Dans la cuisine qui donnait sur la Rue, Manuelo déposa le panier de petit bois ramené de la grange. La bûche et les braises de l'âtre éclairaient la pièce.

— Veux-tu un verre d'eau ?

— La soupe m'attend.

— Pourquoi me fuis-tu ?

— Parce que je ne cours pas le jupon et que je suis le mari de ta sœur.

— Dans les villages, les sœurs sont des rivales comme les autres, quand les pères les préfèrent pour des câlineries, ou quand l'une croque l'amour et que l'autre n'a rien sous la dent.

Elle poussa Manuelo vers le foyer en ouvrant le haut de son caraco qu'elle élargit en gonflant sa poitrine :

— Cette paire-là n'en vaut-elle pas une autre ? Touche, et soupèse un peu pour voir.

Les lobes des seins rebondis au-dessus du lainage, Eugénie attendait.

— La timidité ne paralyse pas un homme de ta sorte.

Manuelo recula vers la porte de la Rue. Il souriait. Elle lança :

— Qu'est-ce qui t'amuse ?

— La fréquentation des ouvrages des Pères de l'Eglise, les effluves de la sagesse musulmane et les maîtres de la littérature soufflent toujours à un Espagnol cultivé un axiome ou une réplique de circonstance.

— Je n'y comprends rien. Pourquoi souris-tu en lorgnant le creux de mon corsage ?

— Le souffle vient de Pedro Calderón de la Barca : « Ce que je sens ne peut tenir dans tout ce que je ne dis pas. »

— Tu mettrais les mains, ce serait beaucoup mieux.

Il revint vers elle.

— A Grenade, en plus des mosaïques et des poèmes, les Arabes nous ont légué des remèdes. Dans ton cas je te recommande l'infusion de mélisse, avec un bon parfum de citron.

En l'accompagnant sur le seuil de la maison, Eugénie, la voix troublée, tendit à son beau-frère une main abandonnée qu'il ne prit pas. Elle dit à voix basse :

— Est-ce que tu avais besoin de revenir ici ? J'oubliais déjà que dans la grange je t'aimais quand tu narguais Grognard, « Manuelo Garcia Ibanessz ».

Elle haussa les épaules en soupirant : « Monsieur Capitaine Garcia Ibanez Méline. »

De semaine en semaine la grange changeait d'allure.

Le soleil d'avril mettait en valeur la clarté. Les vitres posées par le charpentier, Manuelo et Onésime apportaient le jour dans la partie la plus sombre entre les murs de la façade et du fond. Malgré les couches de chaux blanche une baie s'imposait, aussi, dans l'espace exposé au nord. L'aide de deux manœuvres agricoles loués par un métayer permit de mener l'ouvrage à bien dans les meilleurs délais. Fidèles au croquis, les hommes disposèrent les pierres récupérées en une banquette demi-circulaire, formant le premier gradin du bas d'un amphithéâtre, avec trois parpaings devant, pour servir de siège au maître ou à des invités.

Eugénie cousait sur place les rideaux des vitrages pour couper l'éclat du soleil et éviter les rêveries des enfants au passage d'un vol de vanneaux ou d'hirondelles. Elle minaudait moins, enfermée dans une réserve distante, un peu boudeuse, qui convenait mal aux toilettes légères et colorées que lui permettaient les tièdes journées printanières. Délaissant Manuelo, elle demandait, à l'un ou à l'autre, de l'aider à plier une toile ou mesurer l'espace des barres de support. Les deux commis de ferme riaient sous cape en frôlant les bras dénudés, le regard plongé vers l'échancrure ondulante.

Parfois, des garçons et des filles passaient. Ils lorgnaient l'avancement des travaux. Ils questionnaient sur le demi-cercle de pierres, le futur emplacement des tables, l'absence, provisoire, de quinquets ou de porte-chandelles.

Isidore accompagnait son père de temps à autre. Il aidait Onésime à poncer les meubles à peindre. A force de répétitions, il enrichissait son vocabulaire espagnol des noms d'outils et de matériaux. Comme les verriers, qui plaçaient un pied sur la paraison durcie pour le refroidissement, il appelait « castagnettes » l'assemblage de deux planchettes liées par une lanière de cuir pour serrer un joint. En frappant deux branches de fagot, Isidore imitait médiocrement

Manuelo qui obtenait sans mal des sons autrement métalliques et harmonieux.

— Un hiver, je te taillerai de vraies *castañuelas*, arrondies et creuses comme des coques de châtaigne.

Le garçon ressemblait étrangement au père : même chevelure brune, même peau ocrée, même regard sombre et mobile.

Eugénie ne s'occupait pas de son neveu, habituée qu'elle était à la liberté des enfants du Village de vaquer dans les vergers et les prés, en bordure du Ruisseau, jusqu'à l'âge de garder les bêtes ou de débuter à la Verrerie avec les autres « becs jaunes ».

Octavie Gervais, malgré son envie, restait à l'écart du chantier pour profiter mieux du plaisir à la découverte de l'ouvrage achevé. Une fois par semaine, Manuelo lui rendait compte des aménagements en cours et des faibles dépenses engagées. Sans se désintéresser de la classe en préparation, la baronne réfléchissait à un projet agricole que lui permettait l'important héritage d'une tante, célibataire, du général.

Comme dans sa période de prisonnier de qualité, le manœuvrier Capitaine Garcia Ibanez participa à une réception qui, autour de la maîtresse de maison, réunissait son notaire, le comptable du Domaine et deux invités, arrivés en calèche pour le déjeuner.

— Citoyen de notre village, où il est marié à la fille de notre ancien maire, Manuelo Capitaine possède un titre d'ingénieur en Espagne. Je le voudrais comme intendant mais il s'entête à gâcher son savoir. Son avis, aujourd'hui, m'intéresse.

Après ce préambule, Octavie présenta les deux étrangers à ses hôtes. Le plus âgé — une petite cinquantaine — s'appelait Mathieu de Dombasle. L'autre, André Busso, était son gendre. Ils venaient, en voisins, d'une exploitation agricole installée à une quinzaine de kilomètres, après d'étonnantes péripéties.

Comme beaucoup d'autres, civils ou militaires, monsieur Mathieu de Dombasle rebondissait dans l'existence après la chute de l'Empire, qu'il avait servi, à sa façon. Ingénieur agronome, sa bonne fortune lui était venue pendant le Blocus continental qui privait la France d'importation ; sa mise au point du sucre de betterave avait permis de compenser l'absence de cannes des îles lointaines.

Spolié et ruiné après l'abdication de Napoléon, l'entreprenant industriel donnait une nouvelle fois sa mesure à Roville, sur des terres confiées par un négociant revenu des Antilles, fortune faite. Il trouvait là l'espace et les moyens d'expérimenter ses théories de culture moderne, inspirées d'agronomes allemands dont il traduisait de longue date les ouvrages. Il préconisait des exploitations moins morcelées, travaillées avec méthode par des hommes plus nombreux et mieux équipés. Au-delà de la théorie, il fondait ses espérances sur les outils créés par ses soins, à commencer par une charrue qui, débarrassée de son avant-train, suivait le sillon à une égale profondeur, sans écarts latéraux. La ferme modèle de Roville occupait dans son atelier une vingtaine de forgerons. En plus du nouvel araire, ils fabriquaient des houes, des herses et des extirpateurs de mauvaises herbes.

Volubile, précis, Mathieu de Dombasle exposait ses principes avec fougue. Dans sa redingote au col relevé, il tenait du professeur, la tête droite au-dessus d'une chemise amidonnée, le cheveu gris, un peu flou, en bordure de son grand front, le regard persuasif animé de la flamme interrogatrice du penseur et du chercheur. Il ne lui manquait qu'un tableau noir pour tracer et souligner les thèmes principaux de son propos.

Prenant son gendre à témoin, il développa sa conviction de l'avènement d'une agriculture différente, basée sur ce qu'il appelait les assolements successifs, avec deux ou trois récoltes dans l'année et une rotation des ensemencements. En même temps que celle de la betterave, il suggérait la culture de la pomme de terre, moins pour nourrir les populations que pour fournir, avec la fécule, de l'apprêt pour les papetiers et les tisserands et, avec le glucose, une matière énergétique, profitable aux vins légers et peu sucrés de la région. Il proposait, également, à l'exemple de son exploitation de Roville, l'élevage de mérinos capables de donner cinq kilos de laine par brebis :

— Monsieur Capitaine Garcia Ibanez, cette bête vient de chez vous.

— Vient d'Espagne, rectifia Manuelo pour préciser qu'il appartenait complètement au Village. En Espagne, la laine blanche et fine du mérinos sert à la fabrication de draps d'une grande légèreté et résistants. L'alcade Ibanez, qui était philologue, s'intéressait à l'origine du mot *merinos* qui désigne un juge, plus précisément celui qui sélectionne les bêtes. Ces moutons venant d'Afrique du Nord par bateau furent, selon l'alcade, baptisés *ovejas marinas*, ovins et marins à la fois. A la suite d'une note sur cette étymologie dans une revue de Ségovie, la Mecque du mérinos, l'alcade Garcia Ibanez apprit d'un correspondant que le mot provenait, sans doute, de la tribu des Béni-Merin, spécialiste de ces troupeaux près de Tlemcen en Algérie.

— Je suis moins savant que vous en sémantique. Les mérinos que j'élève en Lorraine, et qui seront bientôt plus de mille à Roville, viennent, via l'Espagne bien sûr, de Rambouillet en Ile-de-France qui donne son nom à une sous-race. Ce mouton est une boule de laine qui cache jusqu'à sa tête.

A l'aide d'un crayon minuscule qui dépassait à peine de sa main droite, Octavie Gervais notait des mots sur une écritoire :

— Betteraves, pommes de terre, mérinos ! Je ne dispose pas d'assez de terre et de bras — de têtes, non plus — pour un tel programme. Manuelo ?

— A défaut de têtes, on trouverait sans doute des bras. L'obstacle majeur vient des humeurs vagabondes de la

Moselle : elle ne respecterait ni les patates ni les *ovejas marinas*.

Monsieur Mathieu de Dombasle fronça les sourcils, surpris de l'audace de l'élève.

— A propos d'inondations, dit-il, savez-vous que nous formons, à Roville, des enfants du Nil ? De jeunes agronomes égyptiens étudient nos méthodes en matière d'élevage, de céréales et d'horticulture. Mon gendre André, que vous avez convié avec moi, madame, les accompagnera à leur retour au Caire. Ainsi porterons-nous la paix où nous faisions la guerre.

Pour que l'entretien en reste là, la baronne saisit l'occasion de montrer à ses invités les croquis égyptiens de l'ancien bureau de son mari. Manuelo s'esquiva quand l'agronome de Roville entreprit l'éloge des qualités militaires et des vertus civiles de Napoléon.

En tournée, les jours suivants, pour la visite de coupes de bois, il questionna des paysans de rencontre sur l'intérêt de la culture des betteraves et des pommes de terre. Tous rejetaient la première au profit de la seconde, en citant l'exemple des parents qui en développaient la récolte dans des parties plus élevées des Vosges. On devinait là le début d'un engouement. Le mérinos, sauf chez un berger de troupeau communal, ne disait rien à personne. Chacun, en fait, préférait la routine de son train-train, sans autre complication.

— Tu veux monter une ferme ? demanda le contremaître de la Verrerie qui ne voyait pas d'avenir hors du gobelet et du ballon à pied.

En apportant à la baronne son avis, réticent, sur l'aventureuse entreprise des champs de betterave sucrière et des parcs de moutons, Manuelo rencontra pour la première fois Charles Midon.

— Voici notre maître d'école, dit Octavie Gervais.

Les deux hommes se serrèrent la main avec force, s'affirmant d'entrée compagnons de route :

— Madame la baronne m'a parlé de vous. Nous apprendrons à nous connaître. Voici pour l'essentiel. Je m'appelle Charles Midon, quarante ans, célibataire, ancien officier en second sur la corvette *Marie-Louise*, demi-solde. Ami du général Gervais et de la générale, que j'ai débarqués à Livourne pour une mission à Sienne, quand j'étais aspirant et le général jeune gouverneur. Je végétais comme peseur à la halle aux poissons d'Etretat quand arriva l'offre de tenir cette école du Domaine. Formé, par profession, aux mathématiques, j'aime la lecture, l'histoire et la géographie, les plantes et le dessin. Je ne monte pas mieux à cheval qu'un gabier mais d'une seule balle j'éteins, à dix mètres, la flamme d'une bougie.

— Les armes apportent rarement la lumière.

Octavie Gervais se réjouissait de la complicité, spontanée, des deux hommes, si différents d'aspect. Manuelo dominait par la taille Charles Midon qui semblait anglais, avec sa chevelure et sa barbe blonde, à côté du visage méditerranéen de Manuelo, glabre et sans rides.

— Charles, dit-elle, partage notre point de vue sur la question religieuse. Notre classe respectera l'usage, avec un crucifix en face des élèves et des oraisons après les heures de travail. Le programme, lui, ne demandera pas l'imprimatur de l'abbé Thomas.

Sans la baronne, qui en mourait d'envie, les deux hommes gagnèrent l'ancienne étable. Le nouveau venu, habitué à l'espace libre des dunettes, apprécia la clarté, encore évidente malgré l'heure vespérale. Assis sur la pierre devant le gradin circulaire il prenait mentalement possession du lieu. Il imaginait ses allées et venues entre les tables, ses commentaires, donnés dans l'attitude d'un homme de passerelle, en regardant par une des baies. Après coup Manuelo regrettait que la grange au toit élevé n'abrite pas un logement dans son espace supérieur, une sorte de mezzanine facilement réalisable, mais Charles Midon préférait séparer son lieu de travail et sa vie personnelle. En attendant de trouver une maison, il occupa une soupente de l'aubergiste, sans retard pour connaître le Village avant d'accueillir les enfants à la date de la Saint-Louis, choisie pour la rentrée par Octavie Gervais, qui aimait la sérénité de ce roi rendant la justice sous son chêne.

— Venez souper à la maison, proposa Manuelo à l'ancien marin. Je vous présenterai votre premier élève.

Georgina pleurait, sans bruit, comme un enfant puni. Les larmes coulaient doucement sur ses joues. Elle les repoussait en reniflant, puis les séchait d'un revers de sa manche.

— Qu'est-ce qui se passe ?

— Regarde dans l'assiette. L'intermédiaire diminue de moitié ce qu'il me doit pour douze jabots de gilet brodés en deux semaines. Il prétend que le contour des jours ne correspond pas au modèle. C'est faux, injuste ! Les filles et les femmes du Village deviennent les esclaves de ces voleurs.

— Georgina, sèche tes larmes. Nous en parlerons demain. Je te présente Charles, notre maître d'école. Sors le jambon et prépare-nous des patates rôties. Que fait Isidore ?

— Il ramasse les œufs au poulailler.

Le garçon rentra avec une modeste moisson dans sa corbeille d'osier. Georgina passa un linge mouillé sur son visage pour atténuer les traces de son chagrin.

— Combien d'œufs, aujourd'hui, Isidore ? demanda Charles Midon.

— Trois !

— Trois, monsieur ! Autant prendre les bonnes habitudes tout de suite. Jusqu'à combien sais-tu compter ?

— Vingt !

— Vingt, monsieur !

— En français et en espagnol... monsieur ! Vingt... Veinte...

Georgina prépara une tartine de pain et une tranche de jambon pour son fils qui gagna son lit à l'étage sans se manifester davantage.

Pendant qu'elle mélangeait les pommes de terre, la graisse chaude et les lardons coupés en dés, les deux hommes bavardaient en buvant un verre du médiocre vin fourni par Augustin Méline, pas plus doué pour sa vigne qu'à l'harmonium de l'église. Ils se découvraient anciens ennemis, l'un guerroyant sur terre, avec les Alliés, autour du Guadalquivir ou de Leipzig, l'autre sillonnant les mers pour traquer l'Anglais, dans la Manche, ou des pirates, entre les côtes d'Algérie et les îles de la mer Egée.

Manuelo ne livrait rien d'autre que sa capture, sa détention, sa rencontre avec Georgina qui suffisait à expliquer sa présence au Village. Sans évoquer davantage ses mois de flottage du bois, il racontait le travail des souffleurs de la Verrerie que son nouvel ami souhaita visiter au plus tôt.

Le plat servi, Georgina, remise de ses émotions, écouta volontiers le récit de Charles Midon. Il décrivait la mer avec chaleur, celle des calmes plats de la baie de Malte, celle des grandes marées, pas loin des rochers de la mer d'Iroise. Son univers marin semblait un autre monde, sans limite, inimaginable dans la campagne fermée par de basses collines et des cimes de peupliers. Des rivages d'Espagne, Manuelo ne connaissait que ceux d'Almería, grâce à un stage de son école sur le chantier d'une route escarpée, creusée dans le roc vers Málaga.

— A un jour de marche de Grenade, je me croyais en Afrique. Au-dessus d'un ravin, la citadelle de l'Alcabaza ressemblait à un ksar des croisés. Les maisons, blanchies à la chaux dans les collines, formaient une casbah mauresque, aussi pauvre avec ses pêcheurs de sardines.

— Je n'ai fait aucune escale dans un port espagnol, dit le marin de la *Marie-Louise*.

— C'est aussi bien comme ça, coupa Manuelo qui enchaîna : quelle terre visitée préfères-tu ?

— Nous autres marins, nous ne connaissons des pays abordés que les rivages plats ou escarpés, une falaise coiffée d'un phare, sur une colline, un village de pêcheurs vivant sous des barques retournées qui servent de maisonnettes. J'aimais les lentes approches des estuaires et leur navigation, proche des rives : Anvers, Bergen, Rouen, Istanbul. Que me reste-t-il de ces villes ? La hampe droite d'une cathédrale, un alignement de maisons de bois, peintes en rouge et en bleu, un bac qui traverse la Seine, une mosquée, au-dessus de la Corne d'Or et des fantasmes autour des terrasses de Topkapı. Après tant d'escales à la sauvette, je souhaite m'ancrer ici, retrouver, chaque soir, le même arbre pour appuyer mon dos, lire la page d'un livre, suivre le vol d'un faucon, qui plonge sur la terre comme l'albatros sur la mer.

— Hommes de guerre malgré nous, dit Manuelo, nous cherchons la paix en nous-mêmes, dans les autres, dans la nature, pour compenser nos peines et nos regrets que couvre l'euphémisme du désenchantement. Avant la bataille de Leipzig un officier prussien, en évoquant cet état d'esprit déraciné, parlait de « faire l'amour allemand ». Il ajoutait : *« Ich bin eine romantik. »* Comment être romantique dans ce village, entre les stères de bois de la Verrerie et les terres de la baronne, avec Georgina et les femmes des campagnes pliées sur leurs dentelles de l'aube à la tombée de la nuit ?

Assise sur une cuisse de son mari, Georgina écoutait, surprise par l'itinéraire maritime évoqué par le futur maître, attentive aux propos sérieux des deux hommes. Elle revint à ses soucis.

— Bien des brodeuses souffrent plus que moi, à cause

des intermédiaires et à cause des maris qui dépensent le pauvre argent avant qu'il ne soit gagné.

— Sans citer les noms, donne-moi des exemples dans les prochains jours. J'aimerais en savoir plus.

Dans la journée, Charles Midon travaillait à l'école. Délibérément il imposait le nom pour oublier vite l'étable ou la grange. Pendant des heures, au pinceau sur des planches de carton, il calligraphiait des syllabes élémentaires. Il portait sa blouse bleu foncé de peseur de poissons à la halle d'Etretat, longue comme celle des maquignons et des éleveurs au marché. Habitué à la coiffure des officiers, il ne quittait pas une calotte ronde qui ressemblait à un moule à tarte ou à pâté. Avec ses sabots normands, il prenait des allures de paysan, sans gêne, un peu rêveur.

En milieu d'après-midi il retrouvait avec plaisir Manuelo, rentré de la Verrerie. Le gros œuvre et la peinture des murs terminés, celui-ci entreprenait de placer un carrelage sur le sol, durci, pendant des années, par le passage des bêtes. Récupérées à bon prix de l'ancien réfectoire d'une abbaye voisine, détruite pendant la Révolution, les dalles effaçaient définitivement le passé du lieu, agrandi par son harmonieux agencement. Les travaux des vignes et des champs du début de l'été limitaient la présence des bonnes volontés à celles du cocher, d'un plâtrier, engagé pour refaire les plafonds de la maison principale, et d'Eugénie, peu pressée de reprendre ses travaux de couture. La jeune femme tendait le cordeau pendant que les autres liaisonnaient les carreaux en s'aidant de la demoiselle ou de la hie.

En accompagnant sa belle-sœur vers le centre du Village, après le travail, Manuelo s'inquiéta vite de son opinion sur le nouveau venu. La maligne Eugénie ne livra que ce qu'elle voulait bien dire. Elle le trouvait jeune encore, solide pour un homme qui dessinait toute la journée, peu bavard, malheureusement.

— Les marins parlent peu et plutôt aux équipages qu'aux femmes. Viens manger dimanche midi : il sera là, tu le connaîtras mieux.

— Tu veux te débarrasser de moi, me caser comme une vieille fille ? Que crains-tu le plus ? Ta rigueur de curé rentré ou mes seins que gonfle l'envie ?

— La solitude ne te convient pas. Elle te jouera un mauvais tour, si tu t'entiches d'un coureur de jupons.

— Tu protèges ma vertu ébréchée ?

— Une femme seule est vulnérable dans un village. Les veuves ne le restent pas longtemps.

— Georgina en profite, pas moi.

— Il te manque un homme dans ton lit et une protection dans la maison.

— Un maître, tu veux dire ? Ça tombe bien.

— Ne joue pas les fanfaronnes. Dis-moi quel veuf, coquin, ou quel dadais, endurci, te conviendrait dans ce village ? Le temps est passé où les pères offraient leur fille pour un arpent de terre mitoyen ou pour deux vaches prêtes à vêler.

— Tu ne m'estimes pas beaucoup.

— Je te sais raisonneuse et commère, jalouse, un peu, méfiante, mais avec du courage et de l'ambition, et un vrai talent de ménagère.

— Tu cherches une bonne à tout faire pour ton maître d'école ?

Quand Eugénie arriva le dimanche, Isidore se planta devant elle, les bras croisés :

— Je ne te reconnais pas. Avec ta couronne de fleurs sur la tête on te dirait parée pour la fête des mais.

— Tu vaux bien deux arpents de terre de plus ou deux autres têtes, dit Manuelo à voix basse.

— Ta leçon porte ses fruits, répondit la belle-sœur avec complicité.

Pendant une partie du repas les deux hommes évoquèrent des villes traversées dans leurs campagnes militaires. Manuelo parla plus volontiers de Munich et de la Bavière que de Grenade ou Salamanque. Il évoquait les rues des petites villes, avec les carreaux épais des fenêtres et les enseignes décorées des boutiques. Modestement, Charles Midon oubliait ses escales à Saint-Domingue et dans les eaux glacées de Saint-Pierre-et-Miquelon. Il décrivait le site d'Etretat, qui lui manquait un peu, avec ses quartiers de pêcheurs escarpés au-dessus de la baie et ses falaises découpées comme des arches de cathédrale ou des voûtes de donjons médiévaux. Isidore prolongea son récit en posant des questions sur le découpage de la côte, la vie de la mer : il découvrait les vagues, les marées, les barques de la pêche de proximité et les morutiers des lointaines rotations à Terre-Neuve.

— Et les femmes? demanda Eugénie, en souriant à pleines dents, les yeux délicieusement plissés.

Charles éclata de rire.

— Une femme dans chaque port, dit la légende. Mon père naviguait aussi, au long cours vers les Indes et la Chine. Ma mère vivait un faux veuvage, avec d'épisodiques résurrections qui n'apportaient guère d'apaisement à sa solitude. Je ne regrette pas quelques bordées tirées dans les rues chaudes de Brest ou d'Amsterdam. Je ne prendrai femme que pour créer un foyer comme celui-ci, pour connaître la vie de famille, autrement qu'avec une mère nostalgique et un père sans présence.

— Les Lorraines ne manquent pas de qualités, dit Manuelo. Georgina est douce, travailleuse, ménagère. Fille du Nord, elle ne manque pas de chaleur, pour un homme du Sud.

Eugénie ne perdait pas un mot :

— Monsieur Midon préfère peut-être les jolies dames d'Etretat?

— Personne ne m'attend au pays normand.

Au dessert, autour d'une tarte à la rhubarbe, les deux sœurs et le beau-frère cherchèrent les maisons du Village capables d'offrir un logement plus confortable que la soupente de l'auberge à leur ami. Deux bâtisses inoccupées nécessitaient trop de travaux coûteux. Berthe ne louerait sans doute pas à un rival de l'école des religieuses la maisonnette abandonnée depuis qu'elle logeait au presbytère, comme les précédentes gouvernantes.

— Je ne vois que la maison du père, dit Georgina.

— Je serai la gouvernante du maître, comme Berthe celle du curé.

Manuelo tapota dans ses mains avant de donner son avis :

— Pourquoi ne pas transformer notre repas dominical en dîner de fiançailles ? Charles cherche un toit familial, Eugénie un bon compagnon. Georgina, marions-les ! Après les hécatombes de la Berezina et de Waterloo, les hommes ne sont pas si nombreux de notre temps. Les officines matrimoniales prospectent les campagnes pour les dénicher, ne laissons pas embarquer notre aimable marin.

— Contrairement aux habitudes, je pense qu'Eugénie doit choisir elle-même. Moi j'ai tout à gagner en prenant femme dans ce village et en trouvant un foyer où je n'espérais qu'une location.

Sa belle-sœur regardait Manuelo en souriant :

— Je n'attends plus le prince charmant, ils choisissent toujours les autres. Je pense que toutes les femmes rêvent de retenir près d'elles un navigateur solide et tanné qui parlera d'autre chose que du veau qui tète et du vin qui fermente.

— C'est le portrait d'Augustin Méline, notre père, sourit Georgina. Nous serons bien les premières bouseuses de ce pays à épouser des étrangers, et à passer devant monsieur le maire autrement que tirées par le bout du licou.

Les regards se croisèrent en un instant d'hésitation.

Manuelo plaça au milieu de la table la carafe de cerises à l'eau-de-vie. Il souleva le bouchon de liège.

— Voici la goutte pour fêter l'événement. Il nous reste à fixer une date pour les épousailles.

— Doucement. Je dois d'abord demander la main de ma future, à son père et à elle-même.

Eugénie quitta sa chaise. Elle se pencha vers Charles pour poser les lèvres sur son front.

— Ceci pour donner mon accord tout de suite. Je le confirmerai mieux quand nous serons seuls.

Pendant une heure, et plus, les sœurs et les futurs beaux-frères organisèrent la suite.

Pour ne pas énerver les élèves avec un événement extérieur, le maître d'école préférait régler le mariage avant de commencer les cours. Eugénie, qui retrouvait l'impatience de ses humeurs, ne souhaitait pas tarder. L'installation du couple dans la maison d'Augustin Méline ne posait aucun souci, sous réserve d'aménagements futurs, en particulier celui d'une pièce de travail pour le répétiteur, qui attendait l'arrivée de deux caisses de livres en route entre Etretat et la Lorraine.

A cause d'Eugénie, toujours bavarde avec les commères, ou de son père, qui ne cachait rien à l'abbé Thomas, la nouvelle alimenta dans la semaine la conversation du Village et, surtout, les papotages vespéraux entre voisins, autour de chaises et des bancs du seuil des maisons. Les femmes regrettaient de ne rien savoir du futur mari. On le supposait veuf, ou divorcé, ou coureur d'aventures.

— Pas coureur de dot, en tout cas, constataient les hommes. Le père Méline paye la location de sa maison et de ses bouts de terre avec la vente de ses rares bestioles.

Augustin se tenait à l'écart pour fuir les questions de ses concitoyens, et la colère du curé qui lui reprochait de donner sa seconde fille à un inconnu pas très catholique, après l'abandon de la première dans les bras d'un étranger, pris les armes à la main contre la France. Le maire Leborgne se réjouissait de l'implantation du nouveau venu : elle donnait un caractère durable à l'initiative scolaire de la baronne.

Octavie Gervais approuvait pleinement le mariage, annoncé dès le premier jour par Manuelo dans un salon du Domaine à l'occasion d'un dernier entretien sur les propositions de Mathieu de Dombasle. Les fermiers consultés ne souhaitaient pas céder à la mode du mérinos bâtardisé, jugé trop fragile pour les hivers froids de Lorraine. Des essais dans les potagers domestiques ne les incitaient pas davantage à produire de la pomme de terre, souvent trompeuse, à la récolte, sous la foisonnante verdure de son pied. Ces arguments confortaient la réticence inspirée par le cours fantasque de la Moselle que la baronne craignait par-dessus tout.

Debout sous le portrait de son mari, regardé comme s'il se préparait à parler, elle disait :

— Je pense que le général partagerait notre point de vue. L'immobilisme ne convenait guère à cet homme, formé à l'école d'un bon maître. Que trouverait-il pour moderniser le Domaine, améliorer le sort des villageois ? La Verrerie se débat avec la concurrence. La Moselle, qui risquerait de noyer nos troupeaux de mérinos, manque de régularité pour alimenter l'élan du moulin d'une papeterie. Je dois, pourtant, utiliser au mieux cet argent hérité de la tante de mon défunt époux.

Le comptable proposa l'achat des charrues nouvelles fabriquées par monsieur de Dombasle. Manuelo, en quittant le salon, annonça en aparté à Octavie Gervais qu'il lui suggérerait une idée avant peu. L'aménagement de la classe n'occupait plus ses heures de loisir. Le lieu appartenait déjà à Charles Midon, qui lui donnait son allure pédagogique, avec les frises de lettres et de chiffres, les dessins naïfs, colorés de quelques touches de peinture, légendés de syllabes à apprendre : *la-pou-le, la-va-che, le-che-val, la-fer-me.* Sur le tableau noir une ligne, joliment tracée à la craie, indiquait la date du premier jour de classe, six semaines plus tard.

La moisson touchait à son terme. Les métayers et leurs manœuvres se déplaçaient de ferme en ferme pour le battage. L'air lourd de juillet portait jusqu'au Village l'odeur mêlée du blé et de la paille. Plusieurs fois par jour Onésime sortait le cabriolet pour conduire le comptable ou la baronne sur les aires de travail. Chacun commentait la qualité et l'abondance de la récolte. Les ouvriers agricoles s'inquiétaient de la future livraison des charrues, susceptibles de menacer leur emploi. Charles, qui connaissait mieux le chalutage des harengs que la rentrée des céréales, visitait les exploitations l'une après l'autre. Il rencontrait les habitants et ses futurs élèves. Il découvrait les gestes du travail, croqués au fusain sur son carnet de dessins à la suite des portraits de pêcheurs étretatais.

Au Village, les femmes ne chômaient pas. Les courtiers en broderie multipliaient les commandes pour la fourniture des boutiques au début de l'automne.

Après les déboires de Georgina, Manuelo menait son enquête sur les conditions de travail et de rémunération des brodeuses à domicile. Dans les foyers visités, il retrouvait les modèles ouvragés dans la grange sous la surveillance de Grognard et de Berthe, mouchoirs en batiste, volants de jupon sur mousseline, le bourrage sous le plumetis, les mailles larges de la guipure ou les fils d'or de la cartisane. Il étonnait par ses connaissances celles qui ignoraient, ou oubliaient, son activité forcée de prisonnier.

Cet intérêt complice mettait en confiance les dames rencontrées, souvent réunies en petits groupes autour des boules de verre blanc dont l'eau claire réfléchissait la lumière d'une unique lampe à huile. Elles livraient les exemples de l'abusive autorité des intermédiaires, sans jamais nommer les victimes qu'elles situaient de préférence hors du cercle communal. Les brimades subies concernaient les règlements du travail exécuté, arbitrairement réduits, comme celui de Georgina, pour des questions de qualité qui n'étaient que des prétextes. La diminution entre la commande et la livraison atteignait parfois les deux tiers du tarif fixé qui correspondait à un franc pour quinze heures de labeur et plus.

Manuelo enregistrait ce cahier de doléances spontanées faites sous le manteau. L'une s'indignait de l'écart entre les modestes sommes perçues par les brodeuses et les prix affichés de leurs pièces dans les vitrines des villes de la région : « Cinq ou six fois plus ! A Paris, dix ou vingt, sans doute. » Une autre réduisait à presque rien le franc quotidien écorné pour les frais de coton, d'huile d'éclairage et de chauffage. Toutes dénonçaient la mauvaise foi des courtiers qui imposaient pour des dizaines et des dizaines de pièces la qualité d'un modèle unique, conçu au calme d'un bureau de dessin : dans la monotonie du geste répété, la plus légère éraillure pénalisait l'ouvrière.

Pas plus que Georgina, soumise aux mêmes tâches, les femmes n'évoquaient leur fatigue. Manuelo connaissait la lassitude des yeux longtemps fixés sur le relief d'une broderie de percale ou de calicot. Dans la grange du Domaine les sous-lieutenants et lui souffraient aussi de l'immobilité prolongée qui engourdissait les jambes, alourdissait l'échine. La répétition des gestes et l'attention constante troublaient même leur repos nocturne. Les villageoises n'en disaient mot, habituées à taire leurs peines devant les hommes abrutis par dix-huit heures continues à la Verrerie, les kilomètres de marche dans le sillage des chevaux de labour ou d'essartage, plus encore face aux enfants placés à huit ans dans des tuileries ou des gravières. A cause de cela, elles subissaient leur peine avec le souci d'ajouter leur maigre monnaie aux modestes payes hebdomadaires, elles aussi malmenées par les retenues, les amendes ou le remboursement de dettes au bonnetier ambulant ou à l'aubergiste.

Ses visites hebdomadaires terminées avec les travaux de la classe d'école, Manuelo rencontrait moins la baronne. Il la retrouva à l'approche du mariage d'Eugénie et de Charles. Les préparatifs des noces agitaient la vie communale et paroissiale. Après la publication des bans en mairie, le curé refusait de célébrer l'union du maître et de sa fiancée. Il prétextait la négligence religieuse de Charles Midon, absent des offices depuis son arrivée, et indifférent au devoir de la confession.

— Triste habitude, prise par d'autres étrangers à la commune, précisait l'abbé Thomas.

Agacée par cette querelle, Octavie Gervais montra son humeur en conviant les protagonistes sous le portrait officiel du général, toujours pris à témoin.

— Le mariage est un sacrement, monsieur le curé. Vous ne pouvez pas le refuser à un couple qui le réclame.

— L'Eucharistie, aussi, est un sacrement. Pourquoi se passer de l'un et souhaiter l'autre ?

— Un marin vit en dehors d'une paroisse, l'heure des offices ne l'atteint pas.

— Madame la baronne, un marin, échoué dans la plaine des Vosges, redevient une brebis comme les autres, soumise aux obligations du troupeau que garde le pasteur pour le protéger des péchés, qu'on dit mortels parce qu'ils conduisent aux flammes de l'enfer.

— Bien des pécheurs de ce village échappent à votre rigueur, qui pardonne volontiers, me semble-t-il, paresse, luxure et le reste.

— La pénitence, madame, cet autre sacrement, rachète les fautes avouées.

Manuelo, marié religieusement à la demande de Georgina obéissant à son père, freinait son envie d'abandonner le curé à son intransigeante logique par souci de Charles et d'Eugénie.

— Monsieur le curé, n'effacez-vous pas plus facilement les péchés que les états de service?

La question surprit le prêtre qui attendit la suite.

— Je veux dire que la tiédeur religieuse de monsieur Charles Midon, mon futur beau-frère, vous gêne moins que son zèle manifesté sous le pavillon impérial. En même temps que Dieu, vous servez le roi avec autant de dévotion. Ce n'est pas ce choix, partisan, que le Village attend de vous mais, plutôt, de la solidarité avec sa misère et son ignorance. En refusant de marier cet homme, le partisan que vous êtes punit un officier, qui fit son devoir, et le maître, qui ne lira pas, dans sa classe, le même catéchisme que vous.

— Votre sermon est terminé, monsieur l'Espagnol? Si votre homme est maître dans son étable, je le suis dans ma paroisse. Je m'étonne que deux anciens militaires ne respectent pas les commandements.

— Et moi, que la charité ne fasse pas partie de votre intendance.

Le ton montait. L'œil sombre de Manuelo s'allumait, les lèvres de l'abbé Thomas tremblaient. Octavie Gervais prit à témoin Augustin Méline. Tassé sur son siège, le père d'Eugénie balbutia que les villageois ne comprendraient pas qu'on refuse l'église à la fille du paroissien qui tenait l'harmonium.

— Ne divisons pas le Village, comme au temps où une moitié voulait planter un arbre de la liberté et les autres le déterrer. Peut-être faudrait-il se souvenir, aussi, que mes deux filles sont veuves de deux gars du pays, tués au service, comme feu notre général.

L'audace d'Augustin, habituellement discret, surprit le curé. L'ancien maire gardait sur ses concitoyens une influence que l'ecclésiastique ne négligeait pas, malgré les talents médiocres de l'instrumentiste du pédalier paroissial. Octavie Gervais devina l'hésitation.

— Monsieur Méline parle en homme sage, nos villageois le savent bien.

— Si les voies du Seigneur sont impénétrables, on dit que la nuit porte conseil. Avec l'aide de prières je donnerai une réponse demain.

Les modulations d'Augustin Méline, qui s'efforçait de tirer des hanches de son harmonium des notes légères et gaies, estompèrent le souvenir de cette discussion. La foule présente à l'église réconforta le curé, après son choix délicat. Le laborieux accord offrait au Village la distraction, attendue, de la promenade des couples Capitaine Ibanez-Méline et Midon-Méline qui alimentaient tellement les conversations.

Isidore marchait seul en tête, quelques pas devant son père et Eugénie. Suivaient le maître et Georgina et six invités, dont l'aubergiste et sa femme. La baronne attendait devant l'église, assise dans son cabriolet, Onésime, dans sa tenue de cocher, debout près du cheval. Elle descendit à l'approche du cortège qu'elle rejoignit pour passer le porche. Les regards tournés vers l'entrée observaient plus Manuelo, avec sa veste noire d'officier, débarrassée de ses galons et des insignes, que le corsage pudiquement fermé de la mariée, ses manches longues, qui contrastaient avec les épaules nues de ses toilettes printanières. Isidore amusait la travée des femmes en se retournant sans cesse vers son père pour savoir à quelle rangée de bancs s'arrêter. Augustin Méline accentuait sa pression sur le clavier et le pédalier pour couvrir des notes d'une comptine paysanne l'envolée des cloches, secouées avec ardeur par des enfants de chœur.

Pendant l'office le curé limita son discours au commentaire de l'Evangile et de sa phrase principale : « Laissez venir à moi les petits enfants », ce que Charles Midon trouva de bonne guerre tout en la ponctuant de quelques toussotements. A la sacristie les mariés et les témoins signèrent le registre sans autre compliment.

La joie régnait à l'extérieur. Les habitants, groupés en demi-cercle, tapaient dans les mains au rythme d'un violon et de deux clarinettes. Eugénie embrassa ses amies et les hommes, indistinctement, qui tendaient leurs joues rougies par les travaux de l'été. Les coups de fusil, tirés par les ouvriers agricoles qui avaient aidé aux travaux de la classe, attirèrent l'attention vers la table dressée contre le muret du jardin du presbytère. Marie, la cuisinière du Domaine, attendait les mariés et les autres devant des brioches dorées et deux tonnelets de vin offerts par la baronne. Près de son cabriolet, Octavie proposa à Manuelo un rendez-vous pour parler des brodeuses.

— Demain, dans la future école, que je connaîtrai enfin.

Charles accompagna son beau-frère pour ce tour du propriétaire.

La baronne effectua une visite méthodique. Elle cognait sur les vitres des baies pour en recueillir la tonalité. Elle tirait les rideaux, cousus par Eugénie, pour mesurer l'effet sur la clarté. Avec le tisonnier, elle soulevait le rond de fonte du poêle pour juger de la place laissée aux bûchettes préparées. Sidérée, elle observait les bat-flanc des râteliers, peints en blanc, réduits à des éléments du décor.

— Une fée est passée. Elle ne laisse pas derrière elle un carrosse mais un petit palais du savoir.

Elle rit en lisant sur un panneau d'un mur :

— *Le-pa-pa-de-To-to-fer-me-la-por-te-de-la-mai-son.*

Assis sur le gradin de pierre, Charles observait.

— Je visitais ainsi, autrefois, dans les chantiers, les corvettes en construction. Elles sentaient la résine des bois de charpente, le chanvre des cordages neufs. Ici, l'odeur viendra du poêle et de la chaleur des enfants.

— Pourrait-on placer quelque part un portrait du général ?

Le maître resté sans réponse, Manuelo estima que la

neutralité des lieux s'imposait pour ne pas susciter, à travers quelque dénonciation, la moindre évocation du règne impérial.

— Vous avez raison. Laissons rêver les enfants avec *la-fer-me-du-pa-pa-de-To-to.* Comment parlerez-vous de Dieu ?

— La classe récitera le Pater le matin, et le Credo le soir. Le reste appartient au curé et aux vatelottes.

Ce mot, qui rappelait les matelotes d'Etretat, plaisait à Charles. Il le tenait d'un libraire de Nancy qui désignait ainsi les sœurs d'école, formées selon les principes d'un prêtre toulois nommé Vatelot.

Octavie Gervais, un peu gênée par sa longue robe, restait assise sur le premier banc de la classe, les coudes appuyés sur la tablette inclinée servant d'écritoire. Elle regardait encore le tableau noir, la date à la craie, la carte de France peinte par Charles, le bleu sur le littoral, le vert dans les plaines, de l'ocre pour les montagnes avec quelques touches blanches sur les sommets des Alpes et des Pyrénées, la Corse dans un rectangle près des côtes méditerranéennes. Elle revoyait son père lui apprenant les provinces dans un atlas périmé où la Lorraine comptait encore pour un Etat. Trente ans après leur création, elle estimait ne pas connaître plus de dix départements, pas même ceux de quelques garnisons du général.

— Notre régent d'école s'attaque à une lourde tâche ; la foi s'impose d'elle-même, le savoir se gagne. Les enfants accepteront-ils l'effort ?

— Souffriront-ils plus, en apprenant le cours des fleuves, qu'en brûlant leurs bronches devant les fours de la Verrerie, ou en usant leurs yeux sur le dessin d'un feston de jabot ? Je crois au progrès, aujourd'hui balbutiant, qui ne doit pas profiter qu'à l'élevage des mérinos ou à la culture des pommes de terre.

La baronne souriait, debout à l'écart des bancs d'écoliers, les bras croisés et le regard attentif. Manuelo marchait en dessous de la frise des lettres accrochée au mur. Il racontait le travail de Georgina et des autres dentellières, les heures passées sur le modèle qui avance si lentement, le lourd silence autour des tables, la colère rentrée face à l'intermédiaire qui renie sa parole et verse la moitié ou le tiers de la somme annoncée.

— Que faire ?

— Vous cherchiez une idée. Je vous propose de réunir les femmes sans défense et de négocier pour elles avec les vendeurs de la production.

— Me faire manufacturière ?

— En quelque sorte : un peu pour votre profit, davantage pour celui de nos villageoises. Mon beau-frère me raconte que dans le port d'Etretat, où il vivait, des pêcheurs, sur les bateaux-ateliers, forment les mousses qui remplaceront les aînés sur les terre-neuvas. Puisque la mode et la décoration des maisons apportent la clientèle des bourgeoises et des citadines, je suggère de préparer des adolescentes et des jeunes femmes au métier de la dentelle, de conseiller les plus âgées pour rendre le travail irréprochable, leur production originale et le profit accru. Vous empêcherez ainsi les départs des habitants, qui ne craignent plus d'affronter les villes depuis leurs pérégrinations à travers l'Europe.

De nouveau assise, Octavie Gervais réfléchissait. Manuelo retrouvait en elle des allures de sa mère, quand il était étudiant. Elle portait le même chignon qui grisonnait autour des dernières mèches brunes. Droite, serrée dans son corsage boutonné qui ne faisait qu'un avec sa robe longue, elle exprimait la fermeté, la sérénité, la volonté de se montrer digne du général. Elle tapotait de la main le pupitre de son banc.

— Je me demande s'il ne vaudrait pas mieux construire la bergerie de monsieur Mathieu de Dombasle. Que ferais-je d'une usine de textile ?

— Restons modestes, un atelier, simplement, une sorte d'internat pour une dizaine de néophytes. La maison laissée par Grognard conviendrait après quelques travaux, pour un pensionnat et pour les salles de travail. A l'usage les ventes vous rembourseront de vos frais.

— Je ne spécule pas. Je gère, à la place d'un disparu. Il ne craindrait pas ce défi. Si je le réalise, je voudrais que, cette fois, vous preniez aussi vos responsabilités au Domaine dans cette fabrique. Les tas de bois se passeront de vous. Vous serez *mon* Capitaine.

4

EUGÉNIE

A la Saint-Louis, au premier jour de classe des élèves de Charles, Manuelo quitta son travail. Il tournait cette page sans regret ; depuis des mois il côtoyait des verriers sans l'être lui-même, sans chercher, non plus, à s'intégrer dans une corporation soudée dans sa fierté professionnelle et les exigences des gestes. Le vocabulaire, qui parlait volontiers de *la bique*, pour le support des cannes à l'entrée des fours, ou des *nennes*, pour les caisses des ateliers de finition, lui semblait aussi obscur que le patois des villageois qui appelaient un cagibi une *calougeatte*, et *béréque* une vache rétive à la traite. A peine lui manqueraient les marches forestières vers les bûcherons et les charbonniers ; il les remplacerait par des promenades avec Isidore, pour l'initier aux champignons, aux secrets des pièges et des collets appris chez les paysans-soldats de la cordillère de Salamanque ou dans les campagnes de Saxe.

Le plus délicat était de s'habituer à un autre rythme quotidien, sans les quatre-vingt-dix minutes passées sur le chemin pour l'aller et le retour ou les heures de présence, qui commençaient à l'aube et finissaient au crépuscule. Au début de sa nouvelle activité, il se reprochait de ne pas travailler assez. Grâce aux livres de Charles arrivés d'Etretat il retrouvait la lecture, que son beau-père considérait comme une forme d'oisiveté.

Georgina appréciait cette présence constante, l'aide apportée dans la vie domestique pour surveiller une marmite sur l'âtre, nettoyer le poulailler, cuire les dernières confitures de la saison. En l'absence d'Isidore, Manuelo l'arrachait parfois à sa couture pour l'entraîner vers la chambre en dégrafant son corsage : elle découvrait à la lumière du jour les plaisirs cachés par l'obscurité de la nuit puis retrouvait, détendue, la tête vaporeuse, son aiguille et sa dentelle.

Plutôt que de parler de régisseur ou d'intendant, Octavie Gervais, comme elle l'avait annoncé en s'amusant du changement de nom, appelait son nouveau bras droit « mon Capitaine ». A propos de tout elle conseillait : « Voyez mon Capitaine. » Sa confiance irritait l'abbé Thomas et le maire Leborgne, dépassés par les initiatives de leur concitoyen, soupçonné d'ambitions personnelles.

— Pour les fonctions communales, disait le curé, méfions-nous d'influences qui suggéreraient le choix de ces étrangers, un ancien officier espagnol et un régent laïque, marié de force à l'église.

Ni le prêtre ni l'édile ne visitaient Manuelo dans la salle de travail aménagée dans l'antre crasseux de Grognard, « ma cabane de chantier », répétait-il.

Il ne restait de la pièce que la cheminée, bien utile avec les premières fraîcheurs. Un des murs blanchis de frais supportait, sur un cadre de bois, le plan de la maison à remodeler avec, au rez-de-chaussée, une cuisine et son petit réfectoire, une salle d'étude et de travail, à l'étage un dortoir et une salle d'eau pour la toilette.

Chaque matin, le charpentier réunissait les trois manœuvres engagés par la baronne pour accomplir les travaux. Le maçon, une fois ou deux dans la semaine, se joignait à eux. Le samedi, après le versement de la paye, le comptable du Domaine mettait à jour le carnet de comptes que la baronne consultait en fin de mois, sans trop d'attention pour le budget prélevé sur « la cagnotte du général

Gervais ». Dans le même culte du souvenir la veuve du Domaine habituait les villageois à parler de la « maison Maximilien », d'après le prénom de son mari, plutôt que de fabrique.

Enthousiaste pour le projet, Charles participait à sa manière. Pour cette innovation rurale, il transposait son expérience maritime des équipages embarqués :

— Ne mélangeons pas les apprenties et celles qui produisent. La séparation garantit aux premières l'envie de progresser et de rejoindre les autres et, à celles-ci, en plus de l'envie de conserver leur avantage par la qualité de leur travail, la fierté de la différence. La leçon me vient des hommes de pont et des hommes de gréement, ceux du cabestan et ceux du cacatois, réunis dans la tempête, jamais dans le travail.

La théorie imposait deux locaux, différents pour les débutantes ou le perfectionnement et pour les aînées, formées par l'exemple familial et l'expérience collective. La bergerie, abandonnée, du père de Grognard permettait un aménagement à la façon de la grange transformée en école. La bâtisse en longueur convenait pour une rangée de tables individuelles : il ne manquerait, après un badigeonnage des murs, qu'un système de chauffage et une amélioration de la clarté.

Les travaux de la « maison Maximilien » accaparaient les esprits. L'épicier ambulant, qui passait deux fois par semaine, arrêtait son fourgon plus près du chantier pour permettre à ses clientes de mieux observer les changements. Les plus anciennes s'indignaient de ce que penserait le vieux père Laffont des ouvertures pratiquées dans les murs construits au temps du duc Léopold. Des hommes grognaient qu'on prenne tant de soin pour des dentellières pendant qu'ils s'usaient les bronches à souffler dans les cannes de verre ou tordaient leurs vertèbres en désembourbant les charrues. En achetant ses harengs,

Berthe répétait que monsieur le curé ne retrouvait plus l'âme de son village dans ces initiatives qui donnaient de l'indépendance aux filles et un savoir incontrôlé aux garçons. Au Domaine, Octavie Gervais recevait des mères de la commune ou des environs, soucieuses de placer un enfant en pension dans l'institution en préparation. Le comptable notait les noms pour une convocation à une épreuve de sélection.

Les gendarmes du bourg passaient par le Village, plus souvent qu'à l'habitude. Ils écoutaient les conversations des clients de l'auberge, prenaient à domicile l'opinion de quelques habitants, ou l'avis de l'abbé Thomas. Le principal souci de celui-ci n'était pas encore la « maison Maximilien » mais la classe de Charles Midon, « le club des Jacobins », disait-il.

A l'occasion d'une visite de la maréchaussée, le curé remit au brigadier une image d'Epinal donnée en récompense à un élève par le régent. Le dessin représentait un légionnaire romain, portant la longue palme du martyr, le chef couronné de l'auréole des saints. Une prière tenait lieu de légende : « Faites, ô Dieu puissant, que par les prières et l'exemple de notre bienheureux martyr Napoléon, dont nous célébrons le triomphe, nous soyons affermis dans l'amour de Votre saint nom. Nous vous supplions par Jésus-Christ notre Seigneur. Ainsi soit-il. »

Le gendarme trouva le texte conforme à l'esprit de dévotion souhaité chez les enfants.

— Il se trouve, par hasard, protestait le curé, que ce saint est un officier, qu'il se nomme Napoléon, comme ça, et s'adosse à un palmier, qu'on trouve du côté d'Ajaccio plutôt qu'au-dessus des catacombes de Rome.

— Ce saint est-il un saint?

— C'est un usurpateur, comme son nom l'indique. Il n'existe aucun prénom comme celui-ci dans le martyrologe. C'est une invention du Corse satanique à partir d'un Néopole, sacrifié à Alexandrie à cause de sa foi, et devenu Napoléon sur un tour de passe-passe. Cette image offerte aux enfants est celle d'une idole païenne : elle offense Dieu et insulte le roi. Le livre des saints est un domaine sacré où l'on n'entre pas à la hussarde. Vous protégez la loi jusques et y compris celle du Seigneur. Interrogez donc ce régent propagandiste, coupable de détourner les exemples des textes sacrés pour entretenir le culte d'un ennemi de nos souverains, sages et généreux...

Les deux gendarmes à cheval contournèrent la résidence de la baronne pour approcher de la classe par l'arrière du Domaine. Le bruit des sabots sur les pavés de la cour alerta le maître. Il apercevait ses visiteurs par la large vitre de la baie : il ouvrit la porte au brigadier.

Encouragés, par un mot sec, à poursuivre leur occupation, les élèves ne bronchaient pas.

— Que cherchez-vous ? demanda Charles au gradé.

— Un saint qui ne l'est pas mais qui est une vieille connaissance.

— Voici une belle devinette. Pour les saints, voyez plutôt monsieur le curé.

— C'est lui qui nous envoie. Possédez-vous des images d'Epinal ?

— Comme tout le monde. J'en distribue aux enfants qui le méritent.

— Peut-on en voir quelques-unes ?

— A mon sens il s'agit d'une perquisition, ce qui suppose une plainte : existe-t-elle ?

— Un reproche seulement.

— Pas de plainte, pas de perquisition ! Ou avec l'accord de madame la baronne qui est propriétaire de ces lieux.

Le brigadier flairait la difficulté. Son collègue, assis au bout d'un banc, observait les enfants, appliqués à construire des personnages avec des marrons de toutes tailles, des glands et des baies de gratte-cul. Ils enfonçaient des oreilles en carton dans les entailles d'un visage. Ils fixaient celui-ci à un corps, avec des chevilles, coupées dans une brindille qui fournissait également les pattes et les bras. Un gland devenait la tête d'un mouton, la boule rouge d'un cynorhodon celle de la laitière au pot au lait.

— Qu'est-ce que cette ménagerie? demanda le brigadier, par souci de diversion.

— Le petit théâtre de La Fontaine. Les acteurs ne marchent pas mais ils parlent. Françoise, fais-nous Perrette.

— Quel esprit ne bat la campagne?/ Qui ne fait châteaux en Espagne?/ Picrochole, Pyrrhus, la laitière, enfin tous/ Autant les anges que les fous./ Chacun songe en veillant : il n'est rien de plus doux.

— Stanislas, dis-nous la fin du *Lièvre et les Grenouilles*!

Stanislas se leva pour réciter.

— Comment? des animaux qui tremblent devant moi?/ Je suis donc un foudre de guerre!/ Il n'est, je le vois bien, si poltron sur la terre/ Qui ne puisse trouver un plus poltron que soi.

— Voilà pourquoi je leur distribue des images, dit Charles.

— Napoléon n'est pas un saint.

— Je vous l'accorde, mais saint Napoléon n'était pas empereur. Il faudrait que vous en parliez, d'abord, à la baronne.

Les gendarmes reprirent leurs montures sans poursuivre leur enquête.

Alertée par Charles, Octavie Gervais profita de la visite hebdomadaire du curé pour lui demander plus de tolérance et moins de curiosité policière.

— Je connais vos sentiments monarchistes. Je les comprends, après tant de troubles subis par les prêtres. Epargné par la guillotine, notre village compte, après quinze ans de guerre, quatorze morts, sept veuves, vingt orphelins, deux unijambistes, un aveugle. N'est-ce pas assez cher payé, monsieur le curé, pour qu'on veuille effacer l'histoire jusque dans une image, qui porte au sourire plus qu'à la vénération ? Vous récusez saint Napoléon mais faut-il rayer de vos registres de baptême ceux que vous avez bénis sous ce prénom ? Faut-il interdire au régent de ma classe de distribuer saint Michel devant le dragon, saint Nicolas face au saloir parce qu'ainsi s'appelaient le maréchal Ney et le maréchal Oudinot, anciens chefs du général-baron Maximilien Gervais ? Et que ferions-nous de nos bergères et de nos lingères baptisées Pauline, comme la sœur, ou Marie-Louise, comme la femme ?

L'abbé Thomas battit vite en retraite devant la puissante Octavie, riche par son domaine et par ses terres, considérée encore, malgré le retour à la monarchie, par les autorités du canton et de la préfecture. L'habitude reprenait des réceptions dans ses salons où se mêlaient des habitués du temps de l'Empire et des nouveaux venus de l'administration ou de la politique. Le curé savait bien cela.

Avec ses invités coutumiers, et d'autres plus officiels, le Domaine connut la fête pour l'ouverture de la « maison Maximilien ». La date correspondait au dernier jour de classe de la première année de l'école, un dimanche choisi par la baronne pour que la cérémonie profite de la messe chantée. Les psaumes et les cloches célébraient l'apparente unité du Village, groupé autour des élèves des sœurs vatelottes et de ceux de Charles Midon.

Après l'office, les écoliers de l'ancienne grange proposèrent aux habitants et aux personnes venues de la ville ou des alentours le spectacle préparé par leur maître, avec l'aide d'Eugénie et Georgina pour la fabrication des costumes.

Par groupes de trois ou quatre, les enfants montaient sur la plate-forme d'un chariot décoré d'un treillage garni de branchages et de fleurs. Françoise, l'aînée de la classe avec ses treize ans, lisait un texte que mimaient ses camarades. Il évoquait l'histoire du travail de couture et de broderie, avec Pénélope et sa toile, les toges romaines, les hennins de la Mignonne de Ronsard, la pauvre brodeuse de Jacques Callot, avec ses chats autour d'elle, les dentellières du Village, penchées sur leur boule de verre, et, d'autres, sur des fuseaux. Des garçons ou des filles intervenaient dans le texte de la récitante pour dire la citation d'un poème ou d'une fable.

Pour la première scène, qui montrait deux apprenties attentives aux conseils de Georgina, Isidore, sans intimidation, donna en conclusion la fin de *L'Éducation* de La Fontaine, entouré de ses camarades imitant les deux chiens, César, le chasseur de cerfs et de sangliers, Laridon, le paresseux vautré en cuisine. Isidore, le doigt pointé sur le plus pitoyable des deux mâtins, récitait :

— On ne suit pas toujours ses aïeux et son père/ Le peu de soin, le temps, tout fait qu'on dégénère/ Faute de cultiver la nature et ses dons,/ Oh ! combien de Césars deviendront Laridon.

Les applaudissements du préfet entraînèrent ceux des invités, puis ceux des villageois, plus sensibles aux mimiques des enfants qu'aux subtilités des alexandrins.

La préfète suivit Octavie Gervais jusqu'au seuil de la maison. D'un geste précis elle souleva le voile bleu qui pendait sur le mur. Maximilien Gervais, de profil, moulé dans le bronze, dominait la foule assemblée. Seul un insigne, imprécis, sur le col de sa veste indiquait sa qualité d'officier.

Cette fois les villageois claquèrent des mains les premiers, diversement suivis par les autres. Sans autre discours le préfet dit d'une voix forte :

— Je déclare ouvert cet établissement d'apprentissage auquel, madame la baronne, vous donnez le nom de votre défunt époux, Maximilien Gervais.

Octavie embrassa Manuelo, debout près d'elle.

— Mon Capitaine guidera votre visite.

La grange ouverte sur la Rue servait d'entrée. Un faux plafond cintré lui donnait un air de hall, agrémenté, sur les murs, par des bobines de fil, des roues de vieilles quenouilles, des fuseaux, dans des cadres des gravures de mode, découpées dans des almanachs. Les invités observaient, avant d'entrer, par petits groupes, dans la salle d'apprentissage où Manuelo présentait Alexandre Debray, le directeur.

Ce Normand, recommandé à Octavie Gervais par une relation, venait d'Alençon, demi-solde, à sa manière, de l'industrie dentellière. La baronne ne contait l'histoire de sa recrue qu'à des gens sûrs. Dans son usine, Alexandre Debray assurait le service de l'Empereur, pour les pièces rares et, plus ordinairement, pour les chemises et les manchettes.

— Notre ami — elle ne prononçait plus, par prudence, le nom de Napoléon —, notre ami lui remit une bague en diamants après un exploit resté fameux à Alençon. Visitant les ateliers avec son épouse Marie-Louise, il découvrit un couvre-lit de dentelle, au chiffre de celle-ci, qui lui semblait irréalisable depuis l'annonce de son passage, deux semaines plus tôt. En la circonstance, notre Alexandre ressortait un travail exécuté, sans suite, quelques années plus tôt pour Joséphine et modifié avec les nouvelles initiales. La dentelle se manipule mieux que les statues de bronze ou les stèles de marbre.

Les pensionnaires de la « maison Maximilien » travaillaient à leur table, huit jeunes filles de dix-huit ans, du Village et de trois communes voisines, élégantes dans l'uniforme classique d'une longue jupe noire et d'un corsage blanc, coupé d'une étroite lavallière. L'une derrière l'autre, sur deux rangées, elles présentaient les étapes des ouvrages : le dessin, son transfert par piquage sur un parchemin vert, appelé le vélin, la trace plus précise au point droit, à cheval sur une toile forte, le réseau de mailles bouclées, le rempli des mailles tortillées, le levage de la broderie séparée de son modèle, l'assemblage des pièces rapportées, qui permettait de remplacer le *J* de Joséphine par le *M.L.* de Marie-Louise ou un aigle par une fleur de lys. Les pensionnaires ne quittaient pas des yeux leur ouvrage.

Eugénie Midon-Méline, chargée de la surveillance, répondait aux questions sur les conditions d'accueil. Habillées, nourries et logées, les apprenties recevaient, pendant trois mois, un viatique pour leurs besoins personnels. Elles passaient ensuite à l'atelier de fabrication, ou cherchaient, à leur gré, un emploi personnel, à domicile ou collectif, dans une manufacture intéressée, face à la concurrence, par une main-d'œuvre de qualité.

La visite continua par le réfectoire et le dortoir, jugés particulièrement confortables par les dames issues des austères pensionnats abrités par d'anciens couvents, et par les hommes, sortis des collèges spartiates, conçus comme des casernes pour jeunes recrues. Par la cour, les groupes entraient, ensuite, dans le hangar de la fabrique, le domaine de Georgina. Forte de l'aide de Manuelo et de la confiance de la baronne, la timide jeune fille Méline devenue Capitaine Garcia Ibanez prenait au sérieux son rôle de contremaîtresse. Pour chaque point elle connaissait le mouvement de la main. Elle décelait vite la moindre erreur pour la reprendre sans perte de temps. Elle ne rechignait pas à s'atteler à la tâche pour permettre de souffler à une femme fatiguée par son labeur ou ses soucis.

Aux hôtes d'Octavie Gervais Georgina montrait les modèles fabriqués sous sa responsabilité, des napperons de toutes tailles, des chemins de table et, dans un autre genre, des mantilles, blanches ou noires, destinées aux Parisiennes, et autres citadines, obligées de porter une coiffure à l'église et, comme l'espérait Manuelo, à l'exportation vers l'Espagne et l'Italie. Fort de son expérience alençonnaise, Alexandre Debray connaissait les circuits commerciaux susceptibles d'assurer les salaires hebdomadaires des femmes et de couvrir, peu à peu, les frais du pensionnat.

Sur une écritoire posée sur l'avant-bras d'un planton, le secrétaire du préfet prenait des notes. Il trempait sa plume d'oie dans un encrier porté dans l'autre main. Au bas de chaque page, avant de la retourner, il jetait, pour sécher les lignes, une poignée de sable pris dans un sac accroché à sa ceinture. A l'école, pour être plus à l'aise, il prit place à un pupitre et consigna la théorie développée par Charles Midon. Dans son propos d'accueil, le maître insistait sur la finalité de son enseignement.

— Je vise au-delà de l'apprentissage de la lecture, de l'écriture et du calcul. Je prépare des paysans, des ouvriers, des employés qui comprendront mieux, demain, la tâche qu'on attend d'eux. Les filles progresseront plus vite à l'atelier de la « maison Maximilien ». L'intelligence profitera à tous, au contraire du Laridon de la fable de La Fontaine.

Assis sur l'estrade au bureau du régent, le préfet, peu bavard jusque-là, brûlait de répondre.

— Sans le savoir, me semble-t-il, vous appliquez, ici, les méthodes d'un homme que j'ai croisé dans ma carrière, le comte de Saint-Simon, décédé récemment. Sa théorie rejoint la vôtre, avec, je crois, plus de préoccupation religieuse, chez lui, et, également, le souci politique, que je ne décèle pas dans vos propos, de mettre fin, comme le soutiennent ses amis, à l'exploitation de l'homme par l'homme.

— Ce n'est pas un mauvais programme, dit Manuelo. Hélas, ceux et celles qui travaillent quinze heures d'affilée à la Verrerie n'ont pas le loisir d'y réfléchir.

— Le gouvernement que je représente ne vous empêchera pas, ni vous, ni madame la baronne, ni monsieur le maître d'école, de le faire pour eux, et avec eux. Permettez-moi, en conclusion, de vous livrer une pensée de ce Saint-Simon que je prends plaisir à lire. « Pour faire quelque chose de grand il faut être passionné. »

Charles et Eugénie passèrent la soirée avec Manuelo et

Georgina. Les deux hommes bavardaient sur le seuil de la maison d'Augustin Méline. Isidore et ses camarades organisaient un carrousel de hannetons attachés à des fils. Des fillettes promenaient leurs poupées pour les endormir avant la nuit.

— Si d'autres plus savants agissent comme nous, nous sommes dans la bonne voie, dit Charles.

Manuelo soupira :

— Ma vie retrouve un sens.

Eugénie s'impatienta :

— La nuit vous suffira-t-elle pour refaire le monde?

Elle entraîna Charles, après un baiser à Isidore qui rentrait, les doigts englués par la bave des insectes.

Manuelo regarda la fin des jeux des gamins. L'étoile du berger brillait sur le flanc du clocher de l'église. Georgina le rejoignit. Assise sur la cuisse de son mari, elle serrait ses bras autour de son cou.

— J'ai entendu le préfet. Viens, je vais te montrer ce qu'on peut faire quand on est passionnée.

Prestement, il la mit debout. Elle courut vers le seuil en riant.

Rien ne révélait plus l'ancien marin ni le Normand dans l'allure de Charles Midon. Sa tenue s'inspirait de celle des colporteurs qui passaient en voisins en quittant Chamagne pour une tournée régionale : pantalon de velours marron, large veste bleue qui enveloppait une chemise blanche. Quel que soit le temps, il marchait coiffé d'un chapeau de feutre marron; le large bord le protégeait de l'éclat du soleil comme de la bruine. Retenu sur son dos par une lanière en cuir, il traînait toujours avec lui un coffret de bois noir qui servait d'écritoire ambulante. Sur un muret ou une souche, le couvercle déplié devenait un pupitre stable. La boîte contenait le papier, les crayons, les fusains, un double décimètre et des ciseaux. Quand le régent se promenait seul dans la campagne, la cassette, posée verticalement, faisait office de chevalet pour ses croquis de paysages ou de scènes de travail. Dans les sorties avec les élèves, elle permettait de transcrire des notes d'observation faites ou recueillies par les garçons et les filles. Le plus attentif, au retour, gagnait le privilège de porter la « boîte de Monsieur ».

Une fois ou deux dans la semaine, Charles emmenait les aînés, à partir de dix ans. Les plus jeunes restaient à l'école sous la surveillance d'un grand, choisi à tour de rôle. Les saisons ou les circonstances commandaient le but de la sortie. Les enfants découvraient, d'une autre façon, des scènes parfois familières, un débardage dans un bois, la construction d'une digue dans un coude de la Moselle, le creusement d'une gravière dans le bras mort, le vol de grues cendrées à l'époque de la migration, des traces d'oiseaux ou de mammifères dans la neige. Il se trouvait toujours un malin pour prétendre connaître ce qu'on lui montrait mais, par une précision, une anecdote ou une référence, le maître confondait l'arrogance du petit malin.

Pour sa première leçon de choses en plein air, Isidore entrait dans l'ambiance des vendanges. Comme ses camarades, il fréquentait moins les vignes en grand travail que les champs des moissons. Elles couvraient quelques arpents, assez loin du Village sur les pentes d'un coteau, tournées vers le sud.

Septembre ramenait les navettes du chariot apportant les tonneaux au pressoir où des hommes et des femmes foulaient au pied les raisins dans des cuves. Les enfants se souvenaient mieux de la procession des vignerons, à la fin de janvier, pour la fête de saint Vincent, leur patron. Pendant une semaine, le travail de la classe commençait par là. Charles collectait auprès des élèves les mots du vocabulaire de la vigne, la treille, l'échalas, le raisiné, le verjus. Les cépages y passaient aussi, plus nombreux sur le cahier que sur les côtes médiocres de la commune. Le vin amenait également des légendes, celles de Noé ou de Loth, même, à propos de table, l'erreur d'Esaü qui vendit son droit d'aînesse pour un plat de lentilles. La quête acharnée des dictons passionnait les élèves désireux de trouver autre chose que les formules usées.

— A la Saint-Vincent, la goutte au sarment !

— A la Saint-Vincent l'hiver perd une dent !

Grâce à son père, Isidore apporta une formule, moins connue, que la classe traduisit laborieusement en riant :

— San Vicente clara y buena, más vino que agua... Saint Vincent claire et belle, plus de vin que d'eau.

Charles évitait que la présence de la dizaine de gamins près des rangées de ceps gêne les cueilleurs de raisins. Il trouvait aisément un grand-père ou un vieil oncle, tenu à l'écart des lourdes charges, pour expliquer l'organisation du travail et de la récolte. Ces hommes de soixante ans et plus parlaient d'abord de « dans le temps », quand ils travaillaient à la vendange pour trois pains par jour, sous la surveillance de contrôleurs qui notaient les parts à fournir à une abbaye, à un fauconnier, aux écuyers d'un châtelain, à un relais de hussards sur la route royale 57. Ils appréciaient la liberté de planter, donnée à chacun, au début de la Révolution, en même temps que le droit de chasse :

— Les jeunes ont plus de laisser-aller : ils cultivent leur vin comme de la rave ou du radis noir.

Charles suscitait des questions, préparées parfois au tableau noir avant la visite. L'aïeul interrogé retrouvait soudain la fierté de son travail. Il retraçait les étapes de la préparation : bêcher, fumer, briser les mottes, dresser les échalas avec des branches d'osier rouge.

— Le bon vigneron passe chaque jour, ou presque, entre les ceps pour les entendre respirer. Le bon vigneron est un homme qui sent sa vigne.

Un ramasseur profitait de sa pause pour apporter quelques grappes aux enfants dans un panier. Son pupitre déplié, Charles notait les mots qui désignaient la corbeille et que ses élèves connaissaient souvent mieux que lui : la *baûgeatte*, la *bougeotte*, le *mannequin*.

— La hotte que je porte, disait l'homme, est un *tenderlin* : elle transporte le raisin, le moût et même le vin. Certains, à cause du bois de fabrication, parlent plutôt du *sapin*.

La visite des vendangeurs s'achevait en cortège, derrière le chariot conduisant les cuveaux au pressoir. Les bœufs, que certains, au Village, préféraient aux chevaux, marchaient lentement, le cou tendu sous le joug, surveillés par un jeune commis qui donnait volontiers de la badine. Un manœuvre plus âgé accompagnait l'attelage pour contrôler, à l'arrivée, les qualités enregistrées et la répartition des tonneaux. Il complétait la leçon de choses en parlant de fermentation, différente pour le blanc, gardé dans un récipient ouvert, le gris, passé deux ou trois fois au fouloir, le rouge, écrasé au pied pendant deux ou trois jours, et même davantage.

Charles n'écoutait plus. Alors qu'il traînait à l'arrière de son groupe il avait aperçu, sortant de la grange de la ferme la plus proche du Domaine, Eugénie et Alexandre Debray, la main dans la main. La scène furtive confirmait des soupçons éveillés par l'étrange attitude de sa femme, la gêne du responsable de la « maison Maximilien », les discrètes allusions de Georgina. Lui-même ne se cachait pas la lente déception entrée dans son esprit au fil des années. Les premiers élans passés, l'ardeur d'Eugénie le désemparait depuis longtemps, à peine atténuée par l'échec de deux grossesses. Il regrettait, aussi, que sa femme renonce à tout effort pour développer ses connaissances, même dans l'art de la broderie que des apprentics dominaient parfois mieux qu'elle. Eugénie préférait jouer la coquette. Alexandre Debray était le mieux placé pour en profiter.

La situation, révélée par le hasard, embarrassait Charles sans le meurtrir beaucoup. Sa carrière maritime, comme sa nature, le destinait davantage au célibat. Réfléchissant dans le sillage odorant du chariot, il admettait se préoccuper de son école et de ses élèves plus que de son épouse : Manuelo, pas aveugle, le lui répétait volontiers.

A l'entrée du Village les élèves se séparèrent. Les uns rentraient chez eux en accompagnant le chariot, les autres regagnaient la classe avec le maître.

Pendant la coupure de midi, Charles resta avec ceux qui mangeaient sur place une tartine, une pomme, un quart de fromage sortis de leur sac. Il grignota de son côté un reste de viande froide. Pendant que les enfants jouaient sur le seuil de l'ancienne grange, il prépara une leçon de l'après-midi. Après cette découverte, ou cette confirmation, d'une liaison entre Eugénie et Alexandre, la tentation lui venait soudain de tenir un journal intime. Comme sa modestie ramenait à de moindres proportions son destin personnel, il décida plutôt, pour échapper à l'agaçante image de la fin de matinée, d'ouvrir un livre de bord, à la manière des marins, pour rapporter des rencontres, comme celle du jour avec les vignerons. Dans son esprit, un écrit de ce genre aiderait les classes à venir et garderait, pour le futur, des témoignages de la vie quotidienne du moment. Il prit un cahier dans l'armoire. A cause d'Eugénie il hésita à porter la date en haut de la première page. Il sourit en pensant que sur la corvette *Marie-Louise* le chef de quart consignait le jour et l'heure, même en cas de tempête. Il écrivit : 17 septembre 1830.

La diversion convenait à son humeur. Charles retrouvait entre ses lignes le plaisir des enfants apprenant le vocabulaire de la vendange en suçant un raisin de chardonnay ou de plant de Mirecourt. Il nota aussitôt au tableau *tenderlin* et *baûgeatte* pour les ancrer mieux dans les têtes à la reprise des cours. A cause de ces deux mots, l'après-midi passa dans le vocabulaire des campagnes. Un élève, rentré de son repas familial, rapportait la contestation de son père, pour qui la hotte n'était pas un *tenderlin* mais un *habeurlin*. Avec une curiosité amusée, Charles inscrivait à la craie les noms et les verbes soufflés par la classe : *s'accouvisser*, pour s'accroupir, la *calougeatte*, pour une petite cabane, *golbloter*, pour grignoter entre les repas, un *rassapi*, pour un bonhomme grincheux, la *ragusotte*, pour une pierre à aiguiser.

La classe parlait encore des *câcates*, qui sont confites en dévotion, quand vint l'heure, pour Isidore, de tirer la cloche, dehors près de la porte. Chaque semaine un élève prenait ce service qui, le matin, alertait les retardataires, et le soir, prévenait les parents du proche retour des enfants.

Charles appréhendait de retrouver Eugénie. Au centre du Village il se réjouit de croiser Manuelo qui revenait du pressoir.

— La récolte s'annonce médiocre. Le vin ne dépassera pas les sept ou huit degrés.

— Manuelo, je voudrais te demander conseil.

— Moi aussi. Garde-le pour toi : le préfet me demande d'accepter la charge de la mairie.

— Tu feras aussi bien que le pitoyable Leborgne. Notre beau-père Augustin n'est plus là pour reprendre la place.

— Le vent nouveau l'aurait décoiffé. Ce n'est pas encore la République mais ce n'est plus, dit-on, la monarchie étroite et revancharde.

— La révolution ne se fait guère dans les villages, mais l'effet de ce qu'on appelle les Trois Glorieuses vient jusqu'à nous.

— L'ex-capitaine Manuelo Garcia Ibanez peut-il, le premier, sortir, ici, le drapeau tricolore revenu ?

— Tu es Manuelo Capitaine-Méline, régisseur du Domaine de la baronne Octavie Gervais, veuve du général Maximilien Gervais, mort pour la France. Tu donnes aux enfants du Village l'éducation d'une école, sans parti pris, du travail à soixante femmes, délivrées des intermédiaires rapaces. Ce nouveau préfet s'informe bien.

— Mon hésitation n'est pas là. Je ne souhaite pas perdre ma liberté. Un maire nommé devient un fonctionnaire.

— Tu retrouves le statut de notable, comme un ingénieur ou un alcade, à Grenade.

— Au contraire de la France, la royauté durcit son régime en Espagne. Elle emprisonne les patriotes éclairés. Mon père apprécierait de me voir maire dans ce village.

Charles hésitait à évoquer son tracas à Manuelo. A son propre état d'âme s'ajoutait, avec l'annonce du choix du préfet, la crainte de porter préjudice à son beau-frère par une désagréable péripétie de sa vie conjugale. Une discussion avec Eugénie ne changerait rien à cette envie d'aventure. Une rupture compliquerait le fonctionnement de la « maison Maximilien » où Georgina dirigeait le travail des brodeuses sous la responsabilité d'Alexandre Debray et le contrôle de Manuelo. Au moins pour l'immédiat, Charles opta pour le silence.

Un incident l'aida dans sa résolution : il retrouva sa femme, et d'autres villageois, devant le seuil de l'auberge. Perché sur un banc, le maire Leborgne, éméché par les odeurs alcoolisées du pressoir, haranguait ses concitoyens avec des excès de mauvais bateleur.

— Leborgne, je suis Leborgne mais je vois clair. Mon grand-père a payé son nom de bigleux en perdant un œil dans la ruade d'un cheval. Leborgne, trois générations dans le Village. A la trappe, Leborgne ! Place au capitaine Manuelo des castagnettes ! Quarante ans après la Bastille les émigrés reviennent. Ils reprennent nos terres. Ils ramènent des étrangers qui nous soufflent les filles à marier, le travail, et, à moi, la place de maire. Leborgne n'aime pas qu'on passe les bornes.

Les habitués des beuveries du citoyen-maire applaudissaient, entraînant les cris des enfants, ravis du spectacle. Charles approcha de Manuelo.

— Comment connaît-il la nouvelle ?

— Tout se sait dans ce village.

— Tout ?

— Le vrai et le faux.

— Tu vas lui répondre ?

— Qu'il cuve son raisin. Si j'hésitais encore, il me déciderait : où il était le borgne je serai l'éveillé.

Eugénie se tenait derrière eux, amusée comme les autres.

— Je progresse dans la communauté : femme du maître, me voici bientôt belle-sœur du maire. Les jalouses trouveront du blé à moudre.

Etourdi par sa prestation, Leborgne descendait de son perchoir avec quelque difficulté. Son fils et un ami l'encadraient en le soutenant par les bras.

— Rentrons, dit Eugénie en prenant la main de son mari comme si de rien n'était.

La nomination, prématurément annoncée à la cantonade, fut officielle en novembre. Pour en faire une fête locale, Manuelo prit ses fonctions au début du mois de décembre, la veille de la Saint-Nicolas.

Le Village héritait, à la fois, d'un nouveau maire et, enfin, d'une mairie. Un poste de garde, qui n'avait jamais servi depuis sa construction, à la fin du règne de Stanislas, devenait maison communale avec une seule pièce coiffée d'une soupente. Albert, le fils cadet de Leborgne, un des premiers élèves de Charles à l'ouverture de sa classe, tenait la place de secrétaire de mairie, avec la responsabilité de l'état-civil, gardé jusque-là, malgré les lois nouvelles, par la paroisse. Manuelo le voulait aussi écrivain public pour les illettrés, embarrassés par des lettres à rédiger ou des réponses à formuler.

Le choix d'Albert Leborgne coupait court à toute querelle de succession. Il aidait une famille desservie par les incartades et la paresse du père. Il montrait aussi à des concitoyens réticents l'utilité de l'enseignement. Charles, peu à peu, obtenait des résultats. Selon leur aptitude il orientait les élèves vers un avenir professionnel. Habitués à griffonner avec lui, deux de ses anciens travaillaient comme dessinateurs à la Verrerie. Un autre aidait le comptable de la « maison Maximilien ». Sauf pour des tâches ordinaires, les filles rencontraient plus de difficultés mais Françoise, qui récitait si bien les fables de La Fontaine, tenait la réception et les comptes de caisse dans une importante auberge de la route de Nancy à Mulhouse.

En cette veille de Saint-Nicolas, la neige, précoce, recouvrait la plaine. Enveloppé sous l'épaisse couche, le Village prenait des reflets bleus dans les éclats lumineux des chandelles allumées sur les bordures de fenêtres pour faciliter la visite nocturne du bon patron. Par une tradition, venue de la ville de Saint-Nicolas-de-Port, qui, pas loin de là, entretenait la légende des trois enfants sauvés du saloir du boucher, l'ancien évêque de Myre passait une première fois en fin d'après-midi. Il revenait secrètement, la nuit, pour glisser des friandises dans les sabots ou les chaussons, placés à côté d'un bol d'avoine pour son âne.

La vingtaine de garçons et de filles attendait devant la nouvelle mairie, sans distinction entre les élèves des vatelottes de l'abbé Thomas et ceux de l'école du Domaine. Enfoncé dans sa pèlerine noire, le curé accompagnait ses petites ouailles, sans aucun accessoire pour accueillir le saint Nicolas de cavalcade qui ne lui revenait guère. Encore ignorait-il que cette barbe blanche et cette houppelande violette cachaient Charles Midon lui-même, le maître qui prenait Napoléon pour un martyr romain à l'aube de la chrétienté.

Le héros du jour arriva d'un coin sombre, précédé de deux joueurs de flûte mobilisés à chaque fête publique du calendrier. Quelques adolescents, qui ne croyaient plus au sucre d'orge déposé, à minuit, près des sabots passés à la cire, escortaient le vieillard, coiffé d'une mitre, aussi large que haute, suivi de l'âne rétif qu'il se refusait à monter. Eclairé par une poignée de porteurs de cierges, le groupe glissait lentement sur la neige tassée qui crissait sous les bottines et les galoches.

A l'approche de la mairie, celui qui était le patron de la Lorraine, des écoliers, mais aussi des charpentiers, des grainetiers, des ardoisiers, des bouchers, et de bien d'autres encore, avança seul vers les enfants partagés, selon l'âge, entre la crainte et la narquoise complicité. Mieux que tout autre, ce Nicolas les connaissait par leur prénom, avec un rien d'hésitation parfois pour les cousins et les cousines fidèles à l'école des sœurs. Pour ses élèves, Charles savait les détails qui surprenaient : le rappel d'un chapardage de pommes, une bataille à la récréation, une obstination à écrire *les chevals* plutôt que *les chevaux*. Son tour venu, Isidore retint contre lui la tête de son oncle penché pour l'embrasser et murmura : « Je te tiens, tu me tiens par la barbichette. Le premier de nous deux qui rira aura une tapette. »

Le grave saint Nicolas leva sa main gantée pour montrer qu'il fustigeait ses familiers comme les autres.

Campé en haut des trois marches d'accès à sa mairie, Manuelo observait. Les embrassades terminées, il s'adressa à ses concitoyens, stoïques dans la bise fraîche :

— Notre bon saint Nicolas offre, cette année, un cadeau au Village tout entier, avec cette mairie qui est notre maison commune. Je serai là pour vous aider, avec un conseil municipal que nous choisirons ensemble. Nous construirons l'avenir de nos enfants, aujourd'hui à la fête. Un nouveau roi, attentif, attend un nouvel élan des populations appelées à se rassembler autour d'un symbole fraternel que voici.

Albert Leborgne, venu près de son maire, déplia la pièce de tissu qu'il portait dans ses mains ouvertes. Il noua les cordons en haut d'un bâton qu'il planta dans une gaine de fer accrochée au mur.

Le drapeau tricolore étala ses plis dans le souffle du vent. La première, la baronne applaudit. En prenant des risques avec sa perruque, saint Nicolas souleva sa mitre comme un vulgaire bonnet phrygien. Ostensiblement, le curé mit en rang les élèves des vatelottes, absentes, et les dirigea vers le seuil de l'église.

Les deux flûtistes et les adolescents qui les accompagnaient formèrent une ronde que rejoignirent les autres enfants puis, avec Manuelo et Georgina, quelques parents. Dans le froid du début décembre, le Village retrouvait la bonne humeur du charivari, servi à la fin des fêtes des récoltes ou pour le début de nuit des nouveaux mariés. Octavie Gervais, qu'enchantait ce bonheur simple auquel elle n'était pas étrangère, reçut une déférente ovation quand elle entra dans la ronde entre Marie, sa cuisinière, et Onésime, le cocher, peu ardent à taper ses sabots sur le sol enneigé. Personne ne se préoccupait plus du saint Nicolas emmitouflé, bien incapable de tournicoter avec la joyeuse bande.

Charles marcha vers sa maison en se dépouillant dans le noir d'une partie de ses accessoires, à commencer par la barbe qui le gênait le plus. La neige assourdissait les bruits et la rumeur de la fête. Au-delà du Domaine la nuit s'épaississait, noire et mystérieuse, silencieuse malgré l'annonce, par un fermier, du passage de loups. La rue du lavoir était déserte. Seul, derrière une fenêtre, brillait le reflet d'une lampe, dans la cuisine d'Eugénie.

— Il fait froid, dit Charles en entrant, mais avec cet attirail je transpire comme un charbonnier.

La pièce sentait le mélange de dés de lard et de pommes de terre que sa femme tournait dans une marmite, assise sur un tabouret devant l'âtre. Elle ne répondit pas à sa remarque.

— Tu boudes ma transformation en patron des écoliers?

Elle continua de remuer son frichti avec la cuillère de bois. Dégagé de sa pelure de berger teinte en violet, Charles dégourdit son dos et ses bras par des moulinets répétés.

— Je retrouve avec plaisir le drapeau tricolore qui flottait sur ma *Marie-Louise*. L'hidalgo Manuelo Garcia Ibanez cède tout à fait sa place à Manuel Capitaine-Méline, citoyen français.

— Il ne t'a rien dit?

— Non, Georgina et la baronne l'accaparaient un peu.

— Alexandre Debray est parti.

— Comment ça?

— Parti, retourné à Alençon, où il retrouve sa place, pardonné comme les autres.

— La petite révolution a du bon.

— Tu trouves? Qui dirigera la « maison Maximilien », les apprenties, les brodeuses?

— Tu ne regrettes rien d'autre?

Eugénie tapait sa cuillère de bois sur la fonte de la marmite pour détacher un morceau de lard collé avec la graisse à un bout de pomme de terre. Assis sur le banc de la table, le régent de l'école sentait sa femme nerveuse, partagée entre sa peine cachée et une explosion rentrée. Il ne voulait pas rater cette occasion de l'explication, retardée jusque-là par prudence :

— Eugénie, je connais ta liaison avec cet homme.

— Tu écoutes les ragots, maintenant?

— Au moment des vendanges, je t'ai vue sortir d'une grange où tu n'allais pas ramasser des œufs.

— Je ne sais pas ce que tu veux dire.

— Je t'ai vue, de mes yeux vue, ce qui s'appelle vue.

— Ne joue pas les savants, comme d'habitude. Si tu te servais plus de tes mains que de ta tête, je ne chercherais pas des émotions ailleurs. Je ne suis pas une femme de marin qui paye huit jours d'escale de trois ans de tricot solitaire à la fenêtre du grand large.

— Tu exagères. Je ne quitte le Village qu'une fois tous les trois mois, pour deux jours au plus, quand je dois acheter des cahiers et d'autres fournitures.

— Et combien de fois par mois te couches-tu en même temps que moi? Je me gèle seule dans des draps glacés pendant que tu écris je ne sais quoi sous la chandelle qui te réchauffe le bout des doigts. J'ai besoin de chaleur, moi. A trop fréquenter les terre-neuvas tu as pris un coup de froid.

— Ne me fais pas regretter d'avoir quitté Etretat. Ici, c'est toi qui as péché et qui as droit aux reproches.

— Si j'allais encore à confesse, je dirais au curé que j'ai péché par omission. Tu comprends ça?

— Que ça te plaise ou non l'aventure s'achève. Ton partenaire disparaît, un peu à la cloche de bois d'ailleurs.

— Nous ne nous fréquentions plus.

— La séparation en sera moins pénible.

— Notre vie à nous continue. Mets les couverts, il est temps de manger.

Eugénie sortit de la huche le long pain de maison, avec le sillon de ses croûtes dorées, effilées comme des arêtes. Charles posa sur la table les assiettes d'étain, les gobelets. Ils se faisaient face devant la cheminée :

— Réconcilions-nous, dit Eugénie.

Il l'attira vers elle, l'embrassa en lui caressant les seins prisonniers de son gilet de laine.

— Oui, réconcilions-nous. Le dîner peut attendre.

Il faisait grand jour quand ils se réveillèrent, surpris par un bruit étrange de crécelle cassée ou de couverts de bois cognés l'un contre l'autre.

— Je me croyais au paradis, soupira Charles en sautant du lit.

Eugénie riait.

— Quelle nuit! C'est encore un tour du bon saint Nicolas, plutôt coquin cette fois.

Elle suivit son mari en enfilant un manteau sur la chemise de nuit froissée.

— Qui fait ce bruit, dehors?

— C'est moi, cria Isidore en poussant la porte de la Rue. Regardez ça!

Par une cordelette il tenait les deux coques de châtaignes, creusées et vernies par son père pour former une paire de vraies castagnettes. En les rapprochant dans le creux de la main, ses doigts servant de battoir, il cherchait à les claquer sans que l'une se défile sous l'autre.

— Ce n'est pas facile mais papa me montrera encore. J'ai trouvé les castagnettes dans mon sabot, avec six noix et un bâton de réglisse. Vous vous levez bien tard, dites donc !

— Nous avions du sommeil en retard, dit Eugénie.

Charles versa la soupe réchauffée dans les gobelets abandonnés la veille au soir.

5

LE PACHA

Isidore découvrait Nancy. Il ne connaissait rien de semblable autour de chez lui. Charmes, à peine plus important que le Village, profitait de l'animation de la route royale qui le traversait. Le jour du marché, la voie centrale fournissait le spectacle, insolite, d'une berline ou d'un chariot empêtré dans les voiturettes des paysans ou les charrettes des maraîchers.

Nancy ne ressemblait pas à cela.

Jusqu'aux postes de l'octroi le voyageur traversait des collines couvertes de vigne, des champs de blé, de chanvre, des petits bois, denses comme des garennes. A l'approche des portes de la ville, aux allures d'arcs de triomphe, on n'imaginait pas entrer dans un lieu si étonnant, par ses hautes maisons et ses places décorées. L'animation ordinaire des rues principales dépassait largement celle de Charmes le jour de la fête patronale. Elche, la jument, frissonnait entre les portefaix, qui lui frôlaient le museau avec la toile de leur charge, et les montures des bourgeois, qui coupaient la route en agitant une badine de jonc. Assise dans le cabriolet, à côté de son jeune cocher, Octavie Gervais souriait :

— J'ai connu cette bousculade, il y a près de trente ans, quand le général commandait à Sienne. Ces Italiens sont les fils des auriges des jeux du cirque. Postillons, rouliers ou charretiers, ils mènent leurs chevaux comme un attelage de chars.

La baronne ne connaissait de la grande cité que son hôtel de ville. Quelques années plus tôt, Onésime, décédé depuis peu sous une voiture renversée, l'avait conduite à une réception présidée par le général Drouot, « le sage de la Grande Armée », compagnon de son mari à l'île d'Elbe. A soixante-quinze ans, conseiller municipal, le vieil homme ne voyait plus. Aveugle, il parlait d'abondance :

— Octavie Gervais ! Je me souviens de vous, dans une robe de mousseline mauve, je ne sais plus où. Maximilien aussi était un sage dans notre métier de fou. La perte de mes yeux n'efface pas la mémoire des visages amis. Les flammes du four de boulangerie de mon père, auprès desquelles je m'éclairais pour lire, celles du feu de Wagram puis des neiges de la Moskova ont brûlé mes rétines. Du moins, avant qu'elles ne m'abandonnent définitivement, ai-je revu, au balcon de cet hôtel de ville, les plis glorieux de notre drapeau tricolore.

Par une amie, Octavie savait que, désormais, l'ancien commandant de l'artillerie de la Garde, rentré dans le rang et dans l'oubli, vivait dans une misérable solitude. Pendant les achats et les visites de la baronne, Isidore avait mission de déposer à son intention à la cure de la paroisse Saint-Léon une housse de vêtements et, dans un coffret, un poulet rôti, du vin, un litre de mirabelle, des noix, des pommes.

Elche n'appréciait pas les pavés. Elle hésitait à poser le sabot sur le grès luisant. Pour la rassurer, Isidore préférait marcher à son côté en lui tenant la bride. Ils avançaient dans une rue rectiligne qui semblait sans fin : elle descendait légèrement, traversait l'espace plus clair d'une place et poursuivait sa trace jusqu'à une lointaine porte, apparemment semblable à celle qu'ils laissaient derrière eux.

Un promeneur oisif, curieux de tout comme souvent, marchait près de la voiture. Satisfait d'apprendre que l'équipage appartenait à madame la baronne de Gervais, dont il ignorait jusqu'au nom, il s'étonnait de la jeunesse du cocher.

— Vingt ans! Nous avions, il est vrai, des généraux de cet âge, autrefois. Et bien avant encore, des évêques, et même des cardinaux qui sortaient des langes. Tout change aujourd'hui. Cette rue s'appelait l'Esplanade. C'est dire si elle offrait sa verdure à la promenade. Comme elle grimpe un peu, nos Jacobins l'ont baptisée rue de la Montagne, ce qui, en Lorraine, valait mieux que la rue de la Gironde. Géographiquement parlant. Elle est devenue rue de Toul, ce qui ne pouvait gêner personne. Pour faire plaisir à Louis-Philippe, qui a succédé à son arrière-petit-fils, on lui donne maintenant le nom de Stanislas. Je n'ai rien contre. On doit bien ça au roi de Pologne, ce Casanova de la Vistule qu'on dit philosophe, et il l'était, mais qui préférait les filles de la Cour aux Pères de l'Eglise.

L'inconnu amusait Isidore, habitué à des échanges plus frustes sur les chemins de campagne. L'homme suivait son regard et sans attendre une question prévenait sa curiosité :

— Les pavés de la chaussée qui gênent votre cheval couvrent désormais les parterres de l'Esplanade. Sur votre droite survivent les derniers arbres du jardin des Visitandines et leur chapelle. Leur couvent, détruit, et celui des Minimes, font place au lycée, impérial hier, royal aujourd'hui, je ne sais quoi demain. En traversant la rue, les lycéens entrent dans la place de l'Université. Cet immeuble aux fenêtres à petits carreaux abritait la faculté de médecine. Mon père me racontait qu'au temps de Stanislas l'odeur des macchabées de l'étage des carabins envahissait la cour du rez-de-chaussée. On les a déménagés. Pas les autopsiés, les découpeurs!

Isidore ne connaissait d'école que celle de son oncle, fréquentée jusqu'à ses quatorze ans. Après ces années d'enseignement ludique, qui apprenait les surfaces avec une chaîne d'arpenteur dans un pré, ou le fonctionnement des nerfs et des muscles avec des pattes de canards ou de coqs de bruyère, Manuelo avait renoncé à confier son fils au rigoureux pensionnat d'un collège de ville.

Charles, en plus des cours assidus de dessin, prolongés pour le plus grand plaisir d'Isidore, assurait à son neveu la connaissance de la littérature française, de l'histoire et de la géographie, complétée, à la maison, par les conversations en espagnol auxquelles Georgina elle-même prenait goût. Le jeune abbé Louis, successeur de l'abbé Thomas, donnait des leçons de sciences et d'anatomie, le but de ses études avant le choix de la prêtrise. Son emploi de cocher de la baronne donnait au jeune homme l'activité physique que son père jugeait indispensable en plus des cours d'escrime et de natation qui les amusaient tous les deux.

— Des princes n'en apprennent pas autant, disait Manuelo. L'alcade Garcia Ibanez formait ses fils de cette façon-là.

Un groupe de cavalières coupait la rue devant le cabriolet. Isidore releva le mors de son cheval :

— Doucement, Elche, doucement !

— Elché, c'est une curieuse façon d'appeler une jument, dit le promeneur.

— Oui, on prononce « Elché », comme avec un accent. C'est le nom d'une ville d'Espagne, avec des jardins superbes, une palmeraie et des massifs de roses. La mère de ma jument s'appelait Fleurette. Mon père, qui est espagnol, a pensé à Elche, un jardin fils de Fleurette. La lignée prenait du panache.

Sur le sol plus terreux, Isidore retrouva la banquette de la voiture. Il dominait mieux la chaussée et les vitrines des boutiques. Il se plaisait à entrer sur la place, redevenue Stanislas comme la rue, fièrement accroché aux rênes de la blanche Elche. Ce décor convenait au pas du cheval, à l'élégance de sa robe. Le quadrilatère de façades régulières, coiffées d'ornements sculptés, affirmait une puissance sans imposer l'absolu d'une rigueur. Les fontaines donnaient à rêver. Les portes décorées de volutes dorées invitaient au départ. Isidore n'imaginait pas l'espace que la place et ses immeubles tiendraient au cœur du Village ; il laissait flâner Elche pour calculer au nombre de ses pas les dimensions du pourtour. Il la tint à l'arrêt devant la sculpture en bronze de Neptune, reconnaissable à son trident dressé au-dessus des monstres et des dauphins.

La ville semblait un théâtre. Dans leur allure, plutôt lente, leur trajectoire dans la diagonale de l'espace, les passants, costumés comme des personnages, respectaient une secrète mise en scène. Les fuseaux noirs et les capelines fleuries augmentaient la taille des femmes qui marchaient à pas menus. Des nurses, des gouvernantes se distinguaient à leur tablier blanc et à leur coiffure, serrée sous une toque blanche ou bleue ou dans un turban noir, violet parfois. Avec leur corsage et leur jupe de couleur, leur aisance à porter le panier ou le seau, les servantes, plus affairées, ressemblaient davantage aux villageoises : elles étaient seules à marcher en sabots. Contrairement aux autres, les militaires longeaient les immeubles, toujours par deux ou trois, silencieux, les bras tendus et du même pas. Les quelques hommes en civil marchaient lentement avec une dignité affectée, le cou tendu dans le col de la redingote, sous un chapeau allongé comme un tuyau, la démarche guidée par le mouvement de la canne, soulevée avec légèreté et reposée au sol avec détermination. Isidore ne reconnaissait rien en eux de Manuelo ou de Charles. Seules ne contrastaient pas avec les gens du Village les religieuses piétinant à pas serrés, le regard fixe à l'ombre de leur cornette, amidonnée comme celle des vatelottes pour la grand-messe du dimanche.

Les chevaux et les voitures complétaient le spectacle. Par instants la place devenait carrousel. Des hommes habillés et chapeautés comme les promeneurs montaient des bêtes de selle, plus fines qu'Elche, plutôt noires, ou baies. A leur cambrure et à leur souplesse Isidore décelait en eux de bons cavaliers. Les véhicules lourds des rouliers étaient plus nombreux que les landaus et les calèches ; ils transportaient, surtout, des blocs de pierre et des pièces de charpente qui révélaient dans la cité une grande activité de construction. Contrairement à ceux des chemins de campagne, les charretiers menaient leur attelage sans abus du fouet, sans injonctions tapageuses. Les militaires, hussards et lanciers, passaient, distants et hiératiques dans l'agréable cliquetis de leurs harnachements et de leurs équipements. Dans leur force, maîtrisée avec élégance, leurs chevaux eux-mêmes exprimaient la rigueur de la discipline.

L'heure approchait du rendez-vous avec la baronne dans une maison voisine en bordure de la carrière. Isidore s'offrit un dernier tour de la place. Au passage il s'attarda devant les statues de l'Arc de triomphe, reconnaissant un dieu terrassant un dragon, sans l'identifier. Il pensait à la Rome antique dont l'histoire passionnait son père autant que la civilisation musulmane, si présente à Grenade. Manuelo appréciait particulièrement le général carthaginois Hannibal. L'ancien officier admirait la qualité tactique du vainqueur de la bataille de Trasimène ; l'ancien ingénieur s'extasiait du passage de ses éléphants dans les cols des Pyrénées et des Alpes ; l'homme aimait son refus de la domination romaine, qui lui rappelait celle de l'alcade Garcia Ibanez. Isidore n'ignorait rien de sa famille disparue dont il entendait, en espagnol, l'histoire et les détails chaleureux, dans les promenades champêtres avec l'unique survivant.

Prévenue par un domestique, Octavie Gervais arriva aussitôt après l'arrêt du cabriolet. Deux femmes de chambre l'accompagnaient, les bras chargés de cartons que le cocher rangea derrière le siège de la voiture. La maîtresse de maison, venue saluer le départ, caressa l'encolure du cheval en appréciant la blancheur de sa robe :

— Elche, calme, Elche, commanda gentiment Isidore.

— Elche, cette jument s'appelle Elche ! Octavie, te souviens-tu que j'ai passé un été, à Elche, chez mon père qui commandait l'artillerie de la province d'Alicante ? Je me rappelle la fiesta du 15 Août dans l'église Santa-Maria. Toute la ville jouait un mystère en l'honneur de la Vierge. Elche, quel nom curieux pour un cheval ! L'idée ne viendrait pas d'appeler une jument Romorantin ou Lons-le-Saunier. Tout Espagnol a un Don Quichotte qui sommeille en lui.

Imperturbable, Isidore pensa à l'orgueil serein d'une remarque fréquente de Manuelo : « Les Espagnols ont été les premiers à faire le tour du monde. »

Octavie embrassa sa compagne :

— Je compte sur toi pour les beaux jours qui se préparent. Ne me fais pas faux bond.

Après une montée dans la campagne proche de Nancy, la route traversait la Moselle, deux fois plus large qu'à proximité du Village. Agitée par les courants, l'eau manifestait un autre tempérament.

— Nous subissons, chez nous, le moins bon parcours de la rivière, dit la baronne, tête nue, dans le vent léger et sous le soleil. Les travaux entrepris par ton père pour creuser le lit en dégageant les graviers réduisent les risques d'inondation mais ils ne permettent pas de créer une papeterie, comme il l'aurait souhaité, et moi avec lui.

— Au moins l'espace donne-t-il un bassin pour les nageurs et les enfants de l'école. Je surveille leurs baignades, avec mon oncle Charles.

— Depuis la mort d'Eugénic, Charles consacre tout son temps à ses élèves. Je ne regrette pas l'expérience de cette classe. Au contraire des communes qui se dépeuplent, la nôtre dépasse maintenant les deux cents âmes. Soixante feux, disent les papiers du recensement.

Comme si elle combattait en parlant l'assoupissement provoqué par le balancement de la voiture, Octavie Gervais rompait le silence de loin en loin, à l'occasion d'un ralentissement ou après avoir salué, en le croisant, un équipage ou un cavalier.

— A Nancy, mon amie me disait qu'autour de Paris, ou de grandes villes comme Lyon, les attaques obligent les voyageurs à engager une escorte. Irais-tu jusqu'à porter une arme à feu?

— Je serais bien incapable de m'en servir. Mon père déteste les fusils et les pistolets, il m'enseigne le fleuret, qui ne se pratique pas sur les chemins de traverse.

— J'apporte à Manuelo Capitaine une nouvelle qui le surprendra et le réjouira.

Après quatre heures de route et une halte pour désaltérer Elche, le cabriolet atteignit le Village avant la tombée de la nuit. Isidore déposa la baronne devant la mairie où Manuelo se tenait une heure, chaque soir, à la disposition de ses concitoyens. En rentrant à la maison, après la livraison des paquets au Domaine et les soins à sa jument, le cocher trouva son père dans une rare agitation. Il constata :

— La nouvelle fait son effet!

— Tu la connais?

— Non. La baronne l'a annoncée sans m'en dire plus.

— Dans quelques semaines le pacha de Bursa, avec sa suite turque, visite le Village pour connaître les ateliers qui travaillent pour lui.

— Est-ce que les pachas se déplacent sur des éléphants comme les maharadjahs?

— Et avec leur harem? demanda Georgina en riant.

— Dans ce cas, il faut prévenir Charles tout de suite.

— Pour le remarier?

Le régent d'école était à l'origine du changement d'activité dans les ateliers de dentellières et le centre d'apprentissage, concurrencés par l'arrivée des métiers à tisser dans des fabriques, plus importantes, créées dans la plaine vosgienne. L'influence des méthodes anglaises bouleversait le marché. Elle éliminait l'artisanat au profit d'une production mécanisée. Sur les conseils de Manuelo, Octavie Gervais ne souhaitait pas entrer dans cette compétition technique qui, après les métiers à navette volante, amenait des bancs de trois cents broches maîtrisés par un seul fileur. Les heures du napperon à la main étaient comptées.

Le hasard sauva l'entreprise. Charles reçut la visite d'un compagnon de navigation qui recherchait des témoignages pour un ouvrage sur la marine au temps de l'Empire. Cet homme achevait sa carrière au ministère du Commerce, avec la charge du marché du Proche-Orient. Il répondit au souci de Manuelo et de son beau-frère en suggérant pour l'exportation des coiffures civiles, militaires ou religieuses, chéchias, bonnets de police, fez, toques et calottes que réclamait, avec le monopole pour la Turquie et au-delà, le pacha de Bursa.

La « maison Maximilien » changea d'allure. L'inutile salle d'apprentissage devint l'atelier des coupeuses qui taillaient le feutre ou la toile aux formes et aux dimensions des patrons de carton rigide. Les assembleuses cousaient dans l'atelier, agrandi pour les détails de finition et l'emballage pour les expéditions. La main-d'œuvre doublée représentait deux cents femmes que dirigeait un ancien tailleur de l'armée britannique recruté par Manuelo, avec Georgina comme contremaîtresse. Le magasinier, le comptable, le secrétaire étaient trois anciens élèves de la classe de Charles. En complément de celles du Village, les femmes et les jeunes filles — Octavie Gervais refusait les enfants — venaient des communes alentour travailler à « La Chéchia » pour le pacha de Bursa mais, aussi, pour des comptoirs installés à Alger ou en Egypte. L'exemple intéressait les autorités, qui trouvaient l'opportunité de le mettre en valeur à l'occasion du séjour à Toulon d'une escadre turque et d'une importante délégation.

Le Village apprit la visite du pacha de Bursa par la première annonce faite par le tambour municipal engagé par

Manuelo. Condisciple d'Isidore à l'école, Octave le bossu ne trouvait d'emploi ni à la Verrerie ni dans les fabriques où les charges demandaient une autre robustesse. La commune et la paroisse aidaient ensemble ce père de famille de deux enfants, l'une en le nommant appariteur, l'abbé Louis en le prenant comme jardinier du presbytère et de l'ermitage des sœurs enseignantes. L'inattendu de l'information, donnée après le matinal roulement de tambour, estompa le cocasse de cet homme petit, enveloppé dans un uniforme trop grand, coiffé d'un bicorne qui rappelait celui du bedeau. Octave lisait le communiqué sans difficulté. Sa voix forte portait, dans le silence, vers les familles groupées sur le seuil des maisons, l'exotisme du visiteur et de son pays.

Une escorte d'enfants suivit le tambour communal dans son bref parcours entre le bas du Ruisseau et le haut des prés, avec une halte devant le perron de la baronne, attentive au texte avant de retourner, dans son salon, à une réunion de préparation des journées à venir, avec Charles Midon, Manuelo, le curé, l'intendant du Domaine, chargé des métairies et de l'élevage. Isidore tenait lieu de secrétaire de cette séance de travail.

— J'ai apprécié, dit Octavie Gervais, que l'annonce publique ne mentionne pas « La Chéchia » plutôt que la « maison Maximilien ». Il faudra pourtant que je m'y fasse. Heureusement qu'il s'agit de coiffures. Je n'aurais pas supporté qu'on dise « La Godasse » pour des ouvrières de la chaussure. Revenons à notre pacha.

— Sa visite concerne plus la commune que la paroisse, dit le curé. Mes offices n'intéressent pas ce prince musulman. Pourrons-nous saluer son arrivée par une envolée de cloches ?

Manuelo sourit :

— A Istanbul, le bronze de Sainte-Sophie se mêle à la voix du muezzin de la mosquée bleue. Les sonneries de l'église marquent les joies et les peines du Village, même pour les infidèles dont je suis. Entraînez vos enfants de chœur à des cordées d'allégresse, monsieur le curé. En tant que maire, je propose que nous demandions au maçon de remettre en état les socles de deux croix de chemin, mis à mal pendant la Révolution, et de rendre lisibles les noms de saint Roch et de saint Sébastien. Ces deux bons gardiens protègent notre territoire.

— Ne devrais-je pas demander à mon évêque les limites de ma participation?

— Les cloches de votre église, mon bon abbé, et celles des paroisses voisines n'indiquent-elles pas, chaque matin, à nos ouvrières de partir couper, ou coudre, les chéchias et les fez que porteront, pour l'essentiel, les croyants d'une autre religion? Avec votre prédécesseur, l'abbé Thomas, j'eusse craint une nouvelle croisade contre cet hérétique pacha. Je vous sais autrement tolérant.

Le rire de la baronne entraîna celui du jeune curé :

— Je m'occupe, dit-elle, de la partie officielle et extérieure avec les administrations. Chargez-vous ensemble, sous la responsabilité de mon Capitaine, qui est notre maire, de l'accueil du Village. Je souhaite que nous nous montrions tels que nous sommes, avec nos habitudes et notre vie quotidienne. Redressons un peu les tas de fumier qui s'étalent sur les usoirs. Fleurissons nos fenêtres, mais ne dressons pas d'arcs de triomphe. Pour les écoliers, que leur maître fasse au mieux, avec les siens, et si monsieur le curé le permet, avec ceux et celles des vatelottes.

Octavie Gervais, si fière de son baronnage, gardait de son mari le respect hiérarchique et mondain des titres et des grades. La visite de l'éminent client ottoman lui donnait l'occasion de rencontrer, pour les préparatifs, le préfet, le général-gouverneur de Nancy, qui commandait également la garnison d'Epinal, le général de gendarmerie et divers hauts fonctionnaires du Trésor public, du commerce, de l'agriculture.

Isidore la conduisait chaque jour à ses entretiens. Il

occupait ses heures d'attente à lire une histoire de la Turquie, dénichée par son oncle Charles dans un dépôt de livres saisis, quarante ans plus tôt, dans la bibliothèque d'une abbaye. Sur le chemin du retour, il commentait ses découvertes pour la baronne qui engrangeait les informations les plus surprenantes. Avec le souci d'enrichir les conversations des réceptions à venir, elle reprenait, volontiers, comme une élève, les noms des dignitaires, *padichah*, l'empereur, *sultan*, qui était aussi facile que *pacha*, *aga*, le chef des milices, *calife*, qui l'amusait, le commandeur des croyants. Elle appréciait également le *divan*, qui désigne le gouvernement, à cause du sofa de son chef. Du cheval de Troie à Soliman le Magnifique les péripéties historiques l'ennuyaient, sauf le surprenant projet de mariage de l'impératrice Irène avec l'empereur Charlemagne, qui lui rappelait celui de Napoléon et de Marie-Louise de Habsbourg-Lorraine. Dans les propos d'Isidore, elle guettait le nom de Bursa, la ville du pacha, l'évocation de ses faïences émaillées, des eaux bouillantes des thermes, du parfum des roses et des magnolias.

Les mêmes noms revenaient sur le tableau noir de Charles, accompagnés de cartes ou de dessins montrant les formes des minarets ou des mosquées, celle du port de Constantinople étiré vers le Bosphore. La curiosité montrée par les enfants pour un monde si lointain, et si mal connu, entraînait l'intérêt des parents. Les portes et les volets retrouvaient de l'éclat sous une couche de peinture ou de vernis. De vieux outils des champs disparaissaient des seuils avec d'autres débris. Par un passage d'Octave et son tambour, Manuelo remercia les habitants des efforts entrepris. Il indiqua, également, que le pacha et sa suite séjourneraient deux jours au Village dans les installations de leur camp mobile.

L'avant-garde arriva l'avant-veille de la visite.

Tôt le matin Charles réunit ses élèves à la sortie du pont du Ruisseau où les rejoignirent aussitôt ceux des cours religieux conduits par l'abbé Louis. Le régent d'école et le curé s'entendaient parfaitement. Le prêtre appréciait les initiatives prises dans le Village au profit d'une population que ne tentait pas la fuite vers la ville ou un bourg plus important. Au contraire de ses confrères des paroisses voisines, il ne ressentait pas la déchristianisation — un mot qu'il détestait —, si préoccupante dans les propos de l'évêque et de ses proches. Charles et l'abbé, surtout depuis le décès d'Eugénie, passaient volontiers des soirées en commun, plutôt au presbytère où la mère du curé, gouvernante à la place de Berthe, partie en même temps que l'abbé Thomas, préparait le dîner. Manuelo les rejoignait parfois, avec ou sans Isidore, pour parler de société, de travail ou d'éducation. Il n'y avait pas de meilleurs amis dans la commune.

Les enfants applaudirent dès qu'apparut le premier attelage sur le chemin. C'était un chariot ordinaire, mené par des voituriers habituels, le premier d'un convoi de quatre ou cinq véhicules. L'insolite venait de l'escorte de cavaliers, superbes dans des tuniques blanches éclatantes sur les robes noires de leurs montures, décorées d'accessoires, verts comme les turbans des hommes. Manuelo arriva comme sortait du pont la tête de la colonne. Deux cavaliers dépassèrent la voiture pour le rejoindre. L'un d'eux portait sur une lance dressée le fanion du pacha de Bursa, un assemblage calligraphique de lettres blanches sur un fond d'émeraude. Le second salua le maire du Village, en présentant devant son visage la lame courbée d'un yatagan :

— Je suis Mustafa Garip, premier aga du pacha Abdul Kemal.

Il parlait un français sans accent qui rassura Manuelo, peu envieux de retrouver les bribes de l'anglais appris avec les officiers de Wellington.

— Soyez les bienvenus. Dites-moi quels sont vos besoins et comment nous pouvons vous aider.

— Ces chariots contiennent des tentes et des accessoires. Quelques bras solides pour hisser les piquets et tirer les cordes seront les bienvenus.

L'aga Mustafa Garip mit pied à terre, laissant la bride de son cheval au porte-enseigne. Des villageois arrivaient, curieux du spectacle. Albert Leborgne, le secrétaire de la mairie, guida les conducteurs de chariots vers le pâturage prévu pour l'installation, derrière l'école du Domaine. Les enfants, Charles et l'abbé Louis leur emboîtèrent le pas. Manuelo conduisit le chef de la troupe chez la baronne, qui lui donna avec ravissement du « monsieur l'aga », pour chaque détail de la mise en place et l'esquisse du programme des jours à venir.

La présence de Mustafa Garip facilitait les préparatifs de l'arrivée du pacha. L'officier logeait dans la chambre laissée par Charles. Il prenait ses repas du soir chez Manuelo et Georgina, qui modifia sa cuisine habituelle pour respecter l'interdiction de viande de porc. L'aga du seigneur de Bursa fut le premier, et peut-être le dernier, Ottoman à manger une quiche aux grenouilles. Charles retrouva avec plaisir, dans la conversation, le souvenir de sa navigation sur le détroit des Dardanelles et le Bosphore. Grâce à la description d'une fontaine monumentale devant le débarcadère, l'aga l'aida à situer le lieu d'ancrage de son bateau, à proximité de la rive asiatique d'Istanbul.

Alors que tombait la nuit, tous se retrouvèrent auprès des marabouts du détachement turc. Autour d'un feu, sur lequel grillait un mouton embroché, les hommes écoutaient des musiciens qui sortaient des sons baroques d'instruments curieux, un violon à trois cordes, tenu verticalement entre les genoux, une viole de plusieurs dizaines de cordes animées par un médiator. Sous les tentes, des candélabres éclairaient des salons aménagés comme dans une maison, avec des sofas, des poufs, des tapis sur l'ensemble du sol, des paravents décorés de mosaïques symbolisant « Bursa la Verte ». Timides, mais encouragés par la bonne humeur des visiteurs, les enfants découvraient, avec la surprise d'y trouver un noyau, les olives qu'on leur offrait. Les couples goûtaient ensemble du thé servi dans des verres minuscules en forme de tulipe.

Une tente à l'écart, plus élégante d'accès, avec sur son toit des auvents fermés par d'étroits treillis, intriguait les villageois. Deux hommes assis sur des tabourets gardaient la porte fermée. Ils fumaient des pipes étranges, munies d'un long tuyau souple, relié à un vase rempli d'un liquide coloré. Mustafa Garip indiqua, à la fois, que le marabout privé servait au harem du maître et que les gardiens, des eunuques, savouraient par l'habile dispositif du narguilé une fumée parfumée à l'eau de rose.

— Le pacha Abdul Kemal voyage comme un sage : « Un beau jour l'âme nous quitte, les habitudes jamais ! » répète-t-il. Il ne supporterait pas un exil de quatre mois, comme celui-ci, sans les *keman*, qui sont nos violons, ou sans nos feuilles de vigne farcies.

Comme pour l'arrivée des voitures d'intendance, des éclaireurs précédaient le cortège de l'hôte étranger et de sa suite. Ils donnèrent le signal à la sonnerie des cloches. L'envolée calma l'impatience de la haie d'honneur, formée à la sortie du pont, alors que, sur le chemin, la colonne arrivait à la hauteur de la croix de saint Sébastien. L'aga Mustafa Garip et le porte-fanion menèrent au pas leurs chevaux noirs vers la tête de l'escorte, quatre hussards français, avec leur dolman rouge et noir, six cavaliers turcs dans l'uniforme tunique blanche et coiffés du turban vert.

Les véhicules arrêtés, le pacha descendit de son coupé. Son turban, gonflé en hauteur et en largeur, lui donnait une taille inhabituelle et toute l'importance au visage. Il marchait à petits pas en dégageant ses bottes de daim sous son long manteau de cuir gris, fermé par des brandebourgs de soie verte. Manuelo, Octavie Gervais et l'abbé Louis se présentèrent devant lui :

— Madame la baronne, dit Abdul Kemal, je salue en

vous la veuve d'un valeureux serviteur de votre grand pays, qui, par sa belle langue, contribue à la culture du mien.

Vers le bas, les villageois applaudissaient, entraînés par la voltige des cloches secouées avec allégresse. Le pacha pria Octavie de s'asseoir, près de lui, dans sa voiture qui entraîna la suite entre les deux rangées d'enfants, coiffés par Georgina de chéchias rouges, bourrées de papier et de chiffon pour ajuster les tailles.

Ce fut une journée de fête pour le Village. Personne ne voulait manquer les allées et venues des visiteurs turcs puis, dans l'après-midi, l'arrivée des invités à la soirée de la Résidence. Le pacha montra une grande curiosité pour la vie communale. Après deux heures passées dans les ateliers à observer le travail des coupeuses et des couseuses, il demanda à l'abbé Louis de lui raconter, dans l'église, les scènes édifiantes des vitraux. Assis sur un des bancs, entre l'aga Mustafa et Manuelo, il notait chaque détail. Un peu indifférent aux martyrs de Roch et saint Elophe, décapité dans un village de la plaine, il resta en arrêt face à saint Nicolas, religieusement dressé entre un rivage méditerranéen et la scène de son miracle lorrain.

— Aya Nicola ! Il est turc comme moi. Né à Patara, dans le sud du pays, un port au temps des Romains, une ville ensablée aujourd'hui !

Il écouta la légende des trois enfants sauvés du saloir où les avait placés le méchant boucher. A la fin du récit de l'abbé Louis, il se leva :

— Notre chanson raconte autre chose, du côté de Patara et de Myra sa voisine. La tradition dit qu'Aya Nicola sauva du mariage forcé trois sœurs vendues, avec leur virginité, par un père abusif. Une autre fois, il préserva la vie de trois légionnaires de l'empereur Constantin, injustement condamnés à mort. Notre Nicola a la même barbe blanche que le vôtre mais, en évêque byzantin, il garde la tête nue.

Manuelo se réjouissait de parler le même langage avec

cet homme d'apparence si différente sorti, avec son large turban, d'une miniature orientale. Avec le cabriolet, Isidore les conduisait d'une maison à une ferme. Le pacha passait en revue les outils, le mobilier, le bétail. Pour parler au calme de la fabrication des coiffures et de leur marché, ils restèrent de longs instants en bordure de la Moselle en étiage. Un couple de hérons cendrés piétinait à l'affût d'un gardon ou d'une carpe :

— Je ne pêche pas à Bursa car nos vrais poissons sont dans la mer, à quelques kilomètres de là. Par contre, je chasse au faucon. Le ciel turc appartient aux animaux de proie.

Pendant ce temps, Charles, Georgina et l'ancien tailleur de l'armée anglaise montraient aux invités, arrivés d'Epinal, de Nancy et d'ailleurs, les ateliers maintenus en activité, au grand regret des femmes écartées du spectacle extérieur. Les hommes s'amusaient à coiffer les chéchias et les fez, dont les dames trouvaient la matière propice à des chapeaux à fleurs.

La cloche de la classe du Domaine indiqua l'heure du dîner à la Résidence.

Octavie Gervais régnait avec autorité sur les villageoises, choisies par Marie pour assurer le service, dans les pièces du rez-de-chaussée, transformées en salles à manger. Dans le bureau du général, présent dans son cadre éclairé, la table d'honneur réunissait, autour du pacha, l'aga Mustafa Garip, le préfet, Manuelo, l'abbé Louis, la baronne, deux autres personnes. A chacune des autres tables un officier d'Abdul Kemal, ou un collaborateur, apportait l'originalité à la réception qu'animaient des échanges en français, étonnamment maîtrisé par les étrangers, en allemand ou en anglais.

Avant le premier plat de brochet froid, la baronne présenta, sur les plateaux que portaient les plus grands élèves de Charles, son cadeau au visiteur, un service de coupes et de gobelets gravés par la Verrerie avec l'emblème personnel du pacha, ses lettres calligraphiées qui signifiaient « Abdul Kemal, fils de Mecid, le toujours généreux ». Elle reçut en retour une parure de pierres rares qu'elle mit aussitôt à son cou. Venus du camp, des serviteurs en turban offraient à chaque invité un cendrier ou une coupe en onyx, finement ciselés dans la forme d'un oiseau de mer ou d'une fleur. Après le dessert, les toasts, plutôt longs, précédèrent le départ vers le spectacle donné, devant les tentes, par les musiciens turcs, les cavaliers et leurs compagnons.

Les rangs des villageois traçaient une arène dans le pré. Les parents mangeaient, avec curiosité, des morceaux de viande qu'un cuisinier découpait sur une broche verticale au-dessus d'un brasero et que d'autres présentaient sur des plateaux en répétant :

— Doner Kebab, bon, agneau, oignons.

Les enfants appréciaient plus ou moins les friandises qui mêlaient les noix, les amandes et le miel. A l'arrivée du pacha et de la baronne un fracas métallique couvrit la mélopée discordante des instruments à cordes. Simulant un combat, six hommes casqués cognaient leurs boucliers et leurs épées avec de plus en plus de violence. Les chocs rythmaient leurs mouvements d'esquive et d'assaut avec une brutale harmonie. Quand ils arrêtèrent, après les applaudissements, l'aga Mustafa Garip, perché sur son cheval, s'adressa à la foule des spectateurs :

— Ces six guerriers interprétaient la danse du sabre. Elle célèbre la prise de Bursa qui, après onze ans de siège, fit de notre ville la capitale des Ottomans.

Dans le silence revenu, avançaient vers le centre du cercle quatre derviches, recueillis comme des prêtres. Ils portaient des robes blanches, sous des capes noires, et des toques pointues, en feutre également noir. Accroupi près d'un foyer de braise un joueur de flûte les accompagnait d'un son très lent, qui accélérait peu à peu tandis que le quatuor, débarrassé des manteaux, entreprenait des rotations de plus en plus rapides. Les blanches toupies humaines tournaient, insensibles au tourbillon vertigineux qui chavirait la tête des spectateurs médusés. Dans la nuit qui tombait, on devinait de minces éclats de lumières derrière les treillis du marabout secret, devant lequel les deux eunuques continuaient de fumer leurs narguilés.

A l'aube, bien avant la sonnerie de l'angélus, la voix stridente du muezzin appelant à la prière réveilla le Village. Le pacha, l'aga Mustafa Garip revenaient d'une promenade à cheval guidée par Isidore.

Dans la matinée, le départ de la suite fut plus confus que l'arrivée. A l'entrée du pont, Abdul Kemal reçut ses derniers présents, un cahier de poèmes de Ronsard et Verlaine, de fables de La Fontaine écrits par les élèves de Charles, des pâtés d'alouettes préparés pour la route par Marie à la demande de la baronne, puis, offerte par l'abbé Louis, l'image d'Epinal d'un saint Nicolas, ressemblant peu à l'aya orthodoxe de Patara. Les cloches sonnaient encore.

Comme s'éloignait le cortège, la baronne versa un pleur au terme de ces heures d'émotions et de joie. Elle entra se reposer, un instant, dans la salle de la mairie. Manuelo accrochait au mur le fanion calligraphié donné par le pacha. Assise sur la banquette réservée aux mariés, Octavie Gervais retrouva le sourire.

— Je sors d'un rêve. Des images m'échappent, cachées par la valse folle des derviches. Mes oreilles vibrent encore du fracas des boucliers heurtés de la danse du sabre. Elles goûtent le français, lent et parfait, du pacha et de son aga. Grâce à tout le monde la fête s'achève sur une réussite. Qu'en restera-t-il, outre nos souvenirs et cct étendard de soie ?

— Le récit de Charles, qui note au jour le jour la vie de l'école et du Village. Pour les plus jeunes, la découverte d'un monde différent, rencontré, autrement que dans les invasions meurtrières, dans les joies de la paix.

— Je regrette la discrétion obligatoire des femmes du

harem, présentes et absentes. Etaient-elles vraiment là, ou la tente, vide, faisait-elle partie du décor?

— Cela ressemble à un conte des *Mille et Une Nuits* ou à une fantaisie de Voltaire. N'est-ce pas votre Napoléon qui disait que l'imagination gouverne le monde?

— Je crois que le général Maximilien Gervais aurait aimé ces journées, même consacrées à sa maison rebaptisée « La Chéchia ».

Les travaux des champs imposaient la reprise immédiate des activités. Après deux mauvaises années, les récoltes s'annonçaient abondantes et de qualité.

Manuelo et Isidore aimaient marcher, le soir venu, en bordure des champs. Ils profitaient de l'odeur des épis, prêts à éclater, qui dominaient le parfum âcre de la paille. Le soleil étirait les ombres de quelques arbres, gardés au milieu des cultures pour leur fraîcheur à l'heure du repos. La marée haute des tiges prenait des nuances orangées. Dans le contre-jour, les reliefs de la plaine bleuissaient sur la tapisserie du ciel pâlissant. Manuelo parlait des couleurs de l'Espagne, plus vives, plus tranchées :

— Comme l'humeur des hommes.

Il insufflait ainsi, par touches, l'âme de son pays dans l'esprit de ce fils qui lui ressemblait tellement. Leur complicité trouvait tout son sens quand Isidore prenait l'initiative de parler en espagnol.

Le Village s'éveillait bien avant l'angélus dans l'habituel remue-ménage des journées de la moisson. Arrivaient les premiers deux ou trois chariots chargés d'hommes, de femmes et d'enfants engagés par le métayer du Domaine. Ils louaient leurs services pour deux semaines, en échange d'un poids de blé que certains, démunis, revendaient en partie, à la fin des travaux, au lieu de le convertir en farine.

Des cloches à main ou des grelots annonçaient le début de la récolte quotidienne, comme ils signalaient, le soir, l'abandon du terrain interdit aux glaneurs. Chacun trouvait aisément sa place. Les métayers, ou des aînés encore alertes, attaquaient à la faucille les bordures des champs, ondulés par les creux et les bords des chemins. Les commis des fermes, mis en ligne à un mètre les uns des autres, commençaient leur coupe en taillant les tiges à la meilleure hauteur pour préserver l'entassement des épis. Derrière, les femmes et les enfants formaient des javelles, bien éparpillées pour le séchage. A l'autre bout de la parcelle les manœuvres réunissaient en gerbes les tas coupés depuis deux ou trois jours, quatre mises en croix, les épis courbés vers le centre, huit autour et au-dessus, une treizième au faîte, placée comme un chapeau pour protéger d'une mauvaise pluie. Tout le monde, et plus encore les faucilleurs, appréciait l'heure de la sieste accordée au plus chaud de midi, après le partage de la soupe au vin sucré et des tartines de fromage blanc.

Les ouvrières de « La Chéchia » restaient à l'écart de ces travaux de juillet en attendant l'heure de glaner. La fête venait à elles quand le charivari annonçait le retour de la dernière voiture d'un champ moissonné. Un commis, ou une fille de la maison, agitait au-dessus du chargement une gerbe qui mêlait des coquelicots et des bleuets aux épis. Dans les bonnes années, le fermier mettait aussitôt un tonneau en perce pour inaugurer la soirée des danses et des chansons.

Brutale, la rumeur arriva comme on engrangeait, dans la joie, l'ultime charretée d'un cousin des Leborgne. En rentrant des champs sa femme avait trouvé l'ancien maire effondré sur le sol de sa cuisine, secoué par la fièvre dans une pestilentielle odeur de selles et de vomissements. Les symptômes, bien connus de tous, imposaient le diagnostic du choléra, une nouvelle fois après des alertes répétées depuis 1800.

Personne ne resta davantage autour de la charrette qu'on déchargeait et de la barrique à peine entamée. Les adultes craignaient cette maladie comme la foudre, avec le même sentiment d'impuissance devant la fatalité. Spontanément des groupes se formèrent en procession vers la croix de saint Roch sur le chemin de la Moselle. Alerté, l'abbé Louis les rejoignit pour imposer les prières à la place des remèdes de bonnes femmes et de l'usuelle recette de pouliot, une menthe sauvage, mélangé à de l'avoine ou du seigle, pour stimuler les malades avec l'espoir du transfert de la fièvre sur une bête du troupeau.

— N'implorons pas saint Roch comme une icône païenne, criait le curé perché sur le socle du monument. Souvenons-nous que le Seigneur l'a sauvé de la peste en reconnaissance de sa foi et de sa générosité.

Avant la tombée de la nuit, Octave fit sa tournée habituelle de tambour en compagnie de Manuelo. Sans lire un communiqué le maire appela ses concitoyens au calme :

— Si le mal nous menace vraiment, affrontons-le en face, sans panique inutile : nous savons qu'il profite du moindre relâchement ou des émotions inutiles. Par précaution, n'utilisez pas d'eau froide. Evitez, aussi, les légumes et les fruits de vos jardins. J'établis un tour de garde en mairie pendant toute la nuit.

Manuelo et Isidore s'installèrent dans la maison commune. A tour de rôle, ils dormaient sur une paillasse apportée de la maison. Celui qui veillait attendait, assis sur la marche du seuil. Des bougies ou des lampes éclairaient plusieurs fenêtres, sans autrement percer l'obscurité. Au-dessus des ombres des toits, le ciel tendait un dense rideau d'étoiles et de constellations. Des champs moissonnés montaient des cris de chouettes, lancées à la chasse des mulots sur les terrains découverts de l'éteule. Venu discrètement au milieu de la nuit, Albert Leborgne annonça la mort de son père et la fièvre croissante de sa mère. Alerté, l'abbé Louis proposa aussitôt de bénir le corps du défunt.

— L'épidémie commence toujours comme ça. Soudaine. Souterraine. Impitoyable. Avant mon ordination, je l'ai connue dans un village comme celui-ci, dans la Meuse ; soixante-quatorze décès en une journée.

Des ombres apparaissaient à l'entrée des maisons qu'on devinait agitées. Après la tardive onction à l'ancien maire, le curé revint en compagnie de Marie, la cuisinière du Domaine. La baronne demandait à Isidore de préparer Elche et le cabriolet pour partir, dès l'aube, à la recherche de médicaments.

Vers six heures, sur le chemin après le Ruisseau, ils ne croisèrent aucune des femmes de « La Chéchia » : l'alerte de la veille entraînait une immédiate prudence. Au retour, Octavie Gervais et son cocher trouvèrent, à l'entrée du pont, un vigneron placé en veilleur pour interdire l'accès aux gens de l'extérieur. Une agitation feutrée, silencieuse animait les abords de la mairie et de l'église. Sur les usoirs, à l'écart des tas de fumier, brûlaient ou se consumaient des toiles de paillasse et de vêtements.

— Déjà neuf morts, dit Manuelo, et plus de vingt malades alités dans le chœur de l'église avec une infirmière dans la sacristie.

La nef ressemblait aux hôpitaux de fortune qu'on installe, après les batailles, dans les chapelles de campagne. La voûte et les vitraux exprimaient un calme serein au-dessus des grabats alignés à la place des chaises et des bancs. Autour de chaque literie se tenaient des hommes et des femmes, partagés entre l'envie d'atténuer d'un geste la souffrance d'un être cher et la crainte de la contamination.

Georgina, les sœurs vatelottes de l'école libre, Charles s'activaient de l'un à l'autre. Ils apportaient des vêtements ou des couvertures pour jeter sur les corps secoués par les tremblements de la fièvre. Ils versaient dans des gobelets du thé de mélisse ou de la tisane de menthe. Marie, avec l'aide d'une de ses servantes, effectuait des saignées sur les malades les moins atteints. Des parents recourant, malgré les sermons, à des remèdes transmis par les anciens frottaient la poitrine d'un enfant avec une potion de rhubarbe.

D'autres plaçaient sur le ventre d'un proche une mixture de radis noir râpé.

L'arrivée des médicaments apporta un espoir. Avec son goupillon l'abbé Louis aspergeait de camphre les allées, les meubles, les literies, les malades et leur entourage. Georgina et les religieuses passaient de malade en malade avec des bols d'huile de cajeput ou de calomel, fournis par l'intendance militaire à Octavie Gervais. Elles donnaient à chacun quelques gouttes avec une cuillère qu'elles jetaient aussitôt dans un seau.

Dehors, des groupes attendaient, effondrés, en pleurs. Les enfants ne jouaient pas, assis en silence sur des murets ou des outils des champs. D'heure en heure, parfois plus rapidement, des hommes portaient un corps sur une voiture à bras, poussée jusqu'à la fosse commune creusée à la sortie du Village, à la limite des champs, abandonnés avec des parcelles de blé ou d'avoine pas encore moissonnées. Des vignerons, en utilisant des cuves calées sur un chariot, aspergeaient la terre de la Rue avec de l'eau mélangée à du chlorure de chaux.

La seconde nuit, tant redoutée, fut un cauchemar.

La nef éclairée par les chandeliers des autels ressemblait à un navire pris dans un naufrage. Les malades geignaient, râlaient, entourés de leurs proches en pleurs. Sur le carrelage résonnaient les pas pressés des actives religieuses, les frottements lents des sabots de ceux qui emportaient de nouvelles dépouilles. Nul ne songeait à manger. Des femmes, de temps à autre, se groupaient sous une statue ou un vitrail pour réciter des prières.

A l'aube, sur son registre de la mairie, Albert Leborgne comptait vingt-huit décès. Il écrivait avec application la date et les noms lorsque entra, fou de rage, le cabaretier Claudel. Il hurlait en levant le poing.

— C'est de leur faute : ils ont amené le choléra. Merci Manuelo, pour le cadeau.

Il tenait à la main le fanion du pacha de Bursa arraché au mur.

— Sales Turcs ! Incroyants ! sauvages ! assassins !

Claudel sauta les trois marches du perron. Accroupi sur le seuil il rassembla des morceaux de paille qu'il alluma avec la mèche rougie de son briquet d'amadou. Quand les flammes crissèrent il jeta le drapeau de soie qui s'enroula comme une boule de papier. Assis devant le feu, il répétait :

— Sales Turcs ! Ils ont tué ma femme et mes deux filles. Les Turcs ! Manuelo ! Charles Midon ! Tous des étrangers !

Il s'effondra, trempé de sueur, les membres secoués de convulsions. Deux jeunes gens qui revenaient d'enterrer un vingt-neuvième mort le portèrent dans l'église sur une literie abandonnée. Une épaisse fumée noircissait le dessus des maisons vers le Domaine : avant de brûler le fanion de la mairie, Claudel avait mis le feu à la pâture utilisée, quelques semaines plus tôt, pour les marabouts des danseurs de sabre et les derviches.

Manuelo lui-même tamponnait avec un chiffon imbibé d'eau froide le front du cabaretier au regard révulsé. Sans être entendu il répétait à voix basse que le choléra n'avait pas attendu les Turcs pour tuer dix-neuf mille personnes à Paris, huit ans plus tôt, et en moins de cinq ans, cent mille citadins et villageois dans le pays. Autour, grondait la rumeur accusatrice. Une femme refusait que Georgina présente un médicament à son fils. Avec colère elle condamnait à la fois la visite du pacha, le travail à La Chéchia et la classe de Charles :

— ... qui apprend la paresse, avec des choses inutiles.

Manuelo comprenait ce vent de panique, soufflé par le désarroi et la douleur. Il escalada les marches de la chaire :

— Chaque épidémie cherche des boucs émissaires qui ont, successivement, été jetés au feu : les juifs, les bohémiens, les chats. La maladie, qui est maligne, nous divise pour régner. Ne racontons pas de sornettes avec la visite des gens de Bursa. Redoublons de soins et d'attention. Soyons prudents. Et solidaires.

Les réflexions continuaient :

— Le pacha ne nous rendra pas nos morts ! Dieu nous fait payer l'accueil des païens.

L'abbé Louis passait dans les rangs pour calmer les invectives.

Le calme revint avec l'arrivée de Marie. La cuisinière annonçait la mort d'Octavie Gervais. Elle apportait à Manuelo la dernière lettre qui léguait les terres à ses métayers et les bâtiments de la Résidence à la commune, le cheval Elche et son cabriolet à Isidore.

Albert Leborgne, dont la liste des défunts s'allongeait, recopia sur son livre les pages de la baronne. Sur sa table de mairie, Manuelo contemplait les neuf clés de maison apportées par les voisins de familles entières décimées. Quand Isidore passa la porte il comprit que le mal atteignait Georgina. En traversant la sacristie il prit un flacon de camphre et un autre d'huile de calomel.

Georgina gisait sur le lit, les bras en croix, haletante, abandonnée. Manuelo ne quitta pas sa femme de la journée. Il la veilla comme une enfant, la main serrée dans la sienne. Il parlait doucement près de son visage. Il repassait les meilleurs instants de leur vie sur un ton réconfortant. Il lui semblait que, parfois, ses doigts vibraient sous les siens. Il tamponnait les gouttes de sueur sur son visage et, selon les moments, enlevait ou ajoutait une pelure de laine. Quand le souffle de la malade ralentit, annonçant la fin prochaine, il posa la tête sur son épaule, ses cheveux mêlés aux siens.

— Le néant s'abat sur moi une deuxième fois. Je perds ma femme comme j'ai perdu ma mère. Autour de nous s'effondre l'édifice reconstruit. Le néant guette le Domaine, l'école, La Chéchia de l'ex-Maximilien Gervais. Heureusement, la fièvre me gagne, moi aussi. Je ne tarderai pas à te suivre dans le dernier chemin.

Le glas de la levée des corps de l'après-midi sonnait quand Manuelo, abattu à son tour, s'allongea près de Georgina sans vie. Revenant avec des tisanes de menthe, Isidore n'eut pas le courage d'annoncer à son père le décès de Charles Midon. Il donna plutôt des nouvelles rassurantes sur les malades de l'église.

— Ne me mens pas, hijo de mon cœur. Je perds la partie. Tu n'hérites de rien sinon de la kyrielle de noms... Capitaine Garcia Ibanez Méline. Quatre raisons de tenir. Epargne-toi. Relève le défi, pour moi, pour Georgina, ta mère, pour l'alcade, mes frères et mes sœurs. Sois fort, Isidoro. Et n'oublie pas de frotter tes mains dans l'eau camphrée...

Isidore veilla jusqu'à l'aube sa mère morte et son père mourant. Inquiet de l'absence de Manuelo, l'abbé Louis arriva pour recueillir le dernier souffle de son laïc compagnon de route.

— Le mal régresse, mais le Village n'est plus qu'une épave sans âme, sur laquelle s'abattent des naufrageurs. Des voleurs vident les maisons abandonnées. Malgré cela, cette nuit, sur mon ordre répété, sont partis ceux qui ne ressentent aucun symptôme, mes vatelottes comme les autres. Tu dois aussi t'éloigner, Isidore.

— De toute façon je comptais le faire puisque mon père m'a confié la mission de tenir, pour lui, pour les Capitaine et les Méline, pour les Garcia Ibanez.

— Ce serait plus facile avec Dieu.

— Ce serait moins cruel sans le choléra.

Après la mise en terre dans la fosse commune, Isidore passa à l'écurie du Domaine, déserté par tous après le pillage de la Résidence. Il attela Elche à la carriole.

Comme il passait sous le pont il entendit un caillou rouler sous la voiture. Perché sur le parapet, un homme gesticulait et criait :

— Fous le camp, fils de chien, fils de Turc, engeance maudite !

Isidore regarda devant lui les champs rasés et leur tapis orangé, les collines mauves sous le ciel bleu. Manuelo semblait lui offrir sa dernière image du Village. Et, secrètement, partir avec lui.

6

LA RENCONTRE

Chaque kilomètre parcouru éloignait la mort.

A moins de trente minutes du Village la campagne vivait le temps de la moisson, comme à l'ordinaire. Les paysans rencontrés qui reconnaissaient le cabriolet du Domaine se tenaient à l'écart par prudence. Leurs distantes réflexions indiquaient que le mal, venu de Franche-Comté, s'arrêtait brusquement avant Charmes. La route du nord tournait le dos à l'épidémie.

Isidore allait lentement, sans grande envie de croiser des voyageurs ou d'autres usagers des chemins. Il marchait vers Saint-Nicolas-de-Port à cause des castagnettes glissées dans son sac au moment du départ : elles le liaient à Manuelo et aux heures de joie avec Georgina, lors des réveils du 6 décembre, quand il découvrait une pomme et des noix dans ses sabots, emplis par le gentil barbu passé dans la nuit. Après les malheurs accumulés, le bonhomme généreux lui semblait un bon soutien, même sans le recours à la prière et à la dévotion.

Son bagage ne contenait que des souvenirs : la médaille de son père, enveloppée dans un mouchoir brodé par sa mère, la boîte à couture de Georgina, avec des aiguilles et des bobines de fil, des ciseaux, l'aiglon en onyx offert par le pacha, l'encrier de Charles, ses fusains, les carnets de son journal avec les pages illustrées de dessins, les livrets militaires du capitaine et du marin, tenus par une cordelette avec ses papiers personnels, un acte de naissance, un certificat de baptême, une attestation de bons services signée par Octavie Gervais, en guise de sauf-conduit, et dans deux rouleaux de papier, des cheveux de Manuelo et de Georgina. Dans le sac de toile cousu à l'intérieur de sa chemise il gardait les billets et les pièces trouvés, dans l'armoire, chez lui, et dans un vase, désigné par son oncle avant sa mort. Serrée dans une lanière de cuir, une couverture de laine servait de baluchon à son vêtement de rechange et à une pelisse doublée de mouton. Il emportait, aussi, dans un chaudron de quoi préparer et chauffer un repas entre deux pierres.

Il n'avait ni faim ni soif, grignotait un rien et buvait peu.

Son dernier repas remontait à la veille de la maladie, une semaine auparavant. En revenant des champs avec des croquis de moissonneurs, Charles avait rapporté des cailles, surprises au nid par des faucheurs et échangées contre un dessin. Pour trouver un peu de fraîcheur il avait réuni la famille en bordure de la Moselle. Le temps semblait immobile dans la lourdeur de la campagne imprégnée de l'odeur de paille. Des vols d'hirondelles plongeant sur des couches invisibles d'insectes, des piaillements d'oiseaux picorant leurs dernières graines du jour, des croassements de corneilles agacées du dérangement apportaient un semblant de vie sur la nature endormie. Charles tournait les cailles embrochées sur des tiges de bois au-dessus des braises.

Assise entre les jambes de Manuelo, qui lui offraient un dossier, Georgina s'abandonnait à la nonchalance. Isidore surveillait le feu et, en même temps, la cruche de vin gris, coincée entre les racines d'une souche dans un creux de la rivière.

Emporté par la quiétude de ces instants de paisible bonheur, Manuelo parlait. Après la fin tragique, les propos de son père prenaient pour Isidore une allure de message. Il en retenait la sagesse, l'opiniâtreté, la volonté de prolonger le double destin familial.

— Rien ne sépare plus aujourd'hui le souvenir de l'alcade Garcia Ibanez de celui d'Augustin Méline : Isidore assume leur héritage commun. Toi Charles, Georgina et moi l'avons préparé à ce destin. Maintenant le garçon n'aura plus besoin de notre cocon mais de notre exemple. Grand amateur d'aphorismes, mon père disait : « Nous avons les souvenirs que nous méritons. »

En retenant Elche dans les descentes, Isidore s'accrochait au souvenir de cette veillée. Il revoyait Charles présentant à Georgina une caille braisée sur une feuille de chêne. Dans une branche Manuelo taillait deux bâtonnets pointus pour permettre à sa femme de savourer mieux les flancs caramélisés de l'oiselet. Charles riait :

— J'ai plusieurs fois mangé comme ça avec des baguettes. C'était un luxe, sur nos bateaux de misère, d'embarquer un chef chinois. Nous préférions à tout prendre son cabillaud cru, mariné dans les algues, et son cormoran laqué, à nos biscuits de mer, fadasses et serrés comme du bois de charpente. Au carré, l'officier qui vidait à la baguette son bol de riz sans en perdre un grain profitait de l'exemption d'un tour de quart.

Le temps n'avançait pas. Eclairée par le feu ravivé avec des rameaux secs, la famille veillait paisible sous une voûte noire et scintillante. Un souvenir en chassait un autre. Pour la première fois devant Isidore, Georgina parlait de sa mère Emilie, une enfant abandonnée sous le porche de l'église, mariée plus tard, pour tenir son ménage, au bougon Augustin Méline dont personne ne voulait.

— Cette femme a-t-elle vraiment vécu? La vie nous dévore les uns après les autres. Les êtres chers passent et disparaissent comme les saisons : le blé repousse mais la mort ne rend jamais ses proies.

Manuelo tapait dans ses mains pour chasser la nostalgie.

— Charles, vide dans nos gobelets le reste du vin gris

pour que disparaissent ces idées sombres. Georgina, viens dans mes bras pour commencer une autre chanson.

Isidore répétait ces phrases à haute voix sur l'étroite route qui serpentait d'une colline à une autre. Jeté au silence de la campagne, son monologue décousu prolongeait son adieu aux siens. Il acceptait la fatalité et son irréparable évidence en s'efforçant de les retrouver dans ses pensées, vivants plutôt que morts.

Le rythme paisible d'Elche convenait à ces premières heures de solitude, errantes, sans but précis, sauf la halte projetée près de la basilique de Saint-Nicolas. Le cabriolet avançait dans un décor sans ferme et sans activité. Les prés couvraient les pentes du relief coupées de bouquets d'arbres fruitiers. Les pommiers dominaient, coiffés de leur perruque blanche. Les mirabelliers tordaient leurs troncs, sous des charges qui jaunissaient sans aller encore jusqu'aux reflets dorés. Collées au sol, des corneilles piquetaient l'herbe avec acharnement. Un peu plus tôt deux biches et leurs faons avaient dévalé une pente, loin devant l'attelage, avant de disparaître dans un bois.

Après un plateau parsemé de boqueteaux, le panorama offrait une vue sans fin vers la vallée. Au centre de l'immense lac de verdure, les maisons de Saint-Nicolas écrasaient leurs toits de tuiles rouges sous la caresse grise de la basilique, plantée comme un autel dans le découpage du ciel bleu, avec ses tours dressées dans leur souveraine raideur.

Isidore arrêta Elche à l'ombre large d'un chêne, planté là pour le repos des pèlerins. Dételée, la jument prenait plaisir à brouter l'herbe tiède avant de s'allonger, l'échine appuyée contre le tronc de l'arbre.

— Si tu te sens bien, Elche, nous resterons ici pour la nuit. Je préfère penser en silence quelque temps encore. L'herbe ne te manquera pas. Je trouverai de l'eau pour toi et pour faire passer mon quignon de pain avec ma tranche de lard.

Assis sur le siège du cabriolet, Isidore goûtait le charme de ce paysage si différent de celui de la plaine du Village. Derrière lui jusqu'à la barrière d'un bois qui faisait le gros dos, le plateau étalait un tapis d'herbes folles, colorées par les corolles des coquelicots et de rares pointes blanches de reines-marguerites en sursis. Vers le fond, à l'abri d'un boqueteau, les fleurs rouges plus denses formaient, sur la croupe d'un chemin, une tache vive comme le revers écarlate d'un uniforme. Au sommet de la crête, dans la direction de Charmes, l'horizon éclatait d'un bleu serein, léché par endroits de traces diffuses de nuages vaporeux.

Isidore sortit de son sac les carnets de Charles et leurs croquis cueillis au fil des années dans les promenades de l'école. Adolescent, Isidore dessinait avec son oncle, généreux en conseils qui dépassaient l'amateurisme. Avec lui, le soir, il gravait ses images dans le bois pour les imprimer à l'encre brune, et parfois avec deux couleurs différentes : il ne restait rien de cela, jeté comme un présent intime dans la fosse commune avec les dépouilles de ses parents. Les carnets de Charles préservaient ses souvenirs, les toits aplatis du Village, les rangées de peupliers sombres sur les rives de la Moselle. Le perron de la Résidence du Domaine, celui de la mairie, avec le drapeau au-dessus de la porte. La régularité des traits et des lignes de la plume portait, dans la sobriété du réalisme, la tristesse de l'avenir. Isidore tournait avec émotion ces pages de nostalgie dans lesquelles il retrouvait, en face des illustrations, les noms familiers et les dates des temps heureux.

Dans la soirée, Elche, ragaillardie par un long brossage, reprit des forces avec l'herbe rase autour du chêne. Après quelques courses brèves, achevées sur une gambade ou un arrêt déterminé, elle rejoignit son maître allongé sous l'arbre, la tête sur son baluchon.

— Je n'ai pas faim, je n'ai pas sommeil non plus. Je continue ma veille.

La jument étala sa croupe blanche sur le tapis moussu,

humide de la rosée vespérale. En tendant le bras Isidore caressait son front et les premières mèches de sa crinière.

— Elche, nous seuls restons. Tu ne connaîtras pas la fin de l'histoire. Si je dois te laisser, je te confierai à quelqu'un digne de toi, de Manuelo, et de ton nom.

Il regardait le ciel, éclairé comme pour la dernière soirée familiale. La fatigue prit le pas sur sa peine.

— Pour une jument blanche tu es une belle jument blanche, ma fille! Ton maître dort à poings fermés!

Isidore leva la tête de son oreiller. Elche frottait la sienne contre celle d'un cheval attelé au chariot d'un paysan, chargé de paniers de légumes et de cagettes de poules.

— Je descends au marché de Varangéville, dit l'homme. Voulez-vous croquer une tomate? J'aurais quatre sous, je construirais une auberge à côté de ce chêne : sauf en hiver, il y a toujours un voyageur pour y passer la nuit. Les glands doivent donner de beaux rêves!

Le chariot et le cabriolet avancèrent ensemble jusqu'au sommet de la côte qui descendait vers Saint-Nicolas-de-Port.

— Je suis moins pressé que vous, dit Isidore, pour profiter mieux du paysage.

Près d'un arbre ou d'une croix, il arrêtait Elche et regardait la monumentale église qui s'élevait au fur et à mesure qu'on approchait. A chaque halte s'imposaient davantage l'harmonie de sa forme, la puissance de son vaisseau central massif dans le corset de ses culées et de ses arcs-boutants. De leur fière hauteur les tours dominaient la ville, la plaine, et l'horizon tout entier.

Pour éviter le délicat passage de l'attelage dans les ruelles, Isidore laissa Elche chez un maréchal-ferrant avec la garde de la voiture et de son maigre bagage.

Au pied de la basilique les tours semblaient moins élancées. La présence de la pierre écrasait la perspective. Au lieu de mesurer l'ampleur de l'ensemble le regard s'arrêtait aux détails des gargouilles et des décorations. Sous la patine brunâtre, les corniches de chardons, choux frisés, trèfles, houx et renoncules s'identifiaient mieux que les gueules de loups-garous ou de chimères. Sur le portail central, sous les dentelles de joueurs de luths et d'anges musiciens, saint Nicolas régnait dans une juvénile attitude, imberbe mais identifiable par sa main droite levée pour bénir les trois clercs, serrés à ses pieds dans le cuveau du saloir. La lourdeur de ses ornements et de sa tiare blanchie par les fientes de pigeons contrastait avec la douce tranquillité de son visage, lisse dans le calcaire poli, expressif avec ses paupières, closes, ses lèvres entrouvertes. Le bon patron ne ressemblait pas au centurion romain de l'image d'Epinal, ni au déguisement de Charles, quand il endossait la pèlerine du saint, ou au vague portrait de l'aya Nicola brossé par Abdul Kemal, avec la tête nue des évêques byzantins.

Dès le seuil franchi, la clarté et la grandeur du lieu imposaient une force paisible qui donna à Isidore le frisson attendu. Les supports de la nef enfonçaient leurs piliers dans le sol avec l'élan majestueux qu'exprimaient les tours extérieures en montant vers le ciel. L'alignement brisé des rangées de chaises soulignait la courbe légère imposée par la nature du sol à l'enfilade des voûtes. Abondante mais harmonieuse la lumière tombait des hautes arcades et des baies latérales plus basses, certaines pâles derrière les vitres de verre blanc, d'autres colorées par les vitraux dont le soleil caressait les rouges vifs, les bleus et les ors.

Assis sur une chaise au bas d'un pilier, à l'arrière de la nef, Isidore pensait aux travées sombres de l'église du Village, lourdes comme le péché ou le remords. Dans l'élévation des corniches il prolongeait la réflexion de la veille, nourrie des souvenirs de la famille. Dans le silence et dans la solitude de la voûte altière il revivait les derniers instants de Manuelo, quand les doigts de son père glissèrent inertes dans le creux de sa main. A voix basse il prononçait les prénoms : Manuelo, Georgina, Charles, Octavie. La sereine beauté du lieu donnait à son adieu secret une ampleur qui étreignait sa gorge.

Rien autour n'évoquait le bon Nicolas. En approchant de l'autel, sous les trois verrières du chœur, Isidore découvrit la statue centrale. Ce saint en bois peint bénissant trois angelots portés sous lui comme sur un nuage ressemblait fort, avec sa barbe dense et sa croix pastorale, aux édifiantes iconographies spinaliennes. Isidore sourit en se souvenant qu'enfant il tirait sur le postiche de Charles en menaçant d'une tapette le premier qui rirait.

— Vous semblez bien réjoui, mon jeune pèlerin.

— Je le suis moins que vous ne le supposez. Je ne suis pas autrement pèlerin, d'ailleurs.

— Saint Nicolas ne fait pas recette en été. Le 5 décembre, la veille de sa fête, cette nef contient vingt mille personnes. Je prie le Seigneur pour que la charpente ne leur tombe pas sur la tête : la renommée du patron des Lorrains en prendrait un coup.

— Vous êtes le bedeau?

— Dieu m'en garde : c'est un satyre qui passe la main sous les robes des enfants de chœur. Je suis vitrier, le vitrier de la Fabrique qui gère cet édifice, curés et laïcs confondus, ce qui n'arrange rien. Je m'appelle Joseph Desloy. J'ai été nommé vitrier de la basilique en même temps que Napoléon Bonaparte empereur des Français.

— Et vous l'êtes resté?

— J'ai reçu Napoléon qui voulait raser une partie de la ville pour dégager un parvis, plus tard Charles X, qui ne voulait pas croire à la participation financière de Charles Quint pour l'achèvement des travaux.

— Je m'intéresse à saint Nicolas.

— C'est votre prénom?

— Non! Isidore!

— Ce n'est pas un saint de chez nous, ça : il serait plutôt espagnol. Suivez-moi.

Pour marquer son territoire Joseph Desloy prenait plaisir à claquer ses sabots sur le carrelage de la basilique.

— Je ne suis pas propriétaire, ici : Dieu est chez lui sous ces voûtes et saint Nicolas son locataire. Il manque un saint Pierre pour tenir les clés de la maison. Le verrier que je suis tient le double rôle de concierge et d'homme à tout faire.

Toujours sidéré par la force de la lumière, Isidore suivit l'homme dans les allées latérales de la nef.

— Ne vous réjouissez pas, l'ami. A travers ces fenêtres brillaient jadis des palettes de couleurs, les chevelures rousses des anges, la robe baie du cheval de saint Georges, les tuniques bleues des Rois Mages, les verts et les pourpres des armes des ducs de Lorraine. Depuis plus de deux siècles des vitres blanches remplacent les vitraux, détruits par l'incendie. Les barbares de la guerre de Trente Ans ont brûlé les saints des portiques, les sœurs de nos monastères, et nos ancêtres avec, dans le caniveau des ruelles. Le ciel a préservé celui-ci.

L'homme montra dans son ogive de plomb le portrait de saint Nicolas qui semblait copié sur le modèle de la statue du portail. Jeune et imberbe, doux et attendri, le bon patron bénissait les trois clercs tonsurés, un peu bêtas dans leur baquet. Epargné par le feu des Suédois, le vitrail, comme l'édifice, avait échappé aux coups de marteau de la période révolutionnaire grâce à la réputation du protecteur des Lorrains et des enfants.

— C'est un pcu à cause de cela que je suis là, hésita à confier Isidore.

Joseph Desloy invita son visiteur à s'asseoir dans une stalle de la chapelle latérale qui lui servait d'atelier. Des piles de verre brisé couvraient l'autel et des planches posées sur des tréteaux. Dans des cadres tracés à la craie des mosaïques de vitraux en morceaux encombraient le sol. Un oratoire servait d'étagère à des pots de peinture, d'huiles et de produits au parfum âcre.

— Voilà mon jeu de patience. Depuis trente ans je reconstruis l'irréparable. Sur les panneaux, encore en place malgré les dégradations, je redonne à Moïse le morceau de bras disparu, remplacé, depuis cent cinquante ans, par le bout de mollet d'un ange. Je remets la pointe rouge du soulier de saint Jean dans un trou bouché, n'importe comment, avec un rameau d'olivier. Je retrouve du feuillage pour enlever, sous les pieds de saint Sébastien, des culs de bouteille, placés en bouche-trou à cause de leur couleur.

Isidore tenait en main un fragment de vitrail, ébréché, décoloré, prisonnier encore de fragments du corset de plomb. Il regardait l'image dans la lumière d'une flamme de candélabre. Sur un fond bleu se détachait une partie du visage ; des yeux vifs, d'une forte intensité, puis une épaisse moustache, avec le prolongement de la barbe. Le dessin, ferme et maîtrisé, constituait une œuvre à lui seul, une miniature où se lisait, dans un regard, la puissance de l'événement vécu par le personnage. Dans ces traits bruts Isidore retrouvait la persuasion des coups de crayon de Charles Midon.

— Voilà un bon exemple de mon travail, dit Joseph Desloy en prenant la pièce de verre pour la poser dans un de ses assemblages au sol.

Avec précaution le vitrier réorganisait le dessin. Grâce à la couleur brune des poils il plaçait côte à côte le morceau de barbe, sous la moustache, et celui du bas du visage. En suivant le halo rouge de l'auréole il complétait la chevelure frisée du personnage et la bordure de brocart jaune de son bonnet.

— Il s'agit du prophète Elie dans la scène de la Transfiguration, une partie de l'ensemble d'une grande baie. Là, sur le côté, avec son manteau blanc et son col vert olive, c'est saint Pierre. Il n'a plus un poil sur le caillou mais l'auréole livre son nom : *Sa-cte Petre*. Le *n* du milieu est parti en fumée. Je ne cherche pas une aiguille dans une botte de foin mais je pêche du vitrail : que du petit mais qui foisonne. Comme des gardons ou des barbillons, je remonte des nimbes, des flèches, des livres, des crosses et des goupillons, dans l'indifférence des gens de la Fabrique qui pensent plus à refaire le toit qu'à reconstituer le décor. Il faudra un autre miracle de saint Nicolas pour que le prophète Elie retrouve Moïse de l'autre côté du Christ.

Du tabernacle abandonné le vitrier sortit une marmite qu'il plaça sur des braises, entre deux pierres, à côté d'un confessionnal démantelé.

— Pigeon aux lentilles ! Quand il y en a pour un, il y en a pour deux. Je me venge, dans l'assiette, des ramiers qui abîment les pierres et les vitraux autant que la colère et la négligence des hommes. Des morceaux de la grande rosace ne tiennent plus que par la chienlit des colombins.

Il tournait une spatule dans son petit chaudron. La fumée apportait une bonne odeur de sauce où dominait l'échalote.

— On ignore le nom des auteurs des vitraux. Les nobles et les bourgeois qui les commandaient préféraient qu'on voie leur portrait, ou les bagues de leurs femmes, plutôt que la signature de l'artiste. Mais il y a Valentin Bousch, l'homme de la Transfiguration, un maître. Je reconnais son dessin entre mille, sa couleur dans toutes les grisailles de ce fatras et la macédoine de morceaux mal collés. Bousch, retenez ce nom ! Si vos pas vous mènent à Metz, passez à la cathédrale : il paraît qu'il a fait mieux encore, là-bas, où il s'est marié et où il est mort. Je vous parle de Metz, sans savoir quelle est votre prochaine étape.

— Je l'ignore encore moi-même. Je devais d'abord rencontrer saint Nicolas.

— Pour l'implorer ?

— Non, à cause des castagnettes. Vous ne pouvez pas comprendre. Je ne demande ni l'aide de Dieu ni l'intercession des saints du calendrier. J'ai besoin d'un compagnon de route : le bon saint Nicolas vaut bien une marotte ou une poupée de chiffon.

— Si j'avais la clé du cadenas du trésor, je vous montrerais la main en or qui tient la sainte phalange de son doigt. Reprenez plutôt une cuillerée de lentilles.

Le vitrier accompagna Isidore jusqu'au portail.

— En bas, dans la ruelle à droite, vous retrouverez le maréchal-ferrant.

Elche semblait frêle entre les trois boulonnais d'un roulier qui attendaient leur tour. Elle reconnut son maître et manifesta sa joie de lents mouvements de la tête. Sans l'atteler, Isidore la conduisit au bord de la rivière pour boire. La Meurthe longeait la ville, à la sortie d'un pont où passaient des marchands, de retour du marché de Varangéville. Certains empruntaient le chemin de halage pour rafraîchir leurs bêtes. Plus loin, sur l'autre rive, des femmes agenouillées sur le sable de la grève lavaient du linge. Un chaland de troncs d'arbres glissait dans l'aval, guidé par les perches de deux nautoniers.

Quand il évoquait ses voyages de flotteur de bois, Manuelo parlait de la Meurthe, descendue depuis Raon-l'Etape jusqu'au confluent de la Moselle. Pendant que le commis de la forge préparait le cabriolet, Isidore chercha dans les carnets de Charles le croquis des étapes de son père. Un dessin, sommaire, de la basilique et de ses tours indiquait Saint-Nicolas-de-Port. Avec des courbes, l'itinéraire contournait Nancy jusqu'à Frouard. Le trait épaissi indiquait, ensuite, la Moselle, jusqu'à Metz et au-delà.

— Elche, saint Nicolas nous montre la route à suivre, celle de Manuelo qui descend jusqu'à Metz.

Le tracé de la rivière amenait un parcours différent des habituels chemins de campagne. Les rives serpentaient dans les champs, à l'écart des communes, sans autre animation que celle des barques de pêcheurs ou des barges de transport. A l'approche d'un clocher, ou d'une ferme, un coude servait de baignade à des enfants ou d'abreuvoir à un troupeau. Pour la nuit, Isidore choisit un bouquet d'arbres dans une boucle. Derrière lui il voyait encore, au ras de la plaine, les tours de la basilique, la grande rosace scintillante dans les rayons du soleil. Sur le côté, à flanc d'un coteau, répondait le calme d'un monastère, ou d'une abbaye, qui alignait les murs ocre de ses longs bâtiments. La cloche de la chapelle accompagnait la somnolente rêverie du voyageur, apaisé par le calme de sa visite et de sa double rencontre avec le vitrier Desloy, et celle, plus intime, du bon Nicolas.

En suivant le cours de l'eau, Isidore pensait à la fois au passage de son père dans les mêmes paysages et aux récits de son oncle qui disait ne connaître de certaines escales qu'un fortin, sur une falaise, ou un phare, sur un môle. Lui-même, à part des cabanes de maraîchers près des carrés de carottes et de choux à proximité de la rivière, n'avait vu de Nancy que la silhouette de la cathédrale, bien ramassée au-dessus du flot des toits. L'animation compensait la monotonie du paysage. Le trafic des bateaux entraînait une plus grande fréquentation des berges avec des cabarets improvisés, des haltes où des nautoniers et des voyageurs mangeaient une friture de poissons ou une omelette aux herbes. En prenant une collation, Isidore s'inquiéta des nouvelles, portées par les uns et les autres : nul ne parlait d'épidémie, simplement d'une alerte dans la plaine des Vosges, sans alarme au-delà. Le drame datait de moins d'une semaine.

Comme pour Saint-Nicolas-de-Port, le cartouche d'un sanctuaire indiquait Pont-à-Mousson sur le tracé de Charles. Au sortir d'un coude, après une butte qui cachait le paysage, Isidore eut soudain la vue dégagée sur l'église paroissiale, plutôt classique, avec deux tours aux allures de donjon, et le bâtiment élégant de l'abbaye des Prémontrés, coiffée de deux clochers pointus. A l'approche d'un pont, qui l'impressionnait par sa largeur et ses arches, Isidore arrêta Elche. Sur la rive droite en face de lui, la ville massive offrait la cohérence d'un ensemble de maisons cossues qui donnaient du relief au premier des deux édifices. Des enfants se baignaient, à quelque distance d'un groupe de laveuses. Après les dernières maisons la campagne se prolongeait par une colline, véritable mont couronné des ruines d'un château et de plusieurs toits de ferme.

Au-delà du pont, Isidore trouva un abri dans la dépendance d'une fabrique installée dans le jardin et le cloître d'un ancien couvent. Jusqu'à la tombée de la nuit il profita des changements de couleurs que les reflets de la Moselle et les pâleurs du ciel apportaient sur l'autre rive aux ardoises du toit de l'abbaye et à l'ocre pastel de sa façade.

Au matin, longtemps après le lever du jour, un étrange tapage le réveilla. Il crut que le bruit venait de blanchisseuses tapant leur linge sur des plaques de pierre avec une harmonie de batteurs de tambour. Il devinait, derrière, un ronflement. Il sentait, dans l'air matinal, une odeur de fumée qui ne ressemblait pas à celle des bûches ou du charbon de bois. Il entendait, en plus, des cris qui annonçaient une animation inhabituelle. A quelques mètres de la rive un étrange bateau dérivait vers la berge. Il chassait l'eau sur son flanc dans le remous d'une roue à aubes qui tournait au ralenti. Plantée au milieu du pont, une cheminée crachait un nuage bleuté qui voilait l'arrière-plan de la rivière. A l'avant et à l'arrière flottaient deux drapeaux tricolores. Alignés sur les côtés, les passagers observaient la manœuvre d'approche. Certains saluaient le public, massé sur un quai à proximité du pont.

Isidore arriva au point d'arrêt avant l'arrimage. Les curieux, et les passagers pour le tronçon suivant, entre Pont-à-Mousson et Nancy, se bousculaient. Ceux qui attendaient en bordure de l'eau reculèrent quand la cheminée lâcha un strident coup de sifflet ponctué d'un jet de fumée noire. Coiffés de chapeaux de cuir noir, agrémentés de deux rubans jaunes, des matelots criaient pour écarter les voyageurs qui gênaient le lancement des amarres. Le surprenant bâtiment à vapeur s'appelait le *Stanislas*. Isidore estima sa longueur à une trentaine de mètres. Derrière la silhouette effilée du pont étroit il découvrit la seconde roue, parallèle à la première, cachée jusque-là par la cheminée.

La confusion atteignit son comble quand la passerelle fut jetée. Sur l'échelle de coupée s'affrontaient les voyageurs qui arrivaient et ceux qui embarquaient. Obstinés et boudeurs, ils bloquaient tout passage avec leurs paniers et leurs ballots. Le capitaine du *Stanislas* se hissa sur le toit de sa cabine. Sa tête dépassait au-dessus de la roue comme celle d'un homme mis au gibet. Il portait un bicorne à la Polichinelle. La barbe rousse, dense et frisée, lui donnait une allure de flibustier.

— La Compagnie des Inexplosibles vous demande de la patience. Que s'écartent les passagers pour Nancy. Nous n'embarquerons personne avant que ne soient descendues les personnes ayant un billet pour Pont-à-Mousson. La Compagnie des Inexplosibles demande aux spectateurs de s'éloigner, pour laisser la place à ceux qui travaillent, et à ceux qui ont payé.

Il parlait dans ses mains ouvertes en porte-voix. Le ronflement de la machine couvrait une partie de ses paroles.

Attentif hors de la cohue, Isidore cueillait dans les commentaires des uns et des autres des informations sur ce nouveau moyen de transport. La compagnie annoncée par le capitaine équipait ses bateaux de chaudières inexplosibles. Le mot rassurait les passagers et les curieux, qui remplaçaient volontiers par *L'Inexplosible* le nom des *Stanislas, Fabert, La Providence, L'Austrasien*. Les liaisons entre Trèves, Thionville, Metz, Pont-à-Mousson et Nancy, avec une fin de parcours sur la Meurthe, attiraient la clientèle en foule. A chaque voyage les cent places de la première et de la deuxième classe étaient occupées, celles du restaurant également.

Après l'embarquement, le calme revint sur le quai. Le capitaine lui-même commanda la remontée de la passerelle. Le sifflet salua le départ au moment précis où les amarres détachées tombaient dans l'eau. Les roues soulevaient leurs premières brassées d'écume. Les enfants, qui avaient agacé les passagers en bousculant leurs bagages, couraient vers le pont pour observer les manœuvres depuis le parapet. La coque glissait vers l'arche centrale la plus haute. Les spectateurs applaudirent quand, à l'approche des piliers, le chapeau de la cheminée se coucha soudain. Les volutes du panache détourné frôlèrent la voûte de pierre.

Autour de l'embarcadère il ne restait personne, sauf le vendeur de billets, avec le même chapeau à rubans que les matelots du *Stanislas*, et une sacoche en travers de la poitrine. Il subissait les reproches d'un homme qui ne le lâchait pas d'un pouce :

— Vous m'avez dit, hier soir, que le bateau partait à dix heures trente.

— Il est parti à dix heures trente.

— Oui, mais pas vers Metz. Vers Nancy !

— Vous m'avez demandé hier à quelle heure partait le bateau, le matin. Je vous ai répondu « dix heures trente ». Comme il n'y a pas d'autre parcours attendu je ne vous ai pas trompé.

— Vous ne m'avez pas parlé de Nancy.

— Ni vous, de Metz. *L'Austrasien* passe demain à quinze heures.

La discussion amusait Isidore. Elle opposait le calme de l'employé à l'énervement du voyageur qui tournait autour de son sac en répétant :

— *L'Austrasien* passe demain à quinze heures !

Isidore s'approcha.

— J'ai un cabriolet et un cheval. Si vous le souhaitez, je vous conduis à Metz dès maintenant.

L'homme regarda le vendeur de billets.

— Vous ne seriez pas compères, tous les deux, pour partager le prix de cette proposition trop soudaine pour être vraie ?

— Je ne suis que de passage à Pont-à-Mousson, dit Isidore. Mon offre est spontanée et gratuite. Vous donnerez deux ou trois sucres à Elche et le compte y sera.

L'homme tourna le dos à l'employé.

— Je m'appelle Casimir Bour. Je suis votre obligé.

Il accompagna Isidore vers l'enclos de la fabrique et attendit les préparatifs.

— Votre jument est blanche et gaillarde. En moins de quatre heures nous serons à Metz. Je vous indiquerai quelques raccourcis pour éviter les détours qu'impose parfois la Moselle.

La route s'écartait de la rivière, privée de chemin de halage. Elle longeait des prés, habitués aux crues comme ceux du Village et, de l'autre côté, des coteaux, striés par les rangées des vignobles.

— Nous ne sommes pas encore dans le pays messin mais nous entrons dans de bonnes terres à vin. Depuis une vingtaine d'années le vignoble s'étend en bordure de la Moselle, et plus loin, dans les terres, au-delà des grandes collines de Gravelotte et de Gorze. Nous conservons des Romains quelques belles traces d'aqueducs sur les rives de nos campagnes. Si les ceps parlaient, nous apprendrions que les légions de César et de Constantin ne mettaient pas que de l'eau dans leurs gobelets.

Pour cette nouvelle étape, Isidore appréciait la présence d'un compagnon. L'obligation d'écouter et de répondre le ramenait à la réalité, sans trahir le souvenir des siens puisqu'il suivait l'itinéraire de son père au temps du flottage. Cette complicité le rassurait dans cette marche vers une ville, sans autre but que de s'éloigner du Village. Manuelo dans la même vallée cherchait, aussi, son avenir.

Casimir Bour parlait, sans poser de questions. Il pestait, encore, contre le renseignement incomplet fourni par l'employé de la société de navigation, sans critiquer ce moyen de transport, si rapide pour les voyageurs et pour les marchandises. Il acceptait sans rechigner l'inconvénient de la cheminée qui noircissait les rives quand le mécanicien poussait sa machine.

— Les fabriques et les forges qui poussent un peu partout nous habituent à ces fumées nouvelles. Celles des maisons montaient blanches et légères. Aujourd'hui les inexplosibles et les usines obscurcissent nos vallons. Ce siècle, qui n'est pas à mi-chemin, ne ressemble déjà plus à ce qu'il était à son premier jour.

Soudain le volubile passager se tut pour bourrer sa pipe avec application. La blague posée sur ses genoux, il emplissait le foyer d'un tabac brun qu'on aurait dit taillé dans des copeaux. Il le tassait avec l'index, plus fortement avec le pouce avant d'ajouter quelques autres grains. Il soufflait plusieurs fois dans le tuyau avant d'arrondir la couche ocrée qui parfumait l'air autour de la banquette du cabriolet. La pipe entre les dents, il entreprenait le lent allumage de son briquet d'amadou. Il tirait la mèche jaune avec précaution. Il activait la molette par petits frottements. Quand rougissait l'extrémité du cordon, il approchait la calotte de tabac qu'il tamponnait quatre ou cinq fois avant de stimuler la combustion par une aspiration profonde. Avec la première bouffée, l'odeur changeait, dominée par une senteur de miel.

— Ne le répétez pas, mon jeune ami : je fume du tabac de contrebande. Il arrive, je ne sais comment, de Belgique. Je le paye trois ou quatre fois moins cher pour un plaisir plus vrai. Ma pipe est ma compagne. Elle m'apporte le repos, le calme. Elle me donne du temps pour réfléchir. Je ne prends jamais une décision importante avant de l'avoir consultée. Mon entourage et mes voisins, par habitude, m'appellent « le Père Lapipe », ce que je ne dirais pas à un douanier.

Elche s'accommodait de ses marches répétées, peu fréquentes, ou moins longues, quand Isidore accompagnait Octavie Gervais. Sa docilité facilitait la conduite. Au croisement de véhicules lourds, tirés par quatre ou huit chevaux, la jument devenait fébrile. Les cochers des diligences et des fourgons à six roues ne déviaient pas de leur route. Ils obligeaient ceux qu'ils croisaient à mordre sur la berme avec le risque de glisser sur la pente du talus. A mi-chemin de Pont-à-Mousson et de Metz la circulation ne connaissait pas de répit avec des chariots chargés de sable, de pierres ou de charbon. Entre deux bouffées de tabac au parfum de miel Casimir Bour raconta la création des hauts-fourneaux vers l'est, du côté de Hayange, et un peu partout, l'ouverture de mines.

— Le département de la Moselle est le premier, ou le deuxième, producteur de fonte du pays. Les besoins en matériaux expliquent ce trafic. Pour dégager les routes l'Etat entreprend la construction d'un canal qui reliera directement la Marne au Rhin, de Vitry-le-François à Strasbourg. En plus des inexplosibles nous profiterons des insubmersibles qui porteront au fil de l'eau des tonnes de minerai en vrac, à l'aller, et des faisceaux de poutrelles, au retour.

Isidore ne pouvait taire davantage le nom de Manuelo. A son tour il devint bavard. Il livra à son passager l'histoire de sa famille créée par la volonté de son père puis emportée par la maladie qu'il ne précisa pas. Il évoqua le travail des flotteurs que Casimir connaissait par leur traversée de Metz où ils étaient plus nombreux depuis quelques années.

Au sommet d'une pente, Isidore retint les rênes d'Elche. Perdue de vue derrière des petits bois, la Moselle occupait de nouveau le paysage qu'elle longeait sur la droite. Des herbes sauvages, mêlées à des fougères déjà teintées de jaune, descendaient vers la rive. A deux centaines de mètres, en aval, elles butaient sur les piliers d'un aqueduc, bien posé sur ses arches, et soudain brisé à hauteur de l'eau.

— Arrêtons-nous un moment, dit Isidore.

Le lieu ressemblait aux descriptions que faisait Manuelo des ruines de Trèves. Comme la route du flottage, ce chemin de berge reprenait l'itinéraire des fantassins de la guerre des Gaules. Casimir savourait la halte.

— Personne n'imagine que Metz fut une ville romaine plus importante que Nîmes ou Arles, avec des arènes aussi imposantes que le Capitole, des piscines égales aux thermes de Caracalla, alimentées par cet aqueduc qui puisait l'eau à la source des Bouillons, dans la forêt de Gorze.

Isidore sortit de son sac son cahier de dessins commencé avec Charles. Pendant qu'Elche, détachée, tournait sur elle-même dans le pré avant de s'affaler dans les fougères, il traça au fusain le volume monumental de la ruine dans son décor de verdure.

— C'est une image de famille. Elle parle de mon père qui admirait Hannibal et ses éléphants alpinistes.

— Que connais-tu du dessin?

— Je tiens mes leçons d'un bon maître, qui était mon oncle. Grâce à lui, je conserve dans mon bagage les silhouettes de mes parents, le regard de ma mère, les mirabelliers autour de la maison. C'est mon seul bien. Il n'a pas de prix.

Casimir observait la sûreté du crayon sur le papier, le trait noir épais qui marquait la rive de la Moselle, la hachure des herbes, le damier des pierres supérieures de l'aqueduc, la trame plus serrée de la base des piliers moussus.

— Es-tu dessinateur de métier?

— Je n'ai pas de métier. Je viens d'un village de paysans, de vignerons, de verriers. Conduire un cabriolet, panser un cheval, est-ce un métier? Peut-on vivre de dessins, ailleurs que dans les ateliers qui produisent des images comme celles d'Epinal?

— Je ne t'ai pas encore dit que je suis imprimeur. A cause des illustrés, et de leurs romans-feuilletons, la clientèle s'habitue au dessin. Sur leur papier à lettres, les minotiers veulent un moulin, les chapeliers un haut-de-forme, les restaurateurs une assiette ou une soupière. J'imprime, aussi, des portraits de saints, ou de grands personnages, qui nécessitent des ajouts de couleur au pochoir. Veux-tu travailler pour moi?

— Mon expérience reste modeste.

— Tu apprendras, avec les aînés. Ta tête me semble bien faite et solidement plantée. Ma dernière pipe me dit qu'il faut faire confiance au hasard des bonnes rencontres. Tope là, Isidore, que nous soyons amis.

Après cet accord Casimir Bour souhaita en savoir davantage. Ce village qu'évoquait sans cesse Isidore l'intriguait avec l'audace de sa fabrique, l'insolite de la visite d'un pacha turc. Dans l'évocation de Manuelo et de Charles, il retrouvait ses propres préoccupations au sein d'une société qui changeait sans qu'elle s'en rende bien compte. La traversée de la campagne messine confirmait le contraste entre un monde rural, fidèle à ses habitudes, à ses travaux, et la population urbaine, agitée par le négoce, plus mobile, mieux informée, curieuse des progrès sensibles de la vie quotidienne.

— Tu arrives chez moi au bon moment avec tes connaissances et ta jeune expérience. Comme le reste, l'écriture change. Ce n'est plus un plaisir de cabinet, pour philosophe solitaire ou poète amoureux. Des talents cherchent leur voie dans l'imagination, l'histoire, la réflexion, la colère même, si elle n'outrage pas l'ordre public. Cette matière transforme l'imprimeur en éditeur. Je ne suis pas mécontent de noircir mon papier avec des biographies de messins oubliés. Je les illustrerai désormais avec leur portrait ou les lieux de leur existence.

Isidore s'en tenait à sa quiétude d'obtenir si rapidement une occupation qui éviterait l'inutile errance d'une ville à l'autre. Cette fois le dessin décidait de son sort. Il pensa que son père et sa mère l'encourageaient quand Charles l'obligeait à reprendre une courbe ou une perspective. Personne n'imaginait, alors, qu'un loisir deviendrait, si vite, un métier.

Isidore se força à sourire.

7

L'IMPRIMERIE

L'imprimerie de Casimir Bour donnait sur une placette, près des arcades de la place Saint-Louis. L'atelier occupait le rez-de-chaussée d'une maison de quatre étages où logeaient plusieurs locataires, l'imprimeur au premier. A l'arrière, la demeure donnait sur une rue étroite, par une annexe en bois qui avait servi de réserve de fourrage. Isidore trouva là une stalle pour Elche, une place pour le cabriolet et, dans la mezzanine, l'espace pour un logement, mal éclairé par deux lucarnes. En échange de son hébergement et de l'abri de la jument et de la voiture, il acceptait d'effectuer pour son patron des livraisons en ville ou des chargements de fournitures. Il espérait ainsi sortir Elche de la monotonie de son box et s'habituer aussi, par des escapades, à sa vie nouvelle, ordonnancée par les horaires, le travail, et la compagnie de trois ouvriers plus âgés que lui.

Il ne connaissait d'eux que le prénom ou le surnom : Gastounet, le prote, ou chef d'atelier ; Nanar, le typographe ; Léonce, le pressier. Sauf celle du responsable, les fonctions ne correspondaient pas à la réalité. Chacun composait les textes, les corrigeait, les montait, activait la presse à main des petits travaux ou la machine à cylindre des tirages plus importants.

Gastounet tenait son monde avec bonhomie. Quand

Casimir lui présenta Isidore il dit, en appelant ses deux compagnons :

— Nous étions une équipe à trois pattes, nous voilà quadrupède. J'espère que tu n'es pas un âne, Titi.

— Il s'appelle Isidore.

— J'ai toujours appelé les grouillots Titi.

— Ce n'est pas un apprenti, c'est un dessinateur.

— Ce sera, quand même, Titi. C'était le surnom d'un gosse, dans ma première place. Quand on lui demandait de porter une galée, ou d'encrer un rouleau, il obéissait en répétant sans fin entre les lèvres « ti-ti-ti-ti-ti », comme s'il appelait des poules à la distribution des graines. Il est mort, devant moi, sous un cheval emballé. Grâce à mes Titi je pense encore à lui.

Quand il vit le premier travail d'Isidore, Gastounet oublia son diminutif fétiche.

— Ce n'est pas du travail de gamin. Je te reconnais pour l'Isidore que tu es.

Levé le lendemain de l'arrivée, le croquis montrait la maison natale du général Lasalle, peu éloignée de l'imprimerie Bour. Gastounet regardait le dessin en l'éloignant puis en le rapprochant de ses lunettes rondes à petites montures d'acier. Il s'étonnait de la précision des lignes qui exprimaient la profondeur, entre le portail ouvert de l'entrée et le perron de la maison, au fond de la cour pavée. Grâce à de légers traits parallèles les carreaux étroits des fenêtres semblaient vitrés.

Isidore connaissait le nom de Lasalle, cité au hasard par Charles, quand il racontait les batailles de Napoléon, ou par la baronne, quand elle regardait les estampes rapportées d'Egypte par Maximilien Gervais. Pendant les récréations de la classe, dans les batailles au foulard, entre des élèves qui feignaient de monter un cheval, en tirant sur de fausses rênes et en claquant la langue sous le palais, un garçon, plus vif que les autres, se proclamait toujours « Lasalle », le cavalier de feu.

Un des proches du général publiait pour son entourage quelques souvenirs sur le hussard messin, premier livre illustré par l'imprimerie Bour.

— Je retrouve l'émotion de mes débuts, disait le prote. A défaut de dessin nous agrémentions les pages par des fantaisies typographiques, la mise en valeur d'une lettrine, l'encadrement d'un titre réservé sur un fond blanc. Ce *Lassale, premier cavalier messin* est une nouveauté qui compte. A cinquante ans, je déguste mon plaisir et le progrès.

Entre amis avec Léonce et Nanar, sans se cacher d'Isidore, il regrettait l'interdiction, par la censure, du titre d'origine avec *« premier cavalier de l'Empire »*. Le bonasse Léonce, qui s'accommodait de tout, atténuait le regret :

— Voici dix ans, la plaquette entière serait passée à la trappe.

Casimir Bour réservait son enthousiasme pour la suite. Il accompagna Isidore pour l'achat du matériel de gravure dans une papeterie qui fournissait les écoles militaires d'artillerie et de pyrotechnie. La gamme des pointes dépassait largement les outils de fortune utilisés avec Charles pour entailler le bois. Au burin ordinaire, qu'affinait autant que possible le forgeron du Village, s'ajoutaient, dans le présentoir du papetier, des échoppes et des onglettes qui se distinguaient par la forme de leur lame recourbée en U ou en V, des gouges plus ou moins arrondies. La boutique fournissait également des planchettes de poirier et de cerisier, des petits blocs carrés qui permettaient au graveur de coller à la presse le volume nécessaire à son travail.

Isidore prenait son temps pour tracer dans le bois les traits de son modèle. Quand il gravait, l'après-midi, au Village, Georgina guettait ses gestes derrière son dos en essuyant la vaisselle. Manuelo s'étonnait de la légèreté des fibres taillées, souples comme des fils. Charles, pointilleux, passait le doigt sur la barbe des entailles, qu'il ne trouvait jamais tranchées à son goût. Ce jeu d'hier devenait un défi personnel qu'excitait l'intérêt de ses compagnons sortis de la routine. Ils continuaient leur tâche sans montrer leur impatience. Isidore aimait le bruit régulier de leur presse, lent et chuinté dans le glissement de l'impression, brutal et scandé dans la remise en place de la tireuse sous la pile de papier. Il repérait aisément le claquement des casses de lettres repoussées du genou ou du bras dans les coffres, le cliquetis sec des galées de plomb posées sur les marbres en fonte. Il découvrait l'odeur de l'encre, tellement envahissante qu'elle pénétrait, à travers le couloir, jusqu'à la remise de son logement.

En suivant la reproduction ébauchée à la plume sur la couche de blanc d'argent il taillait dans le cerisier les lignes de la façade de la maison Lasalle. Le burin coupait le bois comme la lame d'un rasoir. L'onglette et l'échoppe dégageaient la surface de la partie creuse, maîtrisée sous l'agrandissement d'une loupe conseillée par le papetier.

A l'heure de la pause, que les imprimeurs considéraient comme un droit, Gastounet initiait Isidore aux pratiques élémentaires de l'atelier. Sur une feuille, il traçait les empattements des familles de caractères, le triangulaire de l'elzévir, le rectiligne fin du didot, celui épais de l'égyptienne, le trait droit de l'antique. Commençait aussitôt une querelle entre celui qui ne jurait que par l'harmonie du vieux romain, l'amateur d'italique et le rebelle de la cursive, qui reproduit l'écriture humaine. Le repas continuait avec les souvenirs de l'un ou de l'autre, celui qui avait composé les Mémoires de l'ancien maire Barbé de Marbois, déporté en Guyane avec les Girondins, celui qui gardait les programmes du Théâtre, imprimés dans sa place précédente, Gastounet, qui possédait les épreuves, interdites et saisies, d'un manuscrit licencieux intitulé : *Les Aventures de la comtesse du Con Fendu et de sa secrétaire Suce-Couille*. Gastounet frétillait :

— Je garde un jeu de morasse tiré par ce pauvre Titi. Hélas, sans dessin !

Vers midi, Elche attendait son heure. Elle piaffait quand Isidore poussait la porte de la remise. Elle agitait la crinière et la croupe dès qu'il passait le harnais sur son encolure et jetait la selle sur son dos. La monte ne lui déplaisait pas, malgré les habitudes de l'attelage. La proximité des jambes et des mains du cavalier la rassurait dans la marche au milieu de l'animation des rues. En quelques jours, elle connaissait l'itinéraire à travers le tumulte de la place de Chambre, point de départ des diligences et lieu de rencontre des marchands. Elle manifestait son émoi en entrant dans la rue des Tanneurs, empestée du poids des cuirs, des peaux, des teintures. Au bout du passage étroit surgissait le frais de l'espace ouvert sur les fortifications et sur la Seille, la rivière des salins, arrivée au confluent de la Moselle.

Isidore s'éloignait vite des douves et du chemin de garde. Il traversait les jardins des maraîchers, irrigués par les dérivations des deux rivières avant leur jonction. Il s'éloignait d'un campement de bohémiens arrêtés aux limites de la ville. Au-delà, le Val de Metz s'offrait à lui avec une Moselle ample et calme, prête à la moindre occasion à élargir son lit dans des prés marécageux, en contrebas des vignes, peu favorisées par le relief. Il était à égale distance de la cathédrale, dressée derrière lui dans sa souveraine sérénité, et du clocher d'un village pointant son ardoise au-dessus des toits rouges. La campagne revenait à lui, coupée de mirabelliers, de cerisiers mêlés dans des alignements touffus, de grappes de peupliers dressés au-dessus de l'herbe rase comme des plumets de shakos. Il lâchait la bride d'Elche, heureuse de gambader à son gré.

Assis sur une grève, Isidore regardait le tapis bleu de l'eau, épaisse, lente, coupée de monticules de terre accumulés par une ancienne crue, plantée de gerbes de roseaux, pointant un épi au bout de leur tige, ou brisés dans leur fierté par un coup de vent ou la sape d'un rat d'eau gourmand de racines. Dans le débord marécageux de la rivière il connaissait un nid de hérons pourprés tressé dans les branches cassées et les pousses inachevées. A tour de rôle les parents entraînaient les jeunes de l'année à des vols d'essai en vue de la longue migration vers les déserts du Maghreb. Au passage leur cri rauque, désordonné, inquiétait Elche.

Au retour, Isidore goûtait l'harmonie de l'enceinte fortifiée. Il rentrait en ville en suivant le cours de la Moselle jusqu'au confluent de la Seille. L'endroit formait une presqu'île sous une porte de la cité, devant une herse qui fermait le passage souterrain de l'affluent. Dans ce décor, qui mêlait la rigueur de l'architecture militaire et le calme champêtre, vivaient quelques familles de vanniers, fournis en matériaux par les roseaux et les saules de l'aval. Le père tressait ses paniers devant une charrette provisoirement transformée en cabane. Après la méfiance des premiers jours les enfants saluaient Isidore au passage, caressaient le cou du cheval qu'ils appelaient « Elle sait », au grand étonnement de leurs parents. La jument retrouvait son box avec plaisir, en animal casanier attaché à ses habitudes.

L'atelier attendait avec impatience le tirage de l'épreuve du dessin de la maison Lasalle. Pour garder un souvenir marquant, Gastounet préconisait d'imprimer une morasse avec de la poudre d'or. Casimir Bour craignait que cet essai ne laisse dans le creux du bois des paillettes préjudiciables à l'impression.

Léonce préparait déjà sa passe. Le rouleau de la presse luisait sous la couche noire de l'encre, régulière et lisse. Isidore regardait avec émotion. Son travail ne lui appartenait plus, sans inquiétude, car, après quelques jours de vie commune, il connaissait la sagesse de l'imprimeur et l'habileté de ses typographes. Il n'avait pas d'avis dans leur discussion sur le papier à choisir, entre le hollande, le couché ou le vélin. Gastounet et Léonce caressaient les feuilles puis les regardaient en transparence, trouvant à l'un des traces de vergeures contraires aux traits réguliers du dessin, à l'autre une blancheur trop éclatante pour le contraste. Casimir trancha avec le couché, plus fin et flatteur.

Léonce ne céda pas sa place pour le tirage.

Il approchait son rouleau de la planche de cerisier maintenue dans une forme de plomb. Le bois dépassait légèrement le cadre de l'armature. Le pressier passait et repassait son encre, d'arrière en avant, puis de haut en bas.

Gastounet frotta ensuite un chiffon sur les bords du cadre de métal.

— Plus fort, mon Titi, s'amusa Léonce. Ta mère t'a nourri à l'huile de foie de morue.

Casimir posa sur le dessin gravé la feuille de papier couché que Nanar couvrit d'une plaque de carton puis d'un morceau de toile ouatée.

— C'est le baptême du feu, Isidore, dit Gastounet. Quand le vin est tiré il faut le boire; une première épreuve c'est un godot offert à tout le monde.

Dans le silence soudain revenu Léonce poussa la presse sur la forme, sans revenir en arrière après le passage sur le cliché de bois et sa protection. Casimir lui laissa le plaisir d'achever l'ouvrage.

En évitant tout frottement le compagnon souleva le tissu et le carton. En prenant deux coins de la feuille il tira le papier vers lui, pour le présenter, sans le voir, à ses amis.

— Magnifique, dit Casimir. L'épreuve donne plus de relief au dessin. La façade semble ravalée, mais elle est d'une grande fidélité.

— Je pourrais avoir le dessin? demanda Isidore.

— Voilà bien les artistes : le contrat n'est pas signé qu'ils réclament déjà leurs œuvres. Si tu payes les godots, je t'offre la gravure.

Gastounet posa l'épreuve, face en l'air, sur un support de buvard vert. Après les commentaires flatteurs et les compliments, le travail habituel reprit.

Près d'une fenêtre, Isidore disposait, depuis la veille, d'un meilleur emplacement pour travailler. Coupé du fond de l'atelier par le comptoir de la boutique, il échappait au va-et-vient de ses camarades, aux bruits des outils sur le marbre de plomb ou de la prise de papier de la presse. Assis sur une chaise haute, ou debout, il dessinait sur un pupitre élevé avec, à portée de la main, une étagère pour ses plumes et ses crayons, ses encres et ses papiers. La maison natale de Lasalle terminée, il complétait l'illustration de la monographie familiale avec la reproduction d'un portrait du général, d'après une gravure en mauvais état, détériorée par les pliures et des taches d'humidité. Le modèle ne convenait guère. Le hussard, descendu de son cheval, présentait au jeune Bonaparte des fanions hongrois pris à la bataille de Rivoli. Isidore jetait sur une feuille des esquisses, autrement animées, avec le cavalier bien en selle, mis en valeur dans l'élégance de son uniforme. Après trois jours d'application il disposait d'un Lasalle ferme sur ses étriers, le buste droit sous son bonnet, les bras tendus sur la bride d'un cheval blanc qui ressemblait à Elche.

Le dessin séchait entre deux pinces à linge sur un fil tendu au-dessus du pupitre quand Casimir et ses employés vinrent boire les fameux godots réclamés lors du tirage de la première épreuve.

— Du bouchotte, dit Gastounet en regardant l'étiquette de la bouteille de vin gris. Tu choisis bien.

— L'aubergiste ne m'a pas demandé mon avis.

— Bouchotte, c'est notre maire, le plus grand viticulteur de Moselle. Son père a été le ministre de Lasalle que voici. Je ne sais pas si le général est ressemblant mais en regardant Elche on l'entendrait piaffer.

Léonce posa sur le pupitre l'image imprimée en début de semaine.

— Elle est à toi, dit Casimir. Chacun de nous hérite d'un deuxième tirage que tu vas signer.

L'imprimeur présentait les feuilles protégées par un

papier transparent. Resté debout près de sa table de travail pendant que Léonce emplissait les verres, Isidore écrivit à la plume fine au bas de chaque dessin : *Isidore Capitaine G.I.*

Nanar, qui en bon typographe était aussi correcteur, remarqua le premier les initiales.

— Voici une énigme : que signifient ces deux initiales ?

— Je devrais écrire le nom en entier ; il prendrait trop de place. Je m'appelle Isidore Capitaine Garcia Ibanez.

Casimir Bour regardait le portrait de Lasalle.

— Agrandi, ton dessin ferait une belle image en couleurs.

— La typographie est l'art du noir et blanc. Elle accepte le grisé, pas les bariolages, dit Gastounet.

— Je ne te parle pas de typographie mais d'impression. L'habitude des gravures de mode des illustrés donne l'envie de mettre du bleu dans le ciel et du vert sur l'herbe.

— Et le cheval blanc, en blanc ?

Casimir profita de la remarque :

— Isidore Capitaine Garcia Ibanez — tu fais bien d'utiliser les initiales —, voudrais-tu, un prochain jour, me conduire dans ma famille, à une bonne heure de Metz ?

— Elche se dégourdira les jambes.

— Nous passerons deux jours au milieu des arbres. Prends de quoi dessiner : je te montrerai le plus vieux chêne de Lorraine. Il n'a pas vu chasser Charlemagne mais il a abrité, à la halte, l'autre cheval blanc, celui d'Henri IV.

Au départ, la route de Gorze suivait celle de Pont-à-Mousson. Isidore retrouva, dans l'autre sens, les ruines de l'aqueduc romain. A l'écart de la Moselle, un large chemin conduisait ensuite vers les collines boisées. Casimir montra au passage les pierres enfouies du canal souterrain qui conduisait les eaux jusqu'à l'ouvrage d'art.

— Ce lieu apprécié par les légions romaines de Drusus a

séduit, plus tard, les moines, qui ne se trompent jamais dans leur choix. L'abbaye bénédictine de Gorze rayonnait sur la Lorraine, la Champagne et jusqu'en Allemagne. Ce n'est plus aujourd'hui qu'un exemple et un souvenir. Gorze vit de ses vignes et de ses terres, de ses bois et du gibier. Je suis né là, au bord de la Gorzia, dans une famille de forestiers.

Etroite et nerveuse, la Gorzia ressemblait au ruisseau du Village. Au lieu de contourner la commune, comme aux abords du Domaine, elle filait, entre deux rangées de maisons, jusqu'à la route du moulin. Plus loin, dans son acheminement vers la Moselle, elle alimentait le lavoir, bien abrité sous sa charpente de bois. La famille Bour habitait à proximité du moulin, en bordure du chemin des Trembleurs, qui conduisait autrefois au gibet. L'auréole verte d'un chêne pédonculé indiquait le lieu. L'arbre séculaire occupait la moitié de la cour. L'autre côté, pavé, coupé par une mare centrale, conduisait aux granges et au corps de logis.

Isidore découvrait un mode nouveau de construction. Le bois dominait dans la façade, avec une charpente à poteaux de grande longueur. Les chevrons et les entretoises serraient des murs de torchis et d'argile, couverts de crépi ocré. L'aile droite, avec son grand portail, abritait les bêtes et le matériel, l'autre le logement, sur deux étages avec des fenêtres à petits carreaux.

— Laisse Elche sous le chêne, dit Casimir. Je ne sais lequel de mes aïeux, à moins que ce ne soit quelqu'un d'autre, a planté cet arbre vénérable. Ses branches gardent la mémoire de Gorze. Elles ont dominé les processions des plus belles heures de l'abbaye. Elles ont couvert d'ombre le passage du condamné, conduit à la potence du gibet. Peut-être ce chêne servit-il d'arbre aux pendus pendant la guerre de Trente Ans. J'ai appris à marcher en tournant autour de son tronc. Avec ses glands décrochés de leur pédoncule j'ai fabriqué des têtes de bonshommes et des gueules de bestioles. Voici Berthe, ma belle-sœur.

La maîtresse de maison revenait du lavoir, son battoir à la main, le linge porté sur le dos dans une hotte de vigneron.

— Casimir, tu tombes bien, le civet de lièvre est sur le feu. Ton frère prend sur la bête ce que le travail du bois ne permet plus d'acheter. Ton compagnon de route conduit un bien beau cheval blanc. Les nôtres ont des paturons larges comme ses cuisses. Emile est dans le potager.

Le forestier retournait sa terre pour dégager les pommes de terre dans un carré bordé de choux et de carottes.

— La patate ne se plaît pas chez nous; elle abonde à chaque pied mais pas plus grosse qu'une châtaigne. Ça nourrira le cochon à la place de la glandée. Mon frérot, tu te fais rare comme les grands fûts dans les forêts de Gorze.

Il essuya sa fourche engluée de terre et de débris de plants. Il semblait à Isidore un peu plus âgé que Casimir, à cause peut-être de sa barbe grisonnante. Le tracé de son potager montrait un homme d'ordre, qui alignait ses plantations au cordeau et taillait ses haies à une hauteur régulière.

— Ce village baigne dans la verdure, dit Isidore.

— Son nom signifie le gouffre, paraît-il. Nos bons pères bénédictins n'en ont pas fait le paradis, qui n'est pas sur terre, mais son antichambre, boisée, calme et fleurie.

Le râble du garenne baignait dans une sauce brunie par les morilles. Isidore retrouvait, dans le civet servi par Mathilde, la bonne de la maison, le goût rustique de la cuisine de Georgina. Le plus souvent possible sa mère accompagnait les plats d'une sauce qu'elle parfumait d'herbes, d'épices, de champignons.

Casimir raconta leur rencontre sur le ponton de *L'Inexplosible* à Pont-à-Mousson. Ce bateau et le progrès qu'il annonçait inquiétaient son frère.

— Nos forêts sont malades. Elles ne se remettent pas

des destructions successives imposées par les besoins de la marine royale et de l'armée impériale, les demandes abusives des forges et des fabriques, les brigandages des habitants, le mauvais entretien des forestiers. Depuis deux ans je n'ai pas vendu un fût qui puisse faire un mât de trente-cinq mètres sur un bateau.

— C'était la fierté du père, avec un record à cinquante et un mètres.

— J'ai abandonné son meilleur terrain vers le fond des garennes, revendu pour rien, en friche, à un ancien berger qui plante du blé à la place des chênes et des hêtres, partis en fumée dans les usines à feu. Si ça continue, tu devras me prendre comme apprenti dans ton imprimerie, et Martial aussi, qui revient des armées après les vendanges. En attendant, il faut montrer à ce garçon les jolis coins du Village.

Plusieurs chemins montaient vers les collines boisées. Casimir connaissait chaque pierre, chaque taillis, aussi bien que son frère. Il marchait devant puis, soudain, s'arrêtait. Il tirait deux ou trois bouffées de sa pipe avant de parler de parties de cache-cache, des batailles de boules de neige, et de glissades sur les pentes, des battues des aînés pour chasser les loups ou des sangliers. Emile montrait les nouveaux raccourcis facilités par les coupes dans la forêt naissante. La sente traversait des friches épaisses et des enclos de jeunes plantations.

— Je serai sous terre depuis dix ans quand les bûcherons couperont les premiers de ces arbres. Si saint Clément les aide à pousser!

Ils approchaient d'un carrefour dans une clairière.

— C'est la Croisette, dit Emile.

Vers le bas, Casimir montra la vue sur le Village, le clocher de l'église, coiffé d'un bulbe récent qui divisait les habitants. Près des promeneurs, devant un mur d'arbres, la chapelle dressait son clocheton carré et son toit à quatre pentes.

Casimir raconta pour Isidore l'histoire de saint Clément, fêté dans l'oratoire depuis le Moyen Age. Venu de Rome pour évangéliser Metz, à la fin de l'Empire romain, Clément fit halte au milieu des chênes et des bouleaux de Gorze. Son ardeur à prier Dieu de lui donner la force de renverser les idoles païennes laissa dans une roche de la Croisette la trace de ses genoux. Le lendemain, réconforté par sa méditation, le saint terrassa dans les ruines de l'amphithéâtre de Metz l'immonde Graouilly, dragon de l'enfer, qui emportait ses victimes dans les eaux de la Moselle.

— Nous ne manquons pas de protection avec les saints et les pieux abbés qui séjournèrent à l'abbaye. Aucun ne connaît la renommée du bon saint Nicolas, pas même Vincent qui protège les vignes.

Isidore évoqua en quelques mots son passage à Saint-Nicolas-de-Port :

— Revenez donc tous les deux le 5 décembre, dit Emile. Isidore portera la barbe blanche et la houppelande, le père Lapipe tiendra le balai du père Fouettard.

Sur la route vers l'aqueduc des Romains, Isidore sentit de la tristesse en lui. Sa visite lui rappelait le bonheur paisible du Village, la vie entre soi, écoulée sans à-coups. La sérénité lui revint avec l'ouvrage de l'atelier. En plus des illustrations pour la monographie de Lasalle, il dessinait pour divers clients des en-têtes de lettres, la façade d'un hôtel, des revolvers et des épées pour un armurier, une berline pour un carrossier. Gastounet, de son côté, préparait l'impression des exemplaires de *Lasalle, premier cavalier messin.* Sur les marbres de l'imprimeric, Isidore regardait avec plaisir les pages, serrées par huit dans des formes de plomb, certaines avec le bloc de bois d'un portrait ou d'un plan de bataille.

Tirées une à une, les premières épreuves constituaient un modèle épais et mobile que les typographes se passaient de main en main pour contrôler la pagination. Casimir attendait beaucoup de ce premier ouvrage illustré pour obtenir la clientèle de quelques publicistes, celle de sociétés savantes, désireuses d'éditer les discours et communications de leurs membres éminents. Pour que le travail s'accomplisse dans le calme et la continuité, il ferma la boutique pour deux jours, avec une nuit sans relâche pour le tirage, une journée pour le séchage, et le dimanche pour le pliage. Isidore aidait comme il pouvait. Il alimentait Léonce en encre. Il portait le papier avec Nanar. Il étalait les feuillets imprimés avec Gastounet. Le second jour il effectua le massicotage avec Casimir.

Les cinq hommes vivaient d'agréables heures. Dans l'odeur tiède de la presse et du papier encré ils ne s'accordaient de répit que pour se rafraîchir ou, à tour de rôle, croquer une tartine ou une pomme. Les marbres, les tables, les comptoirs de casses de lettres disparaissaient sous les feuillets imprimés au milieu desquels les dessins prenaient de l'importance. Personne ne parlait encore de la qualité du tirage mais la sérénité disait assez la satisfaction de l'équipe entière. L'impatience de tous de tenir en main le volume in-quarto passait encore par deux journées de travail des piqueuses, qui étaient également relieuses. Pour laisser à celles-ci de l'espace et du temps, Casimir donna congé à ses compagnons. Isidore profita de ces journées de détente pour se promener dans Metz et retrouver à la cathédrale les vitraux de Valentin Bousch, recommandés à Saint-Nicolas-de-Port par le vitrier Desloy.

La ville ne ressemblait en rien à Nancy, visitée avec Octavie Gervais avant la visite du pacha de Bursa.

Dans Metz, la place forte dominait le reste. La ceinture de remparts et de fossés enfermait les quartiers dans un écrin rigide que rompaient les monumentales portes. Dans la rigueur de la fonction défensive l'ensemble gardait le charme du fronton de la Seille où campaient les vanniers. Les tours marquaient les étapes du chemin de ronde, la Tour Maudite, la Tour des Esprits, la Tour Chapone. La plus appréciée des badauds de rencontre semblait la Tour Camoufle, un modèle du genre, ronde et haute sous son toit pointu, posé comme un casque, vigilante au-dessus des douves dans son angle de courtines. Les Messins vénéraient ce lointain Camoufle, bombardier médiéval dont les boulets faisaient mouche à chaque tir.

La découverte enchantait le jeune dessinateur. Il se promettait de revenir souvent avec son écritoire et ses fusains pour croquer le volume et les courbes de la porte des Allemands, forteresse dans la forteresse, les façades des maisons bourgeoises qui, pour être dans la note, gardaient leurs créneaux et leurs tourelles, la silhouette de la cathédrale, si différente de la basilique Saint-Nicolas, dans son architecture extérieure comme dans l'ampleur des voûtes et l'abondance des vitraux qui faisaient de la nef une verrière lumineuse et colorée. Plus lointaines, dans les rosaces et les travées, les images, dans la transparence, devenaient des damiers, inachevés, avec des touches de rouges, bleus, jaunes, comme les dispersent les peintres sur leurs palettes. En approchant, Isidore retrouvait des portraits de saints et de saintes, des scènes des évangiles, des évêques et des princes. Dans le détail d'une Vierge à l'Enfant éclataient, comme dans le visage du prophète Elie à Saint-Nicolas, le trait du dessin de Valentin Bousch, la force de sa couleur.

Après une longue halte dans la cathédrale, Isidore, pour retourner à l'imprimerie, traversa la place Saint-Louis. C'était jour de marché. Malgré l'heure avancée dans l'après-midi les maraîchers proposaient encore leurs légumes et leurs fruits, des paysans leurs poulets et leurs canards. Les verts des salades, les duvets rouges des pommes, les bruns des pommes de terre et des noix coloraient les étals comme les carreaux célestes de la cathédrale. Les paniers et les produits étalés offraient un mélange de fraîcheur et de bonne odeur de terre retournée. Les appels et les cris des vendeurs créaient une ambiance aimable. Entre ses hautes façades, aux fenêtres allongées et étroites, la place Saint-Louis, malgré ses arcades cachées par les charrettes rangées et les chevaux en attente, prenait un air de fête.

Devant la porte de l'imprimerie, Isidore trouva Gastounet et Léonce en conversation, l'air courroucé.

— Qu'est-ce qui se passe ?

— La justice interdit le livre. Un huissier enregistre la saisie des exemplaires de *Lasalle, premier cavalier messin.* L'arbitraire règne de nouveau sur la France.

— Pourtant le titre nouveau convenait à la censure.

— Le mot « Empire » a disparu mais l'auteur cite plusieurs fois Napoléon. Le coup de gomme de la police d'Etat efface quinze ou vingt ans de l'histoire de France, de misères et d'hécatombes. L'Inquisition brûlait les livres. Aujourd'hui on leur met la main au collet.

Dans la boutique, l'huissier de justice comptait les ouvrages, mis en piles par dizaines. Avec un peu d'embarras il passait une ficelle plusieurs fois dans le sens de la hauteur et de la largeur pour les empaqueter. Le nœud serré, il chauffait avec un briquet une plaque de cire sur laquelle il posait un sceau, avant de le frotter, pesamment, sur la boucle de chanvre.

Casimir tendit à Isidore un exemplaire en attente de saisie.

L'ouvrage, serré sous sa couverture beige, semblait mince dans la main, léger. Sur la page de garde une ligne en corps huit indiquait *dessins d'Isidore Capitaine G.I.*, en face du portrait du général, bien planté sur Elche. Casimir tirait rageusement sur le tuyau de sa pipe :

— Même le *N* dessiné sur le revers de la selle porte atteinte à l'honneur de la France. Le procès-verbal le cite parmi les abus de propagande. Les vrais motifs de censure sont marqués d'un trait rouge sur la marge.

L'infraction commençait avec la première page d'introduction qui situait l'intérêt de la monographie. L'auteur écrivait : *A Rivoli, quand le colonel Leclerc lança la cavalerie, le chef d'escadron Lasalle commandait le premier peloton. Par son intrépidité il décida du sort de la victoire. Quand Lasalle lui présenta les drapeaux pris à l'ennemi, Bonaparte lui dit : « Couche-toi dessus, tu l'as bien mérité. » Plus tard Napoléon a répété : « C'est Masséna, Joubert, Lasalle et moi qui avons gagné la bataille de Rivoli. »*

L'encre rouge de la marge soulignait, ailleurs, six ou sept fois, les noms de Bonaparte et de Napoléon. A la fin du livre une croix rageuse barrait le dernier paragraphe : *Dans une lettre à sa femme, divorcée du général Berthier, Lasalle écrit cet adieu émouvant : « Mon cœur est pour toi / Mon sang, à l'Empereur / Et ma vie à l'honneur. » Qu'ajouter de plus ?*

Isidore ne comprenait pas.

— Où est le mal là-dedans ?

— *« Mon sang à l'Empereur » !* Une lettre d'amour accusée de propagande et de subversion ! Ma pipe s'en éteint de rage. Le plus grave n'est pas là. Le vrai prétexte de la saisie n'est pas, officiellement, le *N* sur la selle d'un cheval ou le nom de Bonaparte. Pour se donner bonne conscience le juge, en premier lieu, accuse le texte d'« atteinte à la vie privée et à l'honorabilité des citoyens », pour une anecdote pourtant savoureuse. Page quinze !

Isidore prit place à son pupitre sur lequel s'accoudaient Gastounet et Léonce, toujours agités. Il ouvrit devant eux le livre condamné. La page quinze correspondait à la coupure centrale de l'opuscule. Les deux imprimeurs écoutèrent la lecture :

— *Souvent en campagne, les Messins de l'armée côtoyaient peu leurs concitoyens lorrains mêlés à Paris à la vie publique. En plusieurs circonstances, Lasalle rencontra Barbé de Marbois, ancien maire de sa ville et député. Ce girondin, déporté en Guyane, fut ministre de la Justice, ministre du Trésor. A la veille de sa mort, il y a deux ans à ce jour, il présidait encore la Cour des comptes. Barbé de Marbois a été mêlé à un incident qui amusa longtemps les gazetiers et la Cour impériale. Vers 1810 le prince Asker-Khan représentait à Paris le shah de Perse. Un émissaire de l'ambassade se présente, un matin, à la résidence du président de la Cour des comptes pour le prier de se rendre au domicile de son maître. Surpris, Barbé de Marbois s'exécute. Il trouve un prince Asker-Khan qui, sans lui en dire plus, lui tend son pouls, lui tire la langue et présente, par domestique interposé, le contenu de son vase de nuit. Dans la confusion générale, le quiproquo apparaît soudain. A cause de la confusion des noms, le représentant de l'ambassadeur avait appelé au chevet de son maître malade le sieur Barbé de Marbois au lieu de monsieur Bourdois, éminent médecin conseillé par Talleyrand. L'anecdote méritait d'être rapportée, malgré le respect dû à l'auteur d'une* Histoire de la Louisiane *et membre de l'Institut.*

Gastounet souriait à peine alors qu'approchait l'huissier de justice.

— Votre lecture est terminée? Me permettez-vous d'accomplir les devoirs de ma tâche? Je n'ai pas de temps à perdre.

— J'en reste interdit!

La réflexion de Léonce n'eut aucun effet sur l'officier ministériel qui, le livre en main, ajouta un bâton de plus sur son compte.

— J'en suis à quatre-vingt-quinze, monsieur Bour. Me certifiez-vous sur l'honneur que je n'ai rien oublié?

— Ma pipe me souffle que je ne suis pas comptable de vos oublis. Dois-je aussi vous livrer ce que vous me prenez?

— Signez cette décharge, en attendant les poursuites du tribunal.

Gastounet, Léonce, Nanar tapaient sur le marbre avec les clés des formes et les revers de composteurs. Isidore se joignit à eux avec les manches de deux burins. Leur tapage accompagna jusqu'à la porte l'huissier qui tirait sur le sol le sac des monographies emportées. Derrière lui Gastounet cria :

— Vous pourriez fermer la porte en sortant.

Le bruit arrêté, l'atelier retrouvait la gravité d'une fête gâchée. Dans la cheminée se consumaient les feuilles des épreuves du livre et les premières passes, maculées par le surplus de l'encrage. Du bout du tisonnier, Gastounet remuait tristement les cendres collées.

— La fine mouche n'a pas pensé à renverser les formes pour éparpiller le plomb. Habituellement, ce genre de visiteur amène un gendarme pour détruire notre travail dans sa chair.

— Demain, vous désosserez les pages vous-mêmes, dit Casimir. Leur décision est irrévocable. Nous rattraperons le temps perdu. Nous compenserons la perte d'argent. Nos mains, hélas, resteront liées, nos pensées brimées, notre métier humilié, une fois de plus. En cet instant pénible je vous réserve une bonne surprise. Chacun d'entre vous gardera un exemplaire de *Lasalle, premier cavalier messin*. L'huissier n'a pas le compte exact : il lui manque cinq livres, mis de côté par précaution. Les voici.

Casimir sortit de l'arrière d'une pile de papier les opuscules sauvés. Cette fois Isidore trouva le livre bien en main. Il relut avec plaisir son nom sur la page de garde. Il revoyait, mis en relief par les colonnes du texte, la maison natale, le plan de la bataille de Wagram, la ligne, retracée par lui d'après une lettre manuscrite, de la fameuse phrase du général : « Tout hussard qui n'est pas mort à trente ans est un jean-foutre. »

Planté devant une casse, Nanar glissait des lignes dans son composteur. Isidore aimait ces gestes précis, l'agilité de la main choisissant la bonne lettre dans son casier puis les fines lamelles de plomb pour caler les espaces dans le mot ou dans la phrase. Même avec l'habitude, prise en quelques semaines, de lire le plomb à l'envers, il ne parvenait pas à déchiffrer les minuscules caractères que le typographe alignait, dans une longueur déterminée par les rebords coulissants de sa règle.

Sans interrompre sa composition, Nanar préparait l'effet de sa surprise :

— Quand j'étais gosse, mon père me traînait au guignol de la foire d'été. Après une chaude alerte Gnafron pointait le nez dans un coin du castelet. Il demandait : « Est-ce que les gendarmes sont partis, les enfants ? » Les bancs criaient un « oui » triomphant. Guignol, alors, apparaissait, libre comme l'air, avec, en main, la cassette cherchée en vain par les pandores.

Nanar prit un ton nasillard :

— Est-ce que les gendarmes sont partis, Gastounet ?

Casimir et les trois autres répondirent spontanément, en jouant le jeu.

Nanar présentait dans son composteur les cinq lignes montées dans un bloc pas plus épais qu'un pouce :

— J'ai écrit ici : première ligne « *de cet ouvrage saisi* » ; deuxième ligne : « *par l'autorité de la censure* » ; troisième ligne : « *il a été sauvé* » ; quatrième ligne : « *cinq exemplaires* » ; cinquième ligne : « *numérotés de I à V* ».

Gastounet applaudit :

— Voilà une vraie réaction de typographe. Le plomb a toujours le dernier mot. Même fondu, il renaît de son néant, pour créer un nouvel alphabet d'où surgissent d'autres mots. Au numérotage de notre chef-d'œuvre !

Un à un, Léonce passa à la presse les livres ouverts à la page du titre. Sous la tache, bien isolée, des lignes d'italique du corps six, qui frappait par son étroitesse, figurait, changé cinq fois dans l'encadrement de filets, le numéro en chiffre romain.

— Alors, sortez les godots, dit Casimir. Le livre qu'on croyait mort vit encore. Arrosons-le d'un petit coup de blanc.

Avec des bouts de papier effilés sortis du panier du massicot ils tirèrent au sort les cinq *Lasalle*. Isidore hérita du numéro I. Sur le coin d'un marbre ses amis signèrent la dernière page en ajoutant l'empreinte de leur pouce, noirci par l'encre de la presse.

L'hiver frappait Metz, précocement. Dans la première semaine de novembre le vent verglaça les rues. Tôt le matin, ceux qui partaient à leur travail marchaient, les sabots enveloppés dans des chiffons bourrés de paille, au plus près des murs pour se retenir. Dans la journée, les promeneurs se réfugiaient sous les arcades de la place Saint-Louis abandonnée par les voituriers. A côté, sur la place de Change, les attelages des diligences attendaient l'heure du départ en dominant le sol glissant du poids de leurs voitures et de leurs chevaux de trait.

Pour tromper l'ennui d'Elche, Isidore l'emmenait au manège d'une compagnie de transport qui reliait Metz et Karlsruhe. Pendant une heure il guidait sa jument à la corde sur la tiédeur du sol sableux. Elle prenait plaisir à se dégourdir les jambes, satisfaite d'entendre autour d'elle des piaffements sourds et des hennissements étouffés. Elle savourait encore ces instants de détente quand son maître la bouchonnait et l'étrillait, dans la tiédeur du box derrière l'imprimerie.

Isidore préparait une suite de dessins pour la saison du théâtre du Saulcy. Son arrivée permettait à Casimir de se mettre sur les rangs pour la fabrication des programmes de la grande salle, un des rares lieux de la ville où se côtoyaient la bourgeoisie messine et les officiers de garnison. Plusieurs visites dans les ateliers de décors et les magasins de costumes, des documents sur les pièces fournissaient la matière de couvertures consacrées à des œuvres classiques, *Phèdre* ou *Le Cid*, des représentations d'opéras appréciés, *Norma* de Bellini ou *Lucie de Lammermoor* de Donizetti. L'illustration, symbolique, ne posait guère de problème avec le peu de place laissé par le nom du théâtre, le titre du spectacle donné, le nom de l'auteur, ou des auteurs quand le musicien s'ajoutait au librettiste. Les esquisses du projet amusaient Gastounet et les autres, plus séduits par les distributions de *Fra Diavolo* ou de *Don Juan* que par les litanies de parents sur les faire-part de décès. Personne ne remarqua que la fontaine du château écossais de *Lucie de Lammermoor* ressemblait, avec son Neptune et ses tritons, à celle de la place Stanislas de Nancy mais, derrière les silhouettes du chef des druides et de la grande prêtresse Norma, Casimir reconnut tout de suite le chêne de la maison familiale de Gorze.

Satisfait de l'opinion du directeur du théâtre à la vue des premiers dessins, l'imprimeur comptait sur cette commande pour compenser le mauvais coup de la saisie du livre sur Lasalle. Une lettre sans explication, portée par un coursier, lui demanda soudain de cesser le travail, confié à un concurrent. D'autres besognes engagées pour les organismes de la ville ou de la préfecture connurent le même sort dans les jours suivants. Casimir Bour relisait les messages d'annulation en silence, en fumant son tabac au parfum de miel. Il ne livrait son inquiétude qu'à Isidore :

— La censure s'accompagne de mesures de rétorsion. La justice nous montre du doigt. Les chefs de service et les fonctionnaires font du zèle en nous punissant à leur tour.

Le cousin du général Lasalle, plus ulcéré de la saisie de son manuscrit que de l'anéantissement des imprimés, apportait une autre explication à la soudaine vague de censure. Quelques jours avant la descente de l'huissier, la police royale avait enfermé au fort de Ham, en Picardie, Louis Bonaparte, neveu de Napoléon, arrêté après un naufrage à Boulogne où il espérait soulever la garnison pour marcher sur Paris.

— Voilà pourquoi mon *Lasalle* est suspect, votre édition condamnée et vos commandes annulées. En imprimant un *N* sur la selle d'un cheval vous devenez complice d'un coup d'Etat.

Convoqué chez le juge d'instruction la semaine suivante,

Casimir ne fut pas surpris quand le magistrat lui demanda s'il avait des parents ou des relations à Boulogne-sur-Mer. Il provoqua la colère de l'enquêteur en répondant qu'il faisait venir ses harengs de là-bas.

L'affaire prenait un mauvais tour. Casimir restait calme :

— Nous mettrons nos idées au clair après la fête de Saint-Nicolas à Gorze. Le père Fouettard n'aura pas le dernier mot !

8

LA TRAVERSÉE

Elche trottait en agitant la tête de gauche à droite pour savourer mieux la fraîcheur du grand air.

Après les jours de froid la Moselle charriait encore, aux alentours de ses rives, des plaques de glace, fines comme du verre. Sans les hautes herbes et sans la verdure, les pieds de l'aqueduc romain semblaient incongrus dans le décor, irréels. Sur le plateau les arbres, sous le soleil, étincelaient du givre blanc plaqué en étoile sur les branches. Un voile gris et bleuté couvrait les collines.

La bâche de la carriole protégeait du vent les deux amis emmitouflés, réchauffés par une épaisse couverture. Ils parlaient peu. Pour son confort, et par besoin, Casimir allumait pipe après pipe. Au coin du chemin des Trembleurs il demanda un arrêt à Isidore. Le chêne qui avait protégé son tapis vert dressait l'immense boule blanchâtre de sa ramure. Sous l'acharnement d'un bec de corneille voletait un nuage de poudre sous les branches les plus hautes. Sous la voûte, faussement allégée par sa garniture hivernale, le tronc brun perdait de sa puissance.

— Que c'est beau ! dit Casimir.

Dans la cuisine, Mathilde préparait des gaufres.

— Les autres sont chez les Tisserand, qui profitent du froid pour tuer le cochon. Il y a du vin chaud sur le coin du fourneau, servez-vous.

Isidore avait perdu l'habitude de ces cuisines tièdes, avec le parfum de la cuisson au-dessus de l'odeur tenace du bois brûlé. Les objets familiers coloraient les étagères, trois ou quatre assiettes avec des fleurs ou des papillons, un flacon de verre avec, pour bouchon, un shako de hussard, une gravure de saint Clément foudroyant la carcasse monstrueuse du dragon Graouilly, des fleurs séchées, mises en bouquet autour des tiges de plusieurs épis de blé.

Martial rentra le premier, avec six côtelettes pour le repas du soir.

— Tu as encore grandi, mon neveu.

— En sagesse aussi, mon oncle. Trois ans de marine forment le gabier.

— Que fait-on d'un paysan sur un bateau?

— Je ne suis pas un paysan, je suis charpentier. Le bois ne manque pas sur les frégates.

— Mon oncle commandait une corvette, dit Isidore.

Martial portait encore son bonnet de matelot, semblable à celui des employés de *L'Inexplosible.* Sa corpulence de bûcheron lui donnait plus que ses vingt-deux ans. Il demanda :

— Lequel de vous deux tient le rôle de saint Nicolas, ce soir?

— Isidore! Moi je serai le père Fouettard.

— Ça ne pouvait pas mieux tomber : je n'oublierai jamais les coups de règle que tu me donnais quand tu m'apprenais à écrire et à compter.

— Tu le regrettes?

— Non. Sur ma frégate, trois marins sur quatre ne savaient pas lire.

— Dans mon village, les enfants ne connaissaient pas le père Fouettard. D'où le sortez-vous?

Martial coupait une gaufre en deux pour lui et Isidore.

— Le père Fouettard sort des taillis de la forêt où se terrent les sorcières et leurs suppôts. Il est de la fête pour effrayer les enfants désobéissants et paresseux. Ce n'est pas bon signe quand on trouve, le matin, près de son soulier, des verges de fouet ou des pelures de pommes de terre à la place des pommes et des biscuits.

Emile et Berthe revenaient à leur tour de la ferme des Tisserand. Ils aidèrent Isidore et Casimir à passer leurs costumes.

— Ta barbe pousse, Isidore, mais pas assez pour te passer du postiche.

Habillé, Casimir faisait peur. Le crin noir entourait son visage d'une touffe inquiétante, enserrée dans une toque pointue de maléfique pythie. La couche de charbon de bois sur ses sourcils augmentait la dureté de son regard. Au bout de la large manche de sa robe de bure sombre il agitait méchamment son fouet de paille, durci par la cendre.

— Matelot Martial Bour, je vais te frotter les fesses pour t'apprendre à respecter ton oncle.

L'escorte de porteurs de chandelles arriva tandis qu'Emile attelait Elche pour conduire saint Nicolas, en carriole découverte, jusqu'à la place du château. En grimpant sur le siège, Isidore, au passage, rassura sa jument. Un garçon s'installa près de lui avec sa torche. La lumière éclairait les branches les plus basses du chêne, épaissies par l'ombre. On entendait, vers le bas, les cris et les chants des enfants.

L'habituelle entrée du cortège entraîna des applaudissements redoublés qui, avec la grosse cloche du palais abbatial, alertèrent les parents. Debout, digne dans sa pelisse frangée de papier doré, Isidore intriguait la foule par le claquement de ses castagnettes maniées avec maîtrisc. Son impromptu terminé, il rangea son accessoire pour bénir les garçons et les filles. L'exemple de Charles, le souvenir de Manuelo inspiraient le sérieux de ses gestes. Il compensait sa méconnaissance des prénoms des enfants par des mots gentils et fraternels, des tapotements de joue et frôlements de sa fausse barbe, des tentatives de baisers.

Sous les huées, Casimir, le fouet à la main, poursuivait des gamins. Dans un faux mouvement il renversa sur le sol la hotte qu'il portait sur le dos. Les enfants, encouragés par Mathilde, venue avec des bonbons, se saisirent des fagots tombés. A leur tour ils chassèrent le mal-aimé compère au milieu des éclats de rire. Penaud, à genoux, le père Fouettard résistait aux coups légers portés sous le dos rond de sa robe brune. Dans la lumière des chandelles, Isidore remarquait mieux les masques des jeunes villageois, têtes de cerfs et de loups, nez crochus de sorcières et pieuses onctions de saints évêques.

La distribution de friandises libéra Casimir. Son frère l'accrocha à l'arrière de la carriole comme une bête de somme. De son siège Isidore bénit une dernière fois avec ses castagnettes avant de rentrer dans le noir de la nuit.

— Gorze n'a jamais connu de pareille veillée de Saint-Nicolas.

Berthe dressait les couverts de la table. Isidore et Casimir frottaient de la lotion fraîche sur leurs joues pour effacer le parfum âcre du crin, du postiche et du charbon de bois.

— Tu nous as joué un drôle d'instrument, dit Emile.

— C'est mon plus beau cadeau de Saint-Nicolas.

La pensée d'Isidore s'égara vers les heures sombres. Il imaginait, en cette heure, le Village vide et sans lumière, les enfants rescapés privés de la fête par les deuils. Sans la brutale colère de l'aubergiste, il serait resté, pour sauver ce qui pouvait l'être. L'exemple de son père l'incitait à fuir le néant, pour construire ailleurs. Il ne savait pas encore où.

— J'ai gardé du vin de mûres pour ce soir, dit Berthe. Nos enfants ont passé l'âge des noisettes et de la guimauve. Versez d'abord un doigt de mirabelle au fond du verre, tournez avec la pointe d'un couteau et buvez.

Pour chasser ses idées tristes, Isidore parla de sa visite à la basilique de Saint-Nicolas-de-Port. Casimir se souvenait avoir porté, enfant, le masque à tête de cerf, avec les bois qui empêchaient de ramasser les bonbons aussi vite que les autres. La bête rappelait un miracle de Clément qui avait sauvé le mâle d'une harde menacée par des chasseurs.

— A cause de saint Clément les abbés de Gorze acceptaient le cerf dans le défilé mais pas la gueule du loup. Le cerf était un bon chrétien, touché par la grâce, le loup, une image païenne du culte des idoles. Quand j'étais gamin, nous montions en procession le vendredi saint déposer une petite croix de bois devant la *Croix aux Loups*, à côté de la chapelle de Saint-Clément à la Croisette. L'ex-voto protégeait des passages des meutes en hiver.

— La peur de la forêt nourrit l'imaginaire. Nos anciens voyaient partout, sous les taillis, des autels de druides ou des entrées de souterrains reliés à l'abbaye. Ils vénéraient les pierres enfouies sous les ronces des monts. Ils les ont descendues pour construire le gibet et imposer aux filles la *roche à pucelle*, qui ne tournait que sous les pas des filles vierges. Mathilde, qu'en penses-tu?

— Ma mère disait « les hommes jettent la pierre et cachent le bras », cochon qui s'en dédit. Faites plutôt tourner mon plat de côtelettes, les pommes de terre rôties arrivent.

Les flammes de la cheminée donnaient, en plus de la chaleur moelleuse, un éclairage bleuté qui rendait inutiles les bougies de la table.

Après ses longs mois d'absence, Martial savourait l'ambiance paisible du dîner familial. Il parlait sans cesse. Il racontait. Il questionnait. Avec un peu de voile dans la voix Isidore répondit à sa curiosité. Aux souvenirs familiaux il préférait les anecdotes de sa jeunesse et de la vie villageoise, comme la visite de la suite turque du pacha. Après ses facéties de père Fouettard, Casimir se montrait taciturne :

— Mon frérot, dit Emile, quelque chose te turlupine.

— C'est de la faute aux Bonaparte.

— Tu ne les appréciais guère. La race ne s'est-elle pas éteinte sur le caillou de Sainte-Hélène?

— L'oncle mort, surgit un neveu : il se prend pour un aigle. Il croupit en prison après un complot raté. La justice et les argousins traquent les sympathisants. Ils me prennent pour un bonapartiste, à cause d'un imprimé qui place le *N* de Napoléon sur la selle du cavalier Lasalle.

— Enlève le *N* et met un *L*.

— Le livre est saisi. Je suis poursuivi, menacé d'une condamnation à une forte amende et à une peine de prison. Déjà, on me supprime des commandes. Ça ressemble au déficit des mauvaises années des récoltes et des vendanges.

— La situation ne s'améliore pas, non plus, pour nous, par la faute des mêmes. Napoléon nous a ratiboisés. Plus d'arbres. Tout est passé dans la marine pour couler à Trafalgar. Autour de Gorze l'abus de coupes laisse des friches, qu'on nettoie pour cultiver les céréales plutôt que les essences. Mes pousses demanderont trente ans pour fournir des poutres et des soliveaux. Trente ans! une vie d'homme, une génération sacrifiée, celle de Martial.

Berthe apporta le plat de gaufres de Mathilde, réchauffées et saupoudrées de vanille râpée :

— Vous ne repeuplerez pas la forêt ce soir. Attendez demain pour parler de vos soucis. A cette heure, les enfants placent leurs sabots au pied de la cheminée. Rêvons un peu avec eux.

Dans un chaudron, au milieu de la table, Mathilde mélangeait du vin brûlant, un verre d'alcool et du sucre. Avec le bout rougi d'un pique-feu elle enflamma le breuvage :

— Tendez vos bols que je vous verse un peu de mon père Fouettard.

Emile et Casimir reprirent leur conversation le lendemain.

Ils marchaient, une fois de plus, vers la chapelle de Saint-Clément. Sur le côté du chemin, durci par le gel, les herbes mortes dressaient leurs tiges sèches sur la mince couche de neige tassée dans le creux des fossés par le vent et le froid. En bordure de la forêt les taillis d'arbustes et les broussailles dessinaient un décor de traits noirs, de troncs gris et de nuage blanc qui bleuissait dans le contre-jour du ciel. Arrivés à la Croisette, les deux frères se protégèrent du courant d'air sous la niche qu'offrait la voûte de l'*autel des lépreux* et son banc de pierre. Loin devant eux, des fumées de Gorze montaient lentement au-dessus des toits puis s'estompaient devant le crépi des bois du mont Saint-Belin.

Casimir bourra sa pipe.

— Sur notre affaire, Martial propose une idée, commença Emile. Ses escales de marin l'ont mené loin. Des pays, plus jeunes que le nôtre, prennent de l'importance. Ils construisent des villes. Ils organisent les campagnes. Ils ont des besoins. Ils disposent de ressources. Il leur manque de l'expérience. Ils accueillent volontiers les gens de métier.

— Où veut-il nous conduire ?

— En Amérique.

— Chez les Indiens du Sud ou chez les grizzlis du Nord ?

La fumée du tabac apportait un nuage tiède sous l'ogive de la vénérable pierre. Mécontent du tirage, Casimir alluma une seconde fois son fourneau. Emile poursuivit :

— L'expédition affole Berthe. Elle ne craint pas l'aventure lointaine mais la traversée des océans. En la forçant un peu, pour l'avenir de Martial elle irait à la nage. Nous ne laisserons de toute façon personne derrière nous.

— Sauf moi.

— Nous comptons t'embarquer dans la galère. Les

Etats-Unis attendent des imprimeurs, comme des forestiers et des charpentiers.

— Nous abandonnerions derrière nous la ferme, les bois, mon matériel et ma boutique ?

— De mon côté, je connais des acheteurs. Dans une ville comme Metz une imprimerie prend de plus en plus d'intérêt.

— Surtout pour la justice.

Emile reprit l'argument. Il montra les risques de procès à venir, les difficultés du négoce après une éventuelle peine de prison, la menace de la lourde amende.

— Toi, devant ton plomb muselé par la censure, moi, au pied de mes arbres maigrichons, nous sommes au pied du même mur. Quel avenir, après ?

Derrière l'*autel des lépreux*, ils entendaient le bruit lourd de sabots sur le sol, des bruissements de feuilles, la rumeur confuse de souffles et de grognements. Discrètement, Casimir glissa la tête derrière le pilier de la voûte, sans montrer en entier son visage, en tenant à l'écart le foyer de sa pipe. Une famille de sangliers trottait sur le remblai devant la *Croix aux Loups*. Les parents et les marcassins accélérèrent l'allure quand Emile sortit de son abri. Les deux hommes abandonnèrent leur banc.

— Saint Clément nous envoie un message, dit Emile.

— Je lis mieux le plomb à l'envers que saint Clément dans le texte. Tu peux traduire ?

— Les sangliers, pour manger, et un peu par goût de l'aventure, traversent l'Europe entière. Toujours par les mêmes chemins, comme celui-ci, ils descendent de Pologne ou de Russie. Ils traversent l'Europe jusqu'aux cyprès d'Italie ou aux épicéas d'Espagne. La parabole te convainc-t-elle ?

— Je ne calque pas ma conduite sur celle des cochons. Sur le fond, l'idée de Martial mérite réflexion. Après quelques bouffardes je saurai mieux à quoi m'en tenir.

Ils descendirent de la Croisette sans parler. L'un ou

l'autre s'arrêtait pour profiter du panorama que l'éclat du soleil colorait étrangement de tons pastel. Un vert pâle marquait l'espace d'un pré à côté d'une parcelle labourée sur laquelle collait encore la neige des précédentes semaines. Au-dessus des cimes d'arbres, grisonnantes ou blanches, pointait la crête d'une feuillure, encore rouge des éclats de l'automne. Au milieu du village, près du creux de la Gorzia enchâssée entre les murs et les jardins, le chêne de la maison imposait sa touffe arrondie, farineuse comme les toits.

— Si je vends aisément la maison ce sera grâce à lui, dit Emile. Un notaire messin, entiché de mon arbre et de Chrodegang, le premier abbé de Gorze, rêve de finir sa vie à son ombre et de s'installer dans nos murs. Sur un signe de moi l'affaire est conclue.

— Si je donne mon accord, qui partirait?

— Pour les mêmes raisons que moi, les Tisserand seraient du voyage, les parents et les deux garçons qui ont l'âge de Martial. Berthe ne laisserait pas derrière elle Mathilde, qui n'a plus de famille. Ton Isidore t'accompagnerait peut-être?

— Rien ne le retient ici. Rien ne l'incite à traverser les océans.

Isidore dessinait dans la cour de la ferme, dans le coin le plus reculé pour cadrer la masse du chêne et sa base de verdure sans perdre la perspective de la maison qui donnait une assise à la structure d'ombres et de traits. Il salua ses amis :

— Devant des espèces comme celle-ci, qui traversent les siècles, Manuelo Garcia Ibanez, mon père, citait le philosophe grec Aristote : « Les arbres sont des personnes qui rêvent. » Les rêves de celui-ci sont sereins ; il ne secoue pas la moindre poussière du givre blanc qui emprisonne ses feuilles et ses branches.

Sur l'anneau de verdure qui ceinturait le tronc tournait

Elche, lancée dans sa ronde comme au manège. Isidore l'encourageait de la voix quand son trot faiblissait.

— A table, cria Berthe.

Emile rentra la jument dans la grange. Casimir, à son tour, contourna le chêne en tirant les dernières bouffées de sa pipe. Martial emporta le dessin d'Isidore vers la cuisine. Avant de s'asseoir à table chacun admira, sur le plateau de la desserte, l'arbre et la maison à l'arrière. Les traits accentués des premières branches et le dégradé des hachures de la façade donnaient la perspective et la vie. La silhouette esquissée d'Elche, l'extérieur droit levé, marquait l'instantané du coup de crayon.

— Ce matin, dans son sermon, le curé a regretté l'absence, à l'office, de saint Nicolas et celle du père Fouettard, dit Berthe.

— Dieu reconnaîtra les siens, ma belle-sœur. Pendant la messe paroissiale, je m'interrogeais, sous l'*autel des lépreux*, sur la parabole de saint Clément et des sangliers voyageurs, qui passent à marches forcées de la Vistule à la Bidassoa. Je connais le projet de Martial de quitter Gorze pour le Mississippi.

Martial protesta :

— Je ne vise pas si loin. La côte américaine la plus proche est accueillante. A vingt-deux ans je n'imagine pas ma vie entière à Gorze. En partant, les moines de l'abbaye ont emporté un peu de notre âme. La communauté religieuse animait le bourg qui rentre dans le rang, avec ses arpents de vigne et ses hectares de bois meurtris par les coupes abusives.

Casimir écoutait son neveu sans toucher à son hachis Parmentier. Martial expliquait son attirance pour les Etats-Unis, venue après trois longues escales à Boston, New York et Norfolk. Des deux dernières villes, il ne connaissait que les ports, l'un commercial, l'autre militaire.

— A Boston, pour remplacer un mât d'artimon brisé, j'ai accompagné le second du bateau dans la campagne.

Les prairies s'étalent sans fin. Les villages sortent de terre. A cause de leur origine, ceux qui les construisent les baptisent New Manchester, Arnhem Hill, Montpellier ou la Nouvelle-Angleterre. Ils se sentent, donc, chez eux dans des espaces offerts par les autorités pour peupler le pays et l'enrichir. Gorze m'offre un riche passé et un pauvre avenir. Là-bas, la terre, sans histoire, des buffles et des trappeurs propose une véritable aventure et une probable réussite.

Emile acquiesça par des mouvements de tête en regardant Berthe pour la convaincre. Son assiette finie, Casimir, les coudes sur la table, tenait sa tête entre les mains.

— Martial, on ne change pas de vie comme on échange son cheval au relais de poste. Je veux bien croire que ton Amérique soit le nouvel Eldorado. Je me pose les questions suivantes. Premièrement, comment vendre cette maison, les bois, mon imprimerie ? Deuxièmement, partir, avec qui et comment ? Troisièmement, que faire, là-bas ? Enfin, quatrièmement, et j'aurais dû commencer par là, pourquoi ne t'en vas-tu pas seul ?

Emile rappela qu'il avait un acheteur pour sa propriété et que la famille Tisserand serait volontiers du voyage.

— Nous formons un petit groupe de bons forestiers qui connaissent, en plus du bois, la culture, l'élevage et la vigne. Pour l'imprimerie, toi seul as la réponse.

— Je ne pars pas seul, ajouta Martial. J'appartiens à une famille, avec ma part pour le travail et la vie quotidienne. Je ne rêve pas de prospection de l'or dans les graviers des rivières du Massachusetts ou du Colorado. Je ne cherche pas la fortune, seulement le bonheur. Un peu, à Gorze, ou, un peu plus, à Littlegorzetown ? Il ne manque pas de Lorrains dans les contrées que j'ai traversées avec, sur le chariot, l'épicéa de remplacement pour l'artimon de l'arrière : des jeunes de la Doctrine chrétienne de Metz dirigeaient l'école d'un village, dans un autre le vétérinaire venait de

Phalsbourg et soignait les bêtes, des Vinkler, des Kieffer, des Moser, qui ne viennent pas des Appalaches.

— S'ils parlent notre patois francique ou notre platt, nous nous sentirons moins dépaysés, dit Berthe qui buvait les paroles de son fils.

— Tu serais donc d'accord, Man?

— Si la famille ne se casse pas, si Mathilde nous accompagne, oui! Casimir, peut-être...

— Je ne peux plus hésiter non plus : si tout le monde part, qui m'apportera des oranges quand le juge m'enverra en prison? Toi, Isidore?

— Sauf ton respect, pourquoi ne pas préférer la liberté, en Amérique, à l'emprisonnement, à Metz? Je garderai mes oranges pour la traversée de l'Atlantique si vous m'acceptez tous comme compagnon.

Les Bour de Gorze applaudirent. En se joignant à eux, Casimir manifesta son adhésion au projet.

— Mon seul souci, dit Isidore, c'est l'avenir d'Elche.

On entendait, dans la cour, les cris et les rires des enfants du village venus avec leurs masques et leurs tambourins quémander un supplément de friandises. Mathilde distribuait les dernières gaufres quand sortit de la grange un père Fouettard affolé que poursuivait saint Nicolas, agitant ses castagnettes, assis à cru sur Elche. Les garçons et les filles fuyaient le mauvais diable. Ils tournaient, autour du chêne, en une folle ronde qui amusait la jument plus que les autres. Isidore retenait ses brides pour ralentir la course. En croisant les antérieurs décalés, Elche dansait, comme au manège les chevaux de parade. Soudain, d'un pressement de cuisse sur les reins, elle poussa Casimir hors du cercle joyeux. Le père Fouettard, surpris, courut à travers la cour avant de s'affaler, sous les naseaux pressants, dans la motte gelée du tas de fumier dressé près de la mare. Les enfants formèrent une autre ronde autour de l'ennemi vaincu, qui préservait son dos avec les tourniquets de son balai dégarni. Isidore entraîna Elche et les gamins vers le chemin des Trembleurs. Derrière lui il sema des bonbons, des noix et les gâteaux secs qui dégagèrent Casimir de son inconfortable situation.

Sur le chemin de Metz, Casimir méditait encore sur le projet de Martial. Le gel accru formait des blocs de glace sur les creux de neige fondue des bas-côtés. La plaine immobile courait vers des barrières d'arbres figées. Du ciel tombait l'harmonie cristalline et claironnante d'un vol de grues cendrées étalées en V, ailes contre ailes, sur quelques centaines de mètres.

— Saint Clément craint mon incompréhension. Après les sangliers il m'envoie les échassiers, qui passent de la glace du Ienisseï aux herbes douces du Tage. Avec Noé, Esope, saint Bernard et La Fontaine, la grenouille, la mouche du coche, le rat des villes et le rat des champs, la route des hommes passe souvent par les pistes des bestioles. Toi-même, en suivant aussi aisément l'idée de Martial, n'es-tu pas un peu mouton de Panurge?

— Je me jette à l'eau, certes. Pas aveuglément. Depuis toujours, je suis le fil des jours, tel que me le tracent ma naissance, ma famille, mon Village, le sort, toi-même qui utilises mon modeste talent de dessinateur. L'occasion s'offre à moi de choisir mon futur, à vau-l'eau, au gré du destin. Où tu vois le mouton de Panurge, je revendique l'homme.

Le bon sens conseillait de partir au début du printemps, avec l'espérance de commencer un cycle entier de culture, pour parer au plus pressé.

Casimir négocia discrètement la vente de l'atelier et des machines, sans alerter les argousins, qui furetaient, ou les dénonciateurs, à l'affût. Le guidait le souci de préserver l'emploi de Gastounet et des deux typographes, et la qualité de leur travail. Ses employés ignoraient tout de la cession imminente. Pour effacer les inconvénients de la malheureuse saisie, Casimir entreprenait des démarches dans un cercle enclin à la discrétion dans ses affaires. Il proposait son équipe et son outil de travail à l'évêché, qui ne manquait pas de textes à imprimer pour les paroisses, les écoles, les congrégations, et, même, les missions à l'étranger. Curieusement, l'exemplaire numéro IV de *Lasalle, premier cavalier messin* servait à convaincre ses interlocuteurs de la maîtrise de l'atelier. L'obstacle venait du souci des conseillers de tenir à l'écart la responsabilité de l'autorité épiscopale, grâce à une gérance qui offrirait toute garantie morale et technique. Casimir trouva la solution en proposant le notaire Gasser, racheteur de la propriété d'Emile Bour à Gorze, qui n'ignorait pas les pratiques du prête-nom. La surveillance éditoriale de l'évêché limitait les risques de sa charge de responsable de la publication. Casimir ne cherchait pas à savoir les dessous de la négociation qui amenait l'officier ministériel à accepter une sinécure flatteuse et un arrangement conventionnel : personne ne souhaitait de bruit autour de ce contrat.

Pendant quelques semaines, Isidore retrouva son activité de cocher entre Metz et Gorze. Dans un sens ou dans l'autre, il conduisait Casimir qu'accompagnaient un vicaire général chargé de la transaction et Emile, parfois, pour le reconduire dans sa campagne.

Elche connaissait de mieux en mieux la route. Sans commandement elle prenait de l'élan à l'approche des raidillons. Elle tournait au large dans les virages les plus ouverts. Elle ralentissait l'allure en retrouvant la Gorzia qui annonçait le chemin des Trembleurs ou, en rentrant à Metz, dès l'apparition des pavés, auxquels elle ne s'habituait pas. Quand il était seul, Isidore lui parlait, en espagnol souvent, avec quelques mots de français, peut-être retenus par la jument. Le discours s'adressait à lui-même, avec la peine de la séparation teintée d'un peu de remords :

— Je te trouverai le meilleur maître pour t'assurer quelques autres années de bonheur. Si je possède un jour une autre jument, je te promets de rappeler ton nom dans le sien. Avec toi, Elche, j'abandonne le dernier lien vivant avec le Village. Mon père et Charles trouveraient ce sentiment romantique : il ne convient pas à la réalité de ce siècle. Je marche vers ma vie, mon bon cheval. Je continue l'errance, coupée de longues haltes, choisie par Manuelo Garcia Ibanez.

L'acte de vente de la maison de Gorze fixait au 21 mars l'abandon des lieux par Emile Bour. Satisfait sur ce plan, le notaire Gasser ne prenait pas à la légère sa participation dans le changement de propriétaire de l'imprimerie de Casimir. Il négocia son rôle de gérant en l'accompagnant d'une tâche éditoriale, dans la publication des textes sans caractère religieux.

Maître Gasser sollicitait volontiers Casimir pour l'emmener à Gorze où le notaire préparait les travaux de modernisation de la maison. Il passait quelques heures à l'abbaye, pour compléter sa documentation sur le fondateur du saint lieu, Chrodegang. En conduisant les deux hommes, Isidore apprenait, par bribes, la biographie de cet évêque de Metz, premier ministre de Charles Martel, ministre de Pépin le Bref, légat pontifical, fondateur à Metz d'une *Schola Cantorum* qui exporta son chant grégorien dans l'Europe entière.

— Casimir, je ne désespère pas d'imprimer sur vos presses la vie de Chrodegang que j'étudie depuis trente ans. Ma passion pour cet homme explique mon attachement à Gorze. Quel plaisir ce sera d'écrire son séjour à Rome, sous la tonnelle du chêne séculaire.

— Mon cheval aime tourner autour de cet arbre, monsieur. Je dois l'abandonner car je quitte Metz. Seriez-vous acquéreur de ma belle Elche et de ce landau qui nous transporte ?

— La proposition me surprend. Saviez-vous que je cherche un remplaçant à mon Flamand vieillissant?

— J'ignorais cela. Malgré mon besoin d'argent ma démarche n'est pas mercantile. Je cherche pour Elche un bon maître et un lieu qu'elle connaît. La pelouse du vieux chêne est son manège habituel. Elle se sentira chez elle. Elle remarquera moins mon absence.

— Je connais la bête. Elle est fine et résistante à la fois, paisible et pugnace. Son nom me surprend un peu.

— Vous ne le changerez pas?

— On ne change pas le nom d'un cheval au milieu du gué. L'imagineriez-vous Gorzia au lieu de Elche? Votre prix sera le mien.

— Vous l'autoriserez à trotter sous le chêne?

— Avec la bénédiction de saint Chrodegang.

A la mi-mars maître Gasser partit seul vers Gorze avec sa double acquisition. Isidore avait veillé toute la nuit près d'Elche, surprise des attentions soudaines, des caresses et des excès de brossage. Il regarda l'équipage descendre vers la place Saint-Louis jusqu'à ce que la foule efface le col blanc de la jument et la bâche grise de la carriole. Le cœur serré, il retourna à sa table de travail. Il ajoutait les derniers détails de son ultime dessin pour l'imprimerie Bour, cédée, comme la maison de Gorze, à la date du 21 mars. Gastounet et ses camarades ignoraient encore la vente de l'atelier, cachée par Casimir, rendu prudent à l'extrême par deux convocations chez le juge et une confrontation avec le parent du général Lasalle, auteur du texte saisi.

Un départ d'Isidore était clair pour tous avec la vente d'Elche, les rangements autour de la planche à dessin, le nettoyage et l'emballage des outils. La surprise fut totale quand, la veille du printemps, Casimir annonça :

— Tout commence et tout finit avec les godots. Mes amis, l'imprimerie change de nom. Elle continue, avec vous mais sans moi.

Il ouvrit la porte vers l'ancienne grange :

— Voici maître Gasser, votre nouveau patron. Il connaît mieux le chant grégorien de Chrodegang que l'italique et le romain du didot ou de l'égyptienne. Gastounet tiendra la maison, et lui les comptes.

— Tout est affaire de confiance, dit le notaire. Je connais vos qualités professionnelles, votre fierté. Je vous fournirai plus d'ouvrage que vous ne pensez. La place ne manque pas pour agrandir l'atelier. Le premier terme de mon vocabulaire d'imprimeur aura été celui des *godots*, que Casimir Bour m'a suggéré d'offrir ce soir.

— Je ne sais pas encore ce que nous gagnons, dit Gastounet, mais je sais que nous perdons un ami plus qu'un patron, un homme de métier. Où que tu sois, donne-nous de tes nouvelles avec ton adresse.

Le prote regardait vers le notaire.

— Je te répondrai et je te parlerai de notre Titi.

Maître Gasser ne porta pas d'autre attention à la remarque qui l'affublait d'un surnom durable.

— Ce sera le mot de la fin, dit Isidore en riant.

Casimir partit, seul, le lendemain matin. Pour ne pas éveiller de soupçons il emprunta, avec un billet pour Thionville, l'inexplosible fluvial de la ligne de Trèves. Il n'emportait aucun bagage, sauf un sac ordinaire, avec quelques exemplaires de feuilles de papier et un nuancier de lettres d'imprimerie. Ses affaires personnelles tenaient une place modeste dans une des malles d'osier de la famille, embarquée la veille dans la diligence de Metz à Bruxelles avec Berthe et les quatre Tisserand. Isidore voyageait avec Martial, envoyé en éclaireur pour trouver dix passages sur un vaisseau en partance pour le nord des Etats-Unis. Le rendez-vous de tous était fixé deux semaines plus tard, un matin vers dix heures, au fond de la nef de la cathédrale d'Anvers. Les premiers arrivés attendraient les autres, le lendemain et au-delà si nécessaire.

A l'heure dite, Casimir, le premier, patientait sous la grande voûte gothique des bords de l'Escaut. Isidore et Martial le trouvèrent, assis dans une travée, auréolé par le rayon de soleil élargi par le filtre d'un vitrail.

— Nous ne pouvions pas rater la cathédrale. Quand on ne la voit pas, on l'entend. La musique des heures est un régal pour les oreilles. Avez-vous trouvé un bateau?

— Le *Schelde's trots.*

— Joli nom!

— *Schelde's trots* signifie *Fierté de l'Escaut*, en flamand. C'est un quatre-mâts anversois. Il embarque un peu de fret et beaucoup de passagers, à l'aller, vers l'Amérique, l'inverse, au retour à Anvers, Amsterdam ou Brême. Départ dans cinq jours, si les autres arrivent.

Ils passèrent la journée sur les quais partagés entre la pêche et le commerce. Le port étendait fort loin ses bassins, agrandis par Napoléon.

— Encore lui, dit Casimir.

Assis sur des rouleaux de cordage, ils regardaient le débarquement des ballots de jute et de laine que plusieurs hommes portaient vers les plates-formes de chariots. Les attelages roulaient jusqu'aux entrepôts voisins, aux façades plus hautes que les plus grands mâts des bateaux. Les quais grouillaient d'un mélange de portefaix et de marins, marchandes et badauds qui sillonnaient entre des charrettes, poussées à la main par des hommes courbés, et de lourds chariots apportant les cargaisons des bateaux en partance. Martial s'amusait à jauger les tonnages des voiliers accostés. Isidore découvrait les vols acrobatiques des mouettes et des goélands qui criaillaient avec des éclats de rire en plongeant sur les détritus, jetés par-dessus bord par les équipages occupés au nettoyage des ponts.

En poursuivant leur promenade ils aperçurent, amarrée

à l'opposé, dans un autre bassin, la silhouette du *Schelde's trots*. Martial retrouvait son plaisir de marin. Les voiles roulées dégageaient la ligne de la coque, relevée, à la proue, au-dessus de l'étrave émincée, alourdie, à l'arrière, sous un faux pont coupé de hublots.

— C'est une goélette, un solide quatre-mâts, avec des voiles carrées, à la misaine, et, en trapèze, sur les autres. Avec un bon vent arrière nous filerons aisément les dix nœuds.

— Ne m'oblige pas à acheter un dictionnaire de marine.

— Il vous suffira de connaître *bâbord* et *tribord*, pour ne pas perdre la tête, et le nord non plus.

Trois matins de suite, ils attendirent leurs compagnons de route. Au quatrième jour, les Bour et les Tisserand guettaient sur le parvis de la cathédrale, adossés à la ridelle d'un char à bancs, arrêté entre deux voiturettes de fleuristes.

— Tu comptes traverser la mare aux harengs avec ton attelage? demanda Casimir à son frère.

— Avec les trois malles d'osier, la charrette convenait mieux pour venir de Bruxelles. Nous nous sommes perdus en route. Les gens de ce pays parlent une langue incompréhensible : ils refusent le moindre mot français. Pour venir à Anvers il faut demander Antwerpen. Ça promet, pour demander du pain et de l'eau dans le Massachusetts.

— Réjouis-toi, tu voyageras sur un vaisseau flamand. Embarquement demain, à cette heure-ci.

Les retrouvailles montraient l'émotion fébrile des voyageurs fatigués par la longue route depuis Metz, le relais de Bruxelles et les détours, inutiles, dans l'arrière-pays. Martial proposa de s'installer avec les bagages dans le hangar des passagers, à proximité du quatre-mâts.

— Comme ça nous serons certains de ne pas rater

l'heure du départ, dit Berthe, visiblement rassurée d'avoir retrouvé son fils.

Au long du quai de l'Escaut, l'étrange cortège amusait les marins et des promeneurs. Martial et Isidore montraient le chemin. Emile tirait la bride du cheval en bavardant avec Casimir. Mathilde, Berthe et Noémie Tisserand disparaissaient sur le plateau du véhicule entre les sacs et les paniers. Florent Tisserand et ses deux fils, Roland et Antoine, suivaient le chariot, d'un même pas lent et régulier.

L'Escaut, large comme trois fois la Moselle, longeait le chemin séparé du fleuve par une esplanade. Aux appontements, peu nombreux, mouillaient des bateaux à vapeur dont on n'apercevait que les mâts courts et fins et les tubes noirs des cheminées, hautes comme celle de *L'Austrasien* de Pont-à-Mousson et du *Lotharingien* de Trèves. Au milieu du cours, des voiliers à l'ancre, toutes voiles roulées, formaient des îlots actifs entre des barges qui chargeaient et débarquaient des cargaisons. A l'écart, passaient des barques de pêcheurs, poussées par leur tapecul de chanvre blanc. L'activité maritime se poursuivait sur l'autre rive, qui prolongeait la ville sur une terre sans relief.

La traversée des bassins de commerce demandait plus d'attention au milieu des attelages de toutes sortes, conduits, à force de cris, par des voituriers habitués des lieux. Martial ne craignait pas de pousser de la voix pour freiner les élans de ceux qui refusaient le passage. Isidore n'était pas en reste. Il souriait en pensant à l'effroi d'Elche au milieu de ces chargements de ballots, de caisses, de tonneaux, et de ces mastodontes attelés par quatre.

Isolé à la sortie de la passe, le quai du voilier connaissait une activité moindre. Des cordes limitaient l'espace d'embarquement et le hangar voisin. Une suite de cabanes en bois servait aux employés de l'armateur, aux douaniers et aux policiers. Quelques groupes, comme celui des Mosellans, attendaient, femmes et enfants assis sur les bagages, les hommes en discussion, à l'écart. La charrette ne pouvait aller au-delà. Comme les premiers arrivés, les Bour et les Tisserand formèrent leur carré.

— Avec des enfants en bas âge, comme il y en a là, je ne serais pas partie, dit Berthe.

Noémie Tisserand acquiesça en trouvant une consolation dans un souci plus grand que le sien. Les premières familles remplissaient les formalités pour gagner le hall d'attente. Autour des cabanes jouaient des garçons et des filles, insouciants de l'ennuyeuse attente que les hommes, et quelques femmes, trompaient en incessantes allées et venues.

Peu regardant sur le prix de la cession, Martial et Emile profitèrent du répit pour revendre l'attelage dans un entrepôt des bassins commerciaux. En retrouvant les siens, après deux heures de discussions, Emile annonça avec soulagement :

— Ces quelques florins nous paieront une petite croûte.

Installés près des cabanes, des marchands proposaient des en-cas dans des paniers, sur des étals ou dans des bassines chauffées par des braseros. Le choix était grand avec les larges tartines qu'accompagnaient des tranches de gouda et d'édam, les anguilles fumées, les demi-harengs saurs, ou, sorties de leur bain d'huile bouillante, des croquettes panées, fourrées de crevettes. Un homme proposait la bière de son tonneau, le lait d'un bidon et, dans une bouteille, de l'eau-de-vie parfumée au genièvre appelée *schiedam*.

Une rude étape s'achevait pour les Mosellans dans le soulagement des retrouvailles. L'appréhension de la traversée préoccupait moins Emile ou Berthe que la crainte, vécue, de ne pas se retrouver au rendez-vous de la cathédrale. Le choix par Martial d'un bateau de si belle allure rassurait. L'écoulement régulier des passagers par les guichets de contrôle, la présence des vendeuses à la sauvette, l'ultime abri du hangar avant l'embarquement donnaient confiance.

— J'offre le coup de l'étrier, dit Casimir. Un doigt de *schiedam* pour les hommes, et, si on trouve du sucre, un canard pour les dames.

Le marchand prêta un verre qui passa plusieurs fois de main en main.

— Personne n'a emporté une bonne bouteille de notre mirabelle enveloppée dans les jambes d'un caleçon? demanda Emile.

Plus que Casimir et son père, Martial dirigeait le groupe. Il accompagna chaque voyageur dans le contrôle des papiers et des bagages. Les douaniers et les policiers anversois ne portaient qu'une attention modérée à des citoyens français parvenus si loin de leurs frontières. Dans le hangar à moitié vide, des familles attendaient dans des espaces aménagés en campement pour la nuit : des couvertures, étalées sur le sol, formaient un enclos, fermé par les bagages. Sous la haute toiture, les bavardages et les cris résonnaient, métalliques, atténués et diffus. Près de la porte la plus proche du quai et du voilier, des porteurs achevaient l'embarquement de sacs et de caisses destiné aux cales de fret. Les Bour et les Tisserand tracèrent leur carré comme les autres.

Après la tombée de la nuit, dans la halle éclairée par quelques torches, éparpillées comme des lampadaires sur le support des poteaux, des groupes se formèrent, par nationalité ou par affinité, autour d'un joueur d'accordéon, d'un violoniste ou d'un chanteur. Des Allemands menant la sarabande autour d'un tonnelet de bière accompagnaient leur musicien de claquements de mains. Des Italiens chantaient des airs nostalgiques. Dans un coin des Hollandais écoutaient la lecture faite par un pasteur. Aucun Français ne se manifestait. Dans un îlot de tranquillité, Emile racontait à ses amis la rupture d'un essieu de la diligence de Metz, dans la montée de la route, dans les Ardennes, en bordure d'une carrière d'ardoises. Florent Tisserand mettait de la bonne humeur en mimant le dialogue de sourds d'Emile demandant le chemin d'Anvers à un paysan flamand qui répondait sans cesse « no comprendo ».

Isidore riait.

— Son grand-père était espagnol, comme le mien. Je n'aurais pas imaginé les Garcia Ibanez cousins des Van der Meulen.

— Tu es flamand, toi aussi? demanda Noémie Tisserand.

— Isidore Capitaine Méline Garcia Ibanez Van der Meulen! Si les Américains ajoutent Mitchell O'Connor Junior, ma carte de visite aura la largeur d'une gazette.

Personne ne dormit. Les Allemands continuaient de chanter, rejoints par les Italiens, qui dansaient avec eux, et les Néerlandais qui rythmaient les rondes avec leurs sabots tapés entre les mains. Martial, Isidore et Mathilde marchaient sur le quai, cherchant à comprendre l'architecture du voilier, les emplacements des postes d'équipage, des dortoirs des passagers, et des salles de repos ou de restauration. Vers les bassins de commerce des chants de matelots éraillés annonçaient la fin des beuveries d'escales.

A l'intérieur de la halle, des groupes arrivaient en traînant leurs malles, les femmes épuisées sous le poids d'enfants en bas âge, endormis dans leurs bras. Au lever du jour, la cloche, agitée par un officier du quatre-mâts, réclama l'attention. Il recommandait le calme pour l'embarquement, le respect des files d'attente, la priorité pour les porteurs de bagages lourds.

— Le *Schelde's trots* lèvera l'ancre à quinze heures, au plus fort de la marée haute. Nous sanctionnerons, par un renvoi, toute personne dont la conduite menacerait, d'une manière ou d'une autre, le respect de notre horaire.

Déjà, certains attendaient à la porte, en bordure du quai

à dix mètres de la passerelle de la goélette. D'autres se préparaient à les suivre, pour embarquer parmi les premiers. Imitant un couple hollandais, Martial et Isidore sortirent jusqu'aux limites des cabanes pour acheter, par-dessus la barrière, une marmite de soupe qui réconforta la famille. Isidore rapporta le récipient à la marchande pendant que Martial installait le groupe dans la ligne, déjà étirée, de la sortie. Rapprochés les uns des autres, les passagers échangeaient leurs préoccupations. Faisait autorité un Hollandais qui en était à sa quatrième traversée. Il estimait que, des trois bateaux empruntés par lui, ce quatre-mâts offrait le meilleur confort. Il vantait, surtout, les mérites de l'accueil américain, et les grandes chances de réussite qui s'offraient aux nouveaux venus.

Assis, les jambes croisées, sur un panier, Casimir fumait sa pipe avec le plaisir de la découverte d'un tabac néerlandais que dominait un arôme de pain d'épice. Il méditait sagement sur son aventure. Dans l'immédiat, la traversée de l'Atlantique l'intéressait pour la découverte de la vie en mer et des habitudes d'un équipage. A l'arrivée, il comptait aviser selon les possibilités. Fallait-il songer à imprimer avant de maîtriser la langue, même moyennement? Le célibat serait-il un avantage ou un inconvénient? Il ne cherchait pas encore les réponses. A travers la fumée, son regard suivait les enfants qui se pourchassaient dans l'espace vide de la halle.

Près de lui, adossé au même panier, Isidore rangeait son sac. Son séjour à Metz n'ajoutait aux rares affaires emportées du Village que ses outils de gravure, l'exemplaire du *Lasalle* et une pochette avec quelques dessins récents, l'aqueduc, la place Saint-Louis un jour de marché, le chêne de la maison de Gorze et Elche, trottinant sous la voûte des branches. Il regardait son cheval avec plaisir, certain du bonheur prolongé offert dans un espace habituel. Moins de six mois le séparaient de l'épidémie. Chaque jour, il pensait aux siens, à Octavie Gervais, sans nostalgie pour le lieu. Il revoyait les meilleures images de la Lorraine traversée, la douceur du plateau, au-dessus de Saint-Nicolas-de-Port et de sa basilique, l'élégance de la boucle de la Moselle, à Pont-à-Mousson, avec la perspective de l'abbaye des Prémontrés, les ruines romaines du Val messin, les voûtes et les vitraux de la cathédrale de Metz, les allées forestières de Gorze. Avant de poser le pied sur le pont du *Schelde's trots* il savait qu'il retournerait un jour aux sources parce qu'il aimait cette terre de vallonnements, de rivières et de bois, par fidélité aussi à Manuelo qui se proclamait hidalgo lorrain.

La colonne frissonnait. En bordure du quai, des matelots installaient deux tables pour des secrétaires chargés de l'ultime contrôle. Les deux premières familles de la file d'attente poussaient leurs malles devant ces bureaux improvisés. Le père présentait les papiers personnels et les documents fournis par l'armateur. Un commis cherchait le nom sur les listes alphabétiques. Un autre enregistrait l'embarquement, en échange d'une signature.

Après deux heures de piétinement, Casimir atteignit enfin la table des contrôleurs, plus tendus qu'au début de leur service. La facture, réglée la semaine précédente par Martial, portait le seul nom de Bour alors que les papiers concernaient quatre Tisserand, quatre Bour, un Capitaine et une Mathilde Richier. L'affaire se compliquait par le doute du gratte-papier, qui prenait Isidore pour un militaire.

— Qui est le capitaine Garcia Ibanez? Où sont les autorisations de l'armée?

La rumeur, agacée, des passagers qui piétinaient alerta un officier. Il écouta paisiblement les explications de Casimir et Martial avant de montrer à son sous-fifre que neuf des personnes qu'il bloquait venaient de la même commune, ce qui justifiait la facture collective.

Avec les trois malles d'osier, plus volumineuses que lourdes, Emile et les fils Tisserand gravirent en tête la passerelle. Les autres, en ligne à leur suite, suivirent un matelot vers l'arrière du bateau.

— Nous serons mieux dans l'entrepont que dans un pont inférieur, dit Martial. Moins secoués, mieux aérés, peut-être moins entassés.

Il restait quelques espaces libres dans le local, bas de plafond, qui occupait la largeur du quatre-mâts jusqu'aux bordages de la proue. Les bagages délimitaient la place de chaque groupe de voyageurs, installés comme dans la halle d'attente. Les couvertures étirées montraient les passages à ne pas dépasser. Il restait un emplacement, au centre, autour de la base d'un mât. Martial le préféra à un carré semblable, sous un hublot contre la coque :

— Ce serait bruyant, surtout la nuit, avec les vibrations du bois et les claquements de la mer.

Les passagers parlaient à voix basse. Les enfants demeuraient assis sur les malles ou sur les toiles de la literie. Le bruit venait de l'extérieur, avec le déplacement de matériel sur le pont, des commandements de gabiers aux matelots qui préparaient les gréements, les cris des voituriers amenant leurs derniers chargements de viande fraîche et de pain avant l'appareillage.

A l'entrée de l'entrepont, un marin disposait d'une table et d'un châlit. A son tour, il relevait les noms des passagers et leur nationalité. Avant de parler à la cantonade, il utilisait une clochette, un peu plus grosse que celle des enfants de chœur.

— Mon nom est Van der Meulen.

— Comme moi, dit Isidore à Casimir, en riant.

— Appelez-moi Freddy, c'est plus simple. Vous pouvez me parler en flamand, en français, en allemand ou en anglais. Voici votre emploi du temps : sept heures, ici, bassine de soupe et biscuits; entre midi et une heure collation, par poste à tour de rôle, dans le réfectoire du deuxième pont, en dessous; six heures, dîner au même endroit, encore par poste, à l'heure précise que je vous indiquerai le matin. Nous aurons une trentaine de jours de mer. Vous trouverez des livres et des jeux dans une armoire du réfectoire. Pas de question?

— Pour se laver?

— Régime minimal d'eau fraîche en mer. Lavabo commun, au deuxième pont, et latrines collectives, à côté. Ici à l'entrepont vous disposez de quelques crochets pour des hamacs. Je vous rappelle mon nom. Van der Meulen. Appelez-moi Freddy. Votre premier repas est fixé à sept heures. Rendez-vous dans la coursive du réfectoire.

Berthe souhaitait qu'on organise la vie pendant la traversée. Martial recommanda, simplement, de ne jamais laisser les bagages sans surveillance, de respecter les horaires de repas en se retrouvant, devant le réfectoire, au bon moment.

— Pour le reste, armez-vous de patience. Ne vous agitez pas, c'est le meilleur remède contre le mal de mer.

— Alors à sept heures pour le casse-croûte! dit Isidore.

Il voulait vivre le départ sans traîner dans la lenteur du groupe. Il allait d'un bout à l'autre du pont, de tribord à bâbord, vers l'Escaut. L'embarquement achevé, des matelots remontaient à bord les tables des secrétaires. Quatre gendarmes surveillaient les derniers instants. Ils interdisaient toute présence, sauf celle des lamaneurs prêts à dégager les amarres. Des applaudissements saluèrent l'instant où, dans le bruit des cabestans remontant les ancres et les cordages, le bateau s'éloigna du quai, tiré par les élingues d'une poussive barque à vapeur. Isidore savourait l'instant, seul à l'avant, au-dessus de l'étrave. Des darses et des cales de carénage bordaient les rives de l'Escaut qui s'enfonçaient en droite ligne entre les terres. En se retournant il voyait, au-dessus du treillis des mâts et des vergues, la masse flamboyante de l'unique tour de la cathédrale Notre-Dame qui émergeait, seule, de la ville basse et plate. Sur tribord, dans la campagne jalonnée par les ailes de moulins à vent, des superstructures de voiliers glissaient au ras des prés, portées, de ferme en ferme, par les bras rectilignes ou sinueux du delta. Sur les lèvres l'air marin déposait un goût de sel.

Le *Schelde's trots* comptait moins de deux cents passagers. Ils sortaient peu de leur pont où la plupart somnolaient. L'animation venait à l'heure des repas ou quand la rumeur annonçait une curiosité dans la navigation, le croisement d'une corvette militaire ou d'une flottille de pêche, la ligne blanche des falaises anglaises de Douvres, à l'entrée du détroit du Pas de Calais, ou, plus loin, le découpage du château de Guillaume le Conquérant sur la crête d'Hastings. Au-delà, la navigation ne rencontrait plus de rivages, seulement une voile de loin en loin. Berthe, Noémie Tisserand et Mathilde occupaient leurs journées à tricoter. Pliées, les couvertures de la nuit servaient de sièges ou de dossiers pour les malles d'osier.

La mer calme apaisait les craintes de malaises : le roulis entraînait les trois femmes dans une mollesse passive qu'elles appréciaient pour se reposer, complètement pour la première fois de leur vie. Roland et Antoine Tisserand faisaient bande à part. Ils traînaient leur ennui autour du pont dans l'attente des repas. Leur seul plaisir venait d'un jeu prêté par Freddy. C'était une marelle ordinaire, vieille comme le monde, dans laquelle il fallait placer des pions, en plusieurs points successifs d'une ligne droite, sept au maximum dans cette version appelée *May Flower* en souvenir des premiers émigrés partis sur ce bateau pour créer Plymouth en Nouvelle-Angleterre.

Perché sur un caisson à l'abri d'une coursive, Casimir lisait, au bon air du pont, une biographie du navigateur Amerigo Vespucci que l'auteur présentait comme découvreur de l'Amérique à la place de Christophe Colomb.

Emile et Tisserand se comportaient en passagers modèles. Pour tuer le temps ils assistaient à la messe matinale, sans perdre un mot de l'aumônier du bord qui prêchait en français après l'allemand. Ils se mêlaient aux groupes qui, dans la matinée, échangeaient, dans la confusion des langues, des opinions sur l'émigration et les perspectives offertes par l'Amérique. L'après-midi, ils devenaient auditeurs des conférences, improvisées au réfectoire par un officier, un professeur, un pasteur, un ornithologue ou un numismate. Entre-temps, ils jouaient à une adaptation de la manille, avec des cartes découvertes sur une table.

Martial et Isidore ne se quittaient guère. Grâce à l'anglais de l'un et à l'espagnol de l'autre, ils fréquentaient les étrangers. Pour les repas ils quittaient parfois le groupe familial pour partager la table d'une famille hollandaise. Les Perk venaient d'un village près de Delft. Après l'incendie de son moulin, Joost, le père, choisissait l'exil, dix ans après son frère. Sara, sa femme, et Bejte, sa fille, portaient leur costume traditionnel, avec la coiffe blanche aux cornes relevées qui permettaient de les repérer facilement dans la bousculade de la coursive. Martial les avait intéressés pendant une promenade sur le pont en leur apprenant la composition du quatre-mâts, le rôle de la misaine et de l'artimon, la différence entre une goélette et une frégate, le rôle des gabiers, des timoniers, des cambusiers. A table ils échangeaient des souvenirs sans qu'Isidore participe beaucoup. Un après-midi, un passager prit la place restante auprès d'eux :

— Je m'appelle Joseph Kieffer, originaire de Thionville mais installé à Providence, en Nouvelle-Angleterre, un port et la grande ville du textile.

Pour compenser ses silences, Isidore évoqua La Chéchia. Il raconta l'expérience de Georgina et des dentellières, la fabrication des chèches et des fez, la visite du pacha.

— Tu ne m'en as jamais parlé, dit Martial.

— Que savons-nous vraiment les uns des autres?

Joseph Kieffer effectuait, chaque année, trois allers-retours entre Boston et Anvers. Il cherchait aux Pays-Bas, en Allemagne, en France, des familles tentées par l'émigration aux Etats-Unis :

— L'administration américaine qui m'emploie ne se charge pas du voyage. Sur place elle facilite, au moins sur la côte Est, l'installation, l'emploi ou les initiatives. Les émigrés, souvent, connaissent des parents implantés depuis des années. Mais l'attrait de l'Ouest change bien des situations, malgré les risques. Mon origine thionvilloise m'amène à contacter des concitoyens mosellans. Leur colonie s'étoffe peu à peu. Je connais un village qui pourrait s'appeler New-Phalsbourg. Quatre familles phalsbourgeoises vivent là-bas avec leurs seize enfants. Ils sont meuniers, tanneurs, éleveurs, arpenteurs. Une parente les a rejoints, une sœur de la Providence : elle a construit l'église, une école pour les filles, qui est en concurrence avec l'école des garçons, créée par son frère, qui est rédemptoriste.

Dans la journée Joseph Kieffer retrouvait Joost Perk ou Martial ou Isidore. Ce dernier s'isolait volontiers dans un creux de la dunette à l'abri du vent. Il ne dessinait pas, feuilletait plutôt les carnets de Charles Midon. Casimir le rejoignait souvent. L'imprimeur ne ratait pas l'occasion de s'informer des meilleurs choix à faire en débarquant à Boston. Un jour de mer particulièrement calme, le recruteur provoqua une réunion avec Emile, Tisserand et les garçons. Joseph Kieffer conseillait à ces hommes, habitués au travail du bois, de choisir un port de la Nouvelle-Angleterre demandeur de charpentiers, menuisiers, parqueteurs :

— Havenport grandit. Chacun de vous trouvera sa place. Même un imprimeur !

Après cet entretien, les Bour et les Tisserand rêvaient. Une carte, prêtée par Joseph Kieffer, montrait la situation de la commune conseillée, à mi-chemin entre Boston et

Plymouth. Isidore réservait son enthousiasme, sans savoir s'il resterait avec ses compagnons.

Martial recherchait la compagnie de Bejte Perk qu'il promenait sans ses parents entre le gaillard d'avant et la proue. La jeune femme avait une vingtaine d'années. Son visage de miniature exprimait le bonheur, avec ses cheveux dorés qui épousaient la forme des oreillettes de sa coiffe, ses dents blanches, petites et carrées, qui éclairaient son sourire. Plongé dans sa lecture ou sa méditation, Isidore restait à l'écart de leurs allées et venues. Jour après jour, il observait, dans leurs rires et dans leurs gestes, le progrès de leur intimité naissante. Il titillait son compagnon quand il le rejoignait :

— Je me suis déclaré Garcia Ibanez Van der Meulen. Te voilà sur le chemin de devenir Martial Bour Van der Perk.

— Tu ne la trouves pas jolie?

— A croquer. Tu as de la chance que je réserve mon cœur pour le jour où je me fixerai quelque part.

— Elle te trouve sympathique.

— Nous serons trois amis au lieu de deux.

A l'approche de l'escale à Terre-Neuve, l'excitation agita les passagers. Annoncée au lever du jour, l'île restait distante, floue au-dessus de l'horizon. En milieu de matinée, le spectacle des petits bateaux de pêche gréés de deux mâts et d'étroites voiles triangulaires apaisa les impatiences derrière les bastingages. Le *Schelde's trots* glissa, avant midi, dans le bassin de Saint-Johns au milieu duquel il mouilla. Des barques assuraient la navette entre le quai et le bateau. Un canot de l'armement apporta des victuailles fraîches. Au menu du jour les rôtis froids et les légumes printaniers remplacèrent la morue salée. A sa demande, Joost Perk mangeait à un bout de la table avec Emile, Casimir et Florent Tisserand.

— Nous sommes entre chefs de famille. Je vous demande d'associer la mienne aux vôtres et d'accepter que nous fassions route jusqu'à Havenport. Mon frère joue les trappeurs sur la rivière des castors : cette aventure-là ne convient pas à ma femme ni à ma fille.

— La route commune, commencée sur mer, se prolongera sur terre, dit Casimir. Avec un peu de chance je trouverai, dans ce joli port de mer, un débitant qui importe d'Anvers ce tabac qui fleure bon les épices.

— Il vient d'Amsterdam. J'en commanderai pour vous à des amis.

— Alors, deux fois d'accord pour vous amener à Havenport.

Prévenu par Joseph Kieffer, le maire d'Havenport attendait le convoi d'un jour à l'autre. Alerté par un garçon dès l'entrée des voitures dans la commune il quitta son drugstore pour l'hôtel de ville, en bordure du port de pêche. Il se tenait debout sur le perron, coiffé de sa perruque avec, sur la poitrine, sa plaque de premier magistrat, quand les chariots arrivèrent sur le quai, conduits par Emile et par Isidore. Deux tambours et des fifres jouaient une marche, soutenus par les battements de mains de quelques employés et citoyens :

— Voilà une arrivée en fanfare, dit Casimir en aidant Berthe à descendre de la plate-forme.

Les arrivants réunis devant lui, le maire prit la parole :

— Je m'appelle Jeff Kuippers. Je suis originaire de Maastricht. Vous êtes les premiers Français à vouloir vivre à Havenport. Je vous souhaite la bienvenue. Deux maisons vous attendent. Installez-vous. Reposez-vous. Nous parlerons de travail dans quelques jours. S'il vous manque une information, le secrétaire de mairie vous la donnera. S'il vous faut du sel, du charbon de bois, des bougies, du haddock, vous me retrouverez au drugstore : je n'ai pas encore de concurrent.

Joost Perk intervint, en néerlandais à la surprise de Jeff Kuippers. Le maire s'éloigna un instant. Il revint avec un trousseau de clefs à la main :

— Voici pour vous, cher concitoyen, la location de la

troisième maison neuve. J'espère que dans ce nouveau quartier d'Havenport nous trouverons un jour un restaurant français. Je rêve de veau Marengo.

Isidore tapa sur l'épaule de Casimir :

— Avec pour enseigne : *Au général Lasalle*. Tu pourras imprimer les menus.

DEUXIÈME PARTIE

L'Amérique

9

SANTA CLAUS

Dans la logette du bow-window, Isidore buvait un bol de thé. Le ciel était dégagé des lourds nuages de la tempête. Il éclairait déjà, de sa pâle lumière, la rue et, plus loin, la place, ensevelies sous des congères qui bouchaient les portes et les fenêtres des rez-de-chaussée. Deux jours de bourrasques avaient cloué les habitants chez eux. La neige enveloppait Havenport sous un tapis blanc. Après dix hivers américains, Isidore ne se souvenait pas d'un pareil spectacle. Les collines blanches, entassées par le vent et durcies par le froid, évoquaient l'éruption d'un volcan qui cracherait des coulées de flocons au lieu des jets de lave. D'une saison à l'autre, Havenport passait, ainsi, de la canicule estivale à la banquise soudaine.

Rien ne bougeait dehors. La patience s'imposait. Il ne servait à rien de s'agiter, avant que ne s'anime la rue avec le premicr dégagement de la chaussée.

Isidore aimait son logis, qui, avec ses poutres de soutien, ressemblait à un grenier à grain ou à un studio de peintre. Il louait cet appartement, au sommet d'une maison de l'administration municipale qui logeait là ses services de comptabilité et ses archives. Des fenêtres de son bow-window il voyait le quai du port réservé à la flottille de pêche côtière : il savait maintenant qu'on appelait *sharpies* les petits voiliers à deux mâts, croisés, dix ans plus tôt, dans l'approche de Terre-Neuve par le *Schelde's trots*. La vocation maritime de la ville et celle de la colonie néerlandaise influençaient son mobilier, taillé dans du bois épais, rustique, sans contours de décoration. Des coussins compensaient la rudesse des surfaces. Dans des cadres, des dessins rappelaient les trois étapes de sa vie : les peupliers du Village, au bord de la Moselle, l'arbre de la halte de Saint-Nicolas-de-Port, le chêne de Gorze, avec Elche. Quand Norma venait, il lui livrait quelques souvenirs devant ces images.

Isidore traîna son rocking-chair noir vers le bow-window. L'engourdissement durait dans l'amas des congères. La Lorraine ne connaissait pas d'excès de cette sorte : un saint Nicolas y perdrait son père Fouettard. Personne ne regrettait l'heureux choix fait à la fin de la traversée. L'humeur réservée des habitants venus de pays différents engendrait, à Havenport, une vie commune sans à-coups. En jouant sur les mots, certains, en disant « Heavenport », parlaient de petit coin de paradis. La vie de ces émigrés, échoués au bon endroit, ne ressemblait nullement à celle des pionniers ou à celle des paysans qui défrichaient à la hache des terres boisées achetées un dollar l'acre. Les plus vieux rappelaient qu'un an après leur débarquement il ne restait que cinquante survivants sur la centaine de passagers du *Mayflower*, et seulement quatre femmes, dont certains prétendaient descendre pour justifier leur rigueur puritaine.

Joseph Kieffer, l'intermédiaire thionvillois, passait parfois à Havenport. Il ne prospectait plus d'émigrés aux Pays-Bas ou en Moselle mais représentait officiellement la France avec le titre de consul à Providence et à Boston. Il accueillait les arrivants, attirés par des parents ou des amis. Il aidait au rapatriement des nostalgiques, des déçus, et des désargentés, trappeurs épuisés par le climat et la concurrence, chercheurs d'or sans le sou condamnés à la mendicité. Il nouait des liens commerciaux entre la Nouvelle-Angleterre et la France.

Grâce à lui, Casimir ne désespérait pas d'exporter vers Paris les biographies de La Fayette ou de Thomas Paine imprimées pour des universitaires bostoniens. Ces travaux d'édition permettaient à la *Bour's Books and Press Company* de tenir sans difficulté dans une commune de cinq mille habitants. Le travail d'illustration ne changeait pas pour Isidore qui comptait en picas ce que Gastounet justifiait en points et cicéros. John Werk, le Gastounet d'Havenport, venait d'Anvers, dont il faisait le berceau de l'imprimerie plutôt que Strasbourg dans l'atelier de Johannes Gutenberg. Il se reconnaissait pour maîtres les lointains Christophe Plantin et son gendre Jean Moretus, champions de la typographie au seizième siècle. Par son insistance obstinée, il disposait dans l'atelier de Casimir de la police complète du caractère préféré de Plantin, le garamond, appelé *le romain du roi*, que complétait la fonte entière du *romain de l'empereur*, dessiné par Firmin Didot pour le sacre de Napoléon. A Havenport, sur les faire-part, les citoyens naissaient en garamont et mouraient en didot. Ils se mariaient en l'un ou l'autre, mais en italique.

Casimir ne changeait pas. La manière des Américains de traiter les affaires selon la qualité et le prix convenait à sa bonhomie naturelle. Personne ne l'appelait plus « le père Lapipe », sauf Mathilde, sa femme, quand il entreprenait un propos raisonneur et emberlificoté. Depuis six ans la naissance de Bernard ajoutait une paisible affection à un mariage conclu de façon pragmatique entre le célibataire de quarante ans et l'ancienne bonne de Gorze, isolée dans l'installation de ses anciens patrons.

Les autres Bour habitaient, à l'entrée de la ville, une grande maison sans étage, entourée d'un parc avec une pelouse, des bouleaux et un logement de gardiens. Sur la barrière de bois, un panneau, peint en bleu, annonçait le nom du domaine : *Little Gorzia.* La demeure prolongeait le chantier de bois d'Emile. Le forestier fournissait en espèces diverses les chantiers navals du commerce, de la pêche, ceux, plus récents, de la plaisance, les menuisiers et les ébénistes locaux. Entrepreneur cossu, il participait au capital de la *Bour's Books and Press Company.* Il gérait la gazette *Havenport News*, imprimée par son frère. Jeff Kuippers, le maire, le comptait comme adjoint aux festivités dans son conseil municipal. Berthe s'habituait à recevoir dans son grand salon des clients de son mari ou d'autres notables. Elle suppléait sa médiocre maîtrise de la langue par l'aide d'une cuisinière-gouvernante, d'origine anglaise, formée à la blanquette de veau et à la matelote de petits poissons par un séjour prolongé chez un professeur français de l'université de Boston.

Mariés un an après l'arrivée à Havenport, Martial et Bejte logeaient sur une place devant le port, à l'écart des cabarets et des bars. Martial travaillait dans un chantier de construction de baleiniers. Malgré ses deux garçons, Bejte enseignait à l'école des filles. John et Jan passaient de longues heures chez leur grand-mère Bour, plus disponible que l'autre. Joost et Sara Perk tenaient une poissonnerie, que complétait un restaurant, dans ce qu'on appelait déjà, en français, le « vieux quartier » d'Havenport. Ce quadrilatère de maisons de bois constituait le berceau de la ville, autour d'une chapelle au clocher élevé conçu pour servir également de repère en mer.

L'agencement du port et son prolongement par une digue rapprochaient cette dizaine de demeures du centre de la cité. Les couleurs grises, bleues et mauves des façades, considérées comme un héritage du passé, donnaient le ton aux constructions plus récentes.

La poissonnerie des Perk occupait la maison commune des premiers habitants, issus, selon les archives municipales, d'Irlande et d'Islande. Joost Perk vendait le poisson des pêcheurs côtiers, réunis en coopérative pour échapper aux palabres du marché de gré à gré au retour des bateaux. Avec deux aides, Sara tenait son restaurant en prolongement de la boutique et à l'étage. On venait de Boston, à une heure de route, pour goûter son *waterzoï* de lotte et de petits légumes, rebaptisé « Havensoup » sur les menus.

Les Tisserand vivaient à l'écart du groupe, installés dans un village de l'arrière-pays, isolés sur un monticule cerné d'aubépines et de coudriers. Leur troupeau fournissait une laiterie voisine. L'aîné des fils élevait des pigeons dans les trois colombiers de la ferme. Le cadet s'occupait des parcelles de céréales et brassait pour la population locale une bière fermentée avec des rognures d'épicéa. Ils descendaient rarement à Havenport. Il leur arrivait de se fournir au drugstore de Jeff Kuippers, sans passer au chantier d'Emile Bour ou à l'imprimerie de Casimir.

Dans la rue, sous le bow-window, le déblaiement commençait. Une dizaine d'hommes en ligne, employés municipaux coiffés d'un chapeau huilé jaune, et quelques volontaires, attaquaient le mur de neige depuis les abords du port. Ils piochaient comme des mineurs. Ils ramassaient à la pelle les blocs tombés et les versaient dans le tombereau placé derrière eux. L'étroit espace gênait leur travail. Leurs outils se heurtaient. Poussée par son cheval, la caisse chargée reculait difficilement dans la tranchée, aussi haute que large. Ce travail de sape s'imposait avant le désengagement des restes de congères collés aux maisons.

Déjà, dans la partie libérée, des porches perçaient l'épaisse muraille, portes d'igloos d'où sortaient un père, avec ses outils, des enfants, avec des luges.

Isidore attendait. Chaque année, l'imprimerie chômait, ainsi, pendant quelques jours, dans la ville plongée dans une somnolente hibernation par les excès de la neige et du froid. Deux hivers plus tôt, la température était tombée à moins vingt-huit degrés, moins soixante-seize dans le calcul Fahrenheit. Les voisins communiquaient entre eux par les fenêtres, avec sourire ou agacement selon l'humeur. L'habitude et les précautions évitaient les problèmes domestiques de nourriture et de chauffage. Les anciens racontaient, comme des exploits, des parties de patinage faites sur la mer figée de l'arrière-port, en des périodes autrement glaciales.

Depuis la fin de l'automne, Isidore travaillait chez lui, quand il le pouvait, à la minutieuse sélection des planches en couleurs d'un ornithologue célèbre pour ses travaux dans les baies de la côte de Boston. Casimir imprimait les pages de texte, en noir, dans le garamont de John Werk. Par la préparation des dessins il collaborait à l'ensemble du tirage par planches, exécuté par un confrère de Providence.

Une table provisoire dressée sur des tréteaux ressemblait à une volière avec les originaux, étalés, des croquis de la faune des étangs et des rivages. Sur le pupitre, taillé par Martial sur le modèle de celui de l'imprimerie, les calques séparés des pattes palmées, des collerettes de cous, des becs effilés et des ailes bleutées formaient un échantillonnage de pièces détachées qui, superposées avec les repères de fines croix noires, reconstituaient un échassier ou un gibier d'eau.

Isidore préférait les oiseaux migrateurs ; ils lui rappelaient le vol des grues cendrées, au-dessus du cabriolet d'Elche, en revenant de Gorze avec Casimir. De Grenade au Village et du Village à Havenport, les Garcia Ibanez étaient des migrateurs. Pendant le voyage sur le *Schelde's trots* Isidore appelait des *Manuelo* les sternes qui ne quittaient pas le flanc du vaisseau, portées par le coussin d'air du sillage. Il les retrouvait sur son plan de travail, le sterne ordinaire et le sterne arctique, croisé après Terre-Neuve, avec son bec plus allongé.

En cette journée de résidence forcée, il entreprenait la

sélection des couleurs de l'oiseau le plus abondant, et le plus détesté, sur toute la côte Est, d'Augusta à la Floride, le pigeon migrateur. Malgré les carnages des chasseurs, l'espèce proliférait. Des vols, étirés sur plusieurs kilomètres, créaient, parfois, dans le ciel de la Nouvelle-Angleterre, un voile qui obscurcissait les rayons du soleil. Des spécialistes estimaient une colonie à près de trois millions d'individus. Des arbres tombaient sous le poids, quand une nuée prenait un repos sur les branches. Fréquemment, les hommes d'Havenport se joignaient aux paysans de l'arrière-pays pour tirer les pigeons en rafales successives : l'hécatombe partait, par la mer, vers New York où pourrissaient souvent, sur les quais, les carcasses invendues.

Opposé aux armes à feu, comme son père, Isidore ne chassait pas. Le contact d'un oiseau abattu enlèverait le plaisir qu'il prenait à tracer le pourtour du poitrail roux, l'ovale fin de la cavité de l'œil brun et noir. Il aimait la sérénité du dessin, avec le mâle, au jabot pâle, nourrissant, sur une branche, la femelle au renflement bleuté.

— Deux pigeons s'aimaient d'amour tendre.

— Norma ! Tu as traversé la banquise !

— Le plus difficile c'est d'entrer chez toi. Heureusement que les municipaux dégagent les seuils des citoyens engourdis. Je ne t'interdis pas de me donner la becquée.

Isidore se leva. Il prit la jeune femme dans ses bras pour l'embrasser.

— Tu as les lèvres glacées.

— Et toi, la barbe tiède.

— Je ne m'attendais pas à te voir, aujourd'hui.

— Deux jours de bourrasque, ça suffit. J'ai dit à mon père que je tenais la permanence du foyer.

Norma Hopkins dirigeait une maison du « vieux quartier » transformée par la municipalité en centre d'accueil pour des gens de passage, des jeunes qui cheminaient, de ville en ville, pour trouver un emploi, des vagabonds égarés. Elle y donnait aussi des cours de français. Dans des circonstances comme cette tempête de neige, le foyer suppléait l'absence d'auberge à Havenport. Pour une indemnité symbolique Joost et Sara Perk fournissaient à ce *Relais de l'amitié* des invendus de la poissonnerie, ou des fonds de marmites du restaurant.

Deux ans plus tôt, pour le « Thanksgiving Day » de la fin novembre, les Perk avaient offert le repas aux pensionnaires et aux bénévoles. Venus en renfort, Norma et Isidore servaient ensemble le potage au potiron, les cheesecakes et les apple-pies. Il neigeait. Après les chants, les deux jeunes gens avaient marché longuement, malgré le froid, sur les quais, entre les bassins du commerce, de la pêche côtière et des baleiniers. Isidore trouvait, enfin, une amitié plus complice, plus intime. En français et en anglais, il parlait à Norma de Manuelo et de Georgina. Il l'amusait avec les facéties des fêtes de Saint-Nicolas. Elle lui tenait la main quand ils enjambaient une passerelle givrée, entre les berges de la passe vers la baie. Le froid les unissait. Ils restèrent un long moment au creux d'un échafaudage de casiers de langoustes que protégeait une réserve de cordages. La bise ne traversait pas le mur de chanvre et d'osier. Appuyé contre les nasses, Isidore tenait Norma dans ses bras, par l'arrière, son dos collé contre sa poitrine. Elle parlait à son tour. De temps à autre, il serrait le bout de ses doigts pour l'encourager à poursuivre, sans interrompre son propos.

La famille Hopkins était irlandaise. Le père de Norma, comme d'autres habitants d'Havenport, affirmait descendre des rescapés du *Mayflower*. Herboriste, avec une officine à côté du drugstore de Jeff Kuippers, il dirigeait sa famille — Norma avait deux frères — avec l'extrême rigueur des « Pilgrim Fathers », exilés pour préserver la quête spirituelle des puritains.

— Un monde naît, ici, pour bâtir un avenir de travail et de paix. Mon père voit le péché dès qu'un regard se lève. Le jour l'inquiète, pour ce qu'il montre. La nuit l'obsède, pour ce qu'elle cache. Mes frères sont du même bois. Ils remontent les rivières, jusqu'au lac Michigan, pour demander aux hommes de retrouver l'humilité de la Genèse. Ma mère, plus réaliste, souffre en silence. En cachette, quand elle est trop lasse, elle me dit à voix basse : « Garde ton âme et prends la vie. » Hélas, Havenport est un port qui ne conduit nulle part.

— Mais qui m'a conduit à toi.

Ils se taisaient. Isidore pressait Norma contre lui, les mains sur son corps au-dessus de la laine de sa cape. Devant eux la couche de neige gonflait sur les vergues basses des bateaux amarrés. Les flocons passaient comme des tampons d'ouate dans la lumière des lampes de cambuses. Au bout du môle, le phare brillait dans le flou d'une auréole orangée qui tremblotait dans la nuit. Son visage contre le sien, Isidore serrait, en même temps, les joues de Norma et les siennes, lèvres contre lèvres.

— Ton âme est en paix?

— Oui, même si elle craint le péché, par habitude.

— Garde ton âme et prends mon baiser.

Parfois, la nuit tombée, ils se retrouvaient près des mêmes casiers de langoustes. Isolés derrière les colonnes de cordages, ils bavardaient, entre d'autres baisers, avec des caresses, qu'ils prolongeaient, aussitôt, ou le lendemain, dans l'appartement, parfois même, dans leur empressement, sur le plancher, les vêtements éparpillés autour d'eux.

Norma regarda encore les dessins sur le pupitre :

— Comme son nom l'indique, le pigeon migrateur que tu retraces ne tient pas en place. Tu fileras vers d'autres cieux un jour, toi aussi, après quelques autres becquées.

— A moins que des mètres de neige comme ceux d'aujourd'hui ne me transforment en statue de glace. Quand je pense à mon Village, tapi dans sa lointaine plaine, aux mille routes qui s'offraient à moi quand je l'ai quitté, je me dis, Norma, que c'est une chance de te serrer dans mes bras, aujourd'hui, dans cet autre lieu perdu qui s'appelle Havenport.

Dans la rue, des charretiers encourageaient de la voix les chevaux qui tiraient des traîneaux plats, chargés de neige, Isidore racontait la scène à Norma qui, par prudence, se tenait à l'écart du bow-window. Des enfants suivaient les attelages en lançant des boules, ou en glissant. Les façades dégagées et le milieu de la route déblayé, les congères restantes dressaient deux murs qui traçaient d'étranges couloirs rectilignes où personne ne se risquait encore.

— Tu iras à l'imprimerie, aujourd'hui ?

— Je compte, plutôt, m'occuper de ma visiteuse. Tu ne viens pas souvent me voir dans la journée.

— Autrement non plus : nous n'avons pas encore passé une nuit ensemble.

— Si on jouait à la nuit en plein jour ? Nous avons plus de temps devant nous que d'habitude.

— Il faudra bien que je passe au foyer, quand même.

— Le seul foyer qui m'intéresse est celui qui brûle dans ton corps.

Il dénoua les cordons de son corsage en la poussant doucement vers le fond de la pièce.

— Je n'aime pas ces tricots de laine qui multiplient les obstacles.

Il glissa les mains sous le gilet pour envelopper ses seins fermes et chauds

— Sois patient une minute. Après le haut, il reste le bas. Enlève tes mains et déshabille-toi.

— Embrasse-moi, avant.

Ils tombèrent nus sur la couette.

— Je ne savais pas la neige aphrodisiaque.

— Le froid appelle le chaud. Je réchauffe mon nez entre tes seins, au-dessus du grain de beauté, qui se cache quand tu les serres. J'adore tout ce que tu caches dans tes petits creux.

— Alors, pars à la chasse aux trésors.

L'habitude transformait l'amour en jeu. Ils parlaient. Ils riaient. Complices et soucieux du plaisir de l'autre. Ils ne freinaient plus leurs élans par de pudiques retenues. Leurs deux corps n'en formaient qu'un qui tournait et roulait sur le lit, sans séparation dans les instants de repos, pendant lesquels ils parlaient, bouche contre bouche, avec, entre les jambes, la moiteur des sens apaisés.

— Je me sens bien dans ton nid, Norma.

— Ton petit oiseau migrateur tient bien la distance. Tu as bien fait de te poser à Havenport. Tu redonnes vie à la branche desséchée que je devenais. Je regrette seulement de ne pouvoir montrer mon bonheur, ou parler de toi avec les autres.

— Est-ce utile? Avec le recul du temps, je pense que mon père, qui se croyait romantique, était épicurien. Brisé par la vie, il l'affrontait à bras-le-corps dans ce qui l'intéressait vraiment. Au confort de son métier d'ingénieur, il préférait la création de son sort par ses propres mains. Il a construit le Village, à sa façon. Il m'a bâti, à sa manière.

— Tu aimes ton père, mort, autant que je déteste le mien, vivant. Sous le couvert de l'amour du prochain, il détruit. Un sourire le glace. Un œil vif le torture. Manuelo Garcia Ibanez a engendré un fils. Mon père a craché, sans jouir, je me pose toujours la question, mes deux échalas de frères qui me donnent plus envie de brûler en enfer que de passer l'éternité du paradis avec eux.

— Et tu voudrais leur parler de moi?

— De nous deux, sous cette couette, et de ça, que je tiens dans la main. Pour qu'ils disparaissent sous terre, aussitôt, ou reculent, loin en mer, comme les requins.

— Restons discrets.

William Hopkins, l'herboriste puritain, ne s'étonnait pas de croiser, parfois, Isidore et sa fille dans une rue de la ville. L'imprimerie travaillait pour le foyer d'accueil comme pour les autres services municipaux, et Norma fournissait aux colonnes du *Havenport News* des articles sur la couture et la cuisine. Le voisinage de Joost et de Sara

Perk expliquait également cette relation où le pointilleux héritier des *Pilgrim Fathers* ne voyait pas malice.

— Je suis plus fatigué que si j'avais dégagé les congères de la rue, dit Isidore en milieu d'après-midi.

— Je m'occupe de ça. Donne-moi les œufs et le bacon. Deux œufs chacun, avant que je file au foyer. Isidore Capitaine, je me souviendrai longtemps de la belle journée qui a suivi le blizzard de novembre 1850.

Après les travaux de dégagement, Havenport resta figée dans le tapis durci qui couvrait ses rues. Le froid maintenait en bosses les congères effondrées sous les coups de pelles ou de pioches. Dans les bassins, les bateaux dormaient, alourdis par leurs drisses verglacées. Le chômage forcé des pêcheurs freinait les activités commerciales et les allées et venues des charrois. Les caboteurs du commerce attendaient des jours meilleurs, engourdis dans la tiédeur des postes d'équipage, sauf dans les durs instants où les matelots cassaient, dans le froid de l'avant-port, les barres de glace accumulées sur les vergues, les écubiers, les écoutilles. Les habitants sortaient peu, profitant du repos offert par les fabriques à l'arrêt et les chantiers fermés. Privées des élèves des campagnes, les écoles respectaient également la trêve météorologique.

A l'imprimerie, le retard pris par trois journées sans travail donna un surcroît d'activité. Des cartons d'invitation, des programmes et des menus pour les fêtes du Thanksgiving Day des prochains jours imposaient des tirages immédiats. Le maire s'inquiétait de la parution du numéro du *Havenport News* qui, jusque-là, respectait sa sortie du vendredi. Casimir, pour mettre sous presse l'hebdomadaire local, attendait la décision de maintenir, ou pas, pour la fin de la semaine, le défilé de Santa Claus, auquel s'opposaient quelques citoyens conduits par William Hopkins. La concentration de familles allemandes, flamandes et lorraines donnait un relief particulier à la célébration de Santa Claus, le modèle anglo-saxon de saint Nicolas. En provoquant une réunion de conciliation dans le restaurant des Perk, Emile Bour, adjoint aux festivités, comptait sur l'appui de cette partie de la communauté face aux irréductibles contestataires.

William Hopkins gardait en mémoire le spectacle de l'année précédente, avec la promenade des enfants, transformés en cerfs ou en porcelets, bénis par une sorte d'ours portant une croix épiscopale, et poursuivis par une mégère, édentée, appelée Nicolafrau.

Dès l'ouverture de la réunion par Jeff Kuippers, le père de Norma manifesta son opposition déterminée :

— La diabolique mascarade me passera sur le corps si elle veut entrer dans une rue de cette ville. D'où sort ce Santa Claus, dont ne parle aucun des évangélistes ou des Pères de l'Eglise ? Que font, sur notre sol, ces gargouilles gesticulantes qui dansent le sabbat autour d'une sorcière aux pieds crochus ?

L'herboriste approcha de l'adjoint.

— Quel diable anime votre âme, ou ce qu'il en reste, mister Emile Bour ? Vous n'êtes rien, dans cette ville, qu'un marchand de bois qui s'enrichit entre l'achat d'un épicéa et sa revente, à un prix abusif. Connaissez-vous, mister Bour, William Elden Brewster, Myles Standish, William Bradford, Richard Warren, Susanah White, Elysabeth Hopkins, dont je me flatte de descendre ? Ce sont les pères, et les mères, de cette nation, débarqués du *Mayflower* sur cette côte, que tenaient encore les Indiens Wanpanoags. Ils ont creusé la terre, avec leurs mains, arrosé les graines, de leur sueur, payé la récolte, de leur mort, par épuisement. Ils fuyaient l'Angleterre et son église permissive, indigne de la vraie foi. Je parle en leur nom et au nom des *Pilgrim Fathers* pour vous dire, mister Bour, qu'il n'y a rien de commun entre vous et nous. Pour activer le commerce, faire de la monnaie et constituer un électorat on vous a conduit ici, on vous a fourni un toit, passé des commandes.

Emile Bour écoutait, un peu égaré dans sa traduction du flot d'éloquence. William Hopkins continua :

— Je le redis : les marchands du temple règnent sur Havenport. Bientôt, ils vendront des portraits de Santa Claus, et, peut-être, des caramels de Santa Claus, de la bière de Santa Claus et, peut-être même, des saucisses de Santa Claus. J'en appelle aux martyrs de l'hippodrome de la nouvelle Rome, à Eusèbe de Césarée et à Theognis de Nicée, qu'on appelait des peregrini, des *Pilgrims*, des pèlerins !

Jeff Kuippers se leva de son siège :

— Monsieur William Hopkins, en tant que maire d'Havenport, je ne reconnais pas ma ville dans la Babylone corrompue et mercantile que vous brossez. Le négoce des herbes serait-il différent de celui du pain, pour se nourrir, ou du bois, pour se loger et se chauffer ? Quelqu'un veut-il plaider la cause de Santa Claus ? Madame Sara Perk, vous êtes chez vous : parlez.

— Avec Thanksgiving, dans quelques jours, nous honorons la mémoire des *Pilgrims*, pionniers de cette terre. Monsieur William Hopkins a tout le loisir de lire et relire les Pères de l'Eglise dont il est féru. Qu'il laisse à nos enfants et petits-enfants le doux charme des traditions et des légendes. Dans mon pays, Santa Claus arrive le 6 décembre, tiré, sur les canaux gelés, par des patineurs déguisés en pingouins. Avec la liberté de penser, dans sa hotte.

De la main Emile Bour calma les applaudissements. Des hommes se levèrent pour intervenir :

— Chez moi, du côté de Liège, Nicolas vient, accompagné de Babou, un sale bonhomme que les enfants pourchassent, en montrant des têtes d'animaux sculptées dans des betteraves.

— En Bavière, Klaus descend de la forêt, avec Hans

Trapp. Déguisé en ours il paye ses péchés avec une chaîne autour du cou.

William Hopkins agita au-dessus de lui les manches de sa pèlerine :

— Hans Trapp, Babou, des pingouins! Sommes-nous à la recherche d'idoles?

Le maire laissa la parole à son adjoint aux festivités.

— Monsieur Hopkins, je vous recommande de vous enfermer, le 6 décembre, à la tombée de la nuit, dans l'arrière-boutique de votre officine, à côté d'un brûle-parfum empli d'eucalyptus. La municipalité a voté l'achat de friandises pour les enfants, accordé le soutien de l'orphéon et l'usage des traîneaux. Santa Claus entrera dans Havenport, malgré vous, et malgré la pétition de douze signatures que vous m'avez adressée. Nous convierons avec lui Babou, Hans Trapp, et comme l'année dernière, la Nicolafrau de nos concitoyens autrichiens.

Le lendemain, à son heure habituelle, paraissait l'édition du *Havenport News*. Un Santa Claus, fort ressemblant au Nicolas lorrain, illustrait le détail de l'horaire du cortège et son itinéraire que suivait, en petits caractères, le texte réprobateur des fidèles des *Pilgrim Fathers*.

Sollicité par Emile Bour pour passer la barbe postiche et la houppelande rouge, Isidore refusa, sans hésiter, pour ne pas mêler Casimir à la querelle locale et, surtout, pour ne pas déplaire à Norma, attristée par la publique réprobation paternelle. Encouragé par Bejte, qui mêlait les enfants de son école à la fête, Martial endossa le costume de Santa Claus. Le bonhomme ne ressemblait guère à ce qu'il était au Village ou à Gorze. Ses grosses bottes de pêcheur gênaient sa marche, déjà alourdie par sa veste et ses accessoires. La besace, portée sur l'épaule, et son bonnet de ramoneur, teint en rouge, lui donnaient une allure de vagabond.

— On dirait un pèlerin, disait Isidore en regardant le cortège avec Norma par la vitre du bow-window.

— Mon père n'imagine pas les Hopkins de 1620 dans un accoutrement pareil.

Malgré l'escorte des cuivres et des tambours de l'orphéon municipal, l'ambiance manquait à la fête. Martial marchait devant un traîneau chargé de paquets que tirait, sur la neige, un renne prêté par des fermiers d'origine finlandaise. Les élèves de Bejte et ses deux fils, John et Jan, couraient alentour. Ils fuyaient les méchants diables habillés par les parents nostalgiques des Klaus et des Nicolaus de leur enfance dans le Burgenland ou en Silésie. Le maire, Emile, quelques curieux suivaient les derniers porteurs de torches.

Isidore alluma la lampe à pétrole du coin-repas.

— Un peu triste, le grand défilé. Sans remonter aux martyrs des arènes de Rome, je suis, un peu, de l'avis de ton père. Ce Santa Claus n'a rien de commun avec le vrai Nicolas. Ce n'est qu'un fantoche de mascarade. Les personnages comme ceux-là n'existent que par la force de l'imagination populaire, enjolivés par les générations successives, les peurs des loups de la plaine, des esprits de la forêt ou, simplement, par celle du trou noir entre la maison et la grange. Avec un peu de diable derrière tout ça. *Teufel*, dit Joost Perk. Les enfants d'Havenport rêvent plutôt des otaries du port qui les conduisent vers une île couverte d'arbres à caramels et de fontaines de chocolat.

— Ce qui serait également contraire aux principes de William Hopkins. Pendant que tu inventes des otaries volantes, mon père et six de ses amis tournent en silence sur le port, autour d'une ancre de marine, en revivant les souffrances des passagers du *Mayflower* débarqués sur le sol ingrat de Cape Cod.

— J'ai une surprise pour toi. Elle ne déplairait pas au vrai Santa Claus, celui de Lorraine. Assieds-toi.

Il posa sur la table deux assiettes, gardées au chaud de l'âtre :

— J'ai fabriqué cela, ce matin, avant d'aller à l'imprimerie.

— C'est de la tarte ? Au fromage ?

— Non, de la quiche.

Norma découvrit la part de pâte feuilletée, et sa garniture crémeuse, en pensant livrer la recette aux lectrices du *Havenport News*, curieuses de connaître les plats particuliers des familles de la colonie.

— La quiche de Georgina Capitaine Méline était la plus onctueuse du Village.

— Quiche-me !

— Quoi ?

— Quiche-me ! Embrasse-moi ! Donne-moi mon premier baiser aux petits lardons.

— Ton assiette va refroidir.

— Réchauffe-moi le reste.

Plus que Berthe Bour, qui sortait peu de sa propriété, Norma Hopkins servit à Havenport la réputation de la quiche lorraine. La recette du journal apportait une nouveauté, peu coûteuse et facile à réaliser. Sara Joost ajouta l'entrée à la carte de son restaurant et Jeff Kuippers la spécialité au rayon d'alimentation de son drugstore. A l'imprimerie, la quiche lorraine, entrée dans le vocabulaire courant, revenait fréquemment dans les menus des réceptions familiales ou officielles.

Une fois par mois, Isidore et Norma mangeaient avec Martial et Bejte qui n'imaginaient pas de liaison entre leur ami et la fille cadette de l'intransigeant herboriste.

Martial rayonnait de bonheur avec sa souriante épouse et ses deux garçons, blonds comme leur mère, qui coupaient leurs conversations, en néerlandais, de grossièretés enfantines en français, à commencer par *caca boudin*. Tous se réjouissaient de la réussite des familles de Gorze. Avec des précautions, à cause de ses fils, Martial contestait un peu l'attitude de ses parents, la mégalomanie de sa mère, surtout :

— Ma mère habite une maison comme les autres. Malgré ses arcades et ses colonnades ce n'est pas la Maison-Blanche : *Little Gorzia* seulement. En taillant le massif de rosiers de sa pelouse, elle oublie complètement le grand chêne de Gorze. Je pense qu'elle n'apprécie pas que saint Nicolas ressuscite en Santa Claus. S'il ne tenait qu'à elle, mon père changerait son nom en Burough, pour ne pas déparer entre les Carlson et les Wallis. Comme ses amies elle se dit intégrée, pas éloignée de se considérer comme un pionnier, à la façon de monsieur Hopkins. C'est une mentalité de nouveau riche.

Bejte ne se préoccupait guère de l'ambition naissante de sa belle-mère. Elle veillait au comportement de John et Jan avec le couple d'esclaves employé à *Little Gorzia* pour le gardiennage et l'entretien, le jardinage et les menus travaux.

— Ma mère les traite bien, disait Martial. Elle se flatte de les nourrir et les loger. Je lui reproche de participer au système, qui interdit aux enfants noirs de fréquenter l'école de Bejte, et à leurs parents de manger, s'ils en ont les moyens, dans le restaurant de Sara.

Isidore et Norma partageaient ce point de vue.

A leurs moments perdus, les deux hommes travaillaient, avec un ami de Martial, à un projet qui les passionnait. Ils transformaient une ancienne barque de pêche en bateau de promenade. La municipalité finançait les frais, avec l'espoir d'attirer à Havenport des promeneurs bostoniens, et une clientèle suffisante pour la création d'un hôtel.

Pour cette embarcation, un ingénieur, originaire de Norvège, s'inspirait des bâtiments utilisés, dans la baie d'Oslo, pour le transport des habitants des îles et des îlots. Son plan prévoyait une cabine à l'avant, pour le pilote, prolongée par l'habitacle du moteur et la chaudière, coiffé par la cheminée étroite et haute, un espace, en longueur, pour vingt passagers, abrités par une toile.

Le froid freinait les travaux, sans compromette les premières sorties pour le printemps à venir. Isidore découvrait la mécanique et la précision de l'ajustage. Il étudiait, avec application, le croquis du moteur, accroché sur un de ses murs. Norma le taquinait avec la traduction, en anglais ou en espagnol, des termes techniques inscrits en français : coulisseau, bielle, crosse, presse-étoupe, boîte à tiroir. Isidore, sur le même ton, lui racontait les leçons de vocabulaire de son oncle Charles sur les gestes des artisans, les travaux des champs, les vendanges. Il l'amusait en retrouvant dans ses souvenirs le nom de *baûgeatte*, qui désignait une corbeille. Il appuyait la prononciation de l'accent circonflexe pour respecter le vrai parler lorrain.

Imitant la tonalité, Norma reprenait en riant :

— Passe-moi la baûgeatte de pain, Isidôre.

10

LA TEMPÊTE

L'hiver facilitait les rencontres discrètes d'Isidore et Norma.

A la faveur de la nuit, tombée de bonne heure, Norma filait vers le studio d'Isidore sans craindre de croiser les employés de la comptabilité ou des archives municipales.

Ils passaient deux heures ou trois ensemble, comme dans un foyer commun. Elle fabriquait, au crochet, de longues écharpes unies qu'elle offrait aux visiteurs démunis du foyer. Isidore, qui gardait pour la lumière de la journée les sélections des planches d'ornithologie, préparait des illustrations pour des biographies d'Américains célèbres, publiées en feuilleton dans le *Havenport News*.

Le héros du moment s'appelait Davy Crockett. Le trappeur intrépide faisait l'unanimité. Même William Hopkins lui trouvait des vertus parce qu'il représentait une Amérique en marche, celle d'autres *Pilgrims*, engagés contre la nature, dans l'Ouest, comme ceux du *Mayflower* en Nouvelle-Angleterre, à l'occasion pourfendeurs d'Indiens animistes et dépravés. Norma possédait quelques exemplaires du *David's Crockett's almanac* publié du vivant du personnage. Grâce à ces albums, Isidore en savait plus que ce qu'indiquait le texte à illustrer. Il appelait le célèbre éclaireur texan du nom plaisant de son père français, Perronette de Crocketagne. Il s'étonnait de ses deux mandats de député au Congrès de Washington, de ses relations personnelles avec le président Jackson. Au lieu de montrer Davy Crockett dans son dernier combat de Fort Alamo, avec sa poignée d'hommes contre cinq mille Mexicains, Isidore le dessinait dans sa gloire de chasseur, tueur de cent cinq ours en une seule saison. Il l'habillait à la façon des trappeurs qui débarquaient parfois à Havenport d'un bateau en provenance du Canada, toque en peau de loutre, veste en peau de bison, mocassins de cuir, le tomahawk et le poignard dans la ceinture, le sac de poudre en bandoulière.

Pendant le travail, Norma feuilletait les cahiers de Charles Midon que complétaient des croquis d'Isidore. La campagne, les fermes du Village ne ressemblaient en rien à celles de la Nouvelle-Angleterre.

— Quelle manie de coller les maisons les unes contre les autres, sans passage et sans jardin. Ici, j'aime l'espace, les parcs qu'on trace au cœur des quartiers qui se construisent. Grâce aux Irlandais et aux Néerlandais, Havenport protège la nature et la verdure. Au foyer, des gens de passage me racontent que, vers le sud, dans des villes neuves comme la nôtre, des rues étroites alignent des baraques de bois, comme dans les bidonvilles de Porto Rico, avec des cochons et des poules au milieu des enfants et des marchands de tapas.

Sur une étagère, ou sur une tablette, Norma retrouvait aussi les objets familiers d'Isidore, la médaille de son père, la coupe en onyx et son aiglon offerte par le pacha, les castagnettes, qu'elle tentait de maîtriser. Elle enrageait de sa maladresse qui éloignait les coques de châtaignier au lieu de les rapprocher. Elle sauvait la face en tournant autour de son compagnon, les bras levés au-dessus de la tête, la poitrine avancée et le buste rentré, dans l'attitude des danseuses espagnoles qui accompagnaient sur le quai, en été, des montreurs d'ours ou des dresseurs de chiens.

— Olé ! criait Isidore qui répétait certains jours en riant : Olé ! Olé !... Au lit !

Comme souvent, le printemps s'annonça aussi beau que l'hiver avait été rigoureux. Les pélicans, les premiers remontés de Floride, annonçaient des jours meilleurs. Ils restaient sur la plage, à l'écart du port, abrités derrière le môle. Laids et pesants sur le sable, encombrés de leur poche plissée comme un soufflet de cornemuse, ils égalaient l'élégance des albatros en glissant au-dessus de la mer après quelques battements d'ailes. Des pêcheurs les disaient méfiants des hommes depuis que des maniaques du fusil les tiraient comme de vulgaires pigeons migrateurs. Quelques oiseaux de la colonie, moins craintifs, approchaient des quais.

Isidore leur jetait des morceaux de pain, attrapés au vol par l'oiseau, entre le bec et son sac. Des enfants et des promeneurs apportaient des poissons.

Le bateau de promenade attirait aussi les curieux, des gens de mer, surtout, intéressés par les essais du moteur et de l'hélice dans l'échafaudage qui soutenait la coque, blanche avec des bandes bleues qui rappelaient la couleur de la cabine du pilotage et celle de l'auvent des passagers.

La question se posait du nom de la barque. Emile Bour, qui préparait un lancement avec fanfares et discours, pensait solliciter l'imagination des lecteurs du *Havenport News*, au contraire du maire, qui craignait des réponses farfelues. Martial se proposa pour établir une liste de six noms, parmi lesquels choisiraient les dix amis attelés à la transformation du bateau, plus Jeff Kuippers et son adjoint aux festivités.

Martial, Bejte, Isidore et Norma s'offrirent un repas chez Sara pour préparer la sélection. Les quatre amis marquèrent l'événement, à leur façon, en commandant des quiches lorraines et, comme second plat, des huîtres chaudes, une des spécialités préférées des Bostoniens qui les dégustaient avec un filet de bœuf. Le menu donna le premier nom, suggéré par Bejte :

— *The Bostonian.*

— On ne peut pas l'appeler *The Quiche*, dit Isidore.

— *Lorraine* serait joli ; la fille du maire se prénomme Laureen, ajouta Norma en décrochant une huître de sa coquille. A défaut d'*Oyster*, l'huître, nous pourrions jouer sur les mots en baptisant *Havenpearl* le bateau rare d'Havenport.

— C'est un nom de clipper qui file à quinze nœuds. Je proposerai, plutôt, son ancienne vocation de bateau de pêche : *Old Fisher.*

— Alors, pourquoi pas le contraire : *New Sailor*?

— Il n'a plus de voiles.

— Eh bien, *New Seaman.* Cela nous donne quatre possibilités. Un bateau de promenade accueille des passagers : je suggère *Welcome*, pour souhaiter la bienvenue.

— Bejte, reprends la liste !

— *The Bostonian, Laureen, Old Fisher, New Seaman, Welcome.* Un petit dernier, mes amis, s'il vous plaît. Isidore, tu regrettes *The Quiche*?

— En tout cas je préférerais *Lorraine* à *Laureen. The Bostonian* est prétentieux : c'est un nom pour une école de peinture, pas pour une barque à moteur. *Old Fisher* ressemble à une enseigne de cabaret du port, tout comme *New Seaman. Welcome* semblera curieux quand le capitaine refusera du monde à bord, après l'embarquement des vingt passagers autorisés.

— Il va nous sortir son Davy Crockett, dit Norma.

— J'ai laissé à Metz une jument qui s'appelait Elche.

— Tu proposes *Pégase* ou *Hippocampe, Sea Horse* en anglais ?

— Ecoutez-moi bien. J'ai promis à Elche de reprendre son nom, un jour, si je possédais un autre cheval. Je pensais à *Elche Deux* ou à *Elche Bis*, sans trouver cela très beau. Ce bateau me donne une idée : il s'appellerait *Elchebise.*

— Ça ne veut rien dire.

— Nous pourrions affirmer qu'il s'agit d'un prénom d'une des Joyeuses Commères de Windsor de Shakespeare. Personne n'ira vérifier. Personne ne vérifiera, non plus, si nous prétendons qu'*Elchebise* est une princesse scandinave, transformée en otarie.

— Tu tiens vraiment à tes otaries volantes.

— Elche était une superbe jument, dit Martial. Une reine, pour le plus beau des chênes.

— *Elcheubise*, plutôt qu'*Elchebise*, le nom me séduit. La légende m'enchanterait. J'en parlerai à mes élèves, à Jan et John, pour qu'ils brodent une histoire. Elcheubise, emportant, au-dessus des vagues, Santa Claus, hors de portée des coups de fusil des *Pilgrim Gunners*.

— Tenons-nous-en à la princesse scandinave, pour ne pas effrayer le bon Jeff Kuippers, conseilla Martial. Je ne suis pas certain que mon père retrouve le nom de la jument blanche dans *Elcheubise*.

Au chantier, à la veille des essais en mer, la proposition fit l'unanimité. L'ingénieur et ses amis ne parlaient plus de la « barque » ou du « bateau », voire du « rafiot », mais d'*Elcheubise* qui, en plus d'un nom, donnait une personnalité à l'ancien harenguier. Sans connaître, encore, son identité, les marins et les habitués du port découvraient ce nouveau compagnon qui traversait les bassins en crachotant sa fumée dans le toussotement régulier de ses pistons. Ils observaient ses manœuvres, au-delà du môle, sa franche pénétration dans les vagues, son aisance et sa stabilité dans les boucles de ses demi-tours. Par précaution, des cotres et des *sharpies* accompagnèrent les sorties avec vingt passagers, tous bons nageurs de réputation.

Isidore, deux ou trois fois, apporta son aide à la machine où son rôle consistait à charger la chaudière. Emile Bour, de son côté, préparait le baptême, fixé après la semaine pascale pour ne pas choquer les amis de William Hopkins et les âmes puritaines de la paroisse. L'avant-veille de la fête, l'édition du *Havenport News* livra à ses lecteurs, sous la signature de Bejte Bour-Perk et de ses élèves, la légende de la jolie princesse suédoise Elcheubise, sauvée de la méchanceté du capitaine Olaf, qu'elle refusait d'épouser, par une colonie d'otaries qui la transformèrent en ondine pour la guider vers les rivages d'Havenport. Elcheubise, devenue Otarie, concluait le petit conte, attendait qu'un pêcheur la remonte dans ses filets, pour redevenir femme, et l'épouser.

Le dessin du journal montrait le château de la princesse Elcheubise, avec ses deux tours, plantées sur les rochers d'un fjord au-dessus de la mer Baltique.

A l'heure du voyage inaugural, Isidore chauffa la chaudière. Pendant les discours il entretint la pression qui couvrait les propos officiels d'un amusant fond de lent tambourinage. Dans son allocution, Emile Bour reprit à son compte la légende publiée par le *Havenport News.* Il se réjouit de l'aménagement de ce bateau de vieux pêcheurs de la Nouvelle-Angleterre, réalisé par un ingénieur norvégien, avec des charpentiers de Silésie, de Bavière et de Lorraine, baptisé d'un nom poétique de princesse scandinave, redécouverte par l'institutrice, néerlandaise, des enfants d'Havenport. Berthe Bour, gênée par le vent qui soulevait sa capeline, lança trois fois vers l'étrave, avant de la casser, enfin, la bouteille d'alcool de baies de genièvre accrochée à un filin. Après un hymne, mené bon train, l'orphéon embarqua avec les autorités municipales pour un départ applaudi par une foule dominicale, sortie de l'office. Sous son pavois de pavillons de timonerie, l'*Elcheubise* glissa dans le port comme un beau jouet de bois magiquement poussé par sa pétaradante mécanique.

Une semaine plus tard, Norma et Isidore se présentèrent comme passagers. Installés côte à côte sur les sièges du fond, ils subissaient l'ennui du voisinage des machines mais profitaient, au-delà de la cabine de pilotage, de la vue vers l'avant. La sortie en mer constituait un événement pour leurs compagnons de promenade, venus en famille, endimanchés, plus expansifs qu'inquiets. Dans la traversée des bassins, les goélands, surpris par l'odeur de la fumée, volaient à l'écart de la coque. A la sortie du môle, le bruit du moteur, que le capitaine accompagna de trois coups de sifflet stridents, souleva le groupe de pélicans flânant sur le sable. Ils couraient pesamment, sans vraiment décoller, jusqu'à ce que leurs larges ailes les portent dans le sillage entraînant de ceux qui les précédaient. En quelques mètres, la vitesse les hissait au-dessus de la mer, en un vol groupé de silhouettes profilées entre le pointu de leurs becs et l'extension rigoureuse de leurs courtes pattes réunies en une dérive.

— Ils sont aussi beaux, en vol, que laids et stupides au sol, dit Isidore.

Ce spectacle dura pendant la boucle effectuée par l'*Elcheubise* pour prendre son cap de retour. La côte étalait, ensuite, son découpage plat que ne soulignait guère la silhouette basse de la ville. On distinguait la barre du môle et son phare, la colline du vieux quartier et le clocher de l'église puis, à l'arrière, le flanc, à peine coloré, de l'arrière-pays. Les passagers s'agitaient. Ils cherchaient des repères sur le rivage. Ils s'amusaient des remous provoqués par les légers ressacs de la marée descendante.

Norma, qui ne pouvait s'approcher trop d'Isidore, pour ne pas attirer l'attention, dit soudain :

— Je dois te dire que mon père a décidé de me marier.

— Je suis candidat.

— Dans son esprit la place est déjà prise.

— Qui est cet heureux élu?

— Un pasteur anabaptiste de Boston, que je ne connais ni d'Eve ni d'Adam.

— Tu m'annonces ça en pleine mer, au milieu de gens qui m'empêchent de te prendre dans mes bras, de te serrer et de t'embrasser en te demandant ta main!

— Calme-toi. Je te confie cela ici, justement, pour en

parler la tête froide sans nous égarer dans les baisers et les caresses.

— Tu deviens puritaine? Si tu insistes je suis capable de prendre tes lèvres, à bouche-que-veux-tu, au milieu de cette cabine de marins d'eau douce.

— Isidore, ne complique pas la situation. Tu ne me demandes même pas si je suis triste.

— Je ne pense pas que l'idée d'entrer en religion pour le restant de tes jours puisse te réjouir. Ton père referme sur toi le piège des *Pilgrims*. Il te met au pain sec et, pour le reste, au régime monacal du strict devoir conjugal. Finis les baisers de quiche aux petits lardons fumés.

— Tu dis des bêtises et des méchancetés.

— Je ne peux pas te féliciter comme ça, te demander le privilège de garder la jarretière de la mariée.

Le sifflet du capitaine coupa l'air de trois jets successifs. L'*Elcheubise* approchait du môle et de l'aire de repos des pélicans. Le vol s'organisa, comme à l'aller. Norma ne parlait plus. Les bras croisés, Isidore hochait la tête en se désintéressant de la manœuvre d'accostage. Une vingtaine de personnes attendaient sur le quai pour la promenade suivante. Au bout du quai, devant sa rue, Isidore demanda :

— Tu viens chez moi?

— Pas aujourd'hui. Nous devons réfléchir, au calme, chacun de son côté.

— Pour moi, c'est tout réfléchi : je t'aime.

— Je t'aime aussi. C'est pourquoi j'ai besoin de réfléchir.

— Aurai-je de tes nouvelles avant de dessiner les initiales du futur époux sur le faire-part de la *Bour's Books and Press Company*?

— Ne t'inquiète pas. Dessine tranquillement tes sternes et tes guillemots.

— J'en suis au macareux. Tu vas être contente : c'est un macareux moine.

Norma tapa doucement la joue de son ami. Elle partit en courant.

Isidore préféra marcher au lieu de rentrer à son appartement. Par peur de lâcher une confidence à Casimir, il hésita à passer à l'imprimerie. Il savait son patron occupé à la finition d'un livret rédigé par Joseph Kieffer pour les émigrants français. L'opuscule répondait à cent questions que pouvait se poser une famille en débarquant à Boston ou à Providence. Le consul confiait l'essentiel de ses travaux d'imprimerie à son ami d'Havenport.

Isidore resta aux abords du port. Les boutiques alignées face au quai principal formaient le seul côté d'une rue. Les façades en bois de ces maisons basses alternaient les couleurs gaies, plutôt en pastel vert, rose, bleu, jaune, les rondins bruns des bars, qui servaient des crabes et des homards, les panneaux de réclames des magasins d'accessoires maritimes, essentiellement pour la flottille de pêche. Aux vitres sombres des cabarets, ou des marchands de fournitures, les commerces de mode ou de colifichets, une papeterie, un dépôt de bonbons et friandises opposaient des fenêtres à petits carreaux décorées de rubans de soie noués en fleurs. On pensait à des maisons de poupée pour grandes personnes. Isidore acheta un morceau de pain à l'étal d'un boulanger ambulant. Il marcha vers l'étroite cale sèche désaffectée mise en eau pour le plaisir des otaries et des enfants. Une vingtaine de mammifères marins barbotaient en permanence dans ce bassin. Les loutres les plus audacieuses sautaient jusqu'à hauteur du quai pour saisir le poisson offert au bout d'un bras tendu. Les gamins applaudissaient. Les promeneurs, venus des campagnes, s'enthousiasmaient comme au spectacle d'un cirque.

Assis sur le plot de bois d'une bitte d'amarrage, Isidore attendait. Deux otaries paressaient au-dessous de lui à l'entrée de l'ancienne cale, indifférentes aux croûtons qu'il leur lançait. Il regrettait de ne pas avoir proposé à Norma de marcher jusque-là avec lui, au lieu de l'inviter à rentrer chez lui. Plus que l'annonce d'un mariage, il craignait, jusque-là, une découverte de leur liaison par William Hopkins.

Curieusement, l'herboriste traditionaliste, qui lui imposait le silence à la table familiale, refusait en hiver le chauffage dans certaines pièces de la maison et interdisait toute lumière au-delà de neuf heures le soir, en hiver, laissait sa fille libre de ses mouvements. Par sa généreuse participation aux activités sociales du foyer d'accueil municipal, elle demeurait pour lui, même rétive, dans la tradition solidaire des *Pilgrim Fathers*. Cela justifiait sa confiance, pour la meilleure tranquillité des deux amants, circonspects et discrets. Isidore et Norma savaient le refus catégorique qu'opposerait le père de famille à la demande en mariage d'un émigré de fraîche date, collaborateur d'une imprimerie peu regardante sur l'orthodoxie des textes de sa clientèle, citoyen, de surcroît, d'un pays considéré comme la fille aînée de l'Eglise apostolique et romaine, avec ses égarements.

En jetant ses derniers morceaux de pain aux otaries moins assoupies, Isidore se demanda si Norma, soudain, prenait conscience de cette impasse, se lassait de l'inconfortable situation imposée au seuil de ses trente ans. Un peu par dépit, et pour ne rien brusquer, il décida d'attendre un message ou un signe.

Les jours semblaient longs. Isidore évitait de traîner dans le vieux quartier près de la poissonnerie de Joost Perk. Il fuyait Martial et Bejte. Il passait des heures à l'ancien chantier de l'*Elcheubise*, ajustant avec l'ingénieur norvégien des pièces de rechange pour la machine. Il occupait ses soirées aux sélections des dessins de l'ornithologue de Boston. Il découvrait, dans les textes d'accompagnement, la voracité des goélands, qui dévorent dans les îles les œufs en gestation et les oisillons nés de quelques heures, ou l'inattendue appellation de la *mouette Bonaparte*, identifiée à Philadelphie par Charles-Lucien Bonaparte, fils de Lucien, neveu de l'Empereur, auteur de travaux d'histoire naturelle. Il oubliait un instant son tracas sentimental en se demandant si la citation de la *mouette Bonaparte* dans une encyclopédie ornithologique justifierait, à Metz ou ailleurs, l'interdit d'une censure partisane. Les nouvelles de France levaient ce doute avec le choix d'un Napoléon comme président de la République.

En apportant un texte à l'imprimerie, Norma, après une semaine de silence, demanda à Isidore de l'attendre, le soir, sur le port, près de leur abri habituel de cordages et de nasses.

— Dis-moi quelque chose, au moins.

— Ce soir, près des langoustiers.

Un vent léger claquait les drisses sur les vergues et sur les mâts. Les fonds, presque plats, des bateaux de la pêche côtière des homards et des crabes écartaient les vaguelettes levées par la brise. Isidore attendait, appuyé contre les cagettes rendues inodores par le lavage à grande eau. Il entendit, sans bouger, les pas de Norma sur le quai. Elle se planta devant lui, debout dans son habitacle comme un garde dans sa guérite.

— Tu m'as mis en quarantaine ?

— Tout vient à point à qui sait attendre. C'est d'un poète français, paraît-il. Je ne t'apporte pas de mauvaises nouvelles.

— Ton pasteur anabaptiste est déjà marié ?

— Mon père reporte son projet.

— Il a trouvé un *Pilgrim*, comme lui ?

— Cesse de m'agresser. Je l'ai convaincu d'attendre le retour de mes frères pour prendre une décision. Ils poursuivent leur campagne de propagande autour du lac Michigan. Je gagne un sursis de six mois.

— Ce qui change quoi, pour moi ?

— Que tout de suite, si tu le veux, tu peux m'embrasser,

comme le premier jour où tu m'as prise dans tes bras contre cette montagne de pièges à langoustes.

— Norma, je ne veux pas un contrat de six mois. Je t'attends pour une vie entière.

— Embrasse-moi.

Il la serra contre lui, les lèvres dans les siennes, une main caressant son dos et ses reins, les doigts accrocheurs. Elle tenait ses cheveux, passait l'index sur son front, ses joues jusqu'aux contours de sa barbe.

— Je te parle de sursis. C'est un délai que nous pouvons utiliser.

— Pas pour nous marier, ton père n'acceptera jamais. Pour fuir? Vers New York? Vers l'ouest? Nous faire pèlerins, à notre tour, en grattant la terre de nos mains?

— J'attendais mieux de ta part après une semaine de réflexion.

— Partir en France? Tu m'accompagnerais?

— Il y a tant de différence entre mon père et moi que l'océan n'élargirait pas l'écart.

— Et ta mère?

— Elle se taira, comme d'habitude. Elle pleurera, en silence. Avec toi, je deviendrai la fille de Manuelo et de Georgina.

— Tu m'étourdis. Les marins qui boxent à poings nus, sur les quais, au milieu de ceux qui parient, demandent un répit quand ils perdent leur souffle. Moi aussi je réclame le break, une pause.

— Refusé. Partons, Isidore. Faisons notre vie, là où tu voudras. Mon ventre se noue, ma chair brûle et se trempe, rien qu'à te le dire.

— Nous partirons. Dès que nous pourrons, nous nous marierons.

— Emmène-moi chez toi, pour les fiançailles. Mes jambes flageolent.

Jusqu'au jour du départ Martial et Bejte restèrent seuls dans la confidence. Bejte gardait près d'elle les rares affaires que Norma lui apportait une par une, deux robes et quelque lingerie, une boîte à couture, avec quelques souvenirs d'enfance. Isidore réunissait chez lui les outils amenés de Metz qu'il utilisait encore à l'imprimerie.

Avec satisfaction, il reçut l'aide de Joseph Kieffer pour la réservation des passages sur le bateau. Le consul n'était pas homme à trahir. Ses visites à la *Bour's Books and Press Company* facilitaient les contacts. Isidore souriait de ces précautions qui rappelaient les démarches secrètes de Casimir, quand il négociait, avec l'évêché et le notaire Gasser, la vente de son atelier messin.

Norma espaça ses visites pour ne pas gâcher par une imprudence l'heureuse issue projetée. Son père s'en tenait à l'attente du retour de ses fils pour recevoir la famille du pasteur bostonien, pas du tout impatiente. Pas une réunion ne se tenait à Havenport sans qu'il intervienne, pour rappeler les règles puritaines des premiers colons. A la société de musique, il s'élevait contre la mixité des leçons de violon. Au cercle nautique, il refusait le droit d'entrée aux femmes et aux jeunes filles de plus de seize ans. Il réclamait au maire l'interdiction, pour la mercerie, d'exposer, dans sa vitrine, des corsets et des volants en dentelle. Il demandait le retrait de la bibliothèque de la deuxième édition de *Jane Eyre*, le roman de Charlotte Brontë, que les lectrices emportaient dès qu'il revenait en rayon. Sur son exemplaire des cercles rouges entouraient des phrases qu'il lisait avec indignation à qui voulait l'entendre : « *J'ai toujours préféré être heureuse plutôt que digne* » ; « *C'est un homme vertueux et grand, mais austère et à mon égard froid comme un iceberg* » ; « *J'étais incapable de vivre seul ; j'eus donc recours à la compagnie de maîtresses.* » Son livre serré dans le poing, il ajoutait, pêché entre les lignes : « *Est-ce une sorte de vicaire mal dégrossi ?* » Il grognait : « Un vicaire ne peut pas être mal dégrossi ! »

Martial et Bejte souhaitaient célébrer le mariage à Havenport avec la complicité d'Emile, habilité à la formalité par son statut d'adjoint. Isidore craignait la vantardise de Berthe, capable de lâcher le morceau pour se montrer intéressante. Il redoutait, surtout, la nécessaire publication des bans qui, en moins d'une journée, condamnerait l'entreprise. Bejte, complice de Norma, raisonnait son mari, tourmenté par la perte d'un compagnon de route.

— Tu ne te rends pas compte. Il s'agit d'un enlèvement, puisqu'une fille ne peut épouser un homme sans le consentement de son père. Avec l'Atlantique derrière eux, Norma et Isidore seront tranquilles. Ils ne renonceront pas à leur bonheur pour le plaisir d'une promenade en mer, avec toi, sur le teuf-teuf de l'*Elcheubise*. Tais-toi et laisse-les faire.

L'abandon de Casimir gênait davantage Isidore. Il ne se voyait pas annoncer, un soir, son départ pour le lendemain matin. Les sélections des croquis d'ornithologie terminées, il laissait des illustrations de récits pour quelques numéros à venir du *Havenport News*. A un moment où ils travaillaient seuls au blocage d'une forme, le dessinateur dit à son patron :

— Je te quitterai bientôt.

— Tu rentres en Lorraine ?

— Non. Je veux voir un peu de pays.

— L'Ouest, c'est l'enfer !

— Plutôt New York.

— C'est aussi l'enfer, qui ne vaut pas plus que les deux sacs de pacotille donnés aux Indiens pour l'île de Manhattan. Tu n'es pas bien, ici ?

— Les Garcia Ibanez ne tiennent pas en place.

— Je te regretterai. La *Bour's Books and Press Company* sera toujours ouverte pour toi.

— Ne parle pas de mon départ : les explications à donner m'ennuieraient.

Martial et Bejte décomptaient les jours comme leurs amis.

Ils passèrent la dernière soirée ensemble à une table du restaurant des Perk. Norma préférait un repas dans un lieu public qui permettrait un adieu à sa ville. Elle retrouvait, dans la salle à manger de Sara, la chaleur des constructions en bois dans lesquelles elle vivait depuis son enfance. Les planches jaunes des murs prolongeaient harmonieusement la chaleur confortable des poutres brunes et des chevrons de la charpente. La tristesse de Martial, l'appréhension d'Isidore et de sa compagne freinaient l'envie de Bejte de faire de cet adieu une fête. Elle amena des larmes au bord des yeux en offrant à ses amis, de sa part et de celle de Martial, une pointe de fanon de baleine gravée par un des vieux pêcheurs du quartier. Sur la partie droite le trait fin, légèrement teinté par un filet de cire, représentait la silhouette de l'*Elcheubise.* On lisait, en dessous, en petits caractères : *Havenport, 17 juin 1851. B et M pour N et I.*

A la fin du repas, Isidore et Norma se séparèrent jusqu'au lendemain à midi. Il partait tôt, le matin, par la navette de Boston, avec les trois sacs de bagages. Elle profitait, pour rejoindre la ville, du cabriolet de Joost Perk qui, une fois par semaine, fournissait en crustacés d'Havenport le restaurant d'un palace bostonien. Norma fuyait, adossée à des casiers d'osier, entassés comme ceux de son lieu de rendez-vous secret entre les cordages du quai.

Isidore attendait devant le bâtiment neuf des douanes près du Waterforest Park qui longeait l'estuaire de la Charles River.

— J'ai failli emporter en souvenir un casier pour homards, dit Norma en se jetant dans ses bras, mais ceux de Joost sentaient encore la marée. Je me croyais en bateau, pas en voiture.

— Joseph Kieffer nous fait une surprise. Nous partons sur le *Schelde's trots.* Le dortoir sous la dunette reportera la lune de miel au débarquement.

— Pas de lune de miel sans mariage.

— C'est le message d'adieu de ton père?

— Je l'abandonne sur ce quai. Ne me parle plus jamais de lui.

Fraîchement repeint de blanc, le *Schelde's trots* ne vieillissait pas. Quelques embarcations de sauvetage complémentaires indiquaient l'accroissement du volume des passagers et la nécessité d'affronter dans les meilleures conditions la concurrence naissante des navires à vapeur. Les steamers apportaient la vitesse. Les voiliers s'efforçaient d'offrir un meilleur confort.

L'embarquement à Boston ne ressemblait en rien à celui d'Anvers. Sur le Long Wharf où était accosté le quatre-mâts anversois une galerie abritait les voyageurs dans leur ordre d'arrivée. Les contrôles de police, de douane et de documents de bord s'échelonnaient en trois postes distincts, écourtant l'attente. Son sac en bandoulière, Norma suivait Isidore, un bagage dans chaque main. En cochant sur sa liste le nom de Capitaine Garcia Ibanez, l'employé de la compagnie d'affrètement appela un matelot qui se tenait à l'écart :

— Prenez les sacs de monsieur.

— Je ne comprends pas, dit Isidore.

— Vous êtes *P.P.*, monsieur, Privilegied Passenger. Cet homme vous conduit à votre cabine, vous et madame.

La passerelle pour embarquer n'était plus une planche large, qui ondulait entre les quais et le pont, mais une montée stable, protégée par des rambardes de toile frappées, à l'extérieur, du nom du bateau. Le marin marchait vers l'avant, sur le pont encombré de passagers qui attendaient au milieu de leurs bagages.

— Cabine Plantin, à bâbord. Je dormais là, autrefois, avant qu'on ne transforme le poste des équipages en espace pour passagers.

Il poussa du genou la porte de bois :

— Le maître d'hôtel vous passera les consignes avant l'appareillage.

Les sacs posés au milieu de la cabine, Isidore embrassa Norma, collée à lui avec force.

— Je peux te demander ta main?

— Tu peux me demander tout ce que tu veux. Même tout de suite.

— Norma Hopkins, je te signale que cette cabine de trois couchettes attend, sans doute, un visiteur.

— Regarde sur la table, il y a une enveloppe : « pour Isidore et Norma Capitaine Garcia Ibanez ». Quelqu'un nous a déjà mariés.

Isidore déplia la lettre :

— C'est Joseph Kieffer : « Mon cadeau de mariage vient avant l'heure. Vous serez mieux, ici, que sur la dunette arrière. Bonne traversée. So long! »

La largeur des couchettes limitait les dimensions de la cabine, avec deux châlits superposés, d'un côté du hublot, et, de l'autre, une banquette surélevée au-dessus d'une table basse.

— Chacun chez soi, dit Norma.

— Qui au-dessus de l'autre?

— Toi, au-dessus de notre compagnon de route.

— Si c'est une compagne?

— Moi, en dessous d'elle.

On frappa à la porte. Le même marin poussa l'une devant l'autre deux valises arrondies par la surcharge.

— Un peu de place, s'il vous plaît, pour les paquets.

— Occupez-vous de la cabine, je me charge des bagages.

Une femme coiffée d'un large chapeau de paille, orné d'un bouquet de feuilles de tulle et de feutre, suivait le marin qui s'attardait :

— Vous avez l'intention de coucher ici? dit-elle au matelot.

Elle se tenait debout, face au hublot.

— Ne devrais-je pas me présenter? Je m'appelle Mélanie Standford-Malet. Je tiens au Malet car c'est mon nom d'origine. A qui ai-je l'honneur?

— Isidore Capitaine Garcia Ibanez et Norma.

— Et Norma ? Norma Capitaine Garcia Ibanez ?

— Nous pensions nous marier à bord. La loi ne le permet pas.

— Nous régulariserons en arrivant à Metz.

— Metz, en Lorraine ? Je viens de Bar-le-Duc et j'y retourne. Le Nouveau Monde est petit.

Isidore et Norma montèrent sur le pont pour observer les manœuvres de départ. Des policiers à cheval empêchaient les curieux d'approcher du quai. Deux remorqueurs, qui ressemblaient à l'*Elcheubise* avec leur haute cheminée noire, toussotaient à l'avant et à l'arrière du quatre-mâts, prêts à le déhaler. A l'heure prévue, ils engagèrent le bateau dans le chenal de la Charles River. Boston, vue de la hauteur du pont, révélait ses chantiers de construction de ville neuve en expansion. Les immeubles récents cernaient les rives du fleuve, encore encombrées de baraques provisoires et de terrains en désordre. En sortant des jetées, Isidore montra du doigt la côte plate vers le sud. On devinait, au-dessus de la bande blanche des plages, la ligne sombre des ports les plus proches :

— Voici Havenport et, au-delà, Hingham, je pense.

A l'opposé, vers le nord, collées à Boston et à l'estuaire, s'élevaient les basses collines de Cambridge que barraient, comme des murailles, les façades rustiques du Harvard College, la plus ancienne université des Etats-Unis.

La vie à bord du *Schelde's trots* rénové ne ressemblait pas à celle du précédent voyage. Les passagers de la *P.P.* disposaient, à l'arrière du bateau, de l'espace de l'entrepont, aménagé en une salle à manger, prolongée par un salon de repos, avec un bar, des tables de jeu, des coins de lecture. Les ponts inférieurs alignaient des cabines pour huit personnes, plus confortables que les anciens dortoirs sous-équipés. A côté du réfectoire une salle de détente, moins cossue que le salon sous la dunette, proposait des rangées de banquettes, deux billards et, dans un coin protégé, un jeu de fléchettes.

Dès le premier soir, Mélanie Standford-Malet proposa à ses deux compagnons de voyage de dîner avec elle au lieu de rejoindre l'une ou l'autre des deux tables d'hôtes.

— Pouvez-vous supporter ces repas avec des inconnus qui racontent ce qu'ils veulent, se font riches quand ils sont pauvres, circonspects quand ils sont coquins ? J'ai choisi ce bateau car il est un de ceux qui permettent de faire table à part. Avec vous je m'ennuierai moins. Je craignais, je vous l'avoue, de partager ma cabine avec un vieux couple de bourgeois engoncés ou avec de turbulents jeunes hommes de la finance ou des affaires. Vous me convenez parfaitement. Nous sommes lorrains, en plus.

Au cours du repas, Mélanie Standford-Malet n'épargna à ses jeunes amis aucun détail d'une vie mouvementée. Son père, François Malet, était officier d'ordonnance de son compatriote de Bar-le-Duc le maréchal Oudinot. Veuve en 1810, quand l'enfant avait sept ans, sa mère épousa, deux ans plus tard, un médecin anglais mis en résidence surveillée à Verdun.

— Sans doute ignorez-vous cette rocambolesque histoire ? En 1803, l'année de ma naissance, je ne crains pas de le dire, à la suite de la capture, par la flotte britannique, de deux vaisseaux de commerce français, Bonaparte ordonna l'arrestation des Anglais résidant en France, âgés de dix-huit à soixante ans. Pendant douze ou treize ans, quelque quatre cents otages transformèrent Verdun en faubourg de Londres avec les clubs, les salles de jeu, les chasses à courre et les courses de chevaux. Ces banquiers, avocats, médecins, étudiants ou matelots épousèrent des meusiennes, veuves ou fiancées de soldats de l'Empire tombés aux quatre coins de l'Europe : madame Malet devint lady Morley, à la suite d'un dîner de cent trente couverts, suivi d'un bal masqué, offert, dans l'ancien palais épiscopal de Verdun, à la bourgeoisie locale et à la gentry de passage.

Libéré après Waterloo, le docteur Morley retourna dans sa ville de Sheffield, avec son épouse et sa fille. Mélanie apprit le piano et les bons usages dans la cité coutelière jusqu'au départ pour la Nouvelle-Angleterre, à la fin de son adolescence : le docteur Morley rejoignait sa famille, installée à Manchester, dans l'Etat du New Hampshire, à une journée de cheval de Boston.

La description de sa fille donnait de lady Morley-Malet un portrait proche de celui de Berthe Bour. Comme la maison de celle-ci s'appelait *Little Gorzia*, la demeure du docteur avait pour nom *Petit Ornain*, évocation de la rivière de Bar-le-Duc. Lady Morley-Malet recevait chaque mardi. Les dames de Manchester, en grande partie d'origine québécoise, appréciaient ce contact avec la France. Leurs maris retrouvaient sur les rayons de la salle de lecture du docteur des ouvrages de Cyrano de Bergerac, d'Honoré d'Urfé et d'Astolphe de Custine, auteur à la mode, qui alimentaient les conversations autour du billard. Avant le thé Mélanie jouait Chopin ou Mozart. Elle lisait des poèmes de Chénier ou une page du *Trappeur* de Fenimore Cooper, qui glaçait d'émotion les invités issus des marches du Labrador.

— Que croyez-vous qu'il arriva ? Sans difficulté ma mère me maria au respectable John-John Standford, fondé de pouvoir des filatures Amoskeag de Manchester, premier trust textile à travers le monde.

Mélanie racontait bien. Elle s'inspirait des auteurs du moment, qui interrogeaient leurs lecteurs à la fin des paragraphes.

— John-John Standford, paix à son âme, fut-il un bon époux ?

Avant la réponse venaient quelques autres détails. John-John Standford apportait l'aisance et la notoriété, Mélanie

Malet sa jeunesse et le charme français. Lady Morley-Malet n'était plus la maîtresse du *Petit Ornain* mais la mère de lady Standford-Malet, qui recevait les amis de son mari dans son manoir de *Merrimack Creek*, au-dessus d'une superbe courbe de l'affluent de la Charles River.

— Un bon époux? Je n'en demandais pas davantage. La nature ne m'incline pas aux ébats embrasés, peut-être parce qu'elle me priva du droit, ou du plaisir, d'engendrer. John-John Standford me tenait pour l'image vivante d'une réussite sociale, exprimée, à *Merrimack Creek*, par des toiles de Gilbert Stuart, ou des statues de Dow Palmer, les étalons de ses écuries et les trophées de son pavillon de chasse.

Mélanie Standford-Malet découpa les filets de haddock, cuit dans son lait :

— Pourquoi suis-je avec vous dans ce confortable voilier?

Norma poussa le coude d'Isidore.

— Je vous le dis : John-John Standford est mort dans l'accident d'une voiture qui le ramenait de Detroit dans la neige. L'indemnité versée par la Textil Amoskeag Company, les actions que je conserve de la société, la vente de *Merrimack Creek*, de ses tableaux, de ses chevaux font de moi une femme riche. Pour ne pas subir les propos larmoyants des ladies de Manchester, ni les regrets éternels des membres du conseil d'administration de la filature Amoskeag, je choisis de rentrer à Bar-le-Duc. Les vieilles Barisiennes diront : « Tiens, la fille Malet est revenue. » Je vivrai heureuse et tranquille. Je ferai venir mon haddock de Boulogne, sans rien demander à personne. J'adore le haddock.

Après le repas, Mélanie restait dans le salon près d'un hublot. Elle buvait un thé, qu'elle accompagnait d'un verre de cherry et d'un londrès, petit cigare allongé, qu'elle fumait du bout des lèvres, par chiqué plus que par intérêt.

Isidore et Norma, conscients de la discrétion, profitaient de l'absence quotidienne pour s'ébattre sans retenue sur la couchette basse de la cabine.

— C'est aussi rembourré que les casiers de langoustes sur un quai de pêcherie, riait Norma.

— Retourne-toi et viens sur moi. Je veux que nous fassions un enfant en mer.

— Pour qu'il soit marin? L'otarie Elcheubise sera sa marraine.

— Donne-moi des coups de roulis.

— L'air du large te fouette le sang.

— L'écume est douce au creux de tes vagues. Déferle quand tu veux. Donne-moi un petit Neptune ou une belle Amphitrite.

Mélanie Standford-Malet quittait son fauteuil du salon de la dunette quand ils arrivaient, en riant, après leur douce sieste. Elle occupait, à son tour, la cabine Plantin. Selon le temps, Isidore et Norma prenaient un jeu ou se promenaient sur le pont.

Après quatre jours de mer, le *Schelde's trots* ne croisait plus de bateaux de pêche côtiers. Sur le retour, le voilier abandonnait l'escale de Gander.

Au large de Terre-Neuve, l'homme de vigie annonça des baleines à tribord. La nouvelle amena la foule des passagers que les matelots répartirent sur les points d'observation pour ne pas provoquer la surcharge, avec un risque de déséquilibre.

A hauteur du bastingage, rien ne semblait changer. Le capitaine augmenta la voilure. Avec la vitesse accrue le quatre-mâts domina un peu plus la surface des vagues. Des bras se tendirent vers une suite de masses sombres qui émergeaient, comme des rochers plats, à quelques encablures. La mer, autour, s'agitait peu jusqu'à ce que le premier cétacé sorte la tête et lâche son souffle, saturé de vapeur d'eau. Les passagers applaudirent. Le jet d'eau situait mieux le troupeau, que tous suivaient désormais sans mal. Quelques longues-vues circulèrent de main en main, vite abandonnées par ceux ou par celles qui ne parvenaient pas à une rapide mise au point. De longues minutes passèrent entre les petits geysers grisâtres qui s'ouvraient au-dessus des flots comme des ombrelles inachevées. La route commune dura près d'une heure, puis l'écart se creusa entre la ligne frémissante des dos immergés et le cap infléchi du bateau, confronté à de mauvais vents.

La tempête annoncée approchait. Après une nuit agitée, elle éclata par un orage, le lendemain, à l'heure du repas. Dans les creux, taillés dans les tables du restaurant, tintaient les verres et les assiettes. Des cuillères et des fourchettes glissaient sur le plancher, d'un côté, puis de l'autre, dans les excès du roulis. Les rafales de vent plaquaient la pluie et les lourds embruns des vagues sur la toile des voiles et les panneaux de la superstructure. Les éclats du tonnerre trouvaient de l'écho sur les murs informes des mâts et des vergues. Les passagers serraient leurs mains sur le socle des chaises scellées dans le bois.

Effondrée sur la table, la tête dans les bras, Mélanie Standford-Malet renonçait à lutter contre le mal de mer. Elle geignait, hagarde, abandonnée. Elle se leva en direction du bastingage extérieur comme pour en finir. Isidore la retint dans sa glissade sur les planches gluantes d'écume. Avec l'aide d'un matelot et de Norma, il entreprit de la ramener à la cabine. Ils traversèrent le pont en se tenant par les coudes enlacés, sans lâcher le cordage qui tenait lieu de main courante. Deux marins, venus en renfort, surveillaient la pénible progression combattue par la pluie, les paquets de mer et les rafales du vent.

La coursive des cabines semblait calme après ce difficile parcours. Les membres de l'équipage repartis, Norma prépara sa couchette du bas pour allonger la malade. Mélanie geignait, le corps vidé par les vomissements de la traversée du pont.

— Vous voilà comme chez vous. Essayez de dormir, dit Isidore, en bordant les couvertures.

— Je vais mourir.

— Pas mourir, dormir.

— A boire.

— Un peu d'eau seulement.

La coque craquait. Elle retombait sur les vagues dans un grondement sourd qui vibrait dans les pièces de bois. Par le hublot, entraient les jets de lumière des éclairs, irisés par le filtre des vagues. Isidore sortit dans la coursive vers le local qui servait à un valet de chambre pour le service du thé matinal. Par précaution, l'homme était à son poste. Il prépara un pot de tisane.

— La camomille vous nettoiera bien, dit Isidore à son retour.

— Je suis toute nettoyée.

— Buvez, doucement.

Norma présenta à Mélanie une cuillère de tisane, refroidie d'un souffle au passage.

— Je ne suis pas dans ma couchette.

— La mienne est plus pratique pour vous aider.

— Je n'aime pas les orages.

— Il s'éloigne. Quelques éclairs traînent encore au ras des flots.

— Je n'aime pas la mer.

— Encore deux gorgées de camomille. Après, vous dormirez.

— Je ne veux pas mourir en mer.

— Vous alliez vous y jeter.

— La peur me rendait folle. Je ne veux pas mourir en mer. Je regrette le calme de *Merrimack Creek*. Ne me quittez pas.

— Chut! Et dodo!

Isidore sourit à Norma, accroupie au chevet de la passagère alanguie, abattue. Ils s'allongèrent sur une couverture étalée sur le plancher de la cabine, avec des vêtements pour soutenir leurs têtes. Ils se tinrent la main, sans parler, fortement bercés par les mouvements du bateau. La mer claquait sur les parois. Dans les rares instants de calme dominait le crissement des poutres et des haubans. Norma s'endormit. Isidore veillait. Il se levait de temps en temps pour éponger le front fiévreux de Mélanie ou humecter de camomille froide ses lèvres desséchées. Vers le soir, bien après la tombée de la nuit, il retourna vers le valet de chambre, devenu, lui aussi, garde-malade.

— Je prépare l'assommoir pour les endormir tous.

Sur son réchaud de braise chauffait une marmite d'eau. Avec une louche il emplissait des pots, maintenus dans des casiers verticaux. Il prenait un à un des sachets dans les compartiments d'une mallette ouverte sur une tablette.

— Des feuilles de scutellaire, contre l'anxiété, de la passiflore, pour la tranquillité, de la valériane, qui soulage la tête, du houblon, pour reposer l'estomac et l'intestin, de la réglisse, pour adoucir la gorge et faire passer la potion amère. Bien remuer ! Servir chaud ! Une tasse par tête d'oreiller. Des beaux rêves jusqu'à demain midi. Les premiers servis dormiront les premiers.

Les deux femmes revenaient des latrines au fond de la coursive. Mélanie tenait à peine sur ses jambes. Elle répétait :

— Qu'est-ce que je fais là ? Trente-huit pièces, pour moi toute seule, à *Merrimack Creek*. Trente-huit pièces et trente domestiques. Le destin veut que je périsse en mer. Veillez sur moi, comme tout à l'heure.

Isidore aida Norma à allonger leur compagne de route.

— Avalez, doucement, à petites gorgées.

— Je n'aime pas la réglisse.

— La réglisse ou la mort, choisissez. Dans deux minutes vous dormirez, en rêvant qu'une main vous berce dans votre hamac, sur votre pelouse de Manchester.

Norma, étendue à son tour, buvait son bol de tisane.

— A quoi rêverai-je ?

— A l'otarie Elcheubise, ou à Neptune, ou à Amphitrite.

— Je serai loin de toi.

— Tant mieux : je veux dormir aussi.

La scutellaire et la valériane firent leur effet.

Passé midi, les deux femmes dormaient encore. Isidore attendait, debout, près d'un hublot que frappaient les vagues de la mer agitée. Vers l'horizon des coins de ciel bleu apparaissaient entre les nuages gris qu'un soleil lointain festonnait d'un collier de ouate blanche. Bien porté par le vent, le voilier filait à bonne allure, avec moins de tangage et peu de roulis. Norma, la première, sortit de sa longue nuit :

— Isidore, Elcheubise n'est pas venue me bercer mais qu'est-ce que j'ai bien dormi.

— C'est ce que dit à saint Nicolas un des trois enfants en sortant du saloir du boucher.

— Et l'autre dit : « Moi aussi. Je me croyais au paradis », lança Mélanie du fond de sa couchette.

— Le petit déjeuner est prêt.

Isidore emplit les bols de lait tiède. Il les présenta, avec une assiette de gâteaux secs.

— Vous voyez que vous n'êtes pas morte.

— C'était affreux. Je flottais sur un nuage qui emportait mon cœur loin devant moi. Combien de temps cela a-t-il duré ?

— Une journée et une nuit.

— Seulement ? Je voudrais une bonne bouffée d'air pur, du vent et de l'iode pour me fouetter. Sans vous je serais morte, emportée par les vagues vers les tanières des requins.

— Au lieu de cela vous êtes au sec dans votre cabine. Le ciel rosit à l'horizon. Le calme revient.

Le *Schelde's trots* retrouva son rythme de croisière. Après les heures difficiles, les passagers goûtaient mieux les agréments de la traversée. Ils flânaient à l'avant, pour repérer une voile dans le lointain, traînaient à l'arrière, observant, sans se lasser, le sillage laissé par la coque, qui coupait la mer d'une voie rectiligne, longue à disparaître. Mélanie prenait ses quartiers au salon, moins farouche aux groupes qui se formaient autour d'elle. Son impatience revint à l'approche des côtes d'Irlande et d'Angleterre. Elle interrogea les officiers sur les possibilités de transport entre Anvers et la France, sur la qualité des hôtels anversois, en cas d'attente. Elle engagea Norma à convaincre Isidore de l'accompagner jusqu'à Bar-le-Duc.

Sur les conseils du commissaire de bord, Mélanie Standford-Malet décida de passer une nuit dans le confort de l'Antwerpen Palace avant d'organiser son retour.

Deux heures après l'accostage, Norma et Isidore déposèrent ses bagages dans le salon de l'hôtel.

— Vous ne voulez pas rester avec moi? Je vous offre le dîner et la nuit.

— Reposez-vous au calme. La route nous attend.

Ils s'embrassèrent avec des promesses de retrouvailles.

Sur le pavé, devant la porte du palace qui battait sur son tourniquet, Norma attira Isidore vers elle :

— Tu peux me dire quelque chose?

— Enfin seuls!

TROISIÈME PARTIE

Retour en Lorraine

11

LE CANAL

Le cocher retenait les rênes. Flairant la proche fraîcheur de l'eau les deux chevaux tiraient ensemble vers la grève de la Gorzia. Isidore retrouvait le lieu, un peu plus de dix ans après la dernière sortie avec Elche, en compagnie de Norma, de Mélanie Standford-Malet et de ses anciens camarades de l'imprimerie Casimir Bour. Assis sur le siège avant de la berline, il dit au conducteur :

— En venant de Metz, c'est une halte obligée. J'arrêtais ma jument ici, à chaque voyage.

Descendu le premier, Gastounet s'étonna de la pause :

— Où sommes-nous ? Je ne vois pas de maison !

— Retourne-toi : le val de Gorze t'attend.

Les autres mirent pied à terre, satisfaits de se dégourdir les jambes après deux heures de chemin. Pélagie, la femme de Gastounet, marchait difficilement dans la jupe longue qui couvrait ses sabots, aidée par Nanar, figé dans un gilet de velours trop étroit pour sa corpulence enveloppée. Mélanie étrennait une robe qui sentait encore l'apprêt de la couturière : la jupe-tablier noire tendue dans la rigueur des plis opposait la rigidité de sa cotonnade au vaporeux cachemire du corsage à manches bouffantes. Elle s'appuyait sur la canne noire d'une ombrelle blanche.

Norma, la dernière, approcha de la porte de la voiture. Isidore prit son fils Clément dans ses bras tandis que sa femme sautait lestement au sol en retenant les pans de sa robe. Elle ajusta sur les boucles de sa coiffure la coiffe-cornette qui lui donnait un air de nonnette.

— Nous continuons à pied ? demanda Mélanie.

— Non, après le rafraîchissement des chevaux nous grimperons vers la Croisette.

Le cocher montra à Gastounet les plaquettes de cuivre vissées sur le flanc de la berline, à hauteur des brancards : *Paris, Bruxelles, Francfort, Dijon, Reims, Nancy, Calais, Trèves, Fribourg.* Il les frotta une à une avec un chiffon pour enlever la poussière de la route.

— Je parcourais l'Europe. Aujourd'hui, à cause du chemin de fer, je fais, un jour, Metz-Gorze et retour, le lendemain, Metz-Briey, puis Briey-Thionville. La voiture de louage succède à la diligence. Les gens qui voyagent préfèrent la cendre noire des escarbilles au parfum anisé du crottin de cheval. Après des milliers de lieues, cette berline finira au musée, ou, pire, chez un brocanteur qui vendra à la pièce ses vitres ou ses poignées de porte et, à l'encan, la banquette rembourrée de mon siège.

Pélagie et Mélanie entourèrent Norma, pour quémander un sourire au bébé enveloppé dans ses voiles. Isidore dit à Nanar son plaisir de venir à Gorze pour le baptême de son fils.

— La location de la voiture me coûte deux jours de travail mais l'ambiance sera plus amicale, ici, que sous la grande nef de la cathédrale.

Le cocher invita ses passagers à reprendre leur place. Dès l'entrée du village, des garçons et des filles, prévenus de la fête, formèrent un joyeux cortège, derrière l'ancienne diligence, la première depuis longtemps à traverser la vallée.

En haut de la côte de la chapelle de Saint-Clément, maître Gasser, sa femme et le curé attendaient, assis sur le banc de l'*autel des lépreux*. Derrière eux, des enfants de chœur remontaient les bords de leur soutane rouge pour jouer aux billes.

Dans les bras de sa mère, Clément Manuel Capitaine Garcia Ibanez entra dans l'oratoire suivi du cortège des Messins et des Gorzois.

Le sacristain de l'église du village tenait l'harmonium. Dans le reflet de verdure, offert par les vitres couvertes de la frondaison des grands arbres, ses notes apportaient une douce et champêtre allégresse. Dans son homélie, le prêtre salua en maître Gasser l'historiographe de Chrodegang et l'imprimeur averti, par lequel étaient véhiculés des textes édifiants pour la morale ou la foi et des ouvrages précieux pour la connaissance de la Lorraine. Il demanda à Gastounet, le parrain, et à Mélanie, la marraine, de veiller sur l'éducation chrétienne de leur protégé. Norma attendait l'instant délicat de l'onction. Dans les bras de son père, Clément hurla en repoussant ses linges de coups de pied rageurs et en passant maladroitement ses mains sur ses lèvres humides et salées.

— Ce sera un homme de caractère, dit le curé.

En tirant sur les cordes, les deux enfants de chœur déclenchèrent une joyeuse sonnerie des cloches, répercutée par le mur profond de la forêt. Sur le seuil de la chapelle, les enfants formaient la haie. Debout sur la marche, Gastounet tenait le sac de toile où Mélanie puisait à pleines mains les dragées qu'elle lançait en l'air, devant elle et sur les côtés. Maître Gasser raviva l'excitation, apaisée par l'abondance des friandises, en jetant, à son tour, quelques pièces de monnaie qui provoquèrent des coups, chez les garçons, et quelques regrets, parmi les filles.

Isidore et le gérant de l'imprimerie choisirent de descendre à pied. Les blés doraient les collines. Isidore observait, avec plaisir, ce relief sinueux qui coupait le paysage de ses croupes et de ses courbes.

— Elche aimait se promener sur ces chemins vallonnés, dit le notaire. Comme vous le souhaitiez, elle fut heureuse ici. Peut-être vous regrettait-elle. Jamais elle ne manifesta son ennui jusqu'à la courte maladie qui l'emporta en trois jours. Croyez-vous aux signes du destin ? Dans la semaine qui suivit son décès, la foudre mit fin au règne du grand chêne qui servait de parasol à mes écrits.

En deux mots Isidore raconta le baptême du bateau *Elcheubise* d'Havenport et la légende, naissante, de la princesse scandinave devenue otarie. Ils s'arrêtèrent sur un banc, placé à mi-côté pour les promeneurs, avec une vue sur l'abbaye et la commune.

— Est-il utile que je vous pose encore une fois la question ? dit le notaire. Vous souhaitez vraiment quitter l'imprimerie ?

Isidore s'en tenait à son choix. Ses limites de dessinateur occasionnel, formé par l'exemple d'un oncle et quelques années de pratique désordonnée, apparaissaient, face aux techniques des jeunes employés de maître Gasser, issus des cours de la nouvelle école messine des Beaux-Arts. Ces graphistes appliquaient des règles là où il suivait son inspiration. Ils retrouvaient les gestes de la gravure classique quand il apportait son instinct et son habileté. Il ignorait tout de la lithographie nouvelle qui écartait la pratique ancienne du bois.

— Autre chose me gêne, dit Isidore. Casimir Bour a quitté son imprimerie et son pays pour une ridicule histoire de police, un *N* impérial qui ne plaisait pas à un fonctionnaire, plus royaliste que le roi. La censure, prolongée par l'Empire de Napoléon III, impose sa gangue sur le moindre mot ou le moindre trait imprimé. J'ai connu, à Havenport, un herboriste puritain qui se signait en entendant prononcer le mot « corps », ou, simplement, « jambe nue ». La police impériale montre la même intolérance dans tous les domaines, la politique, la morale, les bonnes mœurs, la banalité quotidienne. Quelle place reste-t-il au rêve et à la liberté ? Quel droit à l'imprimeur ?

— Je ne vous cache pas ma propre inquiétude. Par crainte d'une censure, je refuse de publier des poèmes, des essais, des nouvelles, à cause d'une « allure royale », d'un

« nom de Dieu », ou du « sein nu ». J'hésite à imprimer un ouvrage sur les noms des rues de Metz par crainte de déplaire en citant Brunehaut, Pépin le Bref, ou un duc de Guise. Pour tout vous dire, et entre nous, je me prépare à abandonner mon rôle de gestionnaire. Les vieux de la vieille comme Gastounet et Nanar atteignent aussi l'âge d'abandonner leurs pinces et leurs composteurs. Je ne leur porterai pas préjudice en renonçant.

Sans la masse majestueuse du chêne, l'ancienne maison d'Emile Bour semblait ordinaire. La base du tronc scié dormait sur la pelouse, sculpture basse, colorée par les branches et les fleurs de rosiers rampants. Les invités du baptême bavardaient autour de deux tables dressées pour le repas. Norma se tenait à l'écart, avec Clément, libéré de ses voiles, assis sur l'herbe avec un panier pour dossier. Isidore s'allongea près de lui.

— Tu as oublié le mauvais goût du sel? C'est ta mère qui a voulu qu'on te baptise. Je croyais que ça ne te ferait pas de mal.

— Il a été sage pendant le voyage. On ne l'a pas entendu. Regarde : la marraine m'a offert un collier avec une pierre.

— Et le parrain?

— Une boîte de dragées, avec le nom de Clément, écrit dans une vingtaine de caractères d'imprimerie différents.

Sur la pelouse, les tablées devisaient joyeusement. Epanouis parmi leurs amis, Isidore et Norma parlaient peu. A son habitude Mélanie posait des questions, auxquelles elle répondait elle-même longuement. Son tableau de la communauté anglaise de Verdun, à la fin du premier Empire, épatait les convives, y compris maître Gasser, plus féru d'histoire médiévale que d'anecdotes contemporaines.

— Bien entendu, vous me demanderez pourquoi je suis revenue en France en abandonnant mes trente-huit pièces de *Merrimack Creek*? L'âge venant, on garde en soi des images d'enfance qui rassurent. En la retrouvant j'ai découvert combien me manquait la Tour de l'Horloge de Bar-le-Duc. L'Amérique, à *Merrimack Creek* et ailleurs, se construit. Elle sent le neuf. La bonne Lorraine que je suis a besoin de vieux meubles. A l'inverse, je ne crois pas que notre amie Norma regrette les rivages d'Havenport.

Cette fois Mélanie ne répondit pas elle-même. Norma se contenta de sourire. Comme l'ex-lady Standford-Malet, elle appréciait la chaleur réconfortante qu'apportait dans les pierres et dans leur ambiance le passé d'une ville comme Metz. Malgré elle, elle pensait à son père auquel manquaient, dans ses intolérants excès, les racines réelles qu'elle devinait dans l'architecture, ou les vitraux, de la cathédrale, les ruelles de bois autour de la Seille, les structures massives des portes de la ceinture fortifiée. Elle retrouvait ce cheminement du temps dans les couleurs et les cris du marché qu'elle voyait des fenêtres de son appartement de la place Saint-Louis. Elle goûtait, aussi, cette quiétude quand elle promenait Clément sous les arbres de l'Esplanade nouvelle, tracée en bordure de la Moselle. Ce bonheur ne s'harmonisait pas avec les craintes d'Isidore pour l'indépendance des travaux d'imprimerie et pour sa sérénité de dessinateur.

Le vin gris de Gorze rendait Gastounet nostalgique. Plutôt que maître Gasser, qu'il n'appelait plus Titi depuis longtemps, il prenait à témoin son ami Nanar :

— Pendant toute notre vie de typographes nous aurons subi les menaces. Les empereurs, les rois, les libéraux, les républicains, tous craignent que la phrase sortie des casses de caractères leur mette du plomb dans l'aile. Alors, ils tirent dans le tas.

— As-tu gardé ton exemplaire numéroté de *Lasalle, premier cavalier messin*? demanda Isidore.

— Comble des combles, je l'ai prêté à un fonctionnaire de police, qui décidera si nous pouvons, avec le même texte, publier un *Lasalle, premier cavalier de l'Empire*. Si tu restes avec nous tu connaîtras cette revanche.

— La décision est prise. Ce repas de fête est aussi un dîner d'adieu. Metz, où est né mon fils, ne sera pas mon dernier port d'attache. Manuelo Capitaine Garcia Ibanez, le grand-père de Clément, me souffle que, dans un régime qui se méfie de tout, une ville de garnison, puissante comme celle-ci, ne convient pas à mon chemin vers la liberté.

Des mois après sa première quiche lorraine d'Havenport, Norma découvrait la tarte à la mirabelle.

— Rien que pour son nom on l'apprécierait, dit-elle.

— Personne ne sait d'où il vient, précisait maître Gasser. Au quinzième siècle un maître échevin de Metz s'appelait Mirabel. J'ajoute qu'en latin *mirabilis* veut dire « belle à voir ».

— Belle à voir et bonne à goûter.

La jeune femme savourait les fruits, caramélisés par un nuage de sucre.

— En Nouvelle-Angleterre, nous cultivons des prunes qui ressemblent à cela.

— Ne dites pas à une paysanne lorraine que la mirabelle est une prune, dit Pélagie, la femme de Gastounet.

— *Prunus insititia*, dit le notaire. Elle est de la famille.

— Je ne parle pas le latin, même si j'imprime en didot les discours de l'évêque Chrodegang, dit Gastounet. Je vais surprendre nos dames d'Amérique avec mon dicton en patois : *Quant' les mirôbleys sont fyoris, les trôs proméys de Mai, a z'a n'ont, si faît bé, s'pyut, c'ast fâit.* Traduction : quand les mirabelliers sont fleuris, les trois premiers jours de mai, on en aura, s'il fait beau ; s'il pleut, c'est fini.

— Au Village, le 6 décembre, quand mon oncle se déguisait en père Fouettard les enfants chantaient : *Saint Nicolas mon bon patron / Apportez-moi des macarons / Des marrons pour les garçons / Des biscuits pour les petites filles / Des mirabelles pour les d'moiselles*, dit Isidore.

Norma se pencha vers son mari :

— Isidôre, je t'adôre !

Il embrassa ses lèvres parfumées.

Le cocher interrompit les bavardages en rappelant qu'il souhaitait rentrer à Metz avant la nuit.

Le lendemain, le hasard des locations le mit aux rênes du cabriolet qui reconduisait Mélanie à Bar-le-Duc. Isidore accompagnait la marraine de Clément, toujours persuasive :

— Vous découvrirez la ville et sa bonne dimension humaine. Si Norma aime les vieilles maisons, elle appréciera le vieux quartier. Les entreprises cherchent des hommes comme vous, actifs et intelligents. Depuis mon installation je rencontre des personnes qui pourraient vous aider.

Ils s'arrêtèrent pour déjeuner à Pont-à-Mousson. Convié à la table, le cocher raconta quelques-unes de ses routes mémorables, ses attelages à six chevaux dans la neige de la Forêt-Noire, ses passagers connus, emmenés vers Mayence, Honoré de Balzac, Frédéric Chopin et madame Sand :

— Je comparais ma diligence à un bateau; nous formions tous un équipage.

— Ne me parlez plus de bateau. J'ai failli mourir en mer. Isidore et Norma m'ont sauvée des eaux.

— N'exagérons rien!

— Sans vous, je glissais dans la gueule des requins.

Le cocher revint à ses voyages :

— Je vous dirai que j'ai traversé l'Europe, j'ai vu le Rhin, le Danube, l'Oder, la Vistule; je n'ai jamais vu la mer.

— Vous ne perdez rien. Je n'aime pas la mer.

Le cocher menait bien sa voiture. Il devinait dans la campagne les chemins rectilignes qui évitaient le détour d'un village. De la même manière, en coupant un bois par une tranchée, il dépassa Toul, laissée en contrebas, serrée autour de sa cathédrale au milieu de ses remparts. Après la traversée de la Meuse, la route longeait le canal de la Marne au Rhin, récemment ouvert à la navigation.

— Voici un des atouts de Bar-le-Duc, dit Mélanie. La ville, un peu isolée, profitera du chemin de fer, pour les voyageurs, et du bateau, pour les transports.

Elle demanda au cocher de ralentir l'allure. Le canal traçait sa voie rectiligne en bordure d'un chemin de halage. Sur l'autre rive, au-dessus des arêtes grises des palplanches, l'herbe montait en talus, jusqu'à l'alignement des jeunes peupliers.

— En venant de Metz, il y a trois jours, j'observais cette architecture nouvelle du décor : les peupliers, les platanes, quelques tilleuls, les maisons des éclusiers, quelques havres pour le mouillage. La nature se laisse faire sans rien perdre au change.

Le cocher annonça :

— Je n'ai jamais vu la mer mais voici les bateaux qui viennent vers moi.

— Arrêtez-vous, dit Isidore.

En bas du talus de la route le chemin de halage étendait son ruban d'argile. L'ombre des peupliers posait sur l'eau des bouquets informes que piquetaient les reflets du ciel bleu, passés au travers des feuilles. Encouragés par un charretier, trois chevaux tiraient un chaland. L'étrave noire coupait lentement l'onde inerte. On lisait, au-dessus de l'ancre, le nom du bateau, *L'Aigle*. Un homme se tenait debout à l'avant, sous le câble qui reliait le mât aux harnais des chevaux. Il salua Mélanie et ses amis de la main. Une inscription sur une cabane de bois, à la moitié de la péniche, rappelait, avec l'identité de *L'Aigle*, celle de la société *Ulrich et Compagnie*, et de la ville d'origine, Strasbourg. A l'arrière, sous un abri de toile, se tenaient deux autres chevaux mis au repos.

— Il est chargé, dit Isidore. La coque s'enfonce jusqu'à la limite du pont.

— Un autre le suit. Il y a plus de monde sur le canal que sur la route.

Un homme approcha de la voiture :

— Le spectacle ne fait que commencer, dit-il. Dans cinq ans les ingénieurs nous promettent un bateau par quart d'heure. Ils feront tourner le lait de nos vaches.

— Vous êtes fermier ?

— J'étais fermier. Je suis cantonnier à la Navigation. Je m'occupe du chemin, des peupliers et j'aide aux écluses.

— Vous connaissez ces bateaux ?

— Ils font la course entre Paris et Strasbourg, pour la réclame, pour montrer que *L'Aigle* de la compagnie *Ulrich*, qui vient de passer, avance plus vite, avec ses cent cinquante tonnes de bois, de sucre et de café, que *Le Hasard* de la société *Mathiss*, qui arrive avec la même charge de riz, de café et de mélasse. Ils sont dans les temps pour mettre treize jours entre la capitale et le port du Rhin.

Le Hasard passait à son tour avec, à l'arrière, au lieu de l'écurie de fortune, une nacelle d'osier décorée de fleurs et de drapeaux.

— Ils sont prêts pour fêter la victoire, dit le cantonnier. En plus de la mélasse ils transportent des caisses de champagne. Les frères Mathiss et Gerhardt ont les moyens : ils possèdent vingt-trois bateaux.

— Et Ulrich, le propriétaire de *L'Aigle* ? demanda Mélanie.

— Laissez-moi réfléchir sur les noms. Il s'agit de *Ulrich, Hoerter, Hoffet et compagnie*. Quelle carte de visite ! Seize bateaux. Rien que pour eux ça valait le coup de creuser le canal de Vitry-le-François à Strasbourg.

Les bateaux s'éloignaient derrière la courbe.

— Profitez bien de votre carriole, dit le cantonnier. Il n'y aura bientôt plus de chevaux, sauf pour tirer les péniches.

— Il n'y aura plus de cochers non plus.

— Fais-toi marinier, ou chef de train.

Isidore regardait attentivement le canal. Il aimait ce

décor dans le décor, cette eau maîtrisée qui prenait possession du terrain et de la campagne. Après sa courbe, la voie tracée réservait l'inconnu d'une autre rangée d'arbres ou le flanc arrière d'un village, transformé par l'eau venue à son voisinage. Tendus comme des flèches traversant l'air, deux hérons cendrés filaient au-dessus de l'onde. Pendant les promenades au long de la Moselle, derrière le Village, Manuelo rêvait d'un cours paisible comme celui-là, offert à la navigation et à l'évasion. Isidore souriait en pensant à un *Elcheubise* à vapeur qui descendrait et remonterait le canal d'une ville à l'autre.

Il restait plus d'une heure de route.

Après la traversée de Commercy le chemin prenait de l'altitude. De colline en colline il menait à des fermes entourées de vergers. Il longeait des forêts, près desquelles voletaient des feuilles jaunies. A l'entrée de Bar-le-Duc la route retrouvait le canal de la Marne au Rhin, longuement esseulé entre les prés.

L'essentiel de la ville était perché entre les murs de son passé. Mélanie guida le cocher dans la partie basse de la cité. La voie d'accès franchissait un vieux pont sur l'Ornain, bosselé, en dos d'âne, avec une chapelle en son milieu. La carriole dominait, sur un côté, un quai aux allures de promenade et, de l'autre, un enchevêtrement de maisons en torchis et de masures de planches prolongées par des appentis de toile. Au-delà, l'étroite rue serpentait autour de la colline, dominée par une tour, coiffée par une sorte de pigeonnier qu'agrémentait, sur le devant, l'imposant cadran d'une horloge. Des maisons, posées en épis sur les basses murailles, dressaient leurs étages comme les flancs d'un rempart.

Le cocher arrêta la voiture sur la place Saint-Pierre, qui voisinait la collégiale. Mélanie habitait une maison que distinguaient les croisements de poutres de sa façade. On entrait par un porche qui se prolongeait vers un jardin et les écuries. La chambre des combles occupée par Isidore dominait la place et l'enchevêtrement de toits et de tourelles de la Ville Haute.

Habituée à l'espace de son manoir de Nouvelle-Angleterre, Mélanie Standford-Malet consacrait le premier étage à une seule pièce, éclairée sur le devant par trois doubles fenêtres, hautes et larges. Vers le jardin, une porte-fenêtre donnait sur un balcon. La disposition des meubles, des sièges séparait, avec un bureau devant une des croisées, le coin du salon et la salle à manger. Mélanie montra à son invité le mobilier acheté à bon prix dans des promenades à travers la campagne. Elle cherchait, disait-elle, l'opposé du confort de *Merrimack Creek,* inspiré, dans sa sobriété, des salons anglais, fonctionnels mais austères.

— Je me fais un peu moins Standford et un peu plus Malet. Je cherche les armoires et les buffets que m'aurait légués ma mère, si elle n'avait pas épousé le docteur Morley.

Isidore reconnaissait la tradition dans le chêne de l'armoire à deux portes, le sapin du dressoir, avec son étagère à vaisselle, le bois de fruitier des chaises au dossier droit. Comme la partie haute du vaisselier, les murs exposaient des assiettes et des plats en faïence. Mélanie tenait un chandelier pour qu'Isidore observe mieux, dans la décoration, les scènes militaires ou paysannes, les oiseaux, plutôt sages comme les mésanges ou les rouges-queues.

Le salon présentait un autre intérêt avec une collection de dessins de Grandville.

— J'ai acheté ce lot à la veuve d'un médecin de Bar-le-Duc. Je ne connaissais, évidemment pas, ce Grandville, qui a quelque chose d'anglais dans l'humour de ses traits. Ce Nancéien, décédé il y a cinq ou six ans, était le fils de petits comédiens du duc Stanislas, le roi de Pologne. Je me suis retrouvée dans cette jeune femme, fringante, du couple assis dans un jardin. Elle rêve, à côté d'un mari grave, à l'humeur absente. Ne serait-ce pas la jeune Mélanie Malet près du respectable John-John Standford, fondé de pouvoir des filatures Amoskeag de Manchester, New Hampshire ?

Isidore observa attentivement cette suite des *Scènes de la vie privée des animaux*. Des légendes insolites commentaient les dessins. Un pingouin, infidèle, rentrait dans son île après un inconvenant périple : « Je me suis mis en quête de ma chère femme, disait-il, et je la retrouvai avec mes deux enfants... et... bénédiction céleste ! deux enfants de plus. »

Isidore lut la phrase à haute voix.

— Cet innocent dessin, qui suggère la mauvaise conduite d'une dame-pingouin, serait interdit aujourd'hui pour atteinte aux bonnes mœurs, et le dessinateur menacé d'un séjour en prison. Voilà pourquoi je dépose mon crayon sur le pupitre de mon imprimeur. Les pingouins sont déjà manchots ; la censure leur enlèverait aussi la parole.

Même seule, Mélanie prenait ses repas dans la vaste salle à manger, assise en milieu de table, face à la croisée centrale de la façade. Louise, la femme de chambre, servait les plats préparés par Isabelle, la cuisinière. Dans la journée les deux femmes s'occupaient du ménage, du jardin, du repassage et de la couture. Pendant que Louise emplissait son assiette de louches de crème d'oignon, Isidore songeait aux durs instants de la traversée atlantique, à la tisane donnée aux malades, cuillère après cuillère. Dans l'élégant confort de cette maison bourgeoise il mesurait mieux, après coup, le désarroi de son hôtesse dans la promiscuité de la cabine, et sa reconnaissance après la tempête. Mélanie pensait à l'étape de la journée.

— La route ne m'a pas paru longue. J'aime cette campagne lorraine. Les villages sont joliment perchés sur les meilleurs versants des collines. Devant eux s'étale la plaine, prolongée vers des bois lointains comme une mer, heureusement calme. L'intermède des bateaux que nous avons croisés était charmant.

— A l'école du Village, mon oncle Charles donnait souvent en exemple le canal du Midi, construit par un Riquet, qui n'avait pas la houppe de celui de ma mère l'Oye mais en profitait pour imposer son nom à nos mémoires. Pour mon oncle, cette voie d'eau, qui relie Toulouse à Sète, ouvrait la porte à tous les commerces. Il en sera de même, ici. La Lorraine, que les envahisseurs ont tellement traversée, est un sas, incontournable. L'aventure me tente un peu.

— Ce n'est pas votre métier.

— Puisqu'on invente les canaux, inventons aussi les mariniers. Une péniche n'est pas plus indocile à conduire que les trains de bois que guidait mon père. Je traînerai mes pas, demain, autour du canal pour en savoir davantage.

Le lendemain, au bord de l'Ornain, Isidore découvrit l'ancien travail de Manuelo. Jamais pendant son séjour à Metz il n'avait croisé une flotte de bois glissant vers la Moselle. Sur la rivière de Bar-le-Duc, des hommes tiraient, avec les cordes passées en harnais, des trains de planches et de madriers. Isidore observa leur délicate manœuvre pour dégager un assemblage de sapins, bloqué contre l'arche d'un pont. Un voiturier menait son cheval, dans l'eau peu profonde, pour haler le lourd chargement.

— Profitez du spectacle, dit un homme près d'Isidore. Bientôt les brelleurs auront disparu.

— Je ne suis pas d'ici. Qu'entendez-vous par brelleurs ?

— Ceux qui tirent les brelles, des pièces de bois liées ensemble en forme de radeaux. Quatre brelles font un train complet. Le train de fer tuera le train de bois, avec la complicité du train d'eau. La voie ferrée et le canal mettront fin au brellage, qui existe depuis deux ou trois siècles. Voici dix ou quinze ans, plus de six mille chariots amenaient à Bar-le-Duc les bois des Vosges. De brelleurs en flotteurs, les arbres passaient de l'Ornain à la Saulx, puis à la Marne jusqu'à Paris. Pour les commandes des chantiers navals, le Port-aux-Planches de Bar-le-Duc avait, jusqu'à ces temps derniers, un intendant de la marine. On disait que les mâts des vaisseaux du roi ou de l'Empereur, en cognant ses arches, faisaient plus de dégâts au pont de Notre-Dame que le gel et les rats musqués.

Pas loin des rives de l'Ornain, Isidore traversa le quartier des vignerons. Travaillant devant les chais et les caves, des tonneliers envahissaient la chaussée, pour le désagrément des voituriers qui chargeaient des fûts destinés à la Belgique et aux Pays-Bas. La veille au soir, en servant, pendant le dîner, le pinot de sa carafe, Mélanie vantait les vins des collines ensoleillées de la ville, la côte Sainte-Catherine, la Grand-Côte, la vigne du Prieur, le Clos des Antonistes.

Par les activités de ses artisans, chaque quartier formait un bourg où tout le monde se connaissait et s'interpellait. L'ambiance différait dans les rues du centre de la Ville Haute, bordées de maisons cossues comme celles de la place Saint-Pierre. Isidore retrouvait dans les façades l'élégance de la demeure de Lasalle à Metz, avec une tête de chérubin au-dessus d'une porte, ou des sirènes aux seins nus, lovées dans le feuillage des chambranles de fenêtres. Des dames chapeautées traînaient aux devantures des boutiques. Autour des voitures à bras des maraîchers, elles se mêlaient aux cuisinières et aux bonnes, venues aux achats. Elles poursuivaient leur promenade, une botte de poireaux serrée comme un bouquet contre leur corsage noir. Devant l'enseigne d'un notaire, ou la plaque de marbre d'un avocat, des tilburys déposaient des messieurs dignes qui pressaient une sacoche sous le bras et claquaient le sol de la pointe d'une canne-épée.

A l'approche du canal régnait une étrange animation. Des groupes d'hommes et de femmes discutaient, à quelques mètres d'une patrouille de gendarmes à cheval qui fermait le passage de la rue. Isidore poursuivit son chemin, sans gêne, jusqu'au pont-levis. La péniche *Fleur de l'Ill* attendait à quelques mètres du sas. Une trentaine de personnes empêchaient la manœuvre de l'ouvrage et le passage du bateau. Les manifestants criaient en litanie une phrase qu'ils coupaient de claquements de mains :

— Non-au-ca-nal-de-la-mer-de... au-bran !

La poitrine barrée par une écharpe tricolore, un commissaire de police grimpa sur l'armature métallique du pont :

— Je vous donne cinq minutes pour libérer le passage de cette péniche. Après ce délai, je demanderai la charge des gendarmes.

Un homme approcha du commissaire.

— Remettrez-vous notre pétition à la municipalité ?

— Si vous dégagez le pont, oui ! Qu'avez-vous à dire ?

— Les habitants du canal des Moulins, du quartier de la Poudrerie et des rives du Naveton, asséché pour fournir de l'eau au canal de la Marne au Rhin, réclament le curage du cours d'eau transformé en égout à ciel ouvert.

La foule continuait de scander :

— Non-au-ca-nal-de-la-mer-de... au-bran !

Le commissaire prit la lettre tendue par l'orateur.

— Je transmettrai. Dispersez-vous.

D'un signal de la main le meneur entraîna les hommes et les femmes qui s'éloignèrent. Ils agitaient contre leurs flancs les bras et les coudes, comme des ailes de canard, et scandaient avec des nasillements.

— Clo-aque, clo-aque, clo-aque.

Le pont libéré, l'éclusier ouvrit la porte du sas. Passé au-delà avec ses chevaux, le haleur lança le câble de traction au marinier. En glissant, le chaland festonna l'eau sombre d'une dentelle blanche.

Dans un espace sans maison, le canal, bordé de platanes, ouvrait une large promenade qui, au bout d'une longue ligne droite, s'enfonçait dans la campagne. Sur le flanc droit courait la voie ferrée, jalonnée par les épis des panneaux de signalisation. Assis sur les tabourets de bois, deux pêcheurs tendaient leurs lignes dans l'eau, redevenue calme après les derniers effets du passage de la *Fleur de l'Ill*. Isidore approcha.

— La pêche est bonne ?

— Le canal est trop jeune pour avoir le ventre plein. Si les hérons tournent autour c'est qu'il y a du poisson. Il n'y a jamais d'eau sans friture dessous. Il faut bien que les truites du Naveton, détourné de son lit, nichent quelque part. Pour les écrevisses, on peut faire une croix dessus.

Un peu plus loin le chemin s'arrêtait. Il contournait un bassin d'ancrage pour trois ou quatre bateaux, occupé par une seule péniche. Un homme d'une soixantaine d'années clouait une planche à l'arrière, sur le côté de l'habitacle. Il leva son marteau en regardant Isidore :

— Tu cherches du travail ?

— Non, je me promène pour découvrir le canal.

— J'ai cru que je mourrais avant de le voir. Ils ont mis trente ans pour le creuser. Une vie d'homme, quoi.

— Votre bateau n'a pas de nom ?

— Il est désarmé. Je le retape pour le vendre. Il s'appelait *L'Audacieux*, parce qu'il a navigué parmi les premiers sur la Seine et sur la Marne. Je suis un pionnier. J'arrive trop tard pour profiter du progrès des canaux.

— Je peux monter à bord ?

La coque sentait le goudron neuf. Sur le plat-bord traînaient des cordages qui n'avaient pas encore servi. La caisse de la cabine mêlait des cloisons anciennes au bois pas encore peint.

— Je t'offre un verre de poire, dit le marinier. C'est le cadeau d'adieu d'un éclusier. Je me retire des affaires. Je veux laisser un *Audacieux*, sans nom mais propre comme un sou neuf.

Isidore regarda vers l'avant le découpage de la Ville Haute. Les murs du château et les tourelles dessinaient un pourtour de citadelle, un décor riche et tourmenté pour un dessin.

— Je me retire là-haut, dit l'homme, dans deux soupentes au-dessus d'un pressoir qui ne sert plus. Le vin s'en va et l'eau arrive.

Le vieux marinier croyait venu l'âge d'or de son métier. Il énumérait les ressources voisines promises au transport; les pierres des carrières d'Euville et Lérouville, près de Commercy, celles de Saint-Mihiel, le bois, descendu des Vosges par chariot, celui des forêts meusiennes, le blé des campagnes, la houille et le charbon pour les usines.

— Les gens qui gouvernent ont bloqué pendant des années l'achèvement de ce canal de la Marne au Rhin, projet approuvé en 1804, sous un Napoléon, ouvert en 1853, sous un autre. Nos ministres craignaient la concurrence que ferait à l'eau le chemin de fer qui passe là à côté. Il y en aura pour tout le monde. Un marinier qui ne gagne pas beaucoup, deux chevaux qui mangent peu coûteront toujours moins cher qu'une locomotive qui dévore du charbon et le régiment des chauffeurs, aiguilleurs et contrôleurs nécessaires pour chaque train. La France a pris son temps mais elle dispose aujourd'hui du meilleur réseau fluvial d'Europe. Le Havre-Strasbourg sur un bateau! Qui l'aurait cru? Je suis venu au monde un demi-siècle trop tôt. Je quitte l'eau pour faire un peu de vin, malgré tout, sur ma petite terre de derrière Notre-Dame. De là-haut, en me penchant un peu, je vois le canal.

Sur le bois de la cabine, Isidore observa un nom illisible, effacé par une fine couche de peinture.

— A l'origine, l'ancien *Audacieux* s'appelait *Le Kléber*.

— Pourquoi *Le Kléber*? demanda Isidore.

— Le premier propriétaire était strasbourgeois : Jacob Jung, il s'appelait. Quelques vieux matelots comme moi se souviennent de lui. A Strasbourg, au sommet de sa gloire, on le comparait à Francis Drake, qui réalisa le premier tour du monde en bateau, et à La Pérouse, le navigateur des mers du Sud. Pour les Alsaciens, Jacob Jung est le Christophe Colomb de la batellerie. J'étais à son bord.

Appuyé sur la paroi de la cabine, le marinier raconta l'expédition de Jacob Jung :

— A la mi-mars de 1836, le *Louis-Philippe* et le *Neptune* quittaient Strasbourg à destination de Paris. C'étaient deux chalands à houblon, tirés par des attelages. Je couchais sur le *Neptune* avec les chevaux, dans l'odeur de leur pisse. Jacob Jung guida ses bateaux sur le canal du Rhône au Rhin, sur le Doubs, la Saône. Par le canal de Bourgogne il gagna l'Yonne et, enfin, la Seine. Après trente-deux jours de navigation, le Christophe Colomb de la Petite France accosta ses chalands devant les entrepôts aux vins du quai de Bercy, à Paris. Nous avions ouvert la voie fluviale entre le Rhin et la Seine, un tiers de siècle avant ce canal, enfin ouvert à la navigation.

Comme un ancien combattant qui raconte ses campagnes, l'homme insistait sur les difficultés de l'entreprise unique, le passage des basses eaux, les courants violents de l'Yonne, gonflée par les dernières neiges, la succession des trois cent quarante et une écluses, la distance de cinq cent soixante-quatre kilomètres.

— Le plus dur nous attendait sur le quai de Bercy. Le douanier chargé de donner le droit de décharger nos marchandises confondait Strasbourg et Sarrebruck. Il nous prenait pour des Prussiens. Il ne comprenait pas davantage qu'on puisse venir de Strasbourg à Paris en péniche. Il s'indignait de l'absence, sur les cales, de bâches plombées par ses confrères du Rhin. Seule l'arrivée des députés du Bas-Rhin, venus saluer leur concitoyen Jacob Jung, leva l'équivoque. Aussitôt fusèrent les pétards préparés pour la fête, retardée quelques instants par excès de zèle.

Avec bonne humeur le marinier rappela la fin de l'aventure de son ancien patron, baptisé aussi « Jean-Bart », « Tourville », « Amiral Jung ».

— Sans autre entrave de la douane, le *Louis-Philippe* et le *Neptune* rentrèrent triomphalement, trois mois plus tard, à Strasbourg. A l'entrée de la ville, au-dessus du canal, les fleurs transformaient les ponts en tonnelles. L'harmonie des pontonniers accompagnait les chalands sur le chemin de halage. Dans ses colonnes, *L'Indicateur de la Ville de Strasbourg et du département du Bas-Rhin* faisait de Jacob Jung l'égal d'Amerigo Vespucci et de Magellan.

— Et votre ex-*Kléber*, devenu *L'Audacieux*? demanda Isidore.

— C'était un chaland, commandé aux chantiers de Jung, abandonné par la mort du destinataire, et vendu à bon prix à un des héros de la croisière vers Paris. Je l'ai payé en cinq annuités aux descendants de l'amiral, mort, à quarante-huit ans, sur le pont de son bateau, comme Nelson à Trafalgar.

— Quand le vendrez-vous?

— Dans un mois ou plus, à la fin du rafistolage.

— Me donnez-vous quinze jours pour régler l'affaire avec vous?

— Je ne suis pas à une semaine près. Ta parole vaut la mienne. Dans deux semaines le contrat est rompu. Quel est ton nom?

— Isidore Capitaine.

— C'est un nom de marinier. Moi on m'appelle « l'Audacieux ». Dans la batellerie, la devise du bateau efface l'identité du patron.

Mélanie écouta avec intérêt l'aventure de l'amiral Jung. Elle ne commentait pas l'inclination d'Isidore à acquérir la péniche du vieux Barisien. Elle se réjouissait que ce choix amène à Bar-le-Duc Norma et Clément, qui lui tiendraient lieu de famille dans une ville où elle ne comptait que des relations.

— Je vous pose brutalement la question : souhaitez-vous que je vous aide financièrement? Vous savez que je pourrais acquérir une flotte entière.

— J'ignore le prix souhaité par mon vendeur. Il m'accordera plusieurs échéances. Sans être riche je garde le pécule trouvé au Village avant mon départ et mes économies d'Havenport, quelques dollars, qui ne font pas une fortune, des livres sterling, qui sont des valeurs sûres. L'argent n'est pas l'essentiel. Je ne veux pas m'enliser dans une vie fade. L'exemple de mon père m'incite à entreprendre. Il anticipait les modes et les besoins. Il agissait en continuant de rêver : la Manche de Don Quichotte est voisine de l'Andalousie des Garcia Ibanez.

— Puisque vous ne souhaitez pas mon partenariat, laissez-moi vous proposer le service de mon cocher et de ma voiture. Ils vous mèneront à Metz plus rapidement qu'un bateau du canal relayé par un coche d'eau de la Moselle.

Sur le revers de sa redingote, Frédéric, le cocher, portait le fil rouge de la Légion d'honneur. Un de ses chevaux s'appelait « Jean d'Heurs » et l'autre « Cambronne ». L'homme ne cherchait pas la conversation. En lançant légèrement la lanière de son fouet vers les croupes de l'attelage, il parlait à haute voix, pour lui-même, en prenant à témoin ses chevaux. Le nom de « Jean d'Heurs » intriguait Isidore. La réponse fut un rappel des états de service du brigadier Frédéric, engagé dans les campagnes napoléoniennes avec les survivants des Volontaires meusiens de 1792 :

— J'avais dix-huit ans à Moscou, dix-neuf à Leipzig, vingt à Waterloo. Pendant la campagne de France notre duc de Reggio, mon compatriote Oudinot, a accroché sur ma poitrine les insignes de la Légion d'honneur. Je ne pouvais pas appeler ce cheval « Reggio » ou « Oudinot ». J'ai pris le nom de son château à côté de Bar-le-Duc, dans la vallée de la Saulx. Oudinot a retapé la demeure et modelé le jardin. C'était, de son vivant, le « Fontainebleau des voltigeurs meusiens ». Le nom de l'autre cheval m'amuse. Quand je le crie, au milieu des encombrements, les autres cochers comprennent ce que « Cambronne » veut dire. Les sergents de ville me regardent un peu de travers.

A l'approche de Metz, Frédéric proposa un horaire pour le retour : le chargement des bagages et des objets à emporter le lendemain dans l'après-midi, le départ le surlendemain à huit heures.

— Avec toi les décisions ne traînent jamais, dit Norma en apprenant le déménagement à Bar-le-Duc. Ces journées sans toi m'ont semblé si longues que je partirai où tu voudras.

— Même en bateau?

— Tu ne veux pas me ramener à Havenport?

Isidore raconta sa découverte du canal, sa rencontre avec l'Audacieux, son envie d'acheter la péniche.

— C'est ce qu'on appelle se jeter à l'eau. L'idée ne me déplaît pas. Embarquée à ton bord, je ne te quitterai pas de la journée.

— La nuit non plus.

— Je m'inquiète pour Clément, quand il commencera à marcher près de toute cette eau.

— Nous l'attacherons à nos basques. A six ans il nagera comme un poisson.

Depuis la fenêtre de son salon Mélanie guettait l'arrivée de ses amis. Elle prit Clément dans les bras de sa mère à la portière de la voiture :

— Viens te reposer chez ta marraine. Louise te prépare une bassine d'eau chaude pour un bon bain.

Isidore guida sa femme jusqu'à la chambre sous le toit. A côté du lit ils trouvèrent un moïse capitonné de tulle blanc, posé entre les bras de deux fauteuils. Une bûche dans la cheminée éclairait la soupente, agréablement tiède. Après son bain et son repas, Clément, encore bercé par les mouvements de la berline, s'endormit sans le moindre cri.

Avant le dîner Isidore montra à Norma les dessins de Grandville sur les murs du salon. Les rafales de vent claquaient la pluie sur les vitres des hautes fenêtres.

— Je n'aime pas la pluie, dit Mélanie en plaçant ses

amis devant elle au milieu de la grande table. Norma, connaissez-vous la quiche lorraine?

— Le nom ne m'est pas inconnu.

— Isabelle est une spécialiste. Je vous promets un régal. La migaine de crème et de petits lardons est légère comme un soufflé. Avec moins de talent, j'ai donné des leçons de quiche lorraine aux grandes dames de Manchester.

— La renommée touchera Havenport, un jour ou l'autre, dit Isidore en souriant à Norma.

Mélanie posa sa première question :

— Savez-vous à quoi j'ai occupé cette journée, malgré les averses?

Elle énuméra les visites faites dans la Ville Haute pour noter les maisons vides ou les appartements à louer, nombreux dans une ville de garnison pour les familles d'officiers. Sa préférence allait au rez-de-chaussée d'un petit immeuble de meublés sur la place Saint-Pierre :

— Nous serions voisins. Je pourrai garder Clément quand Norma le souhaitera. Vous avez le temps de réfléchir. Pendant quelques jours la maison me semblera moins vide avec vous.

— Tout dépend de ce que Norma pensera de la péniche.

Louise apportait à table le brochet froid, coloré de petits fleurons de mayonnaise.

— Je ne t'attendais pas si tôt, dit l'Audacieux.

Il tendit la main à Norma, pour passer la planche qui servait de passerelle.

— On ne voit pas souvent d'aussi belles dames sur les péniches.

La largeur et la longueur du bateau surprenaient la visiteuse, curieuse de découvrir, surtout, l'espace du logement, vidé de ses meubles et encore en chantier. Malgré les nuages sombres, la vitre de la claire-voie éclairait la grande pièce. Il ne restait de l'équipement que le poêle en fonte, placé en coin près de la porte, en dessous d'un hublot.

— Peu de péniches offrent une surface pareille à une famille, dit le marinier. Il y a dix ans nous logions sur le pont, sous des bâches. Les femmes et les enfants restaient à terre, au port d'attache, ce qui n'était bon pour personne. Avec le développement des canaux arrive l'expérience des Flamands d'Anvers et d'Amsterdam : ils font de leurs bateaux leurs maisons, en perdant un peu de tonnage mais en gagnant du bien-être.

Isidore calculait de tête les dimensions de ce carré qu'il imaginait déjà avec de la clarté et un mobilier fonctionnel.

L'Audacieux guettait les réactions de Norma.

— C'est un petit chez-soi, dit-il, avec, autour, la nature à l'infini, qui change selon les parcours, selon les saisons. Vous pouvez gagner de la place en couchant les enfants à l'arrière-pont dans le logement du matelot. Les pénichiens appellent cela le *reû* !

— Pauvre Clément, mis à fond de cale. Je vous laisse tous les deux pour discuter. Je retrouverai mon chemin grâce à la Tour de l'Horloge.

En l'embrassant, Norma dit à Isidore :

— Ton idée folle me plaît beaucoup.

Satisfait des conditions de règlement, l'Audacieux accepta d'accompagner la péniche pour deux ou trois rotations afin d'apporter ses conseils. Il proposa un premier départ pour le début du mois de mars, après les dernières gelées et les inconvénients des blocs de glace sur le canal.

Après le vocabulaire de l'imprimerie, Isidore apprenait celui de la batellerie. Crânement, l'Audacieux se disait plus volontiers pénichien que marinier.

— L'amiral Jung comptait sur les doigts d'une main les cinq mots essentiels à ses yeux : l'*avalant*, pour désigner le bateau qui navigue de l'amont vers l'aval ; le *plafond*, qui est le fond du canal ; le *radier*, qui est celui de l'écluse, à ne pas toucher dans les deux cas ; la *rallonge d'amélot*, qui manœuvre le gouvernail ; le *fret*, c'est-à-dire le gagne-pain.

Quand les deux hommes faisaient une pause dans les derniers travaux du bord, l'Audacieux lâchait des noms qu'il s'amusait à sortir de sa mémoire pour reconstituer la flotte fluviale des provinces traversées, la *cadole* du canal du Centre, la *gabare* de la Gironde, la *flûte* du Berry, la *besogne* de l'Ile-de-France. Isidore s'informait aussi dans les colonnes du *Réveil des mariniers*, qu'il recevait tous les quinze jours. Les articles lui fournissaient l'historique des canaux français, des informations sur les projets de liaison entre l'Aisne et la Marne ou entre Toul et la Saône par un canal de l'Est, qui frôlerait le Village avant d'atteindre Epinal. L'Audacieux traduisait les mots qu'il découvrait, la *bordaille*, pour le flanc du bateau, la *graveleine*, qui conduit à la cabine, le *gambrai*, qui est la planche pour embarquer ou débarquer.

Les semaines filaient. Norma ne quittait guère la Ville Haute. Elle appréciait l'ambiance de gros bourg que donnait le labyrinthe des rues étroites. Chaque matin, elle emmenait Clément dans ses courses, à l'épicerie, à la boulangerie ou à la boucherie. L'après-midi, elle passait chez Mélanie, qui surveillait l'enfant dans le moïse installé au salon. Elle rejoignait à la cuisine Isabelle qui lui donnait des conseils pour préparer des plats qu'elle ignorait, le pot-au-feu, la blanquette de veau, des soupes, aussi, avec des oignons qui la mettaient en larmes. Avec Isidore, quand il ne descendait pas à la péniche, ils marchaient au hasard des rues, séduits par les façades qui rappelaient l'opulence de la ville quand elle était capitale du duché de Bar, adversaire, puis allié, du duché de Lorraine.

A la fin du mois de janvier, Isidore, en grand mystère, invita Mélanie à accompagner Norma pour une visite de la péniche. Les deux femmes rejoignirent le quai dans le cabriolet de Frédéric, avec un Clément emmitouflé dans son burnous. Le temps était froid mais sec. Le vent agitait les drapeaux accrochés au mât central du bateau et autour de la passerelle.

Norma revenait à bord pour la première fois. Elle poussa un cri en découvrant la cabine. Un rideau blanc, coloré par des ramages, coupait la pièce en deux. Sous la claire-voie la première partie servait de cuisine, avec le fourneau et le plan de travail, et de salle à manger avec la table dressée pour le repas. Isabelle, en tablier blanc, surveillait ses marmites. Derrière le rideau tiré, Isidore montrait le lit bas pour Clément et celui des parents, de l'autre côté d'un grand placard.

— C'est la cabine de luxe du *Schelde's trots*, dit Mélanie, en hésitant sur le nom.

— Un vrai bijou dans si peu de place, dit Norma en plaçant Clément dans sa couchette.

L'Audacieux apprécia le plaisir des visiteuses :

— On ne trouvera pas un logement pareil sur un seul des canaux du réseau français. Quand la table est pliée, la salle à manger devient un salon de grande maison.

Ils partagèrent la potée préparée par Isabelle. Norma observait les étagères placées dans le coin de la cuisine, les deux buffets bas de chaque côté d'une banquette sous le hublot. Sur une cloison, un dessin de l'*Elcheubise* et un autre du *Schelde's trots* encadraient, fixé sur un fond de velours noir, le fanon de baleine sculpté offert par Martial et Bejte.

— Que cache ce morceau de tissu au-dessus de la porte ?

— Le nom du bateau. C'est toi la marraine : tu peux enlever le voile.

Norma dégagea la cordelette. Elle éclata de rire en disant en anglais :

— *What a surprise !*

Le nom de *Saint-Nicolas* étalait ses lettres blanches sur le fond bleu de la plaque de bois.

— Pourquoi Saint-Nicolas ? demanda Mélanie.

— Parce que de nombreux souvenirs me lient à lui, comme Norma à Santa Claus. Parce que cette péniche est lorraine, du gros nez de l'avant au gouvernail arrière. Et, enfin, parce que saint Nicolas est aussi le patron des mariniers.

Debout, le vieux pénichien leva son verre de pinot de la côte Sainte-Catherine.

— Je souhaite bon vent à la péniche *Saint-Nicolas*. Le bon évêque de Myre était un audacieux. Le bateau change de nom mais garde le cap.

Norma amena à table Clément qui couinait sur son lit. Le marinier, de nouveau assis, ajouta un mot :

— Les Flamands, qui pratiquent les canaux depuis plus longtemps que nous, disent que les péniches passent des mains du père à celles du fils. En même temps que la devise de *Saint-Nicolas* nous inaugurons peut-être une dynastie de pénichiens.

— Son grand-père a ouvert la voie en poussant le bois sur la Moselle. Le canal ne sera peut-être qu'un passage pour lui.

Isidore attendit le calme de l'appartement de la place Saint-Pierre pour demander à Norma son avis sur le logement de la péniche. Le reste de potée, donné par Isabelle, réchauffait doucement sur le fourneau. Clément gazouillait dans son lit amené dans la cuisine. Il s'amusait à taper sur les castagnettes accrochées au-dessus de lui au bout d'une règle. Sa main passait à côté puis revenait, plus précise, balançant une coquille contre l'autre.

— On voit déjà qu'il a du sang espagnol dans les veines.

— Espagnol, vosgien, yankee : il est destiné à ne pas rester en place.

— Après deux ou trois voyages, il sera heureux sur le *Saint-Nicolas*. Comment trouves-tu la cabine ?

— Intelligente. Chaque mètre carré est habilement utilisé. Quand la table est pliée, la pièce avant profite de l'espace. Je me vois déjà lire ou tricoter sur la banquette en me laissant glisser au fil de l'eau. Ce qui m'ennuie, c'est que tu partes sans moi.

— C'est indispensable pour que je maîtrise la conduite et que je connaisse les habitudes du canal. Avec Mélanie à côté tu ne seras pas seule.

— Je serai seule parce que tu me manqueras. J'ai l'impression d'être avec toi depuis toujours. Ai-je rêvé qu'un vilain monsieur voulait me marier avec un ennuyeux soupirant ?

— Tu m'as demandé de ne pas te parler de cela.

— Je le fais pour te dire combien je suis heureuse avec toi. J'ai hâte de te préparer deux œufs et une tranche de lard sur le joli petit fourneau de la péniche *Saint-Nicolas*.

12

SAINTE HONORINE

L'Audacieux accompagna Isidore dans ses premières démarches de marinier. Il le présenta aux habitués du *Café Fluvial*, près de l'écluse, où se négociaient les transports entre pénichiens et courtiers. Dans une arrière-salle un tableau noir, coupé en deux parties, donnait, d'un côté, les noms des bateaux, leur tonnage et leur destination géographique souhaitée, de l'autre, la liste des matières à emporter, leur importance et le lieu de débarquement.

Les chargements pour la région du Nord et celle de Paris attiraient le plus les patrons des bateaux assurés de trouver du fret en retour. Pour ses débuts, Isidore préféra s'en tenir à une liaison régionale. L'Audacieux traita un transport de cent soixante-dix tonnes de chanvre destinées à Strasbourg. Autour du comptoir, attendaient les haleurs qui proposaient leurs attelages pour la journée, une étape ou l'ensemble du parcours.

Isidore voulait un départ discret, sans que Norma agite son mouchoir sur le quai, comme le faisaient les femmes de marins quand les baleiniers quittaient Havenport. Norma cachait mal sa tristesse de vivre plusieurs semaines sans recevoir la moindre nouvelle.

— Pour toi, ce sera différent, avec la découverte d'un autre monde, les activités de la navigation. Heureusement, il y a Clément.

Isidore passa la dernière nuit dans la cabine de la péniche, seul sur la couchette préparée pour son fils. Son impatience l'empêcha de dormir paisiblement.

Pour la première écluse, dès la sortie de Bar-le-Duc, l'Audacieux prit la barre. Debout à l'avant, Isidore indiqua du bras la légère manœuvre à effectuer pour maintenir le bon axe du sas. Quand la péniche frotta les moellons de la paroi, l'Audacieux replia la pointe du gouvernail vers la coque. Isidore sauta à terre pour passer les cordages sur les bittes. Avant l'ouverture de la porte avant, l'éclusier prit quelques renseignements pour son cahier de maintenance.

— Les *Saint-Nicolas* ne manquent pas dans les tablettes. Je vous inscris « Capitaine Saint-Nicolas », pour vous reconnaître. Ne vous pressez pas dans le bief : il y a deux péniches devant vous.

Le canal s'éloignait de la route. Il entrait dans la campagne entre les alignements d'arbres. A l'écart de la ville, les platanes remplaçaient les peupliers. Isidore découvrait le calme du boulevard, troublé par le frottement de la coque sur l'eau et les mouvements du harnachement des deux chevaux. Au-delà du chemin de halage, des troupeaux de vaches piétinaient dans les prés entre les parcelles semées que fouillaient du bec des colonies de corneilles.

— Le marinier descend d'un cran pour voir les choses, dit l'Audacieux. Son regard rase le sol. Il profite d'une quatrième dimension, peut-être un sens de plus. La perspective du canal offre un cadre de vie différent, qui marque les pénichiens pour toujours : l'habitude les maintient sur leurs bateaux quand ils prennent leur retraite. On doit connaître cela quand on vit sur une petite île.

Déjà, avec la lenteur paisible de la navigation, Isidore ressentait cet autre mode de vie ; d'une écluse à une autre, la distance dépassait rarement les trois kilomètres. Il se passait une heure entre la sortie d'une porte d'aval et l'entrée dans une porte d'amont.

Il était moins de dix heures quand l'Audacieux cria :

— Voilà le souterrain de Mauvages.

Les deux péniches qui précédaient attendaient le *Saint-Nicolas* pour former un train sur les cinq mille mètres du passage. C'était une autre découverte avec, sous la voûte, l'écho renforcé des bruits du bord et des réflexions lancées d'un bateau à l'autre par les mariniers. Les haleurs, une torche à la main, marchaient devant leurs chevaux. Au loin, la sortie du tunnel dressait son œilleton blanc, pas plus large qu'une pièce de cent sous. Isidore pensa à la tête de Clément quand il découvrirait, soudain, la nuit en plein jour.

La péniche *Saint-Nicolas* parcourait trente kilomètres par jour. Elle mouillait, le soir, dans des bassins aménagés en port à l'entrée d'un village, au cœur d'une ville, aux abords d'une usine. Isidore achetait, dans un café qui faisait épicerie, le nécessaire pour le repas du soir. Il mangeait avec l'Audacieux, entiché du confort de la cabine.

Le marinier limitait sa conversation à la navigation fluviale. Rien d'autre ne l'intéressait. Quand il ne donnait pas une version plus détaillée de l'expédition de Jacob Jung et de ses deux chalands, il revenait sur la construction du canal, qui avait amené sur les chantiers près de vingt mille manœuvres. Le creusement du chenal à travers les plaines l'étonnait moins que sa traversée des Vosges. Il avait participé aux travaux du côté de Phalsbourg avec le percement de plusieurs souterrains :

— Nous étions mêlés à l'apocalypse. Devant nous, marchaient les artificiers. A coups de barres à mine, ils creusaient dans la roche des trous de cinq centimètres de diamètre et d'un mètre de long qu'ils garnissaient de tubes d'explosifs, chargés de poudre et de sciure de bois. Autour de Lutzelbourg, quand les charges pétaient, la montagne entière grondait. Notre travail commençait ensuite. On se mettait à quatre ou cinq pour dégager les blocs de pierre que des cantonniers cassaient à la masse. Les femmes chargeaient les débris dans des paniers ou des cuves en bois. Elles remontaient les pentes tracées sur les flancs des collines. Le travail continuait dans le sol crevassé. D'autres mines brisaient des obstacles, libéraient des moellons que des maçons équarrissaient sommairement pour obtenir des enrochements sur la digue. D'Arzviller à Saverne, la technique a creusé la voie royale du canal de la Marne au Rhin. Quand je regarde mes mains, je sens encore la douleur des cals provoqués par le manche de pioche. Sur les chemins de halage, aucune croix ne rappelle ceux qui ont perdu la vie sous une roche ou dans un fossé emporté par la glaise.

Isidore comprit mieux la fierté de l'Audacieux quand la péniche *Saint-Nicolas* glissa entre les murs de roche rose de la forteresse brisée de Lutzelbourg jusqu'au château des Rohan à Saverne. Il tenait la barre dans le parcours sinueux embaumé par l'odeur des pins. La nature travaillée par l'homme offrait une œuvre d'art en un canyon de pierre et de troncs d'arbres colorés par le soleil printanier. Le décor ressemblait à celui des contes que racontait Bejte à ses garçons dans la maison d'Havenport : le silence de la vallée étroite semblait cacher des lutins et des sorcières occupés à préparer la rencontre de la péniche *Saint-Nicolas* et du père Fouettard, en dessous des pitons que coiffaient les ruines des châteaux.

La grande courbe, au creux de Lutzelbourg, marquait la fin de la traversée des Vosges. Dans la plaine alsacienne, les lignes droites succédaient aux biefs, très courts, et à l'enchaînement, rapproché, des écluses. Les champs de houblon alignaient leurs échafaudages, souvent interrompus par les droites rangées des ceps de vignes. Dans les écarts, des toits d'églises de village portaient les manchons épais des nids de cigognes, désertés, avant le temps de la couvaison, par des couples qui chassaient en groupe les rongeurs, aisément repérables dans le blé à peine levé. Parfois, sur le retour d'une chasse, un vol brisait le silence du canal par le claquement de becs qui rappelaient à Isidore les habiles manipulations de castagnettes de Manuelo. Vers l'est, la silhouette de la cathédrale de Strasbourg pointait sa flèche sur l'horizon sans paraître jamais se rapprocher à cause de la faible allure des chevaux et de la péniche.

Le port de Kœnigshoffen, à l'entrée des faubourgs, évitait de traverser la ville. Des chalands de toutes sortes chargeaient et déchargeaient leurs marchandises au bord des quais. Dominaient les bateaux vétustes, longues caisses de bois, plates et inconfortables. L'Audacieux montra à Isidore les barques flamandes, mieux dessinées, équipées, au centre ou à l'arrière, d'une cabine, confortable comme celle de la péniche *Saint-Nicolas*.

Près de la maison de l'octroi, les deux hommes trouvèrent des débardeurs. Les six manœuvres entreprirent aussitôt le déchargement. En empruntant les planches souples dressées contre la coque, ils débarquèrent avec aisance des sacs de vingt kilos portés sur leur tête, protégée, avec le cou et les épaules, par le coltin de cuir durci qui leur donnait leur nom de coltineurs. Après deux jours, l'Audacieux et Isidore signèrent à la halle d'affrètement un contrat pour cent cinquante tonnes de bois à destination de Vitry-le-François.

Près de l'écluse qui prolongeait le canal vers la ville et vers le Rhin, l'auberge des pénichiens s'appelait *Chez l'Amiral Jung*. Une date, après le nom, rappelait l'exploit, en 1836, du navigateur strasbourgeois.

L'établissement réunissait un restaurant avec ses longues tables, ses bancs, un magasin, pour les accessoires de la navigation, une épicerie fréquentée par les rares femmes embarquées sur les bateaux du bassin. *Chez l'Amiral Jung* hébergeait aussi les haleurs, avec des granges, pour le repos des hommes, et des écuries pour les chevaux.

La plupart des mariniers connaissaient l'Audacieux, qu'ils chahutèrent à son arrivée :

— Tu as changé de nom de baptême mais personne n'a reçu de dragées.

Le vieux pénichien présenta Isidore à ses anciens amis :

— Avant de prendre la barre, il s'appelait déjà Capitaine. Il vient d'Amérique, où il naviguait à moteur.

— On l'appellera « l'Américain »!

— Non. Il est espagnol, aussi. Capitaine Garcia Ibanez.

— Ce sera « le capitaine Saint-Nicolas »; ça le distinguera des autres.

Le menu était le même pour tous, un *baeckenhofe* servi dans une marmite avec son mélange de porc, de mouton et de bœuf, de pommes de terre, d'oignons et d'ail, avec un bon fumet de riesling. La conversation tenait la gazette de la batellerie. Les arrivants apprenaient des décès et des mariages, l'incendie d'une péniche, partie en fumée avec son chargement de bois. Chacun donnait son avis sur le tracé du canal de la Marne au Rhin, l'inconvénient de ses trois cent quarante-six écluses. Tous trouvaient le parcours moins monotone que ceux du canal du Centre ou du canal du Nord. La beauté de la percée à travers les Vosges les enchantait, sauf les soirs d'orage quand les forêts renvoient, comme des obus, les éclats du tonnerre et les feux des éclairs. L'avenir les inquiétait aussi, avec la rivalité du transport par chemin de fer. Les plus optimistes rappelaient que le rail ne venait pas à domicile alors que les péniches chargeaient et déchargeaient au pied des silos, devant les scieries ou dans les bassins des usines.

Incidemment un marinier dit à l'Audacieux :

— Méfie-toi, en rentrant à Bar-le-Duc.

— Pourquoi? On a rebouché le canal?

— Non, il y a une épidémie de choléra!

Isidore posa ses couverts sur la table :

— Depuis quand?

— Une semaine. Je le tiens d'un conducteur de train qui m'a apporté des poutrelles de fer.

Il était trop tard pour lever l'ancre. Le bois embarqué, la péniche *Saint-Nicolas* quitta Kœnigshoffen le lendemain à l'heure de l'ouverture des écluses. Après quelques bruits contradictoires, recueillis auprès d'équipages avalants, Isidore renonça à solliciter des informations nouvelles. Des mariniers, passés par Bar-le-Duc, ignoraient tout de l'épidémie. D'autres noircissaient les bilans et l'étendue du mal. L'Audacieux proposa, sans succès, de ramener seul le bateau au port pour permettre à son compagnon de gagner deux ou trois jours avec une diligence ou avec le train.

Après une dernière nuit à Ligny-en-Barrois, la péniche atteignit Bar-le-Duc vers midi. En courant vers la Ville Haute, Isidore croisa deux enterrements. Dès qu'elle vit son mari, Norma explosa :

— Isidore, tu es là !

— Norma, tu es vivante. Clément ?

— Sa première dent !

Ils s'embrassèrent, joignant leurs mains, riant du bonheur de leurs retrouvailles.

— Que j'ai eu peur, dit Isidore. Que les écluses m'ont semblé nombreuses et les biefs trop courts ! Raconte-moi !

L'épidémie datait de deux semaines. Elle frappait les quartiers populeux de la Ville Basse, autour des fabriques et des tanneries, les rues nauséabondes envahies par les rejets des ateliers et les immondices des riverains. Sortis démunis d'un hiver froid et humide, les habitants, par dizaines, succombaient au mal pervers qui enfermait dans une quarantaine volontaire les privilégiés des vieux quartiers de la colline.

— Il ne faut prendre aucun risque, dit Isidore. La péniche nous éloignera de la contamination. Nous reviendrons vers Bar-le-Duc quand l'alerte finira.

— Nous devons proposer à Mélanie de nous accompagner. Sa cuisinière a péri avec sa famille. L'autre domestique a rejoint son village.

Dans la cabine de la péniche *Saint-Nicolas*, se reconstituait le trio du *Schelde's trots*. Mélanie occupait la couchette basse prévue pour Clément, Isidore et Norma la couche voisine.

A leur tour, les deux femmes découvraient le rythme lent

de la navigation. Mélanie se conduisait en passagère. Elle passait de longues heures sur le pont, assise dans un fauteuil. Elle lisait ou, silencieuse, observait l'approche d'une péniche dont elle saluait chaleureusement le patron au moment du croisement. A part pour les manœuvres, l'Audacieux se tenait à l'écart dans son *reû*, à l'arrière du bateau où il mangeait, seul, le plat que lui portait Isidore à l'heure du repas.

Norma s'habituait aux déplacements sur les étroits plats-bords de la coque. Elle sautait habilement sur les quais des écluses. Le matin, elle quittait le bord pour acheter du pain à l'entrée d'un village puis, en forçant le pas, rejoignait la péniche à la fin du bief suivant :

— Il paraît, dit-elle à Isidore dès le premier jour, que la femme doit suivre son mari partout. Je ne quitterai plus la péniche *Saint-Nicolas*. Je ne veux plus connaître les longues journées d'attente à me faire du souci pour toi, à m'inquiéter aussi pour Clément et pour moi. Ce logement me convient bien, la nature aussi.

Elle aimait s'asseoir près d'Isidore à la barre. Clément dormait à ses pieds dans son panier, protégé par un voile de tulle. Elle guettait la vie animale dans les taillis de la contre-rive ou aux abords de la voie de halage.

Dérangés par les travaux d'aménagement du canal, les oiseaux restaient méfiants. Des canards, surpris dans un buisson par les cris du haleur stimulant ses deux chevaux, sortaient brusquement de la verdure, un mâle en tête, qui nasillait impérativement, suivi de six ou sept congénères qui battaient des ailes en frappes courtes et rapides.

Campé à l'avant de la péniche, l'Audacieux levait parfois le bras vers le ciel ou sur la perspective du canal. Grâce à lui, Norma vit sur la berge un renard affamé qui continua de dévorer un colvert sans que ne le dérange le passage de la péniche. Elle suivit, aussi, les acrobaties d'un vol de sarcelles, arrivé de face au ras de l'eau et soudain emporté, à l'approche de l'obstacle, en une vrille verticale, épanouie en arabesque au-dessus du gouvernail. Des vagabonds erraient sur les berges, ou des enfants, abandonnés ou fugueurs, que des gendarmes guettaient aux écluses pour les conduire en prison, dans des maisons de redressement ou des casernes disciplinaires.

A l'approche de Vitry-le-François, le trafic s'intensifia dans le sens de l'aval alimenté par la descente du canal latéral de la Marne et la remontée du canal de la Saône à la Marne. Dans chaque bief, la péniche *Saint-Nicolas* croisait trois ou quatre chalands, poussés quelquefois par une voile tendue pour aider le travail d'un haleur. Les bassins du port, qu'on appelait encore « Vitry-le-Brûlé », en souvenir d'un lointain raid meurtrier de Charles Quint, avaient un air de fête avec des drapeaux sur les quais, des pavois sur les haubans des péniches :

— Qu'est-ce qui se passe? demanda Isidore à l'Audacieux.

— C'est le pardon des mariniers, la veille de l'arrivée des cendres de saint Nicolas à Bari, en Italie. L'autre pardon célèbre sainte Honorine.

Après le débarquement des poutres de bois, Isidore accoupla son bateau, tiré perpendiculairement au quai par les chevaux, à une barge alsacienne baptisée *Odile*. C'était un accostage peu habituel. Sur le pont de l'*Odile*, deux joueurs de fifre accompagnaient le bâtonnier de la confrérie des mariniers, les mains serrées sur un bâton de bois pour dresser la croix des bateliers, faite de deux ancres croisées :

— Bienvenue à la péniche *Saint-Nicolas* qui rejoint aujourd'hui la belle province flottante.

Mélanie applaudit, enchantée de l'intermède.

— Qui commande à bord, demanda le marguillier de la confrérie. Toujours toi, l'Audacieux?

— Le nouveau patron s'appelle Capitaine.

— Il n'y a pas de grade dans la batellerie. Il sera le centième ou deux centième *Saint-Nicolas*, s'il se laisse baptiser demain comme il convient. On trouve des dragées chez l'éclusier.

Mélanie et Norma firent les provisions. Dans la soirée, avec des pages d'almanach, elles préparèrent des cornets fermés par des bouts de ruban.

— Ce bateau, qui a changé d'identité trois fois, dit Isidore à Norma, aura profité de deux baptêmes pour sa nouvelle devise, le premier avec la potée de cette pauvre Isabelle, le second, demain, dans les règles batelières, avec une vraie bénédiction à l'eau bénite.

— J'espère que tu ne changes pas de marraine.

Le lendemain, en milieu de matinée, les haleurs regroupèrent la péniche *Saint-Nicolas* et deux autres bateaux qui effectuaient leur premier voyage, la *Berezina* de Châlons-sur-Marne, et le *Zeit ist geld*, chaland de Kœnigshoffen, affublé d'une devise signifiant « le temps c'est de l'argent ».

Les mariniers et leur famille, des curieux attendaient sur le quai. Devant eux, le cortège de barques traversait le bassin de Vitry-le-Brûlé. Le canot de tête transportait les porte-drapeaux de confréries locales : les passeurs, les faiseurs de bateaux, les pêcheurs, les marchands de poissons d'eau douce. Accompagné de la bannière bleue des bateliers suivait le grand maître avec sa croix d'ancres croisées. Son embarcation tirait un radeau de troncs d'arbres portant quatre jeunes matelots chargés, sur un plateau, de la statue d'un saint Nicolas, appuyé comme un capitaine au mât d'un navire. Tous débarquèrent sur une partie basse de la berge, à proximité du curé de la paroisse et de ses quatre enfants de chœur.

La cérémonie commença par le baptême de la *Berezina*. Puis le grand maître et le prêtre embarquèrent sur la péniche *Saint-Nicolas*.

Isidore et Norma attendaient à l'avant, près du boulard dominant l'étrave. L'Audacieux se tenait près de la cabine, avec Mélanie qui portait Clément. Précédant le grand maître, l'officiant entreprit le tour du bateau. Il puisait dans un panier d'osier des grains de blé qu'il semait au long du plat-bord, au-dessus de la cale et sur la marquise du logement. A la hauteur du mât, un enfant de chœur lui tendit le goupillon. D'une voix forte, qui portait sa prière vers les spectateurs, le prêtre dit la formule rituelle :

— Bénissez, Seigneur, cette barque, confiée à votre bon saint Nicolas, comme vous avez béni l'arche de Noé voguant sur les eaux du déluge.

Norma, agenouillée, respecta la tradition en plaçant au pied du mât quelques grains de blé. Puis, avec Isidore, elle présenta les cornets de dragées aux enfants de chœur qui les distribuèrent sur le quai avant de rejoindre l'onction du *Zeit ist geld.*

A la fin de la cérémonie, le curé vitryat, perché sur un panneau de la troisième péniche, recommanda aux prières des fidèles le souvenir de trois mariniers décédés au cours des mois précédents. Après l'évocation de saint Nicolas, que vénéraient les flottes des canaux de l'Est, son homélie rappela aux familles batelières la protection d'une sainte plus implorée sur les rives de la Seine, la bienheureuse Honorine :

— Je vous parle aujourd'hui d'Honorine, dit le prêtre, parce que certains d'entre vous, que je retrouve ici depuis longtemps pour ce pardon, me reprochent de l'ignorer, comme s'il existait une concurrence entre le protecteur et la protectrice. Qui était Honorine ? Une paysanne du pays de Caux, que martyrisèrent, à cause de sa foi, les soldats d'un camp romain de Normandie, avant de jeter son corps disloqué dans la Seine, à Tancarville. Premier miracle, lié au fleuve que vous connaissez bien, vous les pénichiens : après le méfait, des riverains recueillirent, sur une grève, le corps, intact, de la victime des mercenaires païens. Second miracle, qui vous concerne encore ; alors qu'on transportait, d'un sanctuaire à un autre, les cendres de la jeune martyre, un bateau, surchargé de pèlerins, s'enfonça dangereusement dans les eaux de la Seine. Un signe de croix, fait par un prêtre avec une relique d'Honorine, remit l'embarcation à flot, à la hauteur de la ville de Conflans, qui ajouta au sien le nom de la bienfaitrice des mariniers, que je vous recommande de prier pour qu'elle protège vos bateaux, ceux qui sont à leur bord et les ports, comme celui-ci, qui les accueillent. Amen!

— On devrait marier Honorine et Nicolas, dit Norma en reprenant Clément dans les bras de Mélanie.

Cette Saint-Nicolas de printemps se prolongea, dans l'après-midi, par une fête nautique où l'Audacieux retrouva les joutes de sa jeunesse.

Des équipes s'affrontaient, par l'intermédiaire d'un partenaire qui cherchait à désarçonner, avec une lance de plus de trois mètres de long, un adversaire placé, comme lui, à l'arrière d'une barque plate menée par quatre rameurs. La pomme de cuir de l'extrémité butait sur le bouclier de bois du rival qui gardait l'équilibre sur ses jambes bien placées, ou vacillait et tombait à l'eau. Les épreuves opposaient des équipes des différents métiers de la vie du canal, des mariniers, des éclusiers, des haleurs, des coltineurs, des pêcheurs aussi. Dans les épreuves finales, des spectateurs, engagés dans des paris, entraînaient le public dans leurs vibrants encouragements. Après les joutes, le patron du *Zeit ist geld* fit sensation en proposant aux amateurs un jeu pratiqué dans les bassins de Strasbourg. Attachée au sommet du mât le plus haut de la péniche, une oie attendait l'habile grimpeur, capable de surmonter l'épreuve du bois huilé et graissé.

La péniche *Saint-Nicolas* resta à l'écart des réjouissances. Mélanie ne passait pas une heure sans parler de la dramatique situation de Bar-le-Duc. Aux éclats de rire, venus du quai et des bateaux voisins, elle opposait le silence des rues de la ville, la pesante sonnerie du glas, à l'aube et à la tombée de la nuit :

— Nous ne savons rien de ce qui se passe maintenant. Que faire?

— Attendre, répondait Isidore. Rien ne nous presse. Le temps semblera long si nous restons à quai à Vitry-le-Brûlé. Je propose de prendre un affrètement pour Strasbourg. A l'aller, nous aurons quelques nouvelles de l'épidémie. Au retour, avec un peu de chance, nous retrouverons le cours normal des choses.

Mélanie protesta, pour la forme :

— Je pourrais séjourner quelque temps hors de la ville, dans une auberge. Je vous impose une nouvelle fois la proximité d'une cabine à trois. Saint Nicolas vous a désignés pour être mes anges gardiens, en eau douce comme dans les tempêtes atlantiques.

Après la journée de chômage de la fête de Saint-Nicolas, les mariniers ne perdirent pas de temps. En une matinée, les départs vidèrent le bassin.

Vitry-le-Brûlé était un carrefour d'où les voies navigables partaient dans toutes les directions. Le Nord attirait les patrons, avec l'assurance des cargaisons de houille et de charbon, redoutées par les épouses à cause de la poussière tenace qui s'infiltrait dans les recoins du logement, dans les lits et les placards. La destination de Strasbourg rebutait un peu les pénichiens par l'abondance des écluses dans la traversée des Vosges et les jours perdus par la lenteur de la navigation.

Isidore conclut sans mal un contrat pour une centaine de tonnes d'ardoises qui transitait en provenance de Bretagne. Le chargement se fit, à l'écart du port, dans le refuge d'un entrepôt qui obligeait la péniche *Saint-Nicolas* à se tenir ancrée à quelques mètres de la berge vaseuse. Des planches étroites reliaient le plat-bord à la rive. Elles ondulaient dangereusement au passage des femmes qui portaient les paniers de tuiles sur une épaule, en les tenant d'une main. Elles respectaient un circuit, avec une passerelle pour la lente montée et une autre, pour la descente, trop courte pour reposer l'échine et les jambes. Sous la surveillance d'un agent de l'affrèteur la distance entre elles ne variait pas, leur rythme non plus. Parfois, une attardée précipitait ses pas pour combler son retard ; à chaque enjambée, le fond rugueux de sa corbeille cognait lourdement son épaule. Par la vitre, à demi cachée par le rideau, Mélanie commentait la scène :

— A *Merrimack Creek*, les bourgeoises que je recevais discutaient à longueur d'après-midi des avantages et des inconvénients de l'abolition de l'esclavage pour les femmes noires. Qui se soucie de l'esclavage des femmes de Vitry-le-Brûlé qui coltinent les sacs d'ardoises ?

A l'approche de Bar-le-Duc, les éclusiers parlèrent de nouveau de l'épidémie. Le ravage de la maladie continuait dans les mauvaises rues, proches des tanneries et du quai de l'Ornain. Un cordon sanitaire protégeait la Ville Haute, qui comptait malgré tout ses morts.

La péniche *Saint-Nicolas* traversa les biefs de la cité malade, sans autres arrêts que ceux des écluses. Des feux brûlaient sur les quais pour rassurer. Les passeurs et les éclusiers portaient des masques de toile sur leur visage. Les uns parlaient de deux cents morts, les autres de quatre cents. Pour la première fois, Isidore raconta à Norma les atroces journées du Village.

Malgré les incertitudes, Mélanie ne souhaitait pas prolonger son absence :

— Le plus fort de l'épidémie est passé. Je ressens un peu de honte à me désolidariser de mes concitoyens. Je peux aider, financièrement, les plus déshérités, autrement peut-être.

Ils se donnèrent rendez-vous au retour du voyage de Strasbourg :

— Je n'aime pas la mer, dit Mélanie en débarquant, mais j'apprécie les canaux. La navigation est plus calme et il n'y a pas de requins.

13

LUTZELBOURG

Pour la première fois Norma se retrouvait seule dans la cabine de la péniche, avec son mari et son fils. A la première écluse après Bar-le-Duc, elle marcha au long du bief pour cueillir des reines-marguerites en bordure des prés. Elle rejoignit le bord à l'éclusage suivant, les bras chargés de fleurs fraîches qui donnèrent à la cuisine un peu de couleurs printanières. Clément trottait à quatre pattes dans l'espace libéré de la chambre.

Quand l'Audacieux tenait la barre, Isidore restait près de lui sur le pont. Avec le marinier, il apprenait, jour après jour, à reconnaître le bec, la couleur de la gorge ou le cri des espèces de canards qui profitaient du plaisir de cette mare sans fin que les hommes leur offraient. Nichés dans les touffes d'herbe laissées dans des creux de la berge, les colverts s'accommodaient du passage des péniches : la mère entraînait sans crainte sa couvée de huit ou neuf oisillons dans l'ondulation de l'eau provoquée par l'étrave. Des couples ou des nichées de quelques têtes surgissaient des mares cachées par les haies d'arbrisseaux. Isidore repérait vite les souchets à leur gros bec, épais comme une spatule. L'Audacieux, dans le court instant du survol rapide, indiquait les différences faites par un triangle bleu sur l'aile d'un mâle ou des bandes blanches sous celle d'un morillon. Plus rares planaient des pluviers, lourdauds avec leurs ailes courbées en accent circonflexe, ou des courlis, au long bec pointé, avec obstination, vers l'onde poissonneuse.

Pas plus que les péniches, les trains de la voie parallèle ne gênaient la faune de l'eau. Sur les genoux de son père, Clément suivait avec intérêt le passage des locomotives et des wagons dont les bruits se poursuivaient dans le calme de la campagne. Les mécaniciens, les chefs de train, les voyageurs saluaient les pénichiens quand la voie était proche de la rive. L'Audacieux n'appréciait pas les longs convois de marchandises : il lui arrivait de lever le poing pour répondre au salut du chauffeur qui répliquait aussitôt d'un sonore coup de vapeur. Il n'aimait pas, non plus, qu'apparaisse devant lui la tache noire de la cheminée d'un bateau à moteur. La péniche *Saint-Nicolas* en croisait un par jour, remorqueur râblé mis à l'essai, drague au travail dans un bassin de virement, péniche à la coque de fer équipée d'une chaudière poussive. L'Audacieux montrait du doigt les flocons de fumée noire égrenés dans le sillage de l'intrus, sans s'élever entre les tiges pointues des peupliers :

— Les résidus de charbon ne conviennent pas aux bécasseaux ou aux pluviers. Quelle loutre risquera sa progéniture dans une eau que brassent les hélices ? Nous voguions libres sur les rivières, comme les chemineaux erraient, sans contrainte, sur les sentiers de campagne. L'inconnu d'une halte récompensait l'étape du jour. On amarrait le chaland près d'un camp de bohémiens, ou devant un troupeau, dont le berger offrait une gamelle de lait chaud. Aujourd'hui, les péniches se suivent comme une armée en marche. Une écluse : contrôle des papiers d'affrètement. Deux écluses : vérification des identités. Trois écluses : taxe d'octroi. Au bivouac du soir commence le mur des lamentations, avec les échos des batailles perdues, un quart de trafic en moins sur la Loire pour la batellerie depuis l'ouverture de la ligne du chemin de fer, report des travaux du canal de l'Est, à cause du développement de la voie ferrée entre Nancy et Epinal.

Le discours, habituel, ne surprenait pas Isidore qui, sans mal, relançait son ami :

— Et alors?

— Alors... J'affirme que le pénichien, qui naviguait d'un cours d'eau à un autre, comme le canard d'une mare à un étang, était plus libre que ne le sera, bientôt, le marinier, embrigadé dans le règlement et le tracé du canal creusé devant lui.

Norma protestait :

— Descendre à une écluse, cueillir un bouquet de fleurs des champs, remonter à bord au sas suivant, n'est-ce pas la liberté? Le temps nous appartient, dévidé au rythme du halage comme par un sablier. Nos compagnons de route sont des martins-pêcheurs, des hérons et des colverts. Les hommes et les femmes que nous croisons ne parlent que par gestes, sans nous encombrer de leurs soucis ou des aléas de l'actualité. Chaque jour, dans la marquise de la cabine, le réveil offre un décor nouveau, souvent des arbres, des saules, des tilleuls et des peupliers et, au-delà, un village, une plaine, les charpentes d'une féculerie ou d'un tissage mécanique. Je ne me suis jamais sentie aussi libre qu'à l'avant de ce bateau quand la pointe glisse entre les rives tracées, que j'ai choisies et que je peux quitter quand je veux.

L'Audacieux n'ajoutait rien. Isidore serrait Norma contre lui :

— C'est une Américaine. Là-bas les hommes ont la parole à l'église, et les femmes à la maison. Elles conduisent les chariots. Elles escortent les troupeaux. Elles dirigent les travaux. Je crois même qu'elles prennent la barre des bateaux.

— Et pourquoi ne le ferais-je pas?

— Je n'ai jamais vu ça, dit l'Audacieux.

— Après l'Audacieux, l'Orgueilleuse! Faut-il être plus

forte pour tenir un gouvernail que pour porter, cent fois par jour sur son épaule, un panier de vingt kilos d'ardoises? Demain je gouverne, et si personne ne veut m'aider, je rebaptise *Sainte-Honorine* la péniche *Saint-Nicolas*.

Dès sa première manœuvre Norma montra son application.

Elle découvrait la sensibilité de la barre du gouvernail. A chaque manœuvre, l'Audacieux répétait :

— Le nez sur le boulard!

Le marinier montrait d'un geste le bloc de fonte qui, à la proue du bateau, servait de repère et obligeait la débutante à maintenir la direction souhaitée. Entre Toul et Nancy, Norma, pour la première fois, guida la péniche dans le sas d'une écluse, sans toucher les bajoyers. A cause d'elle les passeurs, qui relayaient les chevaux à l'approche du sas, manœuvraient avec une précaution accrue, comme si un tonnage supplémentaire alourdissait la charge.

A la demande de l'Audacieux ils tirèrent le bateau, la porte d'aval franchie, vers l'amarrage aménagé à l'entrée du bief. A côté de la maison familiale, l'éclusière tenait une boutique qui proposait de l'épicerie, de la mercerie, de la papeterie et, selon les moments, de la quincaillerie ou de la droguerie. C'était, aussi, un dépôt de pain et une réserve d'eau, grâce à un puits communal.

Habituellement les éclusiers, pris par leur travail, parlaient peu. Les conversations se limitaient à signaler combien d'avance possédait le précédent éclusé, dans la même direction. Les haleurs réglaient alors l'allure de leurs chevaux pour arriver au bout du bief sans attendre la fin de l'autre manœuvre.

Pendant ces arrêts, Isidore griffonnait des croquis sur un cahier. Il aimait les formes des maisons de fonction. Elles se ressemblaient toutes, mais les occupants les personnalisaient par les couleurs des volets, une haie devant les jardinets, un pigeonnier au-dessus de la cabane à outils. Seules ne bougeaient jamais la bouée de sauvetage, sur le flanc gauche, et, à droite, l'échelle de secours. Vers Vitry-le-François les bâtisses ressemblaient à celles des garde-barrières des chemins de fer, avec un étroit corps central, un demi-étage sous un toit pointu, deux annexes latérales plus basses. En aval, vers l'est, la forme plus classique semblait sortir d'un dessin d'enfant avec, en façade, une porte centrale perchée sur un perron de quatre marches, une fenêtre de chaque côté, une lucarne ovale sur la partie basse du toit, que flanquaient deux cheminées, alignées, au sommet, sur les plus hautes ardoises.

Au passage, l'éclusier jetait un coup d'œil sur le dessin esquissé. Pendant qu'Isidore notait le détail de la frise du toit ou des clayettes d'un rideau de fenêtre, l'homme parlait avec fierté de sa maison et de son métier :

— C'est de la bonne construction, avec les mêmes pierres que pour les maisons, plus grandes, des ingénieurs et des contrôleurs. Je suis comme un marinier qui a échoué son bateau. Je mène la même vie, sans me déplacer. Les péniches me croisent mais je n'en rattrape aucune. L'hiver, je casse aussi la glace à coups de piolet. Au printemps, je sors de l'eau un chevreuil qui n'a pas réussi à sauter sur la berge. A l'automne, j'élague les arbres de chaque côté, jusqu'à la moitié du bief. On ne m'impose rien, sauf d'assurer le service vingt-quatre heures sur vingt-quatre, ce qui n'est déjà pas si mal. J'ai tous les droits, sauf celui d'élever des canards ou des oies — je fais des poules et je vends mes œufs — ou celui de pêcher, à moins de cinquante mètres des portes. Quand vous repasserez, je vous montrerai une petite peinture de la maison que m'a donnée un artiste : il en vient souvent qui peignent la façade, la berge de peupliers, une péniche dans le sas. En tout cas, avec *Saint-Nicolas*, vous ne vous êtes pas cassé la tête pour trouver un nom. C'est aussi le patron des éclusiers. On a bien besoin de lui pour que nos gosses ne tombent pas à l'eau.

A l'approche de carrières, de soudières ou de magasins

généraux, le trafic encombrait les éclusages. Dès qu'en amont le marinier apercevait les coques serrées à l'extrémité du bief, les tireurs ralentissaient leur marche. Entre Bar-le-Duc et Nancy, les écluses sassaient une quarantaine de bateaux par jour. Le nombre augmentait sans cesse avec les besoins des salines et l'apport des chalands des houillères.

Les souterrains freinaient aussi le cheminement. A la première écluse après celui d'Orchsviller, à l'entrée de Lutzelbourg, les quatre bateaux mis en convoi étaient attendus par la gendarmerie. La péniche *Saint-Nicolas* n'avait connu, jusque-là, aucun contrôle de ce genre. Les gendarmes, quatre de chaque côté du sas, observaient la manœuvre, étonnés de voir une femme au gouvernail et un homme près d'elle, un bébé dans les bras. Les deux portes de l'écluse restaient fermées.

— Qui est le patron?

— Moi, dit Isidore en confiant Clément à Norma.

— Vous êtes blessé?

— Non, pourquoi?

— Vous laissez une femme conduire le bateau?

— C'est ma femme et c'est mon bateau.

— Où est le livre de bord?

Norma descendit dans la cabine que visitait un des hommes embarqués. Elle apporta le cahier de navigation. Le sous-officier feuilleta les pages du contrat de propriété, les certificats d'enregistrement et de navigation. Il laissa le livre ouvert pour étudier la liste des personnes autorisées à naviguer à bord. Il lisait, en s'aidant du doigt, les lignes serrées. Après tant d'autres, le surprenait la longueur du nom d'Isidore Manuelo Capitaine Garcia Ibanez.

— Vous êtes domicilié à Bar-le-Duc avec un nom pareil?

— Quand l'occasion se présente, je vote à Bar-le-Duc.

Isidore, devinant l'étonnement du brigadier, ajouta sur le même ton :

— Avez-vous quelque chose contre les Espagnols?

La découverte des identités réservait une autre curiosité avec Norma Susannah Hopkins-Standish, née à Havenport, Massachusetts.

— Vous parlez français?

— Je comprends tout ce que vous dites. Et vous? *Do you understand me?*

Pour garder la face, le gendarme demanda la présentation d'une pièce d'identité qu'il rendit aussitôt en constatant qu'elle était écrite en anglais. Poursuivant la lecture du rôle de la péniche *Saint-Nicolas*, il en arriva au bébé :

— Clément Manuelo Isidore Capitaine Garcia Ibanez! Ouf! Né à Metz. Eh bien, vous voyagez beaucoup, vous autres. Qui d'autre à bord? Victor Laroche, dit l'Audacieux. C'est plus simple, avec un natif de la Meuse.

Le brigadier nota les récentes étapes du bateau :

— C'est votre deuxième passage à Lutzelbourg. Prenez-vous des passagers d'une étape à une autre?

— Jamais.

Les deux gendarmes, après la visite des cabines de l'arrière et de l'avant, et le contrôle des tatouages, intacts, sur les panneaux des cales, annoncèrent à leur chef qu'ils ne relevaient aucune anomalie. Tous débarquèrent, laissant à l'éclusier le droit de la manœuvre.

Pendant l'ouverture de la porte, Isidore apprit que les autorités recherchaient trois détenus politiques, condamnés à l'exil, échappés pendant leur transfert vers la frontière allemande. Depuis quarante-huit heures, la gendarmerie, l'armée ratissaient les collines boisées, surveillaient le tunnel du canal, contrôlaient, à l'aval et à l'amont, les bateaux en transit.

La grande boucle de Lutzelbourg connaissait, entre les maisons, avant et après l'église, un resserrement qui ne facilitait pas le croisement des attelages de chevaux de la montée et la descente. Le calme revenait, à la sortie du dernier virage, sous les ruines du château que dominait, sur l'éperon boisé, la carcasse éventrée d'une tour centrale.

Le canal glissait de nouveau entre les pins. De l'autre côté du chemin de halage, la rive, comme avant le village mais à droite, cette fois, dominait l'étroite vallée depuis les flancs de grès rose, écartelés par les explosions des mines ou taillés par les pics des hommes. Des bouquets d'arbustes, préservés, s'accrochaient dans les coupes sombres des travaux. La péniche avançait dans ce canyon de verdure et de pierre que perçaient côte à côte le bief, plutôt rectiligne, la Zorn, sinueuse et au flot agité, le chemin de fer parallèle à la petite route vers Saverne. Une maison d'éclusier, un chantier de bûcherons, une auberge brisaient l'austérité de cette nature sauvage, oppressée entre les derniers ballons vosgiens. Surmontant l'horizon boisé, une tour médiévale dressait son nid au-dessus des cimes. Riche de siècles de légendes et de récits fantastiques, la vallée de la Zorn, avec ses massifs farouches, traçait, en sautant sur les roches, la dernière barrière entre la Lorraine de Nicolas et l'Alsace d'Odile.

Après la halte prolongée de Lutzelbourg, l'Audacieux choisit pour la nuit un appontement dans le creux que formait le ruisseau du Haut Barr en rejoignant la Zorn. Les rives étroites formaient un bassin pour une seule péniche, à proximité d'une ferme d'allure alsacienne avec son toit de chaume, les colombages de ses murs, et, sur une cheminée mince et haute, les traces d'un nid délaissé par les cigognes.

Entre le canal et la rivière, une cinquantaine de moutons paissaient dans une prairie étroite qui ressemblait à une île. Le haleur abandonna ses chevaux en bordure du pré. Il dressa la petite tente qui, chaque soir, lui servait d'abri.

Assis sur le pont, Isidore et Norma profitèrent en silence du calme vespéral. Par deux ou trois, des hérons faisaient la navette entre les hautes branches d'un chêne et une mare alimentée par un écart du cours de la Zorn. Au-dessus des bois, haut perchés, planaient des buses, le revers des ailes blanchi par les éclats solaires.

— Que tout semble simple ici, dit Norma. Même dans ce décor de bout du monde on dirait cette péniche faite pour nous. Je pourrais me sentir écrasée par le poids de cette montagne obscure, mais je suis détendue, en confiance.

— Ensemble, nous aurions été heureux partout.

— Pas aussi libres. Nous ne nous quittons jamais.

— Ça ne te pèse pas trop?

— Plus le jour que la nuit. J'aime quand tu bouges en moi en suivant le mouvement de la péniche qui oscille sous le vent.

— Tu ne veux toujours pas d'autre enfant?

— Non. Je continue de craindre la permanente proximité de l'eau. Je ne suis pas sûre, non plus, de l'avenir. Je préfère tout consacrer au bonheur de Clément.

L'Audacieux revint de la ferme avec des œufs frais. Ils mangèrent ensemble l'omelette au lard bien battue par Isidore. A l'écart, le tireur partageait la croûte du berger du troupeau, arrivé près de lui avec une roulotte, guère plus grande qu'une niche, que tirait un chien. Ils bavardaient près d'un feu. Avec le bébé dans son couffin, ils se retrouvèrent à cinq dans le silence de la vallée, bleuie par la nuit que piquetaient, de loin en loin, des lumières tremblotantes. Des chouettes chuintaient derrière le décor figé des tours plaquées sur le ciel étoilé. Le berger poussa un soupir.

— On dit aux enfants du Kochersberg que les chouettes se racontent, la nuit, les anciennes légendes qui sortent peu à peu des mémoires des humains. C'est l'école des sorcières. *Hexenschule!*

— Vous en connaissez, vous?

— Ma petite dame, chaque pierre qui se dresse dans cette montagne vosgienne possède une âme. Elle est femme. Elle est oiseau, meunier, prince charmant. Quand elle n'a pas d'âme, elle est le diable, le malin.

— Depuis le temps qu'on me parle de lui, j'aimerais bien en savoir plus.

— Dormirez-vous, ce soir, si je vous raconte les *Raunächte*, les douze nuits de l'effroi ?

— Je me serrerai plus fort contre mon ange gardien. Allez-y !

— Dans la forêt de Hultehouse, dit le berger, près des ruines des châteaux d'Ochstenstein, perdues là-bas dans le fond, derrière Wassenwald, se dresse le rocher du Spill. Spill désigne le fuseau des vieilles tisseuses. Je me demande, ma petite dame, si vous savez que le rouet ne tourne pas dans le même sens que le soleil. Pour ne pas compliquer, davantage, cette anomalie contre nature, le curé, de longue date, interdit aux dames du massif de Hultehouse de filer pendant les douze nuits de l'effroi, du soir de Noël à l'aube de la fête des Rois. Un hiver, au matin de Noël, un camelot frappa au foyer de dame Berchta, la doyenne des villageoises. Il proposait, comme une offre unique, des écheveaux qui permettaient de tisser des fils d'argent. Berchta, pour ne point partager avec ses commères, acheta le lot. Mais qui était ce camelot ?

— Le diable !

— Bien dit, ma petite dame ! Vous êtes moins bête que la Berchta. Elle tissa toute la journée, puis, encore, le soir venu et pendant la nuit. Il ne vint pas de fil d'argent sur son rouet. Mais la foudre de Dieu, furieux qu'on ne respecte pas les *Raunächte*, s'abattit sur le massif où il ne reste plus, figé dans le grès d'un monolithe, que le fuseau de Berchta, le Spill !

— Je crois qu'il m'en faudra d'autres pour me couper le sommeil. C'est aussi gentil que la légende de la princesse Elcheubise transformée en otarie.

Sous le voile de tulle, Clément dormait malgré les aboiements des chiens du berger qui répondaient sans fin à ceux de la ferme. On entendait, prolongés par l'écho des arbres, les cris rauques des rapaces, ou, parfois, tombée d'une cime plus proche, la criaillerie rageuse d'un corbeau dérangé dans son sommeil. Le berger passa de main en main une gourde d'alcool de pomme sortie de sa besace. Norma happa une goutte sur les lèvres d'Isidore. Sans hésitation et en riant, elle réclama son tour pour goûter mieux au goulot du flacon. Ravi de partager sa soirée avec un si convivial auditoire, le pâtre, sans qu'on le sollicite, ajouta une légende à la précédente.

— Si le Spill de Berchta au fond de la vallée vous semble lointain et trop paisible, je vous promets, ma belle petite dame, que demain, au lever du jour, vous entendrez les coassements tristes d'une grenouille, qui gémit, pour longtemps encore, sur la rive en face de nous.

— C'est aussi le démon?

— Est-ce pire que le démon? C'est une femme, la dame blanche du château de Greifenstein, juste là, sur la colline. Depuis des siècles, les paysans du Koepfel affirment que les souterrains du Greifenstein cachent un trésor. L'or de la Zorn, peut-être? Peu cupide, et doux comme un berger, un verrier de la vallée aimait jouer de la clarinette sous l'enceinte anéantie du château, le dimanche de préférence. Un jour, un air de flûte fit écho à sa mélodie : il précédait l'apparition d'une dame blanche, au sommet du donjon chancelant. Après deux ou trois rencontres, sans autre échange que la musique, le verrier eut l'audace de parler à sa belle visiteuse. Il apprit de la musicienne qu'une malédiction la poursuivait sans fin, à cause de sa trop grande cupidité à amasser un trésor : « Mon salut, confia la dame blanche de Greifenstein, dépend d'un prodige. Chaque vendredi, le sort me transforme en une grenouille visqueuse qui tient, au milieu de sa répugnante gueule, la clef du coffre de ma fortune. Celui qui, de ses lèvres, prendra la clef héritera de ma richesse, qu'il devra partager avec les déshérités. Qu'en dis-tu, charmant clarinettiste? » Le verrier promit de revenir le vendredi suivant. Au jour dit, il approcha de la tour. Il découvrit l'immonde crapaud avec, au milieu du magma de ses lèvres, la clef du trésor. Il s'agenouilla, puis, soudain pris de nausée, s'enfuit pour ne plus jamais revenir. Voilà pourquoi, ma pauvre belle dame, demain, un lugubre coassement, moins gai que les gazouillis des moineaux, vous dira que l'aube est levée.

A la fin de la nuit, Clément geignit au creux de son lit. Isidore se leva pour le poser sur l'oreiller, près de sa mère. A travers la marquise, il aperçut, derrière le mur noir des collines et des forêts, l'auréole blanchâtre du point du jour. Il sortit sur le pont. Sans s'élever, la lueur naissante s'étalait sur la crête du massif avec des traînées de teintes pastel. Au ras du canal, des volutes de brume glissaient, imperceptiblement, comme aimantées par le courant de l'eau. Dans la pénombre, Isidore vit un homme assis contre la barre du gouvernail.

— C'est toi, l'Audacieux?

— Audacieux, oui. Je suis un des hommes que cherchent les gendarmes.

— Viens dans la cabine!

Isidore tira le rideau entre la cuisine et la chambre. Il voyait assez clair pour préparer le fourneau sans allumer la lampe pigeon.

— Tu as déjà entendu la grenouille? demanda Norma.

— Nous avons de la visite.

— Encore les gendarmes?

— Non, le voleur! Enfin, celui qu'ils traquent.

— Ce n'est pas le diable de Greifenstein?

— On lui donnerait plutôt le Bon Dieu sans confession.

— Méfie-toi, le diable est malin, surtout par ici. J'arrive.

Norma fut surprise.

— Je croyais que tu plaisantais, à cause des légendes du berger. Bonjour! D'où sortez-vous?

— Pour l'instant, d'une bâche sur le pont. Je suis là

depuis hier soir. Je n'ai pas bougé à cause des chiens du berger.

Isidore prépara trois bols pour le jus de bouillon qui chauffait.

— Qu'est-ce que tu as fait?

— Je suis républicain, dans un pays que gouverne un empereur. Je réclame la liberté, sous un gouvernement qui pourchasse, emprisonne et exile. Je me suis dit qu'une péniche *Saint-Nicolas* ne me refuserait pas l'asile, au moins jusqu'à Strasbourg.

— Ne te montre pas, ni au berger, ni au haleur qui nous quitte demain à l'arrivée. Après, nous aviserons. L'Audacieux ne posera pas de problème.

— Qui est l'Audacieux?

— Mon maître et mon matelot : l'ancien propriétaire de ce bateau. Et toi, comment t'appelles-tu?

— Félicien Letellier. J'étais ingénieur à l'arsenal de Brest. Elu municipal en 1848, sous la IIe République, puis destitué. Opposé à Louis Napoléon Bonaparte et à son coup d'Etat. Arrêté. Condamné à la prison, par un tribunal composé d'un préfet, d'un amiral et d'un magistrat, puis à l'exil après la proclamation de l'Empire.

— Vous êtes nombreux comme ça?

— Dix mille déportés, en Algérie ou ailleurs, presque autant de prisonniers, des exilés ordinaires, comme moi, et des journalistes, des professeurs, des écrivains. Vous connaissez Victor Hugo? Misérable, comme les autres.

— Réconforte-toi avec ce jus de poule. Pour le reste, faisons confiance à saint Nicolas.

Isidore ne dit rien à l'Audacieux de la présence de l'homme à bord. Félicien dormait sur le lit bas qu'utilisait avant lui Mélanie. Il récupérait de la fatigue de la traversée du massif. Dans le cours paisible de la plaine alsacienne, Norma tenait la barre. Elle acceptait volontiers le souhait de son mari d'héberger le fugitif autant qu'il le souhaiterait, en prenant des précautions, et en jouant l'innocence si un nouveau contrôle se présentait.

Félicien Letellier n'attendait rien de précis. Sans famille, sans attache, il n'imaginait pas retourner à Brest. Par principe, il refusait la fuite à l'étranger.

— Je dois me rendre compte, et je dois vous dire, que, sous le sceau d'une condamnation, je suis sans papiers, désargenté, et un risque pour ceux qui m'abritent. Il me faut tenir quelque temps. L'Empire et sa police coupent des têtes. Il en poussera d'autres, avec les mêmes idées d'indépendance d'esprit : le pays en aura besoin pour son administration, ses usines, ses lycées, pour les hôpitaux ou simplement les canaux, leurs écluses et leurs péniches. Il est tout de même plaisant qu'un homme comme moi, qui construisait des canonnières pour remonter le fleuve Mékong, se retrouve sur une péniche pour descendre, au pas d'un cheval, la vallée de la Zorn et le canal de la Marne au Rhin.

Le chargement d'ardoises débarqué, Isidore souhaita quitter au plus vite la ville flottante que constituaient les bassins de Strasbourg, les bateaux et les entrepôts. Ce port encombré servait de plaque tournante aux marchandises. Elles arrivaient du monde entier, par Rotterdam, de Bavière et d'Autriche par Bâle et les ports du Rhin, du Havre, via Paris, des mines du Nord et de Champagne par Vitry-le-François, la route habituelle de la péniche *Saint-Nicolas*. Les mariniers attendaient plus leur tour de charger la marchandise que la signature d'un contrat. Grâce à ses magasins généraux, Bar-le-Duc connaissait une demande fréquente. L'Audacieux repéra vite un bon tonnage de vrac, constitué de sucre, riz et café, embarqué en trois jours par une armée de coltineurs.

Pendant ces préparatifs, Félicien ne quittait pas la cabine. Il lisait des numéros périmés du *Messager boiteux*, un almanach imprimé à Colmar, acheté par Isidore à un colporteur. Il s'attardait sur les pages de jeux, déchiffrait des rébus qui l'enrageaient par leur facilité. Grâce aux cahiers de Charles Midon et aux dessins qui les complétaient, il découvrait aussi l'histoire de la famille d'Isidore Garcia Ibanez et l'univers américain de Norma Hopkins.

— Je ne pouvais tomber que sur des gens comme vous, disait-il. Voyager, c'est comprendre.

Pour éviter une fâcheuse indiscrétion, Isidore se passa, pour le retour, du service d'un long-jour, un attelage loué jusqu'à destination.

— Ce sera une aventure de plus, dit-il. L'Audacieux et moi prendrons la bricole, Norma le gouvernail, qui est moins dur à tenir en amont qu'en aval. A moins de trois kilomètres à l'heure nous ne risquons pas de plier en deux la nef de *Saint-Nicolas*.

Dans le coffre pour les agrès et les cordages, que l'Audacieux appelait le tabernacle, il restait deux anciens harnais. Norma, elle-même, plaça la bande de chanvre épais sur l'épaule d'Isidore; un manchon consolidé par des os de mouton réunissait les deux cordons à hauteur de la main.

Des barques amenèrent la péniche à l'entrée du bief. Le halage commença aux premiers mètres du chemin en bordure du canal. L'Audacieux marcha en tête :

— Comme le cheval de main, celui qui guide l'autre, disait-il.

La corde montait de la bricole jusqu'au sommet du grand mât. Sur le bas, la tire d'Isidore rejoignait celle de son compagnon. Après le coup de collier du départ, qui obligeait à se courber pour ébranler l'étrave, la traction, favorisée par l'élan naturel de la charge sur l'eau, demandait plus d'attention dans la cadence que dans l'effort. Rassurée de ne pas retrouver dans les gestes de son mari la lassitude des hommes et des femmes qui chargeaient dans les cales les sacs de la cargaison, Norma, de la voix, encourageait les hommes.

Félicien s'occupait de Clément, enchanté de la compagnie. Il préparait le repas. Les pages du *Messager boiteux* lui offraient les recettes d'une galette lyonnaise, avec des oignons, un gratin auvergnat, fait avec du munster à la place du bleu de Roquefort, une tourte aux blettes, une tarte au fromage blanc d'Alsace. Il lisait sur le pont, sauf à l'approche et au passage des écluses. S'inspirant des carnets prêtés par Isidore, il notait ses observations sur un cahier dont la première page commençait par : *J'ai embarqué pour la première fois sur la péniche Saint-Nicolas entre les ruines des châteaux du Haut Rhin et de Greifenstein.* Suivaient les légendes de la dame blanche et de la fileuse Berchta, racontées, un soir, par Isidore d'après la version du berger.

Tous à bord appréhendaient la remontée de la Zorn entre Saverne et Lutzelbourg. Après deux semaines, l'épisode de l'évasion des prisonniers ne troublait plus les éclusiers ni les commerçants riverains. Les conversations portaient sur le prochain voyage qui, par train spécial, drainait les habitants du massif pour une visite de l'Exposition universelle de Paris. C'était un projet d'évasion sans pareille qui entraînait les familles entières, les groupes des fanfares ou des associations. Les plus âgés, ou des parents, parlaient, plutôt, de la mobilisation de jeunes gens, appelés en renfort pour combattre en Crimée où, depuis un an, durait le siège de Sébastopol.

Après Lutzelbourg, la succession des écluses facilitait la tâche du halage. Avec une ou deux bêtes, sur le long parcours de dix-sept biefs successifs, des charretiers, réunis en une seule équipe, approchaient les péniches du sas ou les déhalaient vers le passage suivant. La lente progression prenait la journée entière. Suivait un enchaînement de tunnels, le plus court de cinq cents mètres, le plus long de moins de trois kilomètres.

Pour la première fois, la péniche *Saint-Nicolas* les abordait de nuit. Félicien, derrière l'Audacieux, remplaçait Isidore. Ils marchaient sur l'unique passage de pierre en tenant la corde de la main courante. La semelle des sandales glissait sur les pavés humides : les haleurs professionnels, mal nourris, épuisés par les marches et les privations, parlaient des souterrains de Nierderviller comme des couloirs de la mort. Maladroits, étourdis par le verre de schnaps avalé au dernier comptoir alsacien, éblouis par la réverbération d'une lampe à pétrole sur le miroir de l'eau noire, des hommes dérapaient fréquemment, sans grand espoir de survie, dans le mince espace laissé entre la rive et le flanc des bateaux, ou entre le plafond de la passe et la sole de la coque.

Isidore et Norma, serrés contre l'écoutille de la cabine, découvraient, main dans la main, cette marche insolite, irréelle. Le bruit dominait dans l'obscurité quasi totale. La chute d'un objet sur le pont d'une péniche, la fermeture d'une porte de cabine ou d'une trappe sur un pont, les cris des haleurs et ceux des mariniers, accrochés à leur barre inerte, résonnaient sous la voûte, couraient au-dessus des plats-bords. Au lieu de servir de points de repère, les lumières brisaient les perspectives. Elles empêchaient l'évaluation des distances. Elles dessinaient des ombres qui rapprochaient les masses des péniches, mêlées dans le même train. Les pénichiens et les haleurs communiquaient entre eux avec des lampes inspirées de celles des employés de chemin de fer : les carreaux blancs, verts, rouges de leurs fanaux indiquaient la manœuvre en cours, ou celle à exécuter. Vers l'invisible sortie du tunnel, brillait le halo blanchâtre du projecteur du bateau de tête, le reflet dans une plaque de fer-blanc d'une lampe à pétrole qui donnait plus de brillance que de visibilité.

Norma caressait la barbe d'Isidore :

— Les sorcières de la montagne se glissent-elles sous les tunnels ?

— Non. Car le sous-sol de la terre qui conduit aux enfers appartient au diable.

— J'ai moins peur dans les souterrains de Satan que dans les vagues de Neptune sous l'entrepont du *Schelde's trots*. Isidore, cette navigation apocalyptique dans les entrailles de la terre me rappelle mon père. Il cheminait ainsi dans le noir, avec je ne sais quelles lucioles pour guider ses sinistres pensées.

— Je pense plutôt à Martial et Bejte. Ils me manquent, sans espoir de les revoir, ni même d'échanger des nouvelles.

— Ils nous ressemblent. Ils ne seraient pas différents de nous, sous cette voûte de grès humide qui balance ses gouttes d'eau sur le nez. A l'entrée du prochain tunnel, j'aimerais que tu me fasses l'amour dans la cabine.

— Debout contre la porte de la graveleine, que je voie tes yeux briller dans les éclats des lampes des haleurs.

— Ça me rappellera les casiers à langoustes d'Havenport.

La sortie des tunnels marquait la fin de la traversée du massif vosgien, la marche entre l'Alsace, aux clochers pointus, et la Lorraine, qui étalait sa plaine avec une élégante paresse. Les noms des villages, au fil des écluses, perdaient leur *bourg* final que remplaçaient des *ing* et des *ange*. Après les roches abruptes du chenal et les pierres massives des ruines moussues, la campagne prenait ses aises dans l'espace libéré. De loin, l'église indiquait une commune de vingt ou trente maisons, basses, sauf celle d'un propriétaire aisé dont le toit rivalisait de hauteur avec le campanile paroissial.

A peine plus grands que des mares, les étangs abondaient, fermés sur une corne de terre, par un arbre, tordu pour avoir beaucoup résisté aux montées des eaux. Des vaches paissaient dans la tranquillité du lieu que ne troublait, soudainement, qu'un envol de hérons, appliqués à garder leur ligne, ou l'essor bruyant des canards lancés, tête tendue, dans une course aveugle.

Attelé à sa tâche, Isidore ne profitait du paysage qu'à l'heure de la pause. L'Audacieux choisissait ce moment quand se rapprochait, à l'arrière, un bateau tiré plus rapidement par un attelage. Il baissait le grand mât de la péniche, au-dessus de laquelle filait la fintrelle tendue par la traction animale de l'autre montant.

La halte ne durait pas. Norma coupait les tranches d'une miche achetée dans la matinée. Selon les occasions des boutiques fluviales, elle les tartinait de pâté ou de fromage. Félicien insistait pour qu'on mange les derniers morceaux froids de sa tourte aux blettes ou de sa tarte aux oignons. Ils buvaient une carafe d'eau fraîche, puisée dans le tonneau empli tous les deux ou trois jours.

Les manœuvres de ralentissement, les encombrements, gênaient plus l'Audacieux et Isidore que le halage ordinaire dans les biefs. A l'approche du grand étang de Gondrexange, l'attente ressemblait à celle des entrées de ces longs tunnels du Nord et du Centre que les péniches passaient en ligne de vingt-cinq, avec une rame à midi et une autre à minuit, dans un sens, deux, entre-temps, dans l'autre direction. A la sortie d'une boucle, des chalands bloquaient par des manœuvres le trafic du canal. Sur la rive droite un nuage de poussière, des palans d'appareils de levage montraient l'importance du chantier de la fin du creusement du canal des Houillères de la Sarre.

A la dernière écluse avant les cinq cents hectares d'eau et de joncs de l'étang, un panneau décrivait le tracé de la voie nouvelle, presque achevée, reliant aux biefs du canal de la Marne au Rhin les bateaux amenant, par un parcours dc soixante-trois kilomètres avec vingt-sept écluses, le charbon de la Sarre, vendu cinquante pour cent moins cher en France que celui du Bassin de la Loire. La carte du tableau montrait les taches bleues des étangs, voisins de celui de Gondrexange, que longeait le tracé.

— Avec tout ce charbon, les hérons seront de plus en

plus cendrés, disait Isidore, agacé par cette concentration de barques.

Alors que les pénichiens de l'amont se préparaient à naviguer de nuit pour rattraper le temps perdu, il choisit de s'arrêter. Perpendiculaire à la rive gauche, un espace pour un bateau ressemblait à la crique de la ferme, sous le château du Haut-Barr.

Comme un phare, se dressait, à l'entrée, une croix de chemin, perchée sur son socle. Vers le fond, un chêne abritait en partie une chapelle, pas plus grande qu'un ermitage, quatre murs blancs, les deux pentes d'un toit d'ardoise, coiffé d'un clocheton sur le devant. Derrière, une roselière étalait sa surface striée par les reflets orangés des tiges jaunes des plantes d'eau.

— Je m'occupe du souper, dit l'Audacieux en emportant sa canne à pêche vers la mare.

Allongé, torse nu, sur le couvercle du coffre aux cordages, Isidore profitait du massage que Norma appliquait à son épaule, rougie par le contact du chanvre du harnais. Elle frottait la clavicule et le plexus avec une décoction jaunasse, à base de feuilles d'arnica que les haleurs trouvaient dans les bocaux d'herboristerie des bazars des aires de repos. A califourchon sur le fessier de son père, Clément tapait, en riant, sur le creux des reins. Félicien déplaçait, dans leur gaine de toile, les osselets de mouton du manchon de la bricole :

— J'ai trouvé, dans un numéro du *Messager boiteux*, une liste de définitions qui concerne cet instrument de travail. Je voudrais vous faire profiter de ce jeu de mots, qui s'emboîtent les uns dans les autres comme les pièces d'un puzzle ; Isidore aura de quoi penser en tirant sur le harnais. A l'origine la *bricolla* est italienne : c'est une catapulte. Première adaptation française, la *bricole* devient le bond que fait la balle au jeu de paume quand elle frappe le mur. Evolution : au billard, la bille qui touche une des bandes, avant d'atteindre l'autre bille, réussit un *coup de bricole*. Comment passer du tapis vert au chemin de halage ? Dans la marine la *bricole* désigne la force des poids qui permettent de pencher un vaisseau sur le côté. Et donc, d'usage en usage, la *bricole* devient ce truc de chanvre, avec sa poignée d'os, qui tire vers la rive, dans le sens de l'eau, la péniche qui nous transporte.

— *Le Messager boiteux* parle-t-il de la décoction d'arnica que j'étale sur cette épaule meurtrie ?

— Non. Je chercherai arnica dans un autre numéro. Mais écoute ceci, ma chère Norma, qui est plus rassurant. S'il prend du travail inhabituel, en attendant de reprendre son métier ordinaire, un ouvrier *bricole*. Moralité : sans rien faire sur la péniche *Saint-Nicolas* je risque les galères à perpétuité pour outrage à Sa Majesté, mais ton mari, en suant sang et eau au bout de son harnais, n'est pas condamné à la *bricole* à vie. Ce n'est qu'une occupation de passage. De la *bricole* !

L'Audacieux revenait de la roselière, suivi d'un homme boudiné dans une robe noire. Il tendit un poisson en criant :

— J'ai pris un brochet et, en même temps, un capucin.

— Le capucin c'est moi, dit l'ermite de la chapelle en montrant la croix de bois qui pendait sur sa bedaine. La péniche *Saint-Nicolas* est la bienvenue au havre de Notre-Dame de la Canardière. La Canardière est derrière nous. C'est un lieu-dit qui, depuis que parle la poudre, a coûté la vie à des générations de colverts. Notre-Dame se dresse en bordure du canal. Quelques marinières se signent, en apercevant sa silhouette au pied de la croix. Une halette blanche de paysanne lorraine cache le bonnet phrygien qu'ont peint sur sa tête les mignots provençaux de la Révolution qui montaient à Strasbourg chanter la *Marseillaise* avec Rouget de Lisle.

Remis sur pied, Isidore salua le visiteur de la main.

— Comme le désert, un canal réserve toujours des rencontres inattendues. Que faites-vous, seul, entre les écluses et les marécages ?

— Je suis le Robinson Crusoé du pays des étangs. Je vivais seul, ici, entre l'arbre mort d'Eric le Sanglant, qui, les soirs d'orage, cogne ses épées contre celles des paysans qui protègent leurs marécages salants, et l'Ile de la Folie, d'où montent, aux nuits du solstice, les cris des hommes et des femmes engloutis en cherchant, sur ses rives, le chemin du trésor caché. J'étais Robinson, côté profane j'ose dire, et saint François, qui est mon patron, pour le reste. Les canards de la Canardière ne me craignaient pas. La cloche, que j'appelle *l'Aronde*, de mon humble campanile ne levait pas les courlis au croupion blanc, titillant les souches de roseau avec leurs becs effilés et pointus ; cendrés ou courlieux, ils avaient le sabre, je possédais le goupillon. Je payais de ma solitude mes frasques de curé rouge, monté sur les barricades de Paris, en 1848. Des sbires me cherchaient dans les caves du faubourg Saint-Antoine. Dieu me recevait dans cette chapelle abandonnée, que j'ai consolidée, blanchie, couverte. Je me satisfaisais de l'aube du ciel, du silence de Notre-Dame, sous sa coiffe blanche, des cris contradictoires, des bécasseaux et des trépassés de l'Ile de la Folie. Le seigneur m'offrait les carpes de la roselière et le lait de mes deux chèvres. Peut-être était-ce le paradis. Puis arrivèrent les pics, les mines, les dragues, les masses qui cognaient les palplanches du chenal du nouveau canal. Aujourd'hui, l'ermitage du petit père François est une auberge espagnole pour mariniers de tous bords. Ils posent leur coque sous la croix où Marie, accablée, porte le corps de son fils. Ils ne la regardent pas. Assis entre les joncs de la roselière, ou sur la dalle de la chapelle sans autel, je les entends gueuler contre leurs chevaux, leur femme et leurs enfants, puis rire, quand ils ont éclusé un flacon de mirabelle, en aval, ou un carafon de schnaps, en amont. La solitude ne se partage pas.

— Pour un ermite, vous avez la parole bien pendue.

— Je réserve mon silence à Dieu. J'offre ma parole aux sarcelles et aux bécassines des marais.

— Vous avez beaucoup d'oiseaux, mais imagine-t-on un prêtre sans des ouailles ?

— Peu à peu, elles viennent à moi, comme vous, ce soir. Je leur recommande de ne pas attendre le paradis sur terre, et encore moins sur l'eau. Les fidèles, dans leur résignation, n'ont pas l'instinct de survie des oiseaux. Quelle leçon, pour ceux qui tendent la joue gauche après le soufflet sur la joue droite ! Je vous recommande les crochets de la bécassine, qui fuit, en zigzaguant, le chien ou le chasseur qui l'a levée dans son trou d'herbes flottantes. L'ouaille dit amen à Dieu, au curé, au référendum et à l'Empereur. L'ouaille est moutonnière. Vous ne me semblez pas, dites-moi à votre tour, des mariniers comme les autres.

— Je viens d'Havenport, Massachusetts, Etats-Unis d'Amérique, dit Norma.

— Je m'appelle Capitaine Garcia Ibanez, dit Isidore.

— Et moi François Castellani, fils d'un ébéniste italien du faubourg Saint-Antoine à Paris.

L'Audacieux réclama un plat pour le brochet, grillé au-dessus des braises de son feu, entre deux pierres de la berge. Norma prépara la table dans la cabine.

Le jour tombait. La vitre de la fenêtre découpait dans le décor de l'étang de Gondrexange un carré de toile de maître. Filtrant au-dessus d'une barre de nuages gris, le soleil, invisible, plaquait sur l'eau un éclat, vif comme une barre de fer dans le feu d'une forge. L'irréelle matière, blanche au centre du noyau, jaunissait, rosissait, tendait vers le gris puis le noir, en obscurcissant le fond du décor jusqu'à la barrière dense des peupliers. L'étang offrait son mystérieux miroir au feu allumé, et soudain éteint, d'un ciel partagé entre une sérénité finissante et le début d'une humeur maussade.

Norma pencha sa carafe sur les verres.

— Ce n'est ni de la mirabelle ni du schnaps, mais du vin de Vic-sur-Seille, acheté à l'écluse.

— Il a noyé le chagrin de plus d'un évêque de Metz, maître des lieux et des salines. Gardez ma part de brochet, je vais chercher un accompagnement que les évêques appréciaient aussi.

Le père François revint avec un bocal planté d'une cuillère en bois.

— Nous sommes à l'entrée d'un pays de la Lorraine qu'on appelle le Saulnois parce qu'il baigne dans le sel. Dans le sel pousse la salicorne, que voici. Ce n'est pas un cornichon mais un épinard. Les paysannes l'appellent le passe-pierre, parce qu'il est censé guérir de la goutte. Votre histoire d'oiseaux, que je confie à la bonté de Dieu, et d'ouailles, que je vous semble abandonner, me turlupine. Permettez-moi une question : la péniche *Saint-Nicolas* est-elle une nef de croyants?

Isidore esquiva la réponse :

— Si nous ne sommes pas des mariniers comme les autres, vous n'êtes pas non plus un prêtre ordinaire.

Sans attendre autre chose, l'ermite raconta qu'il était prêtre par la volonté religieuse de ses parents, gens de foi profonde. Peu enclin au service paroissial, il enseignait dans un collège et remplissait son office ecclésiastique dans la corporation, agitée, des menuisiers et des ébénistes, qui l'entraînèrent dans la fronde républicaine. Félicien ne livrait rien de ses sentiments, sans que lui échappent les regards amusés d'Isidore ou les sourires discrets de Norma. Satisfait de l'accueil réservé au brochet, l'Audacieux ne demanda pas son reste après une ultime lichette du vin gris de Vic-sur-Seille.

— Qu'est-ce qui vous retient, ici, maintenant que la jonction des deux canaux trouble votre solitude? demanda Félicien pour briser le silence.

— La question mérite d'être posée. La salicorne, peut-être ! Le vanneau huppé ! Mes brebis bien sûr, qui, elles aussi, remplacent les ouailles, comme dit monsieur.

— Les mariniers sont des gens croyants. Pourquoi ne pas leur porter la parole comme aux artisans du Faubourg ? Soyez le pèlerin des chemins de halage, le pasteur des écluses et des bassins de virement.

— Il faut que j'en parle à Notre-Dame de la Canardière. Je crois qu'elle est lasse, elle aussi, du fracas des poseurs de palplanches et des coups de mine des terrassiers. Ici, ou ailleurs, je vous retrouverai bien sur mon chemin. Gardez la salicorne : c'est très bon, avec une tranche de pâté de canard.

Félicien raccompagna l'ermite avant de rejoindre sa couche dans le *reû* de l'Audacieux.

Au moment de s'endormir, Norma dit à Isidore :

— Ce père François est un personnage. J'ai connu des croyants moins toniques que lui.

Elle nicha la tête dans le creux de l'épaule de son mari.

— Je m'habitue aussi à l'odeur d'arnica des haleurs de petit paradis flottant.

A l'aube, une brume couvrait la péniche, le canal et les étangs. Dans la fenêtre de la cabine une gravure bleuâtre remplaçait la toile luxuriante de la veille au soir. Vers le fond rapproché du paysage, le jour qui pointait tapissait le ciel d'un rideau blanchâtre, annonciateur d'une éclaircie pour la matinée. Dans le contre-jour, les arbres découpaient une frise sans consistance, grise, noire avec une touche de mauve délavé. Un frêne, plus proche, flottait sur un socle de nuage comme la silhouette dégingandée d'un épouvantail bousculé par le vent. Au milieu du canal, après la rive invisible, la nappe vaporeuse butait sur le tapis bleu, presque vert, de l'eau épaisse et immobile.

— Je veux voir ça de près, dit Norma.

L'air humide n'était pas froid. Du pont, mieux que par

la fenêtre, on voyait glisser sur le bief la chevelure transparente du brouillard sans épaisseur. Accrochée derrière Isidore, qu'elle tenait par le cou, Norma dit en souriant :

— Tu ne remarques rien? La brume matinale sent l'arnica.

— Oui, elle appelle le haleur au travail.

Ils s'embrassèrent dans le halo bleuté qui couvrait la péniche.

— Prendriez-vous deux biquettes à votre bord?

— Père François, déjà levé! Vous vous séparez de vos chèvres?

— Non, elles m'accompagnent. Je pars avec vous, avec votre permission.

Ils se retrouvèrent tous autour de la soupière. L'ermite reprenait à son compte l'idée d'un pastorat parmi les pénichiens dans un port ou un important lieu de passage.

— J'y réfléchirai d'ici Bar-le-Duc.

Pendant que l'Audacieux et Isidore préparaient la frintelle du mât et les harnais, le prêtre retourna un instant vers l'oratoire. Pendant quelques instants on entendit, comme une cloche de brume dans la campagne laiteuse, *l'Aronde* du petit clocher qui tintait avec un son métallique, proche et pourtant lointain, dans la ouate du petit jour. L'abbé remonta en soufflant la planche appuyée sur le plat-bord.

— Je ne pouvais pas partir sans saluer mes bécasseaux et mes courlis. Je leur confie Notre-Dame de la Canardière.

La péniche *Saint-Nicolas* entra dans le silence de la purée de pois avec près du gros nez, attachées aux galoches avant, la silhouette de deux chèvres, plantées comme les naïades protectrices de la proue d'un bateau. Dans les bassins d'attente qu'imposaient les passages d'écluses ou de tunnels, des encombrements ou des travaux sur les berges, le père François menait paître ses bêtes qui attiraient, aussitôt, les enfants des péniches, puis, par curiosité, un ou plusieurs adultes. Après la causette, les enfants tiraient les chèvres jusqu'à leur place habituelle, à l'avant. De bief en bief, la péniche gagnait en notoriété avec son couple d'ovins cornus et son jovial passager qui semait Dieu à tout vent.

L'ermite de la Canardière entreprit sa mission nouvelle dès ses premières étapes sur le canal. Quelques jours suffirent pour qu'il découvre la foi sincère des pénichiens et de leurs familles. La quasi-totalité baptisait les nouveau-nés, parfois même hâtivement, à la première étape après le délicat accouchement, à bord, avec l'aide d'une ou deux autres marinières. Beaucoup s'imposaient les prières du matin et du soir, un Ave ou un Pater, qui compensaient l'absence à l'office dominical. La plupart accomplissaient les obligations de la semaine sainte et de l'Eucharistie pascale. Tous, les incroyants avec eux, respectaient la fête de printemps de Saint-Nicolas et surtout celle du 6 décembre. Certains célébraient également Honorine, à la fin février.

Pour ne pas traîner sur le pont, comme des touristes désœuvrés, pendant qu'Isidore et l'Audacieux coltinaient leurs harnais et que Norma surveillait le gouvernail, le père François et Félicien se tenaient dans la cabine. Heureux de la compagnie, Clément se traînait entre leurs jambes ou jouait avec les cubes taillés pour lui par l'Audacieux et peints de couleurs vives par son père. Comme des étudiants attentifs le prêtre et l'ingénieur, assis devant la table, échangeaient leurs observations ou leurs réflexions.

— Plus que dans beaucoup d'autres professions, disait l'abbé, la religion de ces mariniers est corporatiste. Ils parlent peu de Dieu ou de Notre-Dame. Les saints qu'ils évoquent appartiennent à leur famille. Les brumes matinales sur les rives, les images tremblantes de l'eau dans la lumière du crépuscule, les mystères des nuits isolées favorisent les légendes. Le martyrologe de la batellerie est un livre de contes, qui ne se termine bien que si le protecteur, ou la protectrice, intervient dans le bon sens, comme saint Nicolas avec les enfants du cuvier.

Avec son nouvel ami, Félicien découvrait cette vénérable cohorte d'intercesseurs dont les réputations changeaient avec les régions d'origine des mariniers. Les quelques Belges et les transporteurs de houille du bassin du Nord, rencontrés par le père François, vénéraient la religieuse italienne de Pérouse, Rita, qu'on ignorait partout ailleurs. Les habitués de l'Escaut l'appelaient au secours pour les causes désespérées, réputation acquise par la moniale ombrienne, coiffée, après une prière, des pointes de la couronne d'épines de la Passion. Les Normands préféraient Adjutor, pour qui l'ancien ermite ressentait une amicale attirance.

— Sa vie et sa survie forment les deux volumes d'un feuilleton. Il est né à Vernon dans l'Eure, sur les berges de la Seine, au début du onzième siècle. Il participa à la Première Croisade dans la compagnie de Robert, duc de Normandie, avec lequel il emporta Antioche. Fait prisonnier pendant le siège de Jérusalem, que menait Godefroi de Bouillon, il tomba aux mains des Sarrasins qui l'enfermèrent dans une grotte en bordure du Jourdain. Le vaillant croisé s'échappa une nuit et rejoignit à la nage l'autre rive du fleuve. Repris, et enfermé sous une masse de chaînes pesantes, Adjutor, vaincu par la force, implora Marie-Madeleine. La nuit suivante deux anges délivrèrent le prisonnier de sa cuirasse d'acier. Ils le transportèrent dans les airs, sans voler aussi haut que cet imbécile d'Icare, jusqu'aux berges normandes de la Seine à Vernon. Fin du volume premier.

La compagnie du père François convenait à Félicien, soumis à la monotone allure de la péniche. Malgré lui, il lisait plus lentement les pages des livres, il écrivait au rythme de l'image qui durait derrière la vitre de la cabine. Ses antécédents italiens rendaient plus rapide le flux du récit de son ami, qui semblait se libérer, d'un coup, des silences prolongés au bord de sa roselière.

— Second tome du roman d'Adjutor, patron des mariniers normands qu'il protège de la noyade, et leurs enfants aussi. Je l'ai abandonné sur le sol natal, nu, meurtri, encore, par les chaînes des Sarrasins. Le vaillant croisé adopta, pour se vêtir, la robe de bure des moines de saint Benoît, et leur règle, pour servir Dieu. Pour remercier Marie-Madeleine il lui construisit une chapelle, qui dominait la Seine, en un mauvais lieu de fonds et de tourbillons. Voilà l'origine de la reconnaissance batelière du Vexin, et de la Normandie tout entière : en jetant dans l'eau des chaînes, semblables à celles qu'il portait sur les rives du Jourdain, Adjutor, un jour de tempête, rendit son calme au gouffre tumultueux, et la navigation sans risque aux nautoniers de passage.

De halte en halte, le père François revenait à bord avec le culte nouveau d'Hippolyte, auquel les bateaux-écuries confiaient naturellement le bien-être de leurs chevaux, un saint Roch, que priaient les haleurs quand un chien errant leur mordait les mollets, un obscur Anschaire, protecteur de la foudre du côté du canal de la Somme.

Le panégyrique se poursuivait, à la table du soir. Félicien profitait de la seconde évocation de la pieuse récolte du jour. Dans le verbe et la curiosité du père, Isidore retrouvait l'esprit attentif de Charles Midon, toujours aux aguets de la vie du Village. La nomenclature des protecteurs préférés des mariniers ressemblait à la litanie, que recherchait son oncle, des patrons des viticulteurs et celle des dictons qu'ils suggéraient, du 1er janvier au 31 décembre.

— Je connais la chanson, coupait l'intarissable prêcheur : *Janvier d'eau chiche fait le paysan riche; A Noël les moucherons, à Pâques les glaçons*. Je me méfie de ces fadaises. Je souris un peu, au fond de moi et sans le dire, des superstitions qui transforment Rita, Adjutor et Hippolyte en idoles populaires. Mon père, qui, par commodité, m'a fait curé, répétait devant les simagrées de ma mère, dévotement liée à saint Antoine de Padoue : *Passato il pericolo, baffo il santo.* Passé le danger, au diable le saint !

L'Audacieux, qui se souvenait à peine qu'il se prénommait Victor, parce que c'était le nom du duc de Bellune, le général vosgien de son père à Friedland, quittait la table avant les autres, par ennui et par discrétion. Clément endormi, Norma profitait de l'ambiance amicale autour des bols de tisane que parfumait une goutte du flacon de schnaps apporté de l'ermitage de la Canardière. Dans les longues lignes droites des biefs de la campagne lunévilloise, elle pensait à l'équipage de curieux personnages que transportait la péniche *Saint-Nicolas*, une association de gens en rupture de ban, *outside the law*, murmurait-elle en anglais. Parti du Village pour fuir son immense peine, Isidore avait subi les pierres de ceux qui le damnaient, avec tous les pachas de la terre, et les Turcs avec eux. Le plaisant père François, qui ne craignait plus rien aujourd'hui, descendait des barricades du faubourg Saint-Antoine. A chaque écluse, Félicien s'éloignait de la frontière de l'exil qui le menaçait. Elle livrait sa réflexion, le soir, dans le calme de la cabine, en ajoutant :

— Et moi, pour ne pas être en reste, je file le parfait amour avec le suborneur venu m'enlever dans un port du Massachusetts où plongent mes racines de descendante des *Pilgrim Fathers*. Saint Nicolas protège à ce bord un nid de rebelles.

— Au séminaire, mes maîtres appelaient cela des mauvais esprits.

— A l'arsenal de Brest on parlait de fortes têtes.

— Qu'avons-nous gagné, moi en quittant le Village, et plus tard une imprimerie, toi en laissant à Havenport l'herboriste Hopkins, englué dans la mélasse, vous, Père, en retrouvant le calme parmi les courlis, toi, Félicien, en grimpant sur ma passerelle ? La liberté, tout simplement.

— Sais-tu quel jour nous sommes ? demanda Norma.

— Aucune idée.

— Le 4 juillet. C'est l'Independance Day, là-bas, contre les paniers de langoustes.

— Nous serons à Bar-le-Duc pour l'anniversaire de la prise de la Bastille !

Quand Félicien et l'abbé quittèrent la cabine, Isidore se planta devant Norma :

— N'attendons pas dix jours pour danser la Carmagnole.

— Je te comprends à demi-mot, mais je suis entièrement consentante.

Pendant toute la nuit le vent et les vaguelettes bercèrent la cabine de la péniche *Saint-Nicolas*.

14

LES ÉPÉPINEUSES

Après les rivages de saules et de joncs du pays des étangs et la traversée de celui du sel, le canal suivait un cours monotone. A moins de deux jours de navigation de Nancy, la vie rurale cédait la place à des salines, soudières, entreprises, installées près de la voie fluviale avec des échafaudages de verseurs ou de palans pour le chargement des péniches.

Recueillies aux écluses et dans les haltes, les nouvelles annonçaient la fin de l'épidémie à Bar-le-Duc. Selon les mariniers passés dans la ville, les activités reprenaient leur cours, avec beaucoup d'absents parmi les haleurs, coltineurs, flotteurs de bois des bas quartiers décimés. Isidore calma son impatience de toucher au but, à l'approche de Saint-Nicolas-de-Port.

En début d'un après-midi, la basilique émergea sur bâbord, au-dessus des toits. Isidore la découvrit différente, clouée au ras du sol, massive plus que majestueuse. Malgré une perte de temps il choisit de passer la nuit contre un appontement, près d'une plâtrerie à la hauteur même de la basilique soudain ragaillardie par la lumière. Avec émotion, quinze ans après son passage avec Elche, il entraîna Norma vers les rues étroites, semblables à celles de Metz, avec les avancées de balcons, les tourelles de coin. En ce jour de marché, les vendeurs étalaient leurs légumes et leurs fruits sur le pavé de la chaussée. Les marchands de volaille et de viande occupaient les niches sous les arceaux des murs du grand édifice.

A l'intérieur de la basilique, des allées et venues de manœuvres indiquaient une activité de chantier. Des coups de marteau, des chutes d'outils, des interpellations résonnaient dans les chapelles. Perchés sur des échelles, assemblées les unes aux autres, les ouvriers fixaient des éléments de vitraux dans des lancettes étroites de baies fort larges.

— Il s'appelait Desloy, dit Isidore. Il se disait le vitrier de saint Nicolas. Il n'est plus seul aujourd'hui.

Un compagnon indiqua que l'homme travaillait dans l'abside, près de l'autel.

Norma retint son mari pour profiter de l'harmonie du vaisseau central que fermaient les voûtes éclairées par les colonnes de vitraux en réparation. Elle ressentait la même émotion que dans la nef messine de Saint-Etienne, avec, à la place de la gravité pieuse de l'architecture sombre, la béatitude d'une clarté sereine.

— Le voici, dit Isidore. Il est plus courbé qu'autrefois mais encore alerte.

Ils approchèrent de Joseph Desloy, dont le prénom revint soudain à son ancien visiteur.

— Je vous ai rencontré, il y a longtemps. Vous classiez les morceaux épars des vitres brisées. J'ai partagé votre pigeon aux lentilles, pendant que vous me parliez de Valentin Bousch.

— Tu as du mérite de me reconnaître. Me voici aussi ratatiné que ce pauvre saint Antoine de Padoue : il ne tient plus debout, parce que la vitre est cassée, mais ses rides sont aussi creuses que les miennes. Qu'est-ce qui t'amène ici, avec une si jolie jeune dame ?

— Ma péniche, sur le canal. La péniche *Saint-Nicolas*.

— Toujours fidèle au poste, lui aussi. Le voilà, là-haut, entre le duc René II et l'archange Gabriel. Le prochain à les rejoindre sera mon saint Antoine, quand j'aurai fini sa chemise de plomb, autour de l'auréole verte de son bonnet violet.

Abandonnant un instant sa tâche, le vieux vitrier expliqua que le nouveau curé menait activement la restauration des vitraux :

— Avec des cartonniers et des verriers, qui réparent et qui créent, il prolonge le travail de fourmi, accompli par moi, et par d'autres, pour trier les minuscules débris de l'oreille de saint Vincent de Paul ou du bout de nez de saint François de Sales.

Assis en haut de la nef, près du portail, Isidore et Norma restèrent sans parler, tête contre tête, les mains unies sur les genoux. La distance et la hauteur rendaient illisible le livre des saints offert par les vitraux. Le soleil, lui, animait les parcelles colorées des verres comme les initiales enluminées des parchemins.

— A quoi penses-tu? demanda Norma.

— Au travail des hommes qui dressèrent ces murs, aux flammes de guerre, hier sur cette voûte, et aux tremblements pacifiques du soleil, aujourd'hui, sur les assemblages de rouges et de bleus. Je pense au jour où je suis passé ici, sans savoir que tu existais et que je te rencontrerais bientôt.

— Tu le regrettes?

Isidore posa deux doigts serrés sur les lèvres de Norma.

Sur le parvis grouillait une autre partie du marché. Avant le pont, qui enjambait le canal, une odeur de pain frais et de pâte cuite sortait d'une boutique.

— Quiche me, dit Norma. Tu te souviens?

— *I kiss you,* mais pas aux petits lardons. Viens.

Sur la plaque du four du boulanger tiédissaient des pâtisseries dorées. Elles mêlaient un parfum de viande à celui de la croûte salée.

— Des pâtés lorrains! dit Isidore.

— Les meilleurs de la Lorraine entière! Mon aïeul les

servait à Jeanne d'Arc, mon arrière-grand-mère à Marie-Antoinette, mon père à Napoléon Ier. Et moi, je vous en mets combien, mes pèlerins ?

Avant l'heure du souper, le père François et Félicien visitèrent la basilique à leur tour. L'Audacieux se contenta du pâté en croûte, travaillé trop finement à son goût, sans la bonne épaisseur charnelle de la viande que sa mère, affirmait-il, préservait dans le mélange d'échalotes, de persil, d'œufs et de crème.

— Du vraye pââté, mon Isidôre ! riait Norma en balançant Clément dans ses bras.

Annoncée par le bateau qui la précédait, la péniche *Saint-Nicolas* suscita un vif intérêt en abordant au bassin de Bar-le-Duc. Après deux mois d'absence, les habitués retrouvaient l'Audacieux à un moment où nul ne savait qui survivait aux semaines d'angoisse et d'hécatombe. L'ancien patron du *Kléber* ne retrouva que des amis autour de lui pour le déchargement des marchandises destinées aux Magasins Généraux. Personne ne porta attention au père François et à Félicien, discrètement débarqués pour chercher une chambre en ville avant de décider de leur sort.

Chez Mélanie, l'accueil effaça les semaines de tristesse. Surprise et soulagée, la marraine courait à petits pas à travers le salon derrière Clément. Le bébé découvrait l'espace que ne lui offraient pas la cabine ou le pont quand sa mère l'attachait près d'elle, à l'écart du plat-bord. Détendue, Norma observait avec ravissement l'ardeur de son fils à plier les genoux et tendre les jambes pour se lancer dans sa course, son habileté à éviter, ou contourner, les obstacles, rarissimes dans la cabine.

— Notre vue, disait-elle, s'habitue à notre cadre de vie. La cabine paraît sans limites. Ce matin notre ancien rez-de-chaussée de la place Saint-Pierre m'a semblé ridiculement resserré, plus étroit que la cuisine et la chambre de la péniche. Vous ne pouvez pas savoir, Mélanie, l'espace qu'offre le bateau, la perspective du pont au-dessus des cales, celle du canal avec une avenue de peupliers ou de platanes. Quand je travaille à mon fourneau, ou à mon évier, la nature défile devant moi dans la fenêtre. Les canards et les martins-pêcheurs qui volent bas sont mes voisins habituels.

Dans le confort de l'intérieur de Mélanie Standford-Malet, Norma retrouvait, malgré la différence de style, la chaude ambiance de maisons ou d'appartements d'Havenport, avec l'abondance des fauteuils et des tables basses, l'alignement des bibelots sur les étagères, les dessus de cheminée, la surcharge de cadres sur les murs, les tentures, l'harmonie des vases de fleurs perchés sur des consoles ou discrètement posés, comme un rappel, sur un coin de table ou la corniche d'une desserte. Dans ce décor où dominaient les lignes droites du mobilier lorrain, Mélanie gardait l'allure, un brin extravagante, de veuve britannique. Sur son corsage à fleurs, trop ample pour sa taille, elle portait un nœud de velours noir qui gonflait démesurément sa poitrine. A l'inverse, plus austère, une collerette de toile blanche amidonnée amincissait son cou qu'elle dressait avec rigidité. Ses cheveux blonds, artificiellement frisés dans un volume de perruque, semblaient attendre un chapeau large et un bouquet de pétunias roses, assortis à ceux du bustier que Clément caressait sans comprendre qu'ils n'avaient aucune épaisseur et pas d'odeur.

Louise, vieillie par les cheveux blanchis, en une seule nuit, aux heures les plus dramatiques de l'épidémie, servit le thé.

— Nous sortons d'une tempête, dit Mélanie, avec le glas dans la nuit, la navette des prêtres et du porteur du dernier encens, la ronde des corbillards et des brancards du pauvre. Face à tant de morts il n'y a plus une Ville Basse, meurtrie dans ses cloaques, et une Ville Haute, privilégiée, comme par habitude, mais une cité, Bar-le-Duc. Le nom s'imprègne en moi. Il m'accapare. D'où vient-il ? Pourquoi Bar ? Je n'en sais rien. Le Duc ? Parce que ce fut un duché qui était l'égal de celui de Lorraine avant de ne faire qu'un avec lui. Regrettez-vous *Merrimack Creek*, allez-vous me demander, une nouvelle fois ? J'y fus heureuse et grâce à mes rentes, je peux l'être, longtemps encore, ici. Ma fuite à Vitry-le-François avec vous me gênait jusqu'à ce que le choléra m'apprenne la solidarité. Les bourgeoises, qui s'ignoraient aux offices, ou dans les antichambres des notaires, se retrouvaient, soudain, un linge frais à la main à côté de grabats pestilentiels. Nous préparions des soupes pour les enfants. Nous langions les bébés enlevés à des mères mourantes. Nous lavions des masures, qui sentaient encore la mort dans les traces durcies de la chaux étalée. Ne me prenez pas pour une dame patronnesse. Je ne me sens pas généreuse mais utile.

Sur une remarque d'Isidore, Mélanie revint au tumulte de la traversée :

— Où les navigateurs, mon bon ami, vont-ils chercher les noms de leurs bateaux? Dites-le-moi ! Je cherche ce nom de *Schelde's trots*, chaque fois que je parle de vous et de mon retour à des amis. Pendant les jours affreux de l'épidémie, le souvenir de mon corps arraché à la glissade vers l'abîme, traîné par vous et les matelots jusqu'à la cabine, dans la fureur des paquets de mer, dans le vent hurlant et les craquements sinistres de la coque, diminuait ma crainte des risques de contagion que je courais en soignant les malades. Y a-t-il des morts plus atroces les unes que les autres ?

Mélanie brûlait de montrer à ses amis son *Foyer de Behonne*, aux portes de la ville. Dans une bâtisse de la proche campagne, une grange plutôt qu'une maison, elle offrait du travail à une dizaine de femmes laissées sans ressources par le décès d'un mari ou d'un père dans les deux mois écoulés. Avec le seul cheval Jean d'Heurs, le cocher

Frédéric conduisit jusqu'au plateau sa patronne, Norma et Clément. Isidore préféra les rejoindre à pied.

Dans la traversée de la ville en direction de Vitry-le-François, son chemin longeait le canal. Du sentier de halage, il voyait, autrement, les péniches qui venaient vers lui. En glissant leur masse sombre sur l'eau, elles montraient, à la fois, du calme et un air de tristesse. La carcasse noire avançait au pas de deux hommes ou de deux chevaux, sans bruit, avec un peu de nostalgie. La vie reprenait à l'instant du croisement, avec le bonjour bref des haleurs et, surtout, les gestes du marinier, d'une femme et d'un ou deux enfants. Partout chez eux, sans avoir un quelque part, les mariniers ne manquaient jamais de saluer les confrères ou les inconnus de rencontre. Ils se disaient volontiers frères entre eux : ils l'étaient en mangeant le même pain noir, gagné durement, et en partageant, pour le meilleur après le pire, les charmes mesurés de la vie dérivante.

Après l'embarcadère de l'entrée de la ville, le chemin vers Behonne quittait le canal. Il serpentait, au flanc de la côte Sainte-Catherine, entre les vignes exposées au soleil du sud, avant de traverser les champs qui grimpaient vers le hameau. La pente longeait une longue haie de tilleuls fleuris qui donnaient un agréable parfum de tisane fraîche. Au-delà paissaient des moutons, surveillés par les chiens d'un berger en conversation avec les vignerons du clos des Antonistes qui, selon l'Audacieux, fournissait le meilleur pineau de Bar. Au sommet de la côte, Jean d'Heurs profitait aussi de l'herbe, à l'écart du cabriolet rangé contre un mur de la grange.

— Isidore, dit Mélanie, je vous pose cette difficile question : que font ici mes protégées ? Donnez tout de suite votre langue au chat : elles épépinent des groseilles.

Isidore fit le tour de la grande table où les dix femmes travaillaient en silence. Il suivit les gestes des unes et des autres pour reconstituer le cheminement de leur intervention, sans subir les explications de Mélanie occupée à transformer Clément en cocher sur le siège de la voiture.

La tâche des épépineuses commençait avec une petite grappe de groseilles prise dans les paniers placés devant elles. Avec de fins ciseaux de dentellière, les femmes détachaient les fruits rouges. Avec délicatesse, elles les déposaient dans une assiette, sans jamais les superposer. Le plus délicat commençait avec une plume d'oie taillée en biseau. La pointe perforait la peau de la groseille, juste en dessous du pédoncule. Dans un récipient à moitié plein, tombaient les six ou sept grains dégagés de la pulpe. La baie préparée déposée dans un saladier, l'opération recommençait après le rinçage de la plume d'oie dans une eau, changée, à tour de rôle, par l'une ou par l'autre des compagnes.

Comme le raisin de la côte Sainte-Catherine, les groseilliers profitaient de l'ensoleillement et de la bonne rocaille de la colline de Behonne. Les arbustes donnaient une abondance de baies, rouges ou blanches, à la peau fine et ferme qui ne se désagrégeait pas sous la taille de la plume d'oie.

— Après l'épépinage, dit Mélanie, la confiture prend son goût délicat dans les bassines de cuivre, avec deux ou trois bouillonnements légers. C'est un régal qui ne date pas d'aujourd'hui. Le poète Ronsard y goûta, au mariage des ducs de Bar et de Lorraine, Montaigne, peut-être, Catherine Opalinska, la mère de la femme de Louis XV, sûrement, avec trois douzaines de pots emportés au passage. Croyez-vous que je prépare avec ces femmes mes réserves pour l'hiver? La question ne se pose même pas.

Mélanie fournissait les groseilles et le sucre aux dix épépineuses qu'elle payait pour leurs journées de travail. Elle laissait à ses protégées le profit de la vente des trois ou quatre cents pots de confiture, davantage, espérait-elle.

— Grâce au chemin de fer, les voyageurs découvrent cette préparation de Bar-le-Duc. Des boutiques de Paris en réclament, des restaurants de Londres, des compagnies de transport maritime. Vais-je fournir de la confiture de groseilles épépinées aux petits déjeuners du *Schelde's trots*? Je ne m'inviterai pas au breakfast, je vous le promets.

En redescendant à pied, Isidore pensa trouver un profit plus grand pour les confiturières de Behonne en exportant les groseilles de Mélanie vers le Massachusetts et les Etats voisins de la Nouvelle-Angleterre. Joseph Kieffer, le consul de Providence, trouverait aisément un marché pour les pots lorrains. L'idée amusa Norma, qu'il retrouva sur la péniche avec un Clément barbouillé de jus de groseilles, épépinées à sa façon avec le creux de la main écrasé dans l'assiette :

— Une seule objection à ce projet : je ne souhaite pas donner ma trace à ma famille.

— Je trouverai sans mal l'adresse du consulat. Mélanie se chargera de la correspondance sans nous évoquer.

— Tu le lui diras demain : nous sommes invités chez elle avec Félicien et le père François qu'elle veut connaître.

Pour une journée, Mélanie Standford-Malet retrouvait les habitudes de la résidence de *Merrimack Creek*. En redingote de maître d'hôtel, le cocher Frédéric aidait dans son service une Louise en robe longue. A l'entrée du salon, un bouquet d'une trentaine de roses rouges montrait le plaisir de l'hôtesse de recevoir ses amis.

— Avant tout, dit-elle après les présentations, me vient à l'esprit cette question : messieurs, que venez-vous donc faire à Bar-le-Duc, ville charmante mais sans grande ressource? Seriez-vous historiens? Nous reparlerons de tout cela à table.

Frédéric apporta deux carafes de vin de groseilles. Isidore dit aussitôt son projet d'exportation vers les Etats-Unis des préparations épépinées. L'idée provoqua l'enthousiasme de Mélanie :

— Je donnerai à votre ami le consul des adresses de Manchester où les commandes abonderont tant que les maîtresses de maison pourront épater la bonne société avec des produits *made in France*, introuvables dans les drugstores et les *general furnitures*. Qui osera prétendre que la confiture de groseilles de Bar-le-Duc ne peut rivaliser avec des recettes sorties des *Aventures de M. Pickwick* ou de *David Copperfield*?

Félicien se tenait coi. Le père François goûtait au vin de groseilles en lorgnant sur les meubles lorrains qui ne ressemblaient en rien à la production paternelle du faubourg Saint-Antoine. Au mouvement impatient de ses doigts croisés, Norma guettait l'instant de son intervention. Le bon abbé ne ressemblait plus à l'ermite négligé de la Canardière. Une coupe de cheveux dégageait la vieille trace de sa tonsure. Elle amincissait son visage reposé, hâlé par les heures passées, à lire ou à bavarder, sur le pont de la péniche. Sa soutane, passée à l'essorage d'une blanchisseuse, retrouvait, dans la tenue de son tissu, un regain de fraîcheur. Le jabot qui cachait l'usure d'un col longtemps resté ouvert donnait une note grave sous le regard mobile et curieux qui passait des meubles à la carafe de vin de groseilles et des roses du vase au chignon de Mélanie.

— Dans un mauvais coin de votre église Saint-Etienne, à deux pas de chez vous, j'ai découvert, madame, l'attitude que j'aimerais avoir devant Dieu quand il me conviera auprès de lui. En face d'un autel, une statue montre le squelette d'un homme, digne et calme, qui élève vers le Seigneur, comme un présent ou comme un compte à rendre, une âme qui ne craint rien. Je trouve dans ce geste sublime une audace provocante sous son impalpable sérénité. Après l'épidémie subie par cette ville, l'œuvre bouleverse et réconforte. Vous la connaissez, bien entendu.

Mélanie parla de l'auteur, Ligier Richier, sculpteur meusien fournisseur de la famille des ducs de Guise, contraint, à cause d'eux et d'autres, à l'exil en Suisse comme protestant.

— C'était un rebelle, dit Norma.

— Une forte tête !

— Un mauvais esprit !

— N'êtes-vous point tolérant, mon père ?

— Nous plaisantons, madame, car nous sommes tous quatre de mauvais esprits.

— Comment le croirai-je après votre hommage au cœur du *Transi* de Ligier Richier, tendu vers Dieu comme une offrande ? Cette sérénité ne régnait pas dans nos mouroirs des dernières semaines. Vous, monsieur, Norma me dit que vous fabriquez des vaisseaux. Puis-je vous l'avouer ? Je n'aime pas la mer.

Félicien protesta discrètement :

— Mes vaisseaux, qui n'en étaient pas, voguaient seulement dans les mers intérieures que sont le fleuve Jaune et le Yang-tseu-kiang, le fleuve Bleu.

La clochette de Louise annonça à la maîtresse de maison qu'elle était servie. Les invités prirent place. Aidée par Frédéric, Louise plaça dans chaque assiette un ou deux morceaux de fricassée de lapin au tilleul, avec une cuillerée de l'infusion mêlée au pinot de Bar et à la crème.

— Quelle prochaine étape pour la péniche *Saint-Nicolas* ? demanda Mélanie.

— Je l'ignore. L'Audacieux nous quitte. Je ne souhaite pas abandonner mes deux amis sur le chemin de halage.

Le père François répéta son souhait de porter la foi aux mariniers, comme le font les missionnaires dans des contrées peu fréquentées. Son idée d'aumônerie fluviale séduisait le curé de la paroisse Notre-Dame, habitué aux flotteurs de l'Ornain.

— Il n'est pas à un vicaire près. A son avis le regain de religiosité qui apparaît dans les villes et les campagnes ne doit pas échapper à la population des mariniers, qu'il assimile, je dois le constater, à des bohémiens, pas très catholiques, qui voyagent en chalands comme les autres en roulottes.

Attentif aux œillades de sa maîtresse, Frédéric emplissait les ballons de pinot de Bar et les verres d'une eau qu'on continuait de bouillir par précaution.

— Si l'abbé revient à ses sermons, retournerez-vous, Félicien, à vos canonnières?

— Le temps ne m'appartient pas. Je préfère attendre dans l'ombre l'inévitable éclaircie qui reviendra, après le mouvement de balancier politique.

— Me permettez-vous de livrer à haute voix la réflexion qui m'effleure l'esprit depuis quelques instants? Vos propos sont empruntés, comme si vous hésitiez à regarder les choses en face. Je tiens de mon mari John-John Standford le réalisme des décisions qui caractérise l'*american way of life*. Quelle est la situation? Voici, réunis à Bar-le-Duc, une péniche, sans destination, un curé, sans paroisse, un homme intelligent, sans emploi. Réfléchissons un instant.

Mélanie entretint son effet. Elle découpa lentement sa cuisse de lapin. Elle parla de l'originalité d'accompagner la cuisson d'une infusion de tilleul.

— Cet arbre, dit-elle, pousse fort bien en Nouvelle-Angleterre. Une espèce géante dépasse quarante mètres avec un tronc de deux ou trois mètres de diamètre. Une autre pousse curieusement, coiffée d'une touffe pleureuse, comme celle du saule. Pendant plusieurs saisons, les jardiniers de *Merrimack Creek* développèrent, à la demande de feu mon mari, une rangée de tilleuls, plus classiques, à la tête ronde et régulière, qu'il fallut raser à cause de la mélasse glissante laissée, sur les pavés de l'allée, par la miellée des insectes gourmands et les cadavres des abeilles, emportées par le narcotique des fleurs.

Le père François saisit l'occasion d'une parabole :

— Je disais, l'autre jour, à nos amis quel exemple donnent aux hommes, trop facilement résignés, les oiseaux qui se défendent. La flore ne doit rien à la faune. Combien de discours ne nous endorment-ils pas, comme le pollen somnifère du tilleul?

— Sans risque de somnolence générale, puis-je vous livrer mon sentiment?

Mélanie rappela, avec discrétion, l'aisance que lui apportaient la rente de son mari et ses actions des filatures Amoskeag. Elle constata qu'une ville calme et sage comme Bar-le-Duc n'incitait pas, si on en avait l'envie, aux extravagances et aux équipages. Elle cita l'exemple de la duchesse de Reggio, veuve du maréchal Oudinot et mère du général-député de la cité, remarquable par l'usage de ses rentes en actions de bienfaisance.

— Alors, que m'inspire la situation? Je ne souhaite pas en rester à mon *Foyer de Behonne*, même avec l'excellente initiative d'une exportation du travail de mes épépineuses. La misère, accrue par la récente épidémie, va au-delà de ces quelques femmes. Avec son nom symbolique, la péniche *Saint-Nicolas*, qui est un lieu indiqué pour servir d'abri à un aumônier itinérant de la batellerie, fournit l'occasion d'un gîte, provisoire, à quatre ou cinq adolescents jetés à la rue par la mort de leurs parents pendant le choléra.

D'un mouvement de la tête, ou d'un signe du regard, Isidore et les autres approuvèrent le propos que Mélanie poursuivit :

— J'ai entendu souvent John-John Standford affirmer que la force d'une équipe vient de son homogénéité. Ne sortez-vous pas du même moule? Ne trouvez-vous pas, chacun, votre place dans mon système? Isidore commande à bord. Norma gère le budget que j'attribue. Le père François accomplit sa mission sacerdotale. Avec Félicien, qui assure leur surveillance et leur intendance, il enseigne les pensionnaires dans le but de leur trouver un emploi au bout d'un an. Chaque année, pendant longtemps, le mauvais sort nous fournira notre équipage de petits naufragés.

Avant de parler, l'abbé attendit de connaître l'avis d'Isidore. En serrant sous la table les mains de son mari depuis le début du discours de Mélanie, Norma manifestait son assentiment.

— A la place des ardoises et des sacs des Magasins Généraux, nous transporterons Dieu et des semences de matière grise. Puisqu'il s'agit de l'homogénéité de notre compagnie, j'ai le sentiment de reprendre la manufacture de Manuelo et Georgina Capitaine Ibanez. Votre idée est formidable, Mélanie. Avec l'aide d'un ingénieur des arsenaux de marine, les aménagements ne m'effraient pas.

— Tu as transformé en bateau de promenade une barque de pêche. D'une péniche tu feras un pensionnat flottant, avec la chapelle pour l'aumônier. Je ne renoncerai pas à tenir la barre, quand il le faudra, pour qu'on sache qu'il y a une femme à bord.

Louise et Frédéric apportèrent le dessert, des madeleines de Commercy, servies dans des coupelles avec des groseilles épépinées. Clément choisit ce moment pour se réveiller. Il occupa sa mère et sa marraine pendant que les trois hommes tiraient déjà des plans sur la transformation de la péniche.

Pendant quatre mois l'Audacieux prolongea son emploi. Il suppléait le peu de qualité montré par le père François pour l'assemblage des planches et le rabotage des mortaises.

Le prêtre et Félicien logeaient dans deux chambres d'un couvent sur la recommandation du curé de l'église Notre-Dame, désigné par l'évêché comme garant de la tentative d'aumônerie fluviale. L'ancien ermite préparait son sacerdoce auprès des mariniers de passage qui le recevaient avec sympathie. Il s'occupait aussi de trouver des manuels pour les cours élémentaires à donner aux protégés de Mélanie.

Enregistré à la police, sans autre difficulté, comme résidant à Bar-le-Duc, Félicien menait, avec son expérience professionnelle, l'aménagement du bateau. Sa connaissance des canonnières destinées à la navigation sur les grands fleuves de l'Annam et du Tonkin facilitait les choix et leur laborieuse réalisation. Isidore lui accordait une confiance totale jusque dans le respect du devis présenté à Mélanie.

La cabine centrale gardait sa place. Elle gagnait de la clarté, avec le relèvement de l'écoutille sur la face avant, et de la place, grâce à un espace pris sur la cale arrière. Celle-ci, avec l'ancien *reû* de l'Audacieux, servait à l'aumônerie et au logement de son officiant. La moitié avant de la péniche ressemblait, par le choix de Félicien, au poste d'équipage d'un bâtiment léger du Yang-tseu-kiang : quatre couchettes latérales qui, relevées dans la journée, libéraient la surface pour des tables de travail et les activités de la vie quotidienne. Un paravent isolait le coin du repos du maître, près du fourneau de faïence prévu, pour le chauffage, avec deux plaques de cuisson et un réservoir d'eau chaude.

La nouveauté de la péniche, que Félicien appelait en souriant « la canonnière *Saint-Nicolas* », venait des ouvertures qui perçaient les flancs de l'ancienne cale avant. De chaque côté de la pièce nouvelle trois sabords, allongés et de faible hauteur, coupaient la barrière noire des bords supérieurs de la coque de bois ; ce qui offrait la sécurité aux patrouilleurs du fleuve Rouge apportait à la future flottante la clarté et la sérénité.

L'Audacieux ne rechignait pas à l'ouvrage. Il ne reconnaissait plus son vieux *Kléber* mais trouvait l'initiative digne des exploits de son amiral Jung. En tapant les clous et en enfonçant les chevilles, il répétait, épaté par les nouveautés :

— La tête des éclusiers ! La tête des pontiers ! La tête des débardeurs !

Norma profitait de l'espace élargi dans la cabine. Elle connaissait l'exiguïté habituelle des logements des chalands, les gestes calculés des marinières condamnées au mauvais jeu d'une maison de poupée. La surface nouvelle servait de coin de repos avec le lit des parents et la couchette de Clément. La partie gagnée agrandissait le séjour de la journée, avec des meubles fixes qu'il ne fallait plus déplacer ou plier quand quatre personnes se tenaient dans la pièce. Perché sur la tablette de travail devant l'écoutille, Clément dominait le pont en bafouillant les premiers mots de son vocabulaire fluvial fait de « bateau », « chevaux », « zoizeaux ».

Sur le livre de bord, Norma consignait les étapes des aménagements : le lestage des cales, sous les planches, avec des pierres amenées des ruines d'un cloître, le calfatage de la coque après la mise en place des ouvertures, l'ajustement des graveleines qui conduisaient directement à l'oratoire du père François ou à la classe-dortoir de Félicien. Sur un grand registre divisé en colonnes, elle tenait également les comptes, séparés en chapitres, de la péniche. Elle gérait à part le budget familial et le revenu apporté par les économies accumulées par Isidore en quelques années. Elle prenait à cœur son rôle d'intendante.

Mélanie se tenait au courant. Elle accompagnait le père François dans sa recherche de livres ou ses rencontres avec des curés de paroisses riveraines du canal de la Marne au Rhin. Elle interrogeait ses relations pour connaître, par l'intermédiaire des domestiques ou des commerçants, des cas pitoyables de garçons orphelins ou démunis. Comme pour les épépineuses de Behonne, elle retrouvait les réticences que provoquaient l'ascendance d'un père alcoolique, celle d'une mère aux mœurs légères, l'inconvénient d'un environnement jugé douteux au plan de la religion ou de la politique.

— Je cherche de bonnes têtes, protestait-elle. Quand elles germeront, d'autres pousses surgiront autour d'elles.

N'est-ce pas, mon père, le but que nous poursuivons ensemble?

Son opinion effarait des vicaires de campagne et des bonnes âmes des sociétés bienfaitrices de la Ville Haute de Bar-le-Duc. Félicien refusait, aussi, qu'on décortique, comme dans un examen de passage, les personnalités des uns et des autres.

— Egaux devant la mort semée par l'épidémie, ces garçons le sont aujourd'hui devant nous. Celui-ci, timoré, se révélera audacieux, celui-là, qui récite si bien un catéchisme appris, montrera un esprit curieux, bien au-delà des idées reçues. Que sommes-nous en naissant? Qu'offrons-nous en cours de route? Qu'apportons-nous au bout du chemin?

Le père François parlait de destinée. Félicien défendait une idée de volonté et de maîtrise. Mélanie souhaitait former des hommes de caractère, *strongmen*, ajoutait-elle pour associer John-John Standford à son entreprise.

Les quatre garçons retenus embarquèrent sur la péniche la veille de la Saint-Nicolas. La fête venait à point puisque le père François recevait également à bord les premiers fidèles de sa paroisse sans limite. Les curieux ne manquaient pas avec des coltineurs, des haleurs ou même des douaniers, venus, parmi les mariniers, découvrir ce bateau différent des autres. Avec son autorité, l'Audacieux canalisait les visiteurs, acceptant le pénichien et son épouse, refoulant le badaud. Il guidait les premiers arrivés vers la planche qui conduisait à l'oratoire.

Pour quelques instants l'aumônier partagea son domaine avec le curé de Notre-Dame, convié par respect des conventions. Pour la première fois, l'abbé découvrit les dessins d'Isidore, accrochés, dans l'après-midi, sur leur support rigide. Autour de la pièce ils évoquaient, en noir et blanc, avec de gros traits comme les cartons des vitraux, quelques saints familiers du monde de la batellerie et leur légende, symbolisée par un détail. Rita, agenouillée, portait un morceau de la couronne d'épines du Christ. Clément tenait contre sa poitrine l'ancre qui l'engloutit dans la mer Noire. Honorine dressait une palme au-dessus d'une nef qui sombrait. Nicolas ne surprenait pas avec le cuvier et ses trois protégés. Personne ne reconnut sainte Mélanie, agenouillée près du monastère créé par elle sur le mont des Oliviers. En la voyant les visiteurs citaient plutôt Barbe, Philomène ou Catherine. Mélanie, elle-même, ignorait l'histoire de sa patronne, riche dame romaine menée à la charité, puis à l'ascèse, après sa conversion par saint Jérôme. Les enfants cherchaient un saint Nicolas bien barbu et bien mitré qu'ils découvrirent, ensuite, avec des friandises dans la pièce avant, encadré des pensionnaires, intimidés dans leur justaucorps sombre, égayé, autour de l'échancrure du col, par un rabat bleu clair. Dans les bras de sa mère, Clément offrait des madeleines et des bonbons à ceux qui tendaient la main.

Autour de la péniche la neige collait à la glace, amassée depuis deux jours par le froid à la surface du canal. Une croûte verglacée frisait sur les plats-bords. Débarrassée de son fils, confié à Mélanie, Norma attira Isidore sur le pont :

— Tu te souviens de la tempête de neige d'Havenport? Tu dessinais des pigeons qui se donnaient la becquée. Tu m'as fait goûter ma première quiche.

— Et après?

— Je t'en reparlerai tout à l'heure quand Clément s'endormira en rêvant que saint Nicolas traverse le monde sur une péniche. Ce n'est pas seulement la fête des garçons.

— Tu as raison : il faut honorer, aussi, les marinières.

Elle barbouilla son visage avec une poignée de neige, qui redevint de l'eau sous leurs lèvres serrées.

15

LE COURS MERRIMAK

A la sortie de Briare, le canal suivait une courbe pour contourner un tracé rectiligne, abandonné mais laissé en eau. Le bief glissait ensuite entre des bois qui mêlaient les broussailles à des arbustes sans intérêt. A l'arrière de la péniche *Saint-Nicolas*, Félicien tapait avec un bâton sur les fargues du plat-bord en énumérant ses ordres :

— Un : les mains serrées tendues vers l'avant ! Deux : les mains retournées, descendues en poussant l'eau vers les hanches ! Trois : les jambes en cuisse de grenouille, dépliées et tendues ! Quatre : le corps longiligne abandonné dans le sens du mouvement de l'eau !

Avant de reprendre le rythme des quatre mouvements, il cognait des coups rapprochés sur le bordage.

— Je ne veux pas de tête dressée au-dessus de l'eau pour gober les mouches. On regarde devant, même si on n'aime pas les culs de péniche.

Les quatre garçons nageaient, soutenus par le corset de vessies de cochons qui flottaient en désordre autour d'eux. Isidore marchait sur le chemin de halage, prêt à plonger sur un signe de défaillance ou d'affolement. Les élèves connaissaient la leçon, répétée depuis les beaux jours avec les nagettes, des supports de joncs liés entre eux avec de la paille de seigle.

Après six mois de navigation et de haltes dans le réseau

fluvial, le printemps, proche, permettait enfin d'apprendre à nager aux pensionnaires du Cours Merrimack, nom adopté par Félicien, depuis longtemps, en hommage à la Mélanie de *Merrimack Creek.* Quand il parlait des années antérieures il classait ses anciens en « premier cours Merrimack », « deuxième cours Merrimack ». Il en était à la treizième promotion, ce qui représentait une cinquantaine de garçons, lancés dans l'existence avec un bagage prometteur, presque un métier. Peu d'entre eux repassaient à la péniche :

— On ne retourne pas à la caserne chez l'adjudant qui vous a collé au trou ni, à l'école, chez le maître qui a corrigé vos lignes d'écriture avec la règle levée sur vos doigts, disait Isidore.

Le rythme annuel ne variait pas. Les quatre protégés de Mélanie embarquaient à la mi-septembre. Ce n'était plus des orphelins ou des victimes de l'épidémie de choléra mais des adolescents, jetés dans la misère par le déclin des manufactures de toile de coton de Bar-le-Duc, l'abandon des vignes de la périphérie, l'exode rural qui frappait, plus que les autres, le département de la Meuse. La réputation de l'expérience imposait une sélection que Félicien ne voulait ni misérabiliste, sur un cas délicat, ni élitiste, en spéculant sur un esprit éveillé. Il ne récusait personne, confiant qu'il était dans son enseignement, dans la protection de la barrière religieuse, discrètement dressée par le père François, l'autorité fraternelle d'Isidore, la présence réconfortante de Norma et, fédératrice, l'ambiance particulière de cette péniche libre de sa navigation et de ses haltes.

Les prénoms simplifiaient tout. Ceux des quatre nageurs reflétaient les goûts du moment : Henri, Jules, Louis et Paulin. Depuis le départ de Bar-le-Duc, les garçons subissaient le plus mauvais automne et l'hiver le plus rigoureux connus par la péniche *Saint-Nicolas* depuis la retraite de l'Audacieux. Le périple de l'année amorçait son retour en direction de la Seine. Commencée à l'est, vers Strasbourg, prolongée par le Rhin, le Doubs et la Saône, la boucle remontait par le canal latéral de la Loire.

D'une année à l'autre, les canaux changeaient. Sur le parcours de la Marne au Rhin, comme autour de Briare, le trafic des péniches était souvent proche de la saturation avec l'attente aux écluses et aux entrées de tunnel, les délicats croisements dans les biefs, les encombrements dans les aires de repos. En maints endroits, à l'approche des gros bourgs comme à l'entrée des villes, les berges perdaient l'harmonie de leurs allées de peupliers, rasés pour faire place à des fabriques et à leurs dépôts, en bordure de quais occupés par plusieurs bateaux. Dans les premières semaines de ce voyage, à l'approche de l'étang de Gondrexange, le père François avait découvert, à la place de sa chapelle, un bassin de virement qui permettait aux péniches, chargées de houille de Sarrebruck, de prendre facilement l'une ou l'autre des deux directions du canal. Aucune trace ne subsistait de la statue repeinte de Notre-Dame de la Canardière.

Bien avant Briare abondaient les chalands montant à Paris le charbon du bassin de Saint-Etienne, longuement retardé, quelques semaines plus tôt, par les fréquents blocages dans les glaces de l'hiver précoce, rigoureux et prolongé.

Dans la halte forcée de Montceau-les-Mines, Henri, Louis, Jules et Paulin avaient connu, avant le plaisir de la natation, les joies du patinage sur le canal du Centre, gelé comme les étangs flamands dans les peintures de Bruegel. Avec d'autres enfants de la batellerie immobilisée, ou de maisons proches, ils glissaient en file, tirés par un attelage de plusieurs chiens. Ils organisaient des courses. La *couvette* se pratiquait en position accroupie, après un long élan de course. La *piquette*, sur une distance donnée, obligeait à cogner régulièrement la glace avec la pointe de fer d'un bâton tenu à deux mains entre les jambes. Pour Isidore et les pénichiens, l'étape prolongée signifiait la corvée, répétée, du dégagement de la coque ; les coups de pics et de barres de fer empêchaient la formation d'une banquise épaisse comme celle qui, dans le bief, servait de terrain de jeu aux patineurs. Norma, dans la cabine, et Félicien, dans son cours, chargeaient sans cesse les fourneaux avec du charbon acheté, seau par seau, sur le quai envahi des stocks de la mine en attente de chargement.

Félicien ne séparait pas les glissades, ou la précautionneuse natation, des autres activités de l'apprentissage et des études. A chaque occasion il ouvrait à ses quatre pensionnaires la porte d'une brasserie ou d'un abattoir, d'une verrerie ou d'une tuilerie. Les visites des mines, avec le circuit du charbon entre les puits et les embarcadères du canal, celles des ateliers métallurgiques avaient rompu la monotonie des semaines passées à Montceau.

Sortis de leur bain à l'écluse d'Ouzouer-sur-Trézée — inscrite, par amusement, sur le livre de bord de Norma, à cause de la prononciation de l'éclusier qui, en nasillant, disait et répétait *Ouzouaire* —, les garçons prirent, sur le pont, une leçon d'hydrographie : en sept sas rapprochés, l'escalier de Rogny hissait la péniche au sommet d'une dénivellation de trente-cinq mètres. Avec une curiosité, développée au fil des années, pour l'histoire de la navigation fluviale, Isidore profitait des explications du maître. L'ancienneté du travail de Riquet entre Toulouse et la Méditerranée s'estompait devant celle de ce canal de Briare, voulu par Sully, soixante ans avant le canal du Midi, pour relier la Loire à la Seine et porter à Paris, souvent affamé, les produits de la France profonde. Dans un précédent passage, le fils de Manuelo Garcia Ibanez avait découvert, sur le canal de Bourgogne voisin, que des prisonniers espagnols de 1813 avaient creusé les trois kilomètres du tunnel de Pouilly-en-Auxois. L'anecdote, rapportée par un éclusier en découvrant le nom du patron du bateau, se complétait d'un détail sulfureux, confié à Norma avec le reste :

— On raconte que les prisonniers de Castille et d'Andalousie, révoltés par l'intransigeance brutale d'un surveillant, le murèrent, vivant, dans un remblai de leurs travaux. *Viva la muerte !*

— Je suis fixée, de longue date, sur l'origine de ta cruauté.

— Le peuple américain, d'où tu viens, dépasse largement la responsabilité espagnole dans le massacre des populations indiennes.

— Je pense, avec angoisse, à ce pauvre enfant que nous avons fait, descendant de conquistadores et d'insurgés.

— Ses études au nouveau lycée de Bar-le-Duc le transformeront en solide Lorrain, opiniâtre et équilibré comme sa grand-mère Georgina Méline.

— Clément me manque après ces mois d'absence.

— Comme nos gamins du Cours Merrimack, il prépare son avenir. Imagine que, sans sa marraine, il subirait les rigueurs du pensionnat où, cet hiver, les élèves cassaient aussi la glace dans les bacs des dortoirs, pas plus chauffés que des cellules de moines.

— Dans trois mois, Clément passera ses vacances ici, à bord, avec nous. Je te montrerai que je préfère un petit Lorrain à un grand d'Espagne.

— *Bésame !*

Comme Isidore et le père François, Norma participait aux cours des garçons. Au départ automnal de Bar-le-Duc, Félicien connaissait quatre emplois promis à ses élèves, dans la ville ou alentour. Vers Noël, quand il connaissait les aptitudes et les tendances des uns et des autres, il orientait la formation de chacun. Tandis que s'achevait le parcours sur le vénérable canal de Briare, le « treizième cours Merrimack » préparait Louis à l'écriture comptable, Jules au travail d'agent-voyer pour les chemins de la Navigation, Paulin au dessin industriel et Henri à un rôle de portier pour l'Hôtel du Cygne, le meilleur établissement de la Meuse. Jules et Paulin profitaient des connaissances de Félicien et d'Isidore, Louis et Henri de celles de Norma, et tous les quatre de l'expérience professionnelle du père François.

Louis tenait les comptes, fictifs, d'une entreprise de navigation de quatre péniches que Norma promenait à son gré pour charger du charbon anglais dans le port de Rouen ou des tonneaux de vin en Bourgogne pour les déposer dans les entrepôts de Bercy à Paris. Chaque jour il transcrivait les dépenses et les recettes, indiquées en vrac par des factures. Pour chacun des bateaux, Louis gérait sur le papier les achats de cordages, les frais de calfatage, les salaires des haleurs.

Ravie de son rôle, Norma soumettait Henri à l'apprentissage du vocabulaire anglais, indispensable à un employé de réception dans une maison internationale comme l'était l'Hôtel du Cygne de Bar-le-Duc.

— *Do you wish for a room with two beds?*

— *Yes, I would like to have one on the first floor. Give me a quiet appartment.*

Isidore, parfois, écoutait, depuis le pont, le dialogue de sa femme et du timide Henri, pas encore coiffé du bonnet plat de chasseur.

— *I want for breakfast tea, small white rolls, some french butter, a new laid egg, boiled in the shell.*

Norma reprenait l'accent de son élève, imposait un mouvement de la langue pour le *the* de « cuit à la coque ». Brusquement, elle changeait de ton, à la façon d'un client :

— *What sort of weather is it?*

Henri ne savait plus s'il était dans le petit salon de l'Hôtel du Cygne ou sur le canal de Briare, à son confluent avec le Loing :

— Le soleil, puisqu'on s'est baignés ce matin, Norma!

Elle reprenait, sèchement :

— *'m not Norma! 'm mister Bull, room twelve,* Hôtel du Cygne *in* Bar-le-Duc, France. *From what province are you?*

Isidore ne bronchait pas. Soudain, quand Henri plaçait devant le voyageur fantôme *the fork, the knife* et *the plate,* il criait :

— *Que los huevos no sean muy cocidos!*

Le garçon retenait la petite cuillère :

— Qu'est-ce qu'il dit?

— *The eggs in the shell, must not be over done!*

— *Over done. Trop cuits. Muy cocidos!*

Pas plus que les colonnes de chiffres de Louis les dialogues ordinaires sur le choix d'une chambre à deux lits au premier étage ou le petit déjeuner avec des petits pains et un œuf frais du jour n'ennuyaient Henri. Jules ne se plaignait pas, non plus, de tirer d'un bief à un autre une chaîne d'arpenteur pour mesurer l'espace que lui proposerait, le lendemain, Félicien pour planter une rangée de platanes, protégée par une barrière métallique tracée par Paulin sur un plan, avec ses courbes, ses côtes et ses raccordements.

Le père François assumait les heures, moins plaisantes, de l'écriture et du calcul, les cartes des côtes de France et du réseau fluvial, les dates de l'histoire de France, la liste des capitales des Etats de l'Amérique latine ou des pays scandinaves. Il compensait cet enseignement austère par des moments agréables de découverte de la nature, enrichis par ses observations de la roselière de la Canardière. Aux habituels canards, tenant leurs canetons à l'écart du sillage des bateaux, il préférait des volatiles plus rares, discrets dans les hautes herbes des mares et des petits étangs. Il repérait, sans mal, le butor farouche, figé sur un piquet pour tromper l'importun, ou le lavant des roseaux, avec sa tête noire et son collier blanc, accroché à la hampe de la plante, comme un épi, dont il prenait les couleurs grises et jaunes. Sur la berge n'échappaient jamais à son regard attentif le bec clair du verdier, la poitrine rouge de la linotte, le ventre brun vif du bouvreuil et son croupion gris.

Chaque soir, l'abbé consacrait une heure à une lecture qui réunissait tout le monde au Cours Merrimack. Norma apportait un pot de tisane, dégustée en silence pendant deux ou trois pages d'un roman d'Erckmann-Chatrian, Balzac, ou *Salammbô* de Flaubert. A la demande de Félicien, François lisait également, de façon continue, *Notre-Dame de Paris*. Victor Hugo, le proscrit qui ne profitait pas, comme lui, de la loi d'amnistie, avait la vénération de l'ancien condamné politique qui se procurait, auprès des colporteurs croisés aux écluses, les extraits des *Châtiments* publiés à l'étranger. Depuis des années ses élèves apprenaient les douze premiers vers de *Ceux qui vivent ce sont ceux qui luttent.*

L'aumônier ne mêlait pas ses activités sacerdotales aux habitudes de la péniche *Saint-Nicolas*. Jamais il n'utilisait comme enfants de chœur les garçons du bord, dont il ne se considérait pas comme le directeur de conscience. Sa religion était faite également sur l'indifférence religieuse de Norma et Isidore, dont il louait volontiers la tolérance dans un monde porté à la pensée manichéenne. Parmi les effectifs des douze années de croisière d'apprentissage un seul élève achevait ses études au séminaire, sur le conseil même de Félicien, témoin de sa foi et de son élan vers autrui.

Le prêtre passait plus de temps avec les occupants des autres bateaux qu'avec ses amis. Il visitait les familles dans les ports et sur les embarcadères. Il parcourait deux ou trois biefs dans une cabine avant de rejoindre sa cellule dans la chapelle.

— Marinier comme les autres, disait-il, j'assure les livraisons de Dieu. Comme d'autres le riz, le sucre ou le blé, je transporte la consolation, le réconfort, le pardon.

Il découvrait la vie quotidienne des familles, le dur travail du couple pour la navigation, les manœuvres des cordages, l'entretien des cales et de la coque, l'affrontement des intempéries ou, à l'inverse, des basses eaux, nuisibles au profit du voyage à cause du retard dans la livraison. Davantage que les confessions il recueillait des confidences. Comme les curés de quartier il retrouvait l'influence néfaste de l'alcool et la brutalité, la solitude des femmes, confrontées aux tâches du bateau et à celles de la famille, l'absence d'éducation scolaire pour les enfants, la promiscuité, avec des égarements incestueux pour certains, un revenu qui, les comptes faits et les réparations assumées, ne laissait rien dans la boîte en fer de l'armoire.

Le père François recevait ces plaintes comme un médecin les éléments d'un mal physique. En plus de la thérapie de la prière et de la confiance en Dieu, il recommandait le meilleur usage des avantages de la vie fluviale. Aussitôt, le ton changeait en face de lui. La fierté du métier chassait l'humeur de circonstance. Aux misères, plus ordinaires, croisées sur les chantiers des mines ou des fabriques, dans les quartiers croupissants, à l'entrée des villes, le marinier et sa femme opposaient chaleureusement l'indépendance des lentes journées de navigation, le décor toujours autre même sur des parcours connus et, dominante, la fraternité de la profession qui formait, en toutes circonstances, une famille.

L'aumônier, qu'entre eux les pénichiens appelaient « le père Saint-Nicolas », retrouvait en groupe ses paroissiens pour les offices célébrés dans les lieux de concentration, au hasard d'un dimanche, ou pour la célébration d'une fête du calendrier religieux ou de la tradition batelière.

La chapelle de la péniche servait plutôt pour les baptêmes ou des mariages. C'était, alors, jour de fête dans la cale du Cours Merrimack. Promu maître d'hôtel, Henri orientait les invités vers la table dressée avec des bouteilles de vin du pays, payées par le viatique de l'officiant, des tartes à l'oignon ou autres. Norma riait en faisant une provision de dragées qui accompagnaient la tisane du soir pendant quelques semaines. Les parents, parrain et marraine, découvraient l'agencement de la péniche *Saint-Nicolas* qui ressemblait si peu aux espaces restreints de leur vie quotidienne. En écoutant les récits des garçons ou de Félicien, certains proposaient, pour l'année à venir, la candidature d'un fils qui, souvent, ne savait ni lire ni écrire.

— Il reprendra le bateau, disait un père, si la coque résiste encore sous le poids de la houille. Il nous fera un petit coin dans le *reû* pour nous permettre de vieillir, sans tendre la main, en écoutant encore le *gagaga* d'un vol de hérons quand le jour se lève.

Quand ils quittaient l'aumônier, Isidore et Norma, les gens du baptême ou de la noce passaient au pied de la graveleine, entre Henri et ses camarades, alignés comme une brigade de restaurant ou d'hôtel, sérieux et appliqués dans l'uniforme, inchangé depuis l'origine, avec seulement, en plus, sur le devant du pull, l'inscription brodée par Norma : Cours Merrimack 1867.

La suite du parcours sur le Loing ou sur le canal offrait le calme d'une promenade. Les leçons de natation profitaient des biefs, joliment bordés de hauts peupliers. Dans les virages, frappés de biais par le soleil, les arbres plongeaient dans le miroir de l'eau le reflet vertical de leurs troncs rectilignes.

A la barre Norma profitait de ces images. Elle aimait le court instant de la sortie d'un sas d'écluse. Pendant l'ouverture de la porte, les flancs des bajoyers retenaient la péniche comme dans une boîte. Dans le prolongement du pont, Norma découvrait, au-delà du gros nez de la coque, la longue percée de l'eau et des crêtes vertes. Le bief étalait sa ligne droite jusqu'au rétrécissement de la courbe, amorcée, au loin, dans le flou de la distance. Quelquefois, sur plusieurs kilomètres, le canal serpentait dans le tracé sinueux des berges. Dressés en barrière continue, des fûts de peupliers tenaient à l'écart de médiocres sous-bois aux espèces brouillonnes.

A l'automne, au-dessus du chemin de halage, coloré par le tapis de feuilles mortes, d'une section à une autre, heure après heure, les boqueteaux et les halliers passaient d'un noir sans âme au rouge le plus éclatant. Au printemps, ou au début de l'été, dans la force de la frondaison naissante, la péniche, tôt le matin ou au crépuscule, entrait dans son allée d'arbres comme dans une toile de peintre. Les deux chevaux de côté et l'étrave pénétraient sans bruit dans la voûte verte et bleutée. Devant, la plaque inerte de l'eau absorbait les ombres mêlées des branches épaisses des chênes d'une rive et les troncs des platanes perchés sur l'autre remblai herbeux. Au bout de la coulée feuillue, le flou d'une brume grisâtre posait un voile sans au-delà, comme si le peintre, pris par le temps ou un tracas, avait soudain laissé son tableau en l'état, avec la négligence de l'ultime détail.

Norma, et Isidore avec elle, préférait ces voies paisibles, fréquentées par le trafic local des féculeries, des foulons à chanvre ou des tissages mécaniques, aux espaces larges des fleuves, coupés par des trains de péniches lourdes, traînés par des remorqueurs crachant la suie de leurs hautes cheminées.

Après la traversée du Gâtinais, la péniche *Saint-Nicolas* retrouva la Seine près de Moret-sur-Loing. La calme navigation s'achevait à Saint-Mammès dans une concentration batelière, proche du viaduc du chemin de fer de Paris à Dijon. Le père François souhaita rester quelque temps dans cette paroisse enfin rassemblée. La proposition convint à Norma pour provoquer un échange de lettres avec Mélanie et Clément. Par commodité, l'aumônier s'installa au presbytère de la paroisse Notre-Dame, près de l'église qui ne le dépaysait guère avec sa statuette de saint Nicolas, honoré comme patron des mariniers. L'ombre que le saint évêque faisait à la dévotion divine agaçait parfois le bon apôtre, contraint d'accepter comme vicaire celui dont il trouvait l'image pieuse dans la cabine de chaque bateau.

Félicien mit l'étape à profit pour placer ses garçons quelques heures par jour dans des entreprises. Jules passa une semaine avec une équipe d'arpenteurs et de géomètres occupés à tracer un chemin en bordure du Loing sur la rive laissée libre par le halage. Cette campagne attirait de nombreux peintres de Paris. Ils croquaient seuls, l'après-midi, l'alignement de marronniers de la berge. Le soir venu, ils chantaient et buvaient dans les tavernes du village et dormaient, tard le matin, avec la compagne de leur nuit. Paulin dessinait des dossiers de chaises pour une fabrique de meubles qui reprenait le style gréco-romain du premier Empire. Il ajoutait, à son habitude des tracés réguliers des pièces d'industrie, la pratique des courbes facilitées par des normographes de bois respectant un galbe léger ou un large renflement. Louis travaillait, sur place, dans les bureaux de la Navigation. Il poursuivait, dans la réalité, les comptes d'affrètement imaginés par Norma et totalisait, par semaine écoulée, les transports de houille de Blangy, les bois du Morvan, le marbre de Comblanchien et les vins de l'Auxerrois.

À l'Hôtel du Centre, Henri portait les bagages de voyageurs suisses qui parlaient français et ne mangeaient pas d'œufs à la coque au petit déjeuner. Il apprenait de deux aînés la façon de prendre, en douceur, la pièce de pourboire, donnée par un client, pour la glisser, à l'aveugle, dans le pli, taillé profond, de la poche basse de la veste longue.

Norma et Isidore flânaient dans la ville et dans la campagne. Moret rappelait un peu Bar-le-Duc avec les traces de ses vieux remparts, ses maisons à colombages, ses couvents et, près de la rivière, les mêmes tanneries, un quai de laveuses où se retrouvaient épouses du cru et batelières de passage. A la place des confitures épépinées, les femmes, sous les vieux murs d'un couvent de Bénédictines, fabriquaient des sucres d'orge ; les friandises connaissaient une recrudescence de production grâce au développement des fêtes foraines. Pendant que sa femme lisait sur les berges campagnardes, Isidore continuait ses dessins de canaux et de rivières. En bordure de Seine, des embarcations, gréées comme les chalutiers côtiers d'Havenport, disputaient des régates. Sur le Loing, des barques ordinaires, équipées d'un cabanon, servaient d'ateliers à des peintres, à l'affût de la lumière du matin ou du soir, comme un chasseur de la volée de l'aube ou de la passée du crépuscule des bécasses attardées.

En retournant à la péniche, Norma, avec une impatience accrue, passait à la poste.

Le hasard amena le même jour deux lettres de Mélanie, une de Clément. Comme d'autres précédentes missives, les premières tenaient la gazette barisienne des mois écoulés. « Bonne nouvelle pour mes protégées du Foyer de Behonne. A la suite des présents, offerts, l'été dernier, à l'impératrice Eugénie lors de son hâtif passage à Bar-le-Duc, à l'occasion du centenaire du rattachement de la Lorraine à la France, l'intendance du palais de l'Elysée passe commande de nombreux pots de notre délicieuse confiture. Il est certain que l'Empereur a assez de pépins comme ça ! »

Plus tristement, Mélanie annonçait le décès de l'Audacieux, retrouvé, terrassé par une crise, dans sa vigne saisie par le gel et la neige : « Quant à notre Clément je ne reçois que des compliments sur son travail. Son anglais prend un meilleur accent avec les Britanniques qui débarquent dans notre ville comme techniciens du textile ou de la brasserie. Peut-être recherchent-ils la trace de ces condamnés à résidence dont je suis issue par la cuisse gauche de ma mère ? Que voulez-vous que j'ajoute de plus ? Vous avez raison : j'attends votre retour avec impatience. »

Dans une page plus brève, Clément parlait, surtout, des

leçons d'escrime et d'équitation qu'il prenait avec les dragons d'un régiment de la ville invités par le lycée à l'exercice des élèves : « Je collectionne aussi les herbes. Il ne doit pas en manquer où passe la péniche *Saint-Nicolas*. Marraine me rappelle que mon grand-père maternel excellait dans l'herboristerie. *Family or not family?* "*That is the question*", dit la même marraine, qui continue de poser les siennes et d'y répondre. "Vous ai-je tout dit?" demanderait-elle. Non! répondrais-je. Soyez à Bar-le-Duc vers le 15 juillet pour la distribution des prix. Maman sera fière de moi. Papa aussi, bien que je n'espère aucune citation en dessin qui ne me plaît pas davantage que la versification latine. Venez vite! Apportez-moi une feuille de *bigaradier* (*Citrus anrantium*, plutôt variété *Amara*) : elle manque dans mon album, entre la benoîte (herbe bénite, ça fera plaisir au père François) et la bisnague (autre nom : Kella). Avec ou sans ce que je vous demande, je vous embrasse, maman plus fort, qui aime bien ça. P.S. : Permettez-moi d'ajouter ceci : Mélanie est adorable avec moi! Signé : Clément Capitaine Garcia Ibanez. »

Chaque jour, près d'Isidore penché sur son dessin, Norma relisait à haute voix la lettre de son fils. Elle commentait sa belle écriture, régulière, son humour. Tout juste regrettait-elle son apparent désintérêt pour la versification latine.

— Tu ne veux pas le faire curé? souriait Isidore.

— Herboriste non plus : ça donne de mauvaises idées.

— Ça dépend de ce qu'on a dans la tête. La sienne fonctionne bien.

— Ce qui n'empêche pas la tendresse.

— Pourquoi?

— Ce garçon embrasse sa mère plus fort, parce qu'elle aime bien ça, dit-il. On ne peut pas ajouter : tel fils, tel père.

— Je te donnerai ma réponse ce soir, quand le Dijon-

Paris sifflera sous le viaduc pour saluer les pénichiens qui s'endorment. Je te ferai faire de beaux rêves.

La péniche *Saint-Nicolas* quitta Saint-Mammès le premier juin. Elle prenait place, pour la première fois, dans un train de six bateaux, halés jusqu'à Paris par deux remorqueurs à vapeur. Isidore ne craignait plus cette navigation à étapes forcées qui transformait le marinier en conducteur d'omnibus, avec le principal souci de garder la distance, dans les ralentissements, avec la barque précédente. Il préférait la place de queue du convoi. Comme dans les traversées collectives de tunnel cette dernière position permettait de freiner une dérive abusive avec le contrepoids d'une lourde chaîne jetée à la traîne.

Impressionnée par la vitesse multipliée par trois, et par moments par quatre — quinze kilomètres/heure —, Norma abandonnait le gouvernail à son mari et, provisoirement, dégageait les garçons de leur corvée de cuisine. Avec le beau temps tous se retrouvaient sur le pont, avec les matelotes ou les jardinières du grand repas du soir et ses bonnes conversations.

L'étape du confluent du Loing et de la Seine ne laissait que des bons souvenirs. Le père François sortait de ce séjour avec une connaissance accrue des problèmes matériels des mariniers, indissociables de leurs états d'âme. La constitution, par des sociétés, de flottes de dix unités, ou plus, concurrençait les entreprises artisanales et familiales, aussi gravement que les compagnies de chemin de fer. Face aux transporteurs organisés, les pénichiens traditionnels offraient, au meilleur prix, les greniers de leur maison flottante qui mélangeait, comme dans les fermes, le logement de la famille et l'écurie des chevaux de halage.

— L'homme du chaland pour la houille, le caillou et le minerai, tiendra-t-il longtemps si on agrandit les écluses, la profondeur des biefs et la longueur des péniches ? Quand j'évoque Dieu dans les cabines, le père de famille me parle de canal à grand gabarit, comme s'il s'agissait d'une manigance du diable.

De leurs stages à Moret-sur-Loing, les élèves du « Cours Merrimack 1867 » ramenaient la découverte de la discipline des entreprises, la menace des consignes, affichées dans le couloir d'entrée, la morgue, goguenarde, des anciens, les abus, tatillons et imbéciles, des petits responsables, intermédiaires malveillants, injustes, profiteurs. Félicien parlait peu de ces semaines paisibles : il attendait comme une fête la halte de Paris, avec l'espoir d'assister, à la Comédie-Française, à la représentation d'*Hernani*, la pièce de Victor Hugo interdite depuis quinze ans et autorisée à l'occasion de l'Exposition universelle.

Les familles de la ligne tirée par les remorqueurs se retrouvaient, le soir, dans des garages installés à côté d'une fabrique ou d'une écluse. De grands pieux de bois rapprochés remplaçaient un quai. Comme elles naviguaient les unes derrière les autres, les péniches se rangeaient côte à côte, occupant près du tiers du cours du fleuve. Le premier équipage débarquait son fourneau. Une soupe pour trente personnes mijotait dans deux marmites pendant que les hommes allumaient un feu de bois pour cuire dans la braise des pommes de terre et faire griller des saucisses. A Paris, qui approchait, les femmes disaient que tout était cher. Elles préféraient traverser la ville sans arrêt ou la contourner, par le canal de l'Ourcq, pour approcher de la Marne où le coût de la vie, comme la navigation, redevenait normal. Elles gardaient pour elles leurs craintes des estaminets, ouverts à chaque coin de rue, les tentations, qui commençaient sur les berges avec des filles racoleuses qui se mêlaient aux sages clientes des bains publics ou aux mères de famille des bateaux-lavoirs. Les hommes, qui ne parlaient pas davantage de cela, jugeaient Paris en professionnels. Ils craignaient le trafic, les obstacles des nombreux ponts et des établissements flottants, de plus en plus envahissants, la médiocrité des débarcadères sacrifiés au confort et à l'élégance des quais de promenade aménagés en avenues pavées et ombragées.

— C'est une ville pour les marchandises, pas pour ceux qui les transportent.

Après une laborieuse journée parmi les chalands des sablières creusées en bordure du fleuve, Isidore, dégagé des soucis de livraison de ses confrères, choisit de retrouver la navigation solitaire. Près d'un chantier de construction de Villeneuve-Saint-Georges, il loua les services d'un tireur à vapeur qui attendait l'occasion d'un voyage de retour.

Ce n'était pas encore la ville, ce n'était plus la campagne. Les fabriques, qui crachaient leurs fumées dans le sens du vent, dressaient leurs murs devant l'horizon. Entre elles et la Seine, des grues et d'autres engins ajoutaient leurs vapeurs aux nuages plus sombres des hautes cheminées. Partout, des fondations, des gravières creusaient le sol, entourées de chemins empruntés par des chariots que des attelages puissants tiraient vers des embarcadères provisoires. Plus loin, dans des boucles qui gardaient une végétation de saules, d'ormes et parfois de peupliers, le calme revenait.

Le fleuve imposait sa loi. Avant les embarras de la traversée de Paris, il offrait une bouffée de verdure que ne négligeaient ni les riverains ni les proches. Dans le creux des rives herbeuses nichaient des cabanons aux couleurs vives qui rappelaient les barques-ateliers des peintres sur le cours du Loing. Dans des espaces mieux dégagés, des guinguettes mêlaient les rosiers grimpants de leurs tonnelles aux aubépines sauvages de la broussaille. Parfois un orchestre répétait, pour le plaisir de quelques rameurs, arrêtés quelques instants près des planches d'un débarcadère, pointé comme une digue jusqu'au creux navigable de l'eau. A ces derniers îlots de tranquillité succédait, aux portes de la capitale, une ceinture de jardins. De loin, les épouvantails semblaient saluer le passage des bateaux avec leurs bras inachevés.

— La confrérie de Saint-Fiacre salue les enfants de Saint-Nicolas, dit le père François, en rappelant que le patron des jardiniers vivait en ermite, comme lui, avant de devenir, dans la Brie, un moine défricheur et fromager.

Sollicité par Isidore de trouver un appontement agréable, le patron du petit remorqueur amena la péniche, sans y voir autrement de malice, jusqu'au port Saint-Nicolas, havre tranquille allongé sous les façades du Louvre. Les mariniers boudaient ce quai fréquenté par des coches d'eau et des chalands de marchands qui débarquaient là leurs chargements de fruits ou de légumes de la banlieue maraîchère, la viande des abattoirs de la Villette, les vins des coteaux de Champagne, les fromages de Meaux et des vallées du Grand et du Petit Morin.

Dans la ville en fête, Isidore et Norma profitaient de leur liberté, comme pendant la halte prolongée de Saint-Mammès. Félicien prenait en charge ses pensionnaires. Le père François, après une visite dans son ancien périmètre du faubourg Saint-Antoine, séjournait, de l'autre côté de Paris, dans le Conflans de sainte Honorine, qui lui apportait autant de fidèles que l'évêque de Myre.

La capitale vibrait de l'ambiance de fête provoquée par les visites de rois et de princes qui se succédaient à l'occasion de l'Exposition universelle. Les drapeaux nationaux accrochés aux hampes des poteaux et aux ferrures de balcons célébraient le passage des altesses de Russie, Egypte, Prusse, Turquie et de principautés moins glorieuses aux bannières autant dorées. Norma découvrait les terrasses des cafés et brasseries des boulevards, sidérée de voir des dames seules attablées devant des bocks de bière ou de minuscules tasses de café italien. Elle comparait ses souvenirs de l'élégance froufroutante des citoyennes de la bourgeoisie d'Havenport avec les toilettes plutôt rigides et, trouvait-elle, hypocrites des Parisiennes. Isidore marchait la tête levée, fasciné par les façades des immeubles des avenues nouvelles, leurs baies sculptées, l'importance des vitres et, sur les édifices publics, les statues symboliques du commerce ou de la justice, des arts et de l'agriculture. Les masses monumentales écrasaient le marinier habitué aux structures basses des fermes et des maisons d'écluse.

— Je crains le pavé sur la chaussée comme un mauvais passage sur un plat-bord. Un pénichien navigue mal dans les hautes eaux des grandes villes.

— Je te préfère col ouvert dans le vent du canal à ce cocher guindé, perché sur son siège avec, sur le crâne, le tuyau de poêle de son chapeau claque.

— Je t'aimerais en crinoline, les pieds sur la graveleine, sans rien d'autre au-dessus de la ceinture.

— La femme du *Lazare Hoche* disait l'autre soir, du côté de Melun, que Paris était une ville de perdition. Je suis sur mes gardes.

Le flot des passants les entraînait vers le Champ-de-Mars et les installations de l'Exposition. Construits autour d'un pavillon circulaire qui, au-dessus de ses seize hectares, semblait une demi-lune posée sur la terre, les palais annonçaient une autre planète. A la découverte d'une matière nouvelle, appelée aluminium, annoncée par un pavois de panneaux alignés, dans un bruit de tonnerre lointain, comme des draps mis au séchage, Norma préférait l'exotisme des minarets, des kiosques et des phares de la cité égyptienne. Les murs graves des temples de la vallée du Nil encerclaient le souk, bruyant et coloré, qui offrait les sachets de sable de Gizeh, le papyrus, préparé sur place dans la lente ventilation des feuilles de palmier, les brochettes de mouton, oignons et poivrons, les roses de sable, les peaux séchées de serpents, les carcasses fossilisées de scorpions et de scarabées.

La visite tourna court par une algarade d'Isidore à l'entrée de la salle des momies, réservée aux visiteurs munis d'un billet de faveur.

— Réservée, au nom de quelle discrimination? criait-il. Fallait-il des billets de faveur pour partir dans l'armée d'Egypte, mourir de la peste à Jaffa, ou du choléra sous les vingt siècles des pyramides ? Au nom de quoi, et de qui, les momies du pharaon feraient-elles bande à part ?

Quand les badauds applaudirent la fin de la sortie, Norma entraîna Isidore, malgré le plaisir que lui offrait sa provocante intervention.

Sans nouvelles des autres, ils finirent la soirée seuls sur la péniche, attablés sur le pont devant la cabine, pour une dînette avec des spécialités achetées dans les allées du retour, des croquettes de crevettes belges réchauffées dans une poêle, de l'anguille fumée d'un marchand russe qui mesurait plus de deux mètres, du far breton, pour le plaisir de la découverte, avec des pruneaux, qui en étaient une aussi.

Vers dix heures les gerbes d'un feu d'artifice jetèrent sur la Seine les reflets de leurs grappes éclatées. Après les éclats, les façades des immeubles passaient du bleu au rouge, au jaune et au vert. Sur le côté de la péniche, les ombres agrandissaient les voûtes du pont des Arts et en dessous, plus loin, celles du Pont-Neuf. Descendue un instant dans la cabine, Norma revint pieds nus, les jambes dans sa crinoline, sans rien au-dessus.

— C'est le bouquet ! dit Isidore.

— Enlève-moi mes bandelettes, Ramsès !

Le port Saint-Nicolas tremblait sous les coups de tonnerre de la féerie offerte au sultan Ismaïl Pacha, vice-roi d'Egypte.

Quand revint le tapage, au milieu de la nuit, Isidore crut qu'une fête se prolongeait. Le bruit plus proche qu'accompagnaient des cris et des chocs de bois et de fer, ressemblait au ronflement de l'*Elcheubise* d'Havenport quand le petit bâtiment approchait de son quai.

— Qu'est-ce qui se passe ? demanda Norma.

— La barque des pharaons débarque le khédive.

La claire-voie de la cabine filtrait les lumières des torches et des lampes. On n'entendait plus le bruit régulier du moteur au ralenti mais des ordres brefs donnés dans une langue étrangère, proche de l'allemand. Après un regard par l'écoutille, Isidore demanda à sa femme de l'accompagner.

Enveloppée dans une couverture, comme dans un épais sari, Norma ne regrettait pas sa nuit interrompue. Des lamaneurs tiraient vers le quai du port Saint-Nicolas un bateau blanc, plus long et plus fin que les « mouches » qui promenaient sur la Seine les visiteurs de l'Exposition. Dans le halo des projecteurs, brillaient les vitres de l'habitacle du pont, avant et après la cabine centrale, plantée comme une passerelle de cargo. Debout, près de la porte, un homme en uniforme blanc observait la fin de la manœuvre d'accostage, sans intervenir dans les ordres donnés par le pilote.

— Pardonnez les dérangements que vous procure l'*Istvan*, cria celui qui semblait être le maître à bord. Nous étions impatients de jeter l'ancre à Paris.

— D'où venez-vous ? demanda Isidore.

— De Budapest, en Hongrie. Nous vous apportons le salut du beau Danube bleu. Dormez bien. Nous ferons mieux connaissance plus tard.

Dans la cabine, Norma emplit un verre d'eau qu'elle partagea avec son mari.

— Qu'est-ce que c'est que cette histoire de beau Danube bleu ?

— C'est un fleuve, qui traverse huit pays avant de se jeter dans la mer Noire. Il doit déteindre au passage.

Pendant quelques jours, Norma et Isidore rencontrèrent peu leurs voisins hongrois qui dormaient encore quand ils partaient découvrir les rues de la capitale. Ils erraient vers Notre-Dame, visitée avec une escalade de la tour, dans le quartier voisin du Marais aux hôtels particuliers bien clos mais riches et accueillants avec leurs ateliers artisanaux. A l'opposé, au bout d'avenues encore en chantier avec des immeubles en construction, ils passaient volontiers devant la façade du futur Opéra, une des curiosités des Parisiens.

Ils finissaient l'après-midi sur le marché de la Fontaine des Innocents, proche des Halles et de leur tumulte. Autour des chutes d'eau et de leur bassin grouillait un village de marchands et de camelots qui entassaient leurs étals et leurs charrettes à bras en tous sens.

Norma choisit une table, dans un espace de restauration, en plein air. En bordure d'une allée, une cuisinière réchauffait sur des braseros des marmites de ragoûts et de matelotes. Isidore commentait, en s'amusant, les costumes et les allures de la foule qui passait et repassait devant les clients attablés.

Quelquefois, Félicien et les garçons profitaient du lieu pour donner de leurs nouvelles. Comme les touristes hongrois de l'*Istvan*, ils rentraient dans la nuit, sans se manifester avant midi. Après l'ennui de deux après-midi passés, au pavillon de la Marine et des Colonies, à décortiquer des chaudières et les axes soutenant des hélices géantes à quatre pales, les pensionnaires, sans lâcher leur mentor, profitaient des curiosités qu'offraient les milliers de stands de l'Exposition. A la nuit tombée, ils savouraient les attractions internationales, avaleurs de sabres, dresseurs de serpents, montreurs d'ours, danseuses africaines à demi nues, girls de tréteaux, montrant les frous-frous de leurs jupons à la fin du french-cancan mis à la mode, depuis le printemps, par *La Vie parisienne* d'Offenbach. Félicien désespérait un peu plus chaque jour de trouver une place pour le spectacle d'*Hernani* qui approchait.

Quand ils décidaient de rester à bord de la péniche, Isidore et Norma profitaient du spectacle à domicile offert au port Saint-Nicolas par l'*Istvan*. Chaque après-midi une réception animait le pont du bateau et l'entrepont promenade de la partie avant. Des voitures amenaient les invités que l'hôte recevait en haut de la passerelle. Il ne portait plus l'uniforme blanc d'officier mais un costume national hongrois, noir avec des parements fleuris, et, sur la veste, une impressionnante panoplie de médailles. Sur la terrasse ensoleillée, les matelots proposaient sur des plateaux des canapés et des gâteaux, des verres de tokay. Les mélodies des violonistes passaient de la nostalgie la plus lente à l'ardeur débridée d'une course-poursuite.

— Les Hongrois sont un peu des Cosaques, disait Isidore. Ils mènent leurs musiciens bon train, comme leurs chevaux.

— Je t'avoue que j'ignore où se trouve la Hongrie. Je ne savais même pas qu'elle existait.

— On ne connaît, malheureusement, les pays qu'en faisant la guerre contre eux. Avec la Berezina, les pyramides et Waterloo, l'Alma, Sébastopol et Solferino, les deux Napoléon ont obligé les Français à apprendre la géographie.

Sans être gênés par les mondanités de leurs voisins, Isidore et Norma passaient de longues heures sur le pont. Sur l'autre rive, la grande façade de l'Ecole des Beaux-Arts, la coupole de l'Institut de France formaient, avant le pont des Arts, un agréable décor qui compensait l'absence de vue sur le Louvre et les Tuileries. Défilaient sans arrêt les bateaux de promenade. Ils offraient une visite jusqu'au-delà de Notre-Dame aux passagers qu'ils ramenaient à proximité du Champ-de-Mars et de l'Exposition. Quand le soleil descendant rosissait le flot de la Seine vers l'écluse de la Monnaie, Norma préparait le repas. Ils mangeaient devant la cabine, en utilisant deux tabourets comme tablettes.

Un soir, une voix les interpella, en bas du gambrai, entre le quai et le plat-bord :

— Voici une senteur qui ne m'est pas familière.

— C'est du kipper. Il a encore plus d'odeur que la sardine grillée.

Le navigateur de l'*Istvan* approcha.

— Je suis votre bruyant voisin. Je me présente : comte Széchenyi, président de la Compagnie magyare de navigation sur le Danube.

— La péniche *Saint-Nicolas* n'a pas le confort de votre paquebot. Voulez-vous, à la guerre comme à la guerre, partager nos kippers? Je vous préviens qu'ils se mangent avec les doigts, pour éviter l'étranglement avec les arêtes.

— Je vous apporte une bouteille de tokay. Ce qui est bon pour le brochet du lac Balaton doit convenir aux harengs de la mer du Nord. Je ne venais pas me mettre à table mais vous convier à dîner, un soir avec vos enfants. Vous en avez trois ou quatre, m'a-t-on dit.

— Ce ne sont pas nos enfants mais nos pensionnaires. La péniche *Saint-Nicolas* est leur école, pour deux mois encore.

Le comte Széchenyi était aussi à l'aise devant son tabouret qu'un pénichien de longue date. Il découpa les filets du kipper avec la lame fine d'un petit couteau à cran d'arrêt sorti de sa poche. La pointe sous le nez, il humait les morceaux de chair brune dégagée des fils abondants de minuscules arêtes.

Il écouta l'histoire de ce pensionnat flottant dont il promit de reprendre la formule dans son pays.

— Paris est en fête. J'y participe gaiement, à mon bord, dans les palaces et les théâtres. La navigation, depuis Strasbourg, m'a montré que la France n'est pas seulement celle de la vitrine de l'Exposition. Vos mariniers traînent aussi leur misère, sur des chalands sans confort, où les enfants et les femmes travaillent comme les hommes. Former les adolescents à la vie est une action humaniste. Mon père n'a pas eu d'autre but dans son existence. On dit de lui qu'il fut un véritable sage.

A son tour il livra son histoire qui en apprit beaucoup à Norma sur la Hongrie. Riche propriétaire terrien, Istvan Széchenyi, le père du comte, était un des fédérateurs de son peuple, longtemps dominé par la Couronne autrichienne.

— Par sa persuasion politique, et par l'audace d'un pont suspendu sur le Danube, il a réuni en une seule les deux villes de Buda et de Pest. Avec sa compagnie de navigation sur le Danube, il a donné au pays une artère naturelle qui, avec l'industrie, donne du pain aux populations desservies par l'isolement. A sa mort, voici cinq ans, la Hongrie l'a désigné comme « Sage de la Nation ».

— Que signifie Istvan?

— C'est votre prénom Etienne, notre grand patron.

— Qu'attendez-vous de votre voyage à Paris?

— Qu'on sache que la Hongrie existe. Qu'on s'intéresse à mon type de bateau et qu'on en commande pour la France, mais, aussi, pour Saint-Pétersbourg, Cologne et Le Caire. Je reprendrai votre idée de collège flottant; les Anglais devraient apprécier cela.

Trois jours plus tard, la péniche *Saint-Nicolas*, sans l'abbé François, profita des rapsodies des violonistes de l'*Istvan*. Henri découvrit le service d'un vrai maître d'hôtel, ses gestes lents, presque solennels, quand il arrosait de jus la viande du potage que le comte appelait *ragu*. Norma demanda les détails de la préparation du poulet au paprika dont on atténuait le goût avec la douceur d'un laitage traditionnel, baptisé yaourt. Pour ne pas être en reste avec la réputation du « plus grand des Magyars », Isidore brossa le portrait de Manuelo Garcia Ibanez, le « Sage du Village », dit-il en souriant devant le regard complice du comte Széchenyi.

Félicien fut le plus heureux des hommes avec l'assurance d'un billet pour *Hernani* que lui promettait son hôte.

— Vous dégusterez Victor Hugo pendant que je dînerai chez Hortense Scheider. Sa duchesse de Gerolstein moque un peu la cour de Vienne, ce qui n'est pas pour me déplaire.

Félicien ne revint de la représentation de la Comédie-Française que le lendemain, en fin de matinée, après une nuit passée dans les tavernes du Palais-Royal avec des poètes et des ouvriers, des étudiants et des gazetiers.

— Les uns après les autres, perchés sur des tables, ils lisaient, ou récitaient de mémoire, des poèmes du père Hugo. De la révolte, de la solidarité, de l'évasion! Le flot de lyrisme empêchait de boire. Les cabaretiers, navrés, faisaient le plein des tables devant des verres vides puis, emportés par l'élan, ils reprenaient avec nous des vers que nous ancrions dans nos mémoires : *O soldats de l'an II! O guerres! épopées!... La liberté sublime emplissait leurs pensées... Hélas tout est fini! fange! néant! nuit noire!... O paradis! Splendeurs! versez à boire aux maîtres.* Par vagues, revenait, comme un leitmotiv, le cri de l'exilé de Jersey : *Sonnez, sonnez toujours, clairons de la pensée.* Dans un courant d'air de liberté, Paris fêtait Hugo. J'étais de la fête de la rue, comme aux premières loges, la veille au soir.

Isidore et Norma en savaient autant sur la soirée que les spectateurs.

Le fauteuil, privilégié, fourni par le comte Széchenyi, dominait la salle et la scène depuis le centre du premier balcon. Les voisins de Félicien montraient du doigt des visages de personnages connus, que lui-même n'identifiait pas, sauf Alexandre Dumas, tassé sur son siège dans le nuage blanc de son gilet et de son énorme cravate.

Bien avant le lever du rideau, jaillit, des balcons supérieurs, mais aussi du parterre, le nom de Victor Hugo, que suivirent, aussitôt, des tonnerres d'applaudissements. Comme plus tard, dans le tohu-bohu des tavernes, un spectateur cria un vers, repris par ses amis comme le répons d'une litanie. Pendant les coups répétés du gendarme en coulisse, des parties entières de la salle scandèrent « Her-na-ni » en rythmant les syllabes sur le bruit du maillet. Le tonnerre explosa, une première fois, à l'ouverture du manteau d'arlequin, plus bruyamment encore quand Hernani, le proscrit, entra dans la chambre de Doña Sol où le roi Don Carlos se tenait en guetteur. Des rafales de bravos coupèrent les répliques avec enthousiasme, pour venger, plutôt que la vieille bataille, le silence imposé si longtemps par la censure et saluer l'absence du poète. Les pieds trépignèrent, accompagnés de rires, quand Hernani clama : *« j'écraserai dans l'œuf ton aigle impérial »*. Dans sa loge de l'avant-scène le prince Napoléon subit la moquerie, avec le reste, dans l'innocence de sa jeunesse. Emu, jusqu'aux larmes, de retrouver sa jeunesse et la liberté dans Paris, Alexandre Dumas essuyait son visage dans les plis de sa lavallière blanche dénouée.

La voix de Félicien se voilait aussi quand il évoquait le final et les rappels.

— Comme des émeutiers nous répétions « Her-na-ni! Her-na-ni! » avant de réclamer l'auteur sur l'air des lampions. La soirée s'achevait mais la nuit commençait. A la vitesse lente de l'homme sage, la péniche *Saint-Nicolas* m'a conduit au rivage neuf de la liberté.

Après des semaines de confessions et de bénédictions sur tout ce qui flottait à Paris et dans la banlieue, le père François rejoignit la péniche la veille du jour fixé pour le départ. Ses amis, sans les garçons, qui profitaient sur le pont de leur séjour parisien, bavardaient autour de la table du Cours Merrimack avec le comte Széchenyi. Pour le verre de l'adieu, le navigateur hongrois offrait une grande bouteille de champagne, un *jéroboam* disait-il.

— Ce port Saint-Nicolas est le coin le plus calme et le plus aéré de Paris, observa l'abbé. De l'entrée de la ville à la sortie, la Seine, à certaines heures, disparaît sous un nuage de fumées montées des cheminées de bateaux de promenade, des remorqueurs, des grues, des dragues. Sous la verrière des gares, la vapeur écrase les voyageurs de son odeur et de sa crasse humide.

— Pour le moment la vapeur n'est pas l'ennemie mais l'avenir. Quand il était ministre des Transports, mon père a joué pour la Hongrie une double carte de la vapeur : avec le chemin de fer et avec les bateaux. L'*Istvan*, qui est là derrière vous, nous prouve qu'on peut traverser l'Europe avec une chaudière. Aujourd'hui, sur les chemins d'eau, on trouve aussi facilement du charbon, pour son fourneau, que du son, pour le cheval, ou du pain au lard, pour le tireur.

— Votre père a été ministre?

— Oui. Avec Kossuth, qui était aux finances. Nourris l'un et l'autre de l'esprit des barricades de 1848 à Paris.

— J'y étais. Et Félicien aussi, d'une certaine façon.

— Alors il faut se revoir! Qu'Isidore et Norma amènent la péniche à Budapest : je l'équiperai d'un bon moteur.

— Derrière nous, la route est longue, déjà. Arrêtez-vous, plutôt, à Bar-le-Duc sur le chemin du retour. Le bon air y flotte encore, au-dessus des nuages de la voie ferrée.

— J'apporterai le champagne. La taille au-dessus de celle-ci est un *mathusalem*. Abandonner le tokay ce n'est pas trahir son pays.

Pour une fois, le comte Széchenyi, ses amis et son équipage renoncèrent à la grasse matinée. Le maître de bord en tête, dans son uniforme blanc d'officier, ils formèrent une haie sur le plat-bord de l'*Istvan* quand le remorqueur tira la péniche *Saint-Nicolas* hors de son ancrage. Un matelot ajouta les trilles d'un sifflet aux brefs signaux lâchés par le conduit d'air de la cheminée. Norma, qui tenait la barre, recueillit les applaudissements quand la proue de son bateau glissa devant l'étrave du vapeur hongrois.

16

MELANY'S

Les quatre garçons quittèrent Paris avec nostalgie.

Ils sortaient d'un autre monde, abasourdis par les découvertes des techniques, le mouvement des foules, les facilités quotidiennes qu'apportaient les innovations inconnues à Bar-le-Duc et dans les régions traversées. Dans la préparation professionnelle que leur donnait Félicien, seul Henri emportait des souvenirs précis, avec l'ascenseur hydraulique pour hôtel exposé dans un pavillon du Champ-de-Mars et avec la porte tournante de l'entrée de plusieurs palaces, un manège de verre surveillé par un groom en uniforme.

Quand il ne s'occupait pas de ses pensionnaires, Félicien mettait à jour son nouveau cahier de notes. Il livrait ses réflexions sur l'évolution des constructions des arsenaux présentées au Pavillon de la Marine et des Colonies. Le fer chassait le bois, dans les coques et dans les charpentes, avant les arrivées des chaudières et des machines, des canons à longue portée, exposés par Schneider et Le Creusot, pour la France, Krupp et la Ruhr, pour la Prusse.

De son côté, le père François travaillait au rapport, souhaité par l'autorité religieuse, sur la constitution, officielle, d'une aumônerie de la batellerie. Fallait-il multiplier les expériences, comme celle de la péniche *Saint-Nicolas* qui apportait la bonne parole, partout, et même dans les biefs les moins fréquentés, ou créer une instance fixe, proche du grand carrefour que représentait Paris ? L'abbé comparait cette situation à celle des enfants de bateliers, qu'on pouvait difficilement réunir en un pensionnat unique et auxquels ne convenait pas davantage l'accueil temporaire dans une classe de village, ou de quartier, à l'occasion d'un séjour prolongé d'un étiage, d'une intempérie ou d'un chômage forcé.

Norma taisait son impatience d'arriver à temps à Bar-le-Duc pour la distribution des prix du lycée.

Après la remontée de la Marne en convoi, Isidore loua les services d'un tireur et de ses deux chevaux. Deux nuits entières de navigation permirent de rattraper le retard provoqué, après Châlons-sur-Marne, par des pluies et des rafales de vent aussi dangereuses dans les biefs qu'à l'approche des écluses.

Isidore marchait volontiers avec le haleur. L'homme comparait sa vie à celle des chemineaux qui allaient de village en village, pour gagner leur pain de la semaine par quelques jours de travail dans une forge ou une menuiserie. La progression du trafic fluvial ne facilitait pas sa tâche. En dehors des grandes périodes de travaux des champs, des paysans offraient aux mariniers, pour des sommes infimes, la puissance de leurs chevaux de trait. Les mines, les aciéries et les salines constituaient des écuries qui, au moindre frais, assuraient le tirage sur les allers-retours des parcours habituels. En plus de la menace du touage mécanique et des remorqueurs à vapeur venait, pour la traction traditionnelle, celle de compagnies, organisées comme les anciennes postes, avec des attelages fournis aux bateliers d'un relais à un autre.

— Ces *Panama* prennent notre gagne-pain. Ils plantent leurs écuries, leurs logements et leurs boutiques aux meilleurs coins d'un canal. Le pénichien trouve son cheval et le goudron pour sa coque, sa femme le pain pour la semaine, le beurre salé avec. Avant, un homme comme moi naviguait avec ses chevaux sur le bateau. Nous avions une écurie, au milieu du chaland, sous le pont, avec une porte dans la coque pour entrer et sortir, et des rigoles pour évacuer la pisse des bidets. J'échangeais le fumier avec des éclusiers ou des maraîchers. Je dormais avec mes chevaux, bien au chaud au-dessus de la réserve d'avoine. Les péniches-écuries se font rares. Autrefois, les paysans devenaient mariniers, aujourd'hui, les mariniers ne se font pas paysans. Comment reconnaîtraient-ils, à son poil terne, que leur cheval est surmené? Certains se risquent, quand même, à prendre un mulet à bord. On m'a raconté que dans le centre de la France on attelle les bœufs aux bateaux. Mais on n'a pas encore inventé la péniche-étable!

Pendant les haltes, Isidore dessinait la silhouette de l'homme, celle des chevaux sur le chemin de halage.

Dès que commencèrent les manœuvres d'amarrage à l'embarcadère de la côte Sainte-Catherine, Norma partit d'un bon train vers la Ville Haute de Bar-le-Duc. Elle gravit, sans ralentir son pas, l'escalier de cent marches qui offrait un parcours ardu mais un raccourci appréciable.

Mélanie lisait dans son salon. Après les embrassades prolongées des retrouvailles, Norma demanda à quelle heure Clément revenait du lycée.

— Pas avant la fin de l'après-midi, à cause de la demi-pension.

— Je l'attendrai à la sortie.

— La distribution des prix se fait dans trois jours.

Déjà Louise dressait la table pour le déjeuner.

— Mettez deux couverts, dit Mélanie.

La conversation reprit entre les deux femmes comme si rien ne l'avait interrompue depuis des mois. Norma guettait chaque détail de la vie de son fils, ce qu'il préférait manger, ses camarades, l'évolution de sa collection de plantes. Mélanie insistait sur la qualité du travail du garçon, dont elle ne recueillait que des compliments.

— Mais vous ai-je dit que notre confiture de groseilles épépinées trouve place, chaque matin, sur le plateau de l'Empereur et de l'Impératrice ? Oui, je vous l'ai écrit. Il nous vient une autre bonne nouvelle : votre ami Joseph Kieffer, le consul de France à Providence, arrive un jour ou l'autre de Paris, avec un projet, m'a-t-il écrit sans donner d'autre détail.

— Je suis curieuse de recevoir par lui des nouvelles d'Havenport. Quinze ans de silence, c'est le néant. Je n'imagine pas ce qu'aurait été ma vie, là-bas, avec ou sans mon mari. L'absence de Clément me pèse mais j'apprécie la communauté de la péniche. Ensemble, nous préparons bien les garçons à leurs débuts dans un métier.

— Ils commenceront leurs essais dans les prochains jours. L'Hôtel du Cygne a bien besoin d'un portier capable de comprendre les nombreux Anglais qui passent par Bar-le-Duc où se constitue une active colonie britannique, et protestante, parmi laquelle je compte des relations nouvelles et toniques. Vous le révélerais-je, avant de vous en faire la surprise cet hiver ? Louise réussit le Christmas pudding mieux qu'une vieille lady. J'ai omis, dans la lettre que je vous ai adressée à Briare, de vous demander un petit achat de raisins secs en passant à Paris. Nous connaissions les mêmes difficultés pour nous en procurer à Manchester, Nouvelle-Angleterre. Nos littérateurs, qui écrivent beaucoup sur la Grèce — avez-vous lu *Le Roi des montagnes* de ce monsieur About ? —, ne devraient-ils pas réclamer plus d'importation des raisins de Corinthe ? Faites-vous goûter, quelquefois, aux pensionnaires de la péniche *Saint-Nicolas* du cheese-cake ou de l'apple-pie ?

— Je crois qu'ils les préfèrent au gaspacho d'Isidore, encore plus au goulache de notre ami le comte Széchenyi.

— Celui-là, je tiens à le présenter à mes amies anglaises quand il passera à Bar-le-Duc. Quel âge a-t-il ?

— Une quarantaine d'années.
— Il est trop jeune pour moi.
— Vous souhaitez vous remarier?
— A soixante ans bien sonnés, on ne pense plus à cela. Depuis longtemps les rentes que je reçois m'obligent à garder ma fidélité à John-John Standford. Ne trouvez-vous pas qu'il fait un excellent mari?

Mélanie riait, heureuse à la perspective de cet été « en famille », comme elle disait. Norma guettait l'heure. Elle partit bien en avance pour savourer, seule, le plaisir des derniers instants de son attente.

Elle descendit lentement vers la Ville Basse.

Construit une dizaine d'années plus tôt, le lycée remplaçait le respectable collège Gilles-de-Trèves, transformé en caserne après deux siècles d'enseignement de qualité, dans un cadre de monastère, avec ses porches et ses arceaux, les balustrades de pierre qui faisaient du préau un promenoir de cloître.

Norma patienta, appuyée contre le parapet du pont Saint-François. L'Ornain coulait doucement en caressant les herbes effilées de son cours peu profond. Les tilleuls du quai formaient une allée de verdure, comme celles que la péniche trouvait au bout du dernier bief avant l'entrée d'une ville. D'autres arbres, plus grands et plus vénérables, cernaient le square devant l'entrée de l'établissement scolaire. Quelques parents bavardaient près de la façade. Norma se planta dans l'axe central, à trois mètres de la porte fermée, derrière laquelle sonnait la cloche du concierge.

Elle s'attendait à une ruée à l'ouverture des battants. Au lieu de cela apparurent, derrière un surveillant, deux rangées d'élèves marchant à pas lents, qui ne se séparèrent que le seuil franchi après avoir salué le maître, de la tête ou en soulevant leur coiffure. La cohorte en costumes sombres s'égailla à travers le square, sans précipitation et sans éclats de voix. Clément n'était pas là. L'inertie du concierge, appuyé contre la façade, indiquait que la sortie continuerait bientôt. Quand le second surveillant s'écarta devant la classe suivante, Norma vit son fils au premier rang. Elle cria « Clément ». Il leva les bras, sans se soucier de la mine compassée du pion.

Après les embrassades ils bavardèrent quelques instants sur un banc, sous un imposant marronnier.

— Depuis une semaine je me faufile pour prendre la tête de la classe à la sortie. Mes camarades, qui savaient que j'attendais ton retour, me facilitaient la tâche.

— Tu as de bons amis?

— Philippe, mon compagnon de cheval : nous trottons avec le même dragon. Puis Bernard; c'est le fils d'un pharmacien, il collectionne les herbes comme moi.

Norma sortit une enveloppe de la poche de sa jupe.

— Regarde ce que je rapporte.

— « Herboristerie du Port-Royal »! Je sens sous mes doigts la dureté des petites tiges et la légèreté des feuilles.

Clément regarda dans sa main les herbes tenues par un fil sur un carton d'identification.

— *Citrus vulgaris* ou *bicaradia*, c'est exact : je l'ai. *Citrus aurantium*, c'est la mienne, celle que je cherchais.

— L'herboriste s'est moqué de moi. Selon lui, j'aurais trouvé plus facilement si, au lieu de *bigaradier*, j'avais parlé d'orange douce, ou de mandarine.

— C'est un épicier, cet homme! Merci en tout cas. Je te montrerai mes albums. J'en suis au troisième.

Isidore attendait sur le chemin de halage, loin devant la péniche. Clément confia son sac de livres à sa mère. Il partit en courant vers son père qui le souleva de terre dès qu'il fut dans ses bras.

— Te voilà gaillard, avec dans le regard la flamme de Manuelo Garcia Ibanez.

— Des types de la classe m'appellent « Castagnette ».

— Joues-tu bien au moins?

— J'arrive à sortir des coques de bois un bruit continu

qui ressemble à un galop de cheval. A la fin de ses goûters, Marraine ne me demande pas de sortir mes castagnettes, comme d'autres invitent leur petit prodige à s'asseoir au piano ou à prendre le violon. Les castagnettes m'aident à apprendre les poésies. Mes doigts comptent pour moi les alexandrins. Le bois me dit si j'ai bien passé ou raté la césure : *C'é-tait-un-Es-pa-gnol-de-l'ar-mée-en-dé-route / Qui-se-traî-nait-san-glant-sur-le-bord-de-la-rou-te.*

— *Do-nne-lui-tout-de-mê-me-à-boi-re-dit-mon-pè-re.* Je connais le morceau. Félicien l'apprenait aux garçons du Cours Merrimack. Je lui ai demandé de laisser Victor Hugo se débrouiller avec son père et de me laisser en paix avec le mien.

— Je n'ai pas le premier prix de castagnettes ni celui de poésie.

— Ni le prix de bonne tenue à cheval, je pense. Ta lettre inquiétait ta mère : « On n'en fera pas un dragon, tout de même? » Je ne te parle pas du *bigaradier* qu'on ne trouve pas à Moret-sur-Loing, ni à Corbeil-Essonnes, ni à Châlons-sur-Marne : pendant deux mois j'ai rencontré autant de pharmaciens et d'herboristes que d'éclusiers. Ta mère, davantage encore.

— Mais elle a trouvé. Elle est belle et jeune, ma mère.

— Et moi, alors?

— Tu n'es pas jeune, avec ta barbe. Le Corbeau te trouverait plutôt éveillé.

— Quel Corbeau?

— Mon professeur de quatrième. Il élève un choucas en cage. Il lui apprend à parler, mais seulement en latin. Le corbeau de Corbeau s'appelle « Rarus », comme un oiseau rare. A part « Ave Caesar » on ne comprend rien à ce qu'il dit. Son maître traduit pour lui *Marcus dat Juliae rosam* ou *Galli sunt in campo.* « Marcus donne une rose à Julie » ou « Les Gaulois sont dans la plaine ». Le Corbeau, mon professeur, pas sa bestiole, prononce le discours de la distribution des prix. Dans sa toge jaune et rouge on dirait plutôt un perroquet. Mais il parle très bien. Je le regretterai.

— Il ne sera plus ton maître l'année prochaine ?

— Non. En troisième, les professeurs changent pour chaque discipline, sauf pour le français, le latin et le grec. Après le Corbeau nous aurons la Buse. C'est le raccourci de son nom, Buzard.

— Vous donnez des noms d'oiseaux comme ça à tout le lycée ?

— C'est un héritage des anciens. Les sixièmes et les cinquièmes croient qu'ils sont grands quand ils disent « le Corbeau », « la Buse », et même Lapie, qui est le vrai nom d'un professeur d'histoire.

Grâce au retour de la péniche *Saint-Nicolas* et à la lettre portée par son père au lycée, Clément Capitaine fut en vacances deux jours avant ses camarades. Il ne quittait pas le bateau. Il bavardait dans la chapelle avec le père François, curieux de son instruction religieuse, raisonnable pour un établissement public. Il passait ses meilleures heures avec Félicien et les garçons, occupés à peindre ou à cirer les meubles et les cloisons du Cours Merrimack, remis à neuf pour la quatorzième promotion de septembre.

Leur récompense venait, en fin d'après-midi, avec un bain prolongé dans le canal, sous la surveillance d'Isidore qui rappelait les enfants vers la rive à l'approche d'une péniche. Clément, qui nageait depuis l'âge de six ans, préférait les longs allers-retours dans le bief aux jeux des autres, qui s'aspergeaient en claquant la surface de l'eau de la tranche de la main.

Tous assistèrent à la remise des prix dans la salle d'honneur du lycée, drapée de tricolore et des enseignes jaunes, frappées des alérions, des anciens duchés de Lorraine et de Bar. La disposition du vaste hall était celle d'une nef, avec le public dans deux travées latérales, les professeurs et les élèves serrés sur les bancs du réfectoire, les professeurs en toges aux six premiers rangs, comme des chanoines dans un chœur. Devant, sur une estrade fermée par une tenture de velours bleu, des surveillants, graves comme des huissiers, veillaient près des tables couvertes de livres de prix, et de diplômes, de chacune des sept classes du lycée. Sur le côté de la scène, près des marches du praticable, attendaient les invités officiels, le préfet, le maire, des officiers et des ecclésiastiques, peu de femmes mais, à la droite du premier magistrat, la maréchale Oudinot, duchesse de Reggio, la grande dame de Bar, peu vaillante mais élégante et souriante.

Dans un silence religieux le proviseur, en toge jaune, et quatre professeurs, aussi graves que lui, avancèrent dans l'allée centrale. Ils s'installèrent sur l'estrade, debout devant leurs fauteuils.

— Je déclare ouverte la cérémonie de remise des prix de l'année scolaire 1866-1867, placée, comme les précédentes, sous le signe de Dieu, du prince et de la patrie. Je cède la parole à mon collègue Thierry, professeur de quatrième, qui a choisi pour thème de son discours : *Mens latina in corpore sano* ou *De l'intérêt du latin dans l'éducation des jeunes gens.*

Isidore se pencha vers Norma :

— C'est le Corbeau de Clément.

Le proviseur et trois de ses assesseurs prirent place sur leurs sièges en étalant les plis de leurs robes et en coiffant leur mortier.

Tête nue, le professeur Thierry se plaça à l'écart pour parler en regardant les rangs officiels :

— *Latinus non rarus est. Qusque tandem?* Oui, mes chers collègues, oui, mesdames et messieurs : le latin n'est pas rare. Jusqu'à quand?

Les chers collègues et le proviseur sourirent avec ce *« rarus »* qui, dans l'introduction du discours, évoquait l'oiseau apprivoisé par le professeur de quatrième et, indirectement, le surnom qui ne le lâchait pas lui-même. Les rires discrets des rangées d'élèves prouvèrent au Corbeau qu'il avait été compris. La suite du propos entraîna des hochements de tête autour de la maréchale Oudinot quand l'orateur évoqua la place prise par l'histoire de Rome dans les esprits de la Révolution et du premier Empire. Le préfet demeura impassible à l'énoncé des vertus des discours latins, des plaidoiries et des pamphlets qui « forment le véritable esprit de démocratie et empêchent qu'un seul homme, roi ou empereur, décide pour tous ».

Spontanément, les élèves des classes supérieures applaudirent quand le professeur de quatrième dénonça, comme une anomalie contraire à la réflexion et à la connaissance, d'imposer comme punition les pages d'écriture de cent vers latins. Il conclut en souhaitant que « la langue de Dieu », entretenue par l'Eglise, reste, aussi, « la langue de la liberté » pour « les têtes bien faites que nous cherchons à former ».

Le préfet n'applaudit que du bout des doigts au plaidoyer, à double sens, qui satisfaisait manifestement la duchesse de Reggio. Félicien battait des mains à tout rompre, moins pour Cicéron ou Pline le Jeune que pour l'enseignant.

— Ce Corbeau a de bonnes griffes, dit-il au père François, réjoui lui aussi.

L'assemblée frissonna dès les premiers noms du palmarès de la classe de sixième. Norma trouvait le temps long. A cause des cachotteries de Clément, et un peu de Mélanie, elle ignorait les récompenses qui attendaient son fils.

Quand vint le tour de la classe de quatrième, le professeur Thierry lui-même appela sur l'estrade ses élèves primés. Ils étaient huit avec, en tête, par ordre alphabétique, Clément Capitaine, qui fut cité, le premier, avec le prix d'excellence que suivit, aussitôt, celui de français. Le garçon recevait ses livres des mains d'un surveillant pendant que se poursuivait l'énumération des second et troisième prix, puis celle des accessits. Avec le thème latin, la version grecque, l'histoire, puis les sciences et les mathématiques, revenait, d'abord, le nom de Capitaine. Le public réagissait avec complicité à chaque citation. Il salua d'une ovation le brillant élève qui descendait de l'estrade avec sa pile d'ouvrages et, sous le bras, le rouleau de ses diplômes.

Norma pleurait en levant la main vers son fils qui regagnait son banc, le regard perdu, les joues encore rouges d'émotion.

Il restait à proclamer le palmarès des quatre grandes classes, qui fut suivi de récitations de poésies par les élèves de sixième. Puis le square devant le lycée retrouva l'animation du temps où le lieu accueillait le marché. Quelques voitures attendaient le préfet, la maréchale Oudinot, le doyen de Notre-Dame et ses vicaires, quelques familles de la campagne meusienne qui récupéraient un pensionnaire. Le cocher Frédéric guettait Mélanie, en conversation avec les habituées de son salon. Elle abandonnait pour la journée son filleul à ses parents, avant le repas du lendemain avec Joseph Kieffer, attendu dans la soirée. Félicien et les garçons, le père François, invité à déjeuner par l'aumônier du lycée, s'esquivèrent pour laisser Isidore et Norma savourer, seuls avec leur fils, l'excellente année scolaire si bien récompensée.

— Nos livres sont dans l'armoire du Cours Merrimack, dit Isidore. J'installerai des rayons dans la chambre pour ces jolis prix, dorés comme des missels.

— Je n'en ai encore ouvert aucun.

Clément posa sa moisson sur la table de la cabine. Norma l'embrassait en répétant :

— Surtout, il faut continuer !

— Laissons-le d'abord profiter de ses vacances. Nous nous promènerons dans la campagne, comme je le faisais au Village avec Manuelo et Georgina Garcia Ibanez.

— Mes professeurs ont coupé le nom. Au début, j'ajoutais, comme toi sur tes dessins, un petit *G.I.* après Capitaine. Finalement, il vaut mieux être Garcia Ibanez dans sa tête qu'un « signe cabalistique ». Sur mes copies le Corbeau notait la formule, soulignée d'un coup de plume rageur.

Norma regardait un à un les livres de Clément. Elle soulevait l'épaisse couverture, toilée de rouge avec des lettres en relief. Elle lisait, en les énumérant, les titres des livres :

— *Le Roi des montagnes* d'Edmond About... Mélanie en parlait, l'autre jour, en réclamant des arrivages de raisins de Corinthe pour les puddings de Louise. *Les Contes du bord du Rhin* d'Erckmann-Chatrian... Ils nous rappelleront les légendes du berger du château du Haut-Barr... *Notre-Dame de Paris* de Victor Hugo... Il ne faut surtout pas le montrer à Félicien si tu veux revoir ton prix.

Isidore regardait les dessins, qu'il trouvait naïfs dans les planches de bois des contes d'Erckmann-Chatrian, vivants, et riches de profondeur, dans l'héliogravure de l'édition de Victor Hugo.

— Voici la différence entre l'imprimerie d'hier et celle d'aujourd'hui. Je ne regrette pas la décision, prise à Metz, autrefois, de laisser aux plus jeunes la pointe et le burin.

— Tu ne m'en veux pas de mon troisième accessit en dessin ?

— Ton Corbeau prétend que l'avenir appartient aux latinistes.

— *Cogita quo melius intellegas!* répète-t-il à longueur d'année. Réfléchis pour mieux comprendre ! Son choucas n'en est pas encore là.

Les trois Capitaine goûtaient la complicité des retrouvailles. La cabine privilégiée de la péniche *Saint-Nicolas* était la plus heureuse de toutes celles du mouillage. Isidore se demandait parfois si les autres équipages le prenaient pour un véritable marinier.

— Question tonnage, la matière grise ne fait pas le

poids, lui disait Félicien, mais, quand tu passes le harnais pour tirer, tu fais la bête aussi bien qu'un autre.

Appuyé contre la cheminée du salon de Mélanie Standford-Malet, Joseph Kieffer semblait plus américain que français. Contrairement à la mode du second Empire, il ne portait pas de barbe mais de curieuses lunettes rondes, sans branches, serrées sur le nez, reliées par un épais fil noir au gousset de son gilet. Le col de sa chemise était doublé par un rabat amidonné qui emprisonnait une cravate extravagante, avec des ramages exotiques. Son pantalon serré descendait sur des escarpins que couvraient des leggings de daim gris.

— Bien entendu je sais par Mélanie que vous êtes mariés et que votre Clément traduit Tite-Live comme il lit *Don Quichotte* dans le texte. Lui apprenez-vous l'anglais, au moins, qui sera au vingtième siècle ce que *rosa, rosam, rosae* est à celui-ci?

Isidore lança la demande que Norma gardait pour elle-même :

— Donnez-nous, d'abord, des nouvelles des familles d'Havenport.

— Cela ne risque-t-il pas d'être long? demanda Mélanie. Installons-nous pour un doigt de madère avant de déjeuner. Depuis que Bar-le-Duc possède une colonie anglaise, le madère est un breuvage apéritif familier. Me croiriez-vous si je vous dis que nos ladies en mettent également dans la sauce du roastbeef?

Joseph ne fit pas attendre plus longtemps Norma et Isidore.

Havenport ne ressemblait plus à ce qu'ils connaissaient. Il comptait le double d'habitants, grâce au développement de l'industrie de la pêche qui délaissait la baleine pour les crustacés, surtout le homard et les langoustes, et pour la morue. Une base navale et un arsenal de construction de cuirassés complétaient le port commercial. La colline d'origine, où Norma dirigeait le foyer d'accueil, ne gardait plus de trace du passé, englouti sous des immeubles de huit et dix étages, en pierre rouge comme ceux de Boston.

— Qu'est devenu le restaurant des parents de Bejte?

— Un bureau de poste, ou une station pour la compagnie d'omnibus, ou un square. Comment savoir? Rien ne ressemble plus à rien. D'ailleurs, le quartier le plus important de la ville, une ville dans la ville, s'appelle New Havenport. Pour vos parents et vos relations, il faut que je les prenne dans l'ordre.

— Commencez par moi, dit Norma pour l'aider.

— Les Hopkins ont quitté la côte Est. Au milieu de cette cité, qui pousse comme un champignon, le vieil herboriste prêchait, dans le désert, la légende des *Pilgrim Fathers*. Arrivés de Brême et d'Hambourg, ou des rivages de la baie d'Hudson, les nouveaux habitants se moquent bien du *May Flower*, sauf pour manger le velouté de potiron le jour du « Thanksgiving Day ». Quand est décédée la mère de Norma, il y a sept ou huit ans, William Hopkins a rejoint ses deux fils, qui prêchaient la rigueur de la foi dans les terres nouvelles de l'Ouest. Aucune autre nouvelle, depuis.

— Sans doute ne leur ai-je pas manqué. On choisit un mari, des amis, une vie, on ne choisit ni son père ni ses frères.

— Je vous laisse la responsabilité de cette oraison, mon enfant, dit le père François.

— Et du côté des Bour? demanda Isidore.

Joseph Kieffer rencontrait encore l'ancien imprimeur de Metz. Casimir ne possédait plus la *Bour's Books and Press Company* devenue *Haven's Books*, une société dont il restait actionnaire. L'imprimerie consacrait ses activités aux livres scolaires et universitaires et au matériel complémentaire, des cartes murales, des ustensiles de travaux pratiques, des échantillons de mesure du système métrique, récemment adopté par les Etats-Unis. Casimir dirigeait sur le plan technique le *Massachusetts Tribune*, successeur, pour tout l'Etat, du *Havenport News*. Le journal connaissait un fort tirage, acquis pendant les années de guerre entre le Nord et le Sud. Grâce à la complicité lorraine, Joseph Kieffer obtenait régulièrement, dans la partie magazine du quotidien, des articles sur la France et sur ses produits. Mathilde, la femme de Casimir, venue de Gorze avec les autres, était décédée. Bernard, leur fils, qui avait un peu plus de vingt ans, travaillait comme reporter de l'importante chronique maritime du journal.

Mélanie ne se trompait pas en prévoyant que l'évocation durerait. Sans suivre le détail des personnes évoquées, elle n'était pas mécontente de connaître l'évolution d'une ville américaine. Elle n'osait imaginer un quartier d'immeubles planté sur les terres de *Merrimack Creek*.

Pendant que Louise servait la matelote d'écrevisses, Joseph Kieffer reprit son récit.

Emile Bour, le frère de Casimir, restait adjoint d'Havenport, avec un autre maire que Jeff Kuippers, disparu depuis quelques années. La municipalité veillait à garder dans ses rangs au moins un représentant de chacune des communautés qui composaient la ville, à l'exception des Noirs, tenus à l'écart dans les faubourgs ou les immeubles vétustes abandonnés par le plan d'urbanisme. Emile présidait l'office du tourisme. Prolongeant l'expérience de l'*Elcheubise*, une flottille de *Elche's boats* promenait les familles au long de la côte vers Boston, pour visiter le port, ou vers cap Cod, pour découvrir les voiliers en escale ou en régates.

— Voilà une fameuse nouvelle. A la fois, la survie d'Elche et le retour de la princesse-otarie. Parle-t-on encore d'elle ?

— Son image est peinte sur les cheminées de la société de navigation.

— Ils ont sans doute repris le dessin publié par le *Haven-*

port News. Et pour cause, on ne possède aucune autre trace.

— Les institutrices des écoles racontent l'histoire aux enfants. Mais la pauvre Elcheubise subit la concurrence des récits musclés de la marche des troupeaux vers le Texas, des batailles contre les Sioux et des attaques de diligences de la Well's Fargo. Les boutiques du port, qui vendent des Winchester en bois et des casquettes de Confédérés en carton bouilli, proposent aussi des statuettes de la princesse amphibie, ou sa silhouette émaillée dans le creux d'une assiette de porcelaine. Votre amie Bejte entretient activement la fausse légende de la malheureuse princesse scandinave qui a hérité d'un nom de cheval.

Bejte dirigeait une école. Martial était le patron de l'atelier de menuiserie dans le chantier des frégates cuirassées de l'arsenal. Leurs deux fils, John et Jan, poursuivaient à Boston des études d'avocat, métier d'avenir dans le pays, prédisait Joseph Kieffer. Les grands-parents Joost et Sara Perk possédaient, entre les quais de Boston et les rivages de Plymouth, une dizaine de restaurants de poissons et de crustacés *Fish and shrimp*, que fournissaient les pêcheurs des derniers *sharpies* à dérive du petit bassin d'Havenport.

Isidore et Norma n'en demandaient pas davantage. La destinée de leurs amis Bejte et Martial les préoccupait depuis longtemps. La rencontre avec Joseph Kieffer offrait l'occasion de reprendre contact par des lettres.

Dans ce panorama détaillé, Clément retrouvait des noms familiers. Il ne manquait pas de questions à poser à son père ou à sa mère sur la *Bour's Books and Press* et même sur la légende d'Elcheubise. Il dégustait, surtout, la quiétude d'esprit de ce véritable premier jour de vacances.

— J'aimerais savoir quelque chose encore, dit Norma.

— Peut-être connaîtrai-je la réponse.

— Reste-t-il des pigeons migrateurs sur les arbres d'Havenport?

— L'hécatombe continue. L'espèce est menacée. Celles et ceux qui pleurent les morts des batailles du Sud ne s'en soucient pas.

Félicien reprit la remarque pour parler du général Grant et de Lee, de l'assassinat de Lincoln. Le père François questionna ensuite sur l'abolition de l'esclavage et sur l'audience obtenue par le Ku Klux Klan, la société secrète constituée en début d'année.

Mélanie patienta jusqu'au dessert puis interpella Joseph Kieffer :

— Cher monsieur, ne m'annonciez-vous pas, dans vos courriers, qu'une proposition justifiait votre visite à Bar-le-Duc ?

— Pardonnez-moi, madame, je ne m'attendais pas à retrouver ici des amis de vieille date.

— Je les connais grâce à vous. Vous les avez logés dans la même cabine que moi sur ce voilier flamand dont je vous épargne le nom. Ils m'ont sauvé la vie en s'occupant de moi, dans la plus grande tempête qui souffla jamais sur l'Atlantique Nord.

— Le *Schelde's trots* a connu pire avec un naufrage, au large de Terre-Neuve, après une collision avec un iceberg.

— Vous le confirmerai-je ? Vous ne me verrez jamais plus sur le pont d'un bateau. Sauf dans les eaux paisibles d'un canal sur la graveleine de la péniche *Saint-Nicolas*. Savez-vous ce qu'est une graveleine ? Je n'aime pas la mer mais je m'initie au langage de la batellerie. La graveleine est ce passage, étroit à mon gré, qui mène à la cabine du logement. Ne parlions-nous pas de votre suggestion ?

Norma sourit à Clément, qui écoutait avec malice le dialogue de sa marraine et du visiteur de Providence. Le fils levait les sourcils en regardant sa mère dès que Mélanie revenait à une formule interrogative.

Lancé dans son explication, Joseph Kieffer partit de la constatation que la vente de confiture épépinée de Bar-le-Duc répondait abondamment à son attente.

— Nous pourrions doubler et tripler, quadrupler même, nos importations. Un obstacle freine ce développement. Les Américains, pragmatiques, appellent un chat un chat. Ils achètent du madère, comme ici, du champagne, du cognac. Ces noms claquent comme des marques. Ce n'est pas le cas de la confiture épépinée de Bar-le-Duc. La formule sonne bien, en français parfois, dans la conversation de deux ladies raffinées. Dans une boutique, elle encombre la ménagère, la gouvernante des enfants ou la cuisinière noire. Celles-ci aiment les raccourcis. Elles ne lisent pas jusqu'au bout ces lignes qui couvrent la totalité de l'étiquette du pot.

— M'autorisez-vous une remarque ? Ce que contient le pot compte davantage que l'habillage.

— Quand ils parlent entre eux des restaurants *Fish and shrimp* de Joost et Sara Perk, les jeunes couples d'Havenport disent *« F'shrimp »*, comme s'ils enlevaient les arêtes et la carapace pour ne garder que la chair. Sur les pots que vous nous envoyez, je propose de remplacer « confiture épépinée de Bar-le-Duc » par *« Melany's sweets »*, avec *« Melany's »* en plus gros que *« sweets »*.

— *Sweet Melany !* John-John Standford se retournerait dans la tombe, lui le *strongman*. J'en reviens à la même question : en quoi *« Melany's »*, *sweet* ou pas *sweet*, changera quelque chose dans le commerce américain de ce qui reste, malgré tout, la confiture épépinée de Bar-le-Duc ?

Le consul de France à Providence jouait avec ses lunettes sans branches. Il les enlevait d'un geste large puis les reposait soudain en pinçant le haut de son nez avant d'apporter sa réponse. Il imaginait la répétition du nom de *Melany's* dans les réclames publiées dans le *Massachusetts Tribune* et, en plus colorée, dans les vitrines des petites épiceries, sur les étagères des boulangeries et des pâtisseries.

— Mon idée va plus loin. Dans ces lieux pour promeneurs et voyageurs que sont les villes balnéaires de la côte

Est j'imagine, à l'enseigne de *Melany's*, des boutiques, grandes comme deux cabines de plage. A Portland, Boston, Cap Cod, Providence, Plymouth, elles vendraient les *Melany's sweets*, des bouteilles de vin de Meuse, des dragées de Verdun et quelques « *products of France* » qu'apprécient les Américains venus de Prusse, d'Autriche, des Pays-Bas, et même les Anglais d'origine, ou, bien entendu, les Irlandais.

— Vous me transformez en boutiquière. Ne négligez-vous pas l'essentiel? Vous ne me reverrez jamais sur un bateau, qu'il soit à voile ou à roue, au milieu de votre mare aux harengs.

— Je ne vous demande pas de vous rendre sur place. Je sollicite seulement le droit de constituer une Melany's Company et de commercialiser les produits de vos épépineuses et confiturières.

— Quelle réponse vous ferait John-John Standford, ou n'importe quel manager américain? *How much?* Combien?

Tous les convives goûtaient l'habile manière montrée par leur hôtesse dans sa discussion d'affaires. Elle distillait à petites doses l'ironie et la curiosité avant d'abattre une pertinente question, comme une bonne couleur dans une partie de cartes. Elle ne négligeait pas son rôle de maîtresse de maison et proposa à Joseph Kieffer de reprendre le débat en privé. Avant de passer à autre chose, le consul, pour informer les autres, dit qu'il disposait d'un petit groupe d'investisseurs.

— Ils possèdent, dans les villes que j'ai citées, des boutiques, du même genre que ces *Melany's* envisagées. Ils vendent, sous diverses enseignes, bonbons, papeterie, jeux en bois, tisanerie et parfumerie. Je ne vous propose pas une aventure mais une bonne affaire, y compris pour les épépineuses. Comme disait John-John Standford, et sans doute Mélanie elle-même : *business is business*!

Après en avoir tant parlé, la tablée dégusta la fameuse confiture. Sans craindre sa marraine, Clément, autorisé à parler par son père, interrogea Joseph Kieffer sur ses fréquentes traversées de l'Atlantique. La question intéressait également Félicien. La réponse évoqua les voiliers, inconfortables comme l'était le *Schelde's trots*, l'apparition des clippers, capables de filer vingt nœuds avec deux cent cinquante cabines de première classe à bord, les steamers, équipés de cinq cheminées et d'une roue géante de chaque côté de la coque.

— En plus des icebergs, des ouragans et des requins, il faudra craindre les explosions des machines, gémit Mélanie.

— Les compagnies transatlantiques luttent à chaque traversée pour battre le record, qui est actuellement de quatorze jours. Elles prennent moins de risques avec leurs paquebots que celles du Mississippi. Entre Saint Louis et La Nouvelle-Orléans, les capitaines poussent les feux de leurs bateaux pour prendre leurs concurrents de vitesse. En sautant dans la traversée de Memphis, le *Pennsylvania* a coûté la vie à cent soixante passagers.

— L'exemple de l'*Istvan* hongrois, accouplé à nous à Paris, sera suivi dans la batellerie. En visitant sa machine je rêvais de motoriser la péniche *Saint-Nicolas*, dit Félicien.

Mélanie agita sa serviette devant elle.

— Si vous embarquez une chaudière sur ce bateau, je ne mets plus les pieds à bord. Je n'aime pas les moteurs à explosion.

Joseph Kieffer passa trois autres jours à Bar-le-Duc. Par le train il fit l'aller-retour jusqu'à Nancy, pour négocier les livraisons de bergamotes destinées aux rayons des boutiques *Melany's*. A l'Hôtel du Cygne il préférait l'hébergement de la cabine laissée libre par le père François, convié à une série de prêches dans un local de la Navigation sur le bassin de Vitry-le-Brûlé.

Dans la cabine se prolongeaient, tard le soir, les échanges de souvenirs d'Havenport. Clément quémandait des histoires d'Indiens et de troupeaux de bisons. Norma préparait une longue lettre pour Bejte. Isidore reproduisait des dessins de coteaux de Behonne, des scènes de vendange et des silhouettes d'épépineuses, susceptibles d'illustrer des articles fournis par son ami au *Massachusetts Tribune*.

La visite s'imposait à l'atelier des épépineuses, installé à proximité du canal, sans aucune ressemblance avec le foyer rural de la colline de Behonne. Les femmes travaillaient dans un laboratoire, inspiré par les cuisines de l'Hôtel du Cygne. Chacune disposait d'un espace dégagé, sur une longue table, fixée à un mur, avec, sous la main, ses outils et ses récipients. Joseph Kieffer intriguait avec sa lunette-monocle. Il amusa les confiturières quand il décrivit la conception des boutiques *Melany's* dans les rues de Boston et sur les quais d'Havenport. Il recueillit des applaudissements en annonçant qu'il multiplierait par dix les commandes de pots de groseilles, et qu'il en souhaitait autant avec des mûres, des fraises et des mirabelles.

— Il paraît que votre confiture trouve sa place sur les tables matinales du palais de l'Elysée. Je ferai l'impossible pour qu'elle complète, bientôt, les œufs au bacon du breakfast de la Maison-Blanche.

Joseph Kieffer prit son dernier repas à bord de la péniche. Il tenta une dernière fois d'intéresser Norma et Isidore à un retour vers les Etats-Unis. L'un et l'autre redirent avec chaleur leur attachement à la Lorraine dont ils comparaient, favorablement, les campagnes et les villes à celles des autres régions traversées.

— On dirait, expliquait Isidore, que les mariniers ont pris le caractère des gens d'ici. Les Lorrains ne se précipitent pas. Ils marchent dans la vie à leur train. Ils réfléchissent paisiblement avant d'agir, comme les pénichiens, dans le bief, quand le vent souffle de travers. La solitude leur plaît, comme celle du bord. Ils ne font pas plus de cas qu'il convient de ceux qu'ils croisent mais offrent leur solidarité, quand il le faut, leur présence efficace, quand un groupe se forme.

Norma, qui appréciait le discours, frappa doucement du poing la poitrine de son mari :

— C'est du solide. C'est du Lorrain.

Isidore prit dans son bras la tête de Norma :

— C'est doux et souriant. C'est de la Lorraine.

Le consul de Providence emportait vers Le Havre des lettres pour Bejte et Martial, une missive pour Casimir, avec les dessins de la côte de Behonne et du travail des épépineuses. En guise de souvenir Joseph Kieffer emmenait, dans un cadre, un panorama de Bar-le-Duc fait par Isidore depuis le débarcadère de la côte Sainte-Catherine. Au premier plan couraient les vignes et les vergers de la campagne proche, qui finissait, en bordure de la colline de la Ville Haute, avec le découpage de sa muraille de maisons, ses tours et ses clochers.

— Je ferai accrocher ce Bar-le-Duc dans toutes les boutiques *Melany's*, entre les rangées de bouteilles de pineau du Cugnot et les pots de Behonne.

Après le départ de leur ami, Norma souhaitait profiter au mieux de la présence de Clément. Elle proposa de quitter l'embarcadère de la côte Sainte-Catherine, animé à chaque heure du jour, par les chargements et les accostages, pour un mouillage tranquille dans la campagne meusienne. Le discret Félicien ne gênait pas, ermite à son tour dans le Cours Merrimack, libéré par les garçons, déjà attelés à leur nouvelle tâche. La péniche *Saint-Nicolas* accrocha ses amarres dans un bief de la plaine, en bordure d'une courte dérivation qui conduisait à un moulin. Par des chemins, ouverts, comme des ruelles, entre les champs de blé dorés à croquer, on arrivait à un village, étiré au long de la voie ferrée.

Clément était le maître à bord. Ses vœux réglaient la vie quotidienne, commencée plus tardivement qu'à l'accoutumée. Il accompagnait sa mère au village, pour choisir le repas du jour ou du lendemain, avec des extra, comme des cailles ou des pigeons que fournissaient des marchands ambulants. Près de l'église, à côté du lavoir, Norma trouvait une épicerie, une boulangerie et une boucherie qui se complétaient dans un voisinage amical.

L'après-midi le garçon partait en promenade avec son père.

Ils s'éloignaient du canal pour gagner, derrière le village, les collines boisées. Les coups de hache et les cris les guidaient vers les coupes. Malgré la saison avancée, des familles baraquaient encore parmi les hêtres et les chênes. Le bûcheron, sa femme et deux ou trois enfants vivaient dans une cabane de planches. Ils disposaient d'un espace, grand comme celui de la cabine de la péniche, sans meubles, avec des toiles pour dormir et, au centre de la pièce, un fourneau, dont la cheminée perçait le toit. L'homme sciait les fûts de l'arbre. Avec la pointe courbée de leur rainette, la femme et le fils aîné traçaient des lignes dans les bois découpés pour les mines. Leur travail empêchait une conversation suivie. Isidore se contentait d'expliquer la raison de la visite.

Clément profitait de la halte pour cueillir quelques feuilles. En redescendant vers le canal, il analysait la récolte pour son père :

— Une boule de neige de la viorne, une fleur jaune du cytise, le genêt à balais, cette espèce qui donna son nom à la famille anglaise des Plantagenêt. Bien sûr, j'ai appris cela par le Corbeau, qui donne plutôt les noms latins des plantes. Regarde cette fleur, avec un éperon de cavalier. Tu la connais ?

— Une impatience. Manuelo Garcia Ibanez m'a montré cela quand j'avais ton âge.

— *Impatiens noli tangere !* dit le Corbeau. Impatiente ne

me touche pas! Mon grand-père donnait-il l'explication? Regarde!

Clément tenait l'impatience entre les doigts de sa main gauche. Avec l'autre pouce et l'index il appuya sur la capsule entre les pétales. Une graine jaillit aussitôt, propulsée à plus d'un mètre sous le nez du père, médusé par l'expérience.

D'autres après-midi, Norma accompagnait les siens au hasard des chemins, dans la commune ou ses hameaux. Elle connaissait peu cette vie rurale, aperçue de loin dans les campagnes traversées par la péniche. Toute rencontre apportait une découverte. Le travail des champs permettait mieux l'échange que les coups de hache des bûcherons. En approchant d'un homme qui éclaircissait les tiges d'une oseraie, Isidore fut surpris d'apprendre qu'il ne s'agissait pas d'un vannier mais du tonnelier du village. Il cultivait lui-même son osier pour tenir les douves avant de placer les cercles de bois.

— Si vous cherchez du spectacle pour le gamin, poussez jusqu'à l'huilerie, là-bas : le père Tourteau presse ses pavots et ses œillettes.

L'huilier tenait son nom de la matière laissée par les graines qu'il écrasait, offerte, en guise de rémunération, par les habitants qui, comme lui, cultivaient des pavots ou du colza.

— Le colza nous donne nos champs de jonquilles. Les paysans le sèment dans des parcelles au milieu de leur terre. De loin, au début du printemps, les fleurs jaunes forment des îlots dorés, au milieu de la mer verte des blés qui germent. Parfois, un pommier isolé se dresse au milieu, poussé là, par hasard, grâce à une graine apportée par le vent ou par les crottes d'un vanneau. D'un quintal de colza je tire une trentaine de litres d'huile. Les familles se regroupent : celles qui font du colza échangent de l'huile contre des bricoles, chez le bourrelier, ou des serpes, chez le taillandier. Le plus dur c'est pour le manœuvre, qui ne peut échanger que la sueur de son front.

Tout en parlant le père Tourteau continuait de remuer les graines, qui chauffaient sur un plateau, comme en ont en hiver les marchands de marrons chauds.

Si la famille Capitaine réunie pour les vacances scolaires découvrait les métiers artisanaux du pays, la péniche *Saint-Nicolas* attirait aussi les curieux, surpris par son inhabituelle structure. Le curé lui-même avait demandé à visiter l'oratoire du père François, où les dessins d'Isidore rafraîchirent son martyrologe avec les légendes de Mélanie et de saint Adjutor. Félicien accueillait à l'occasion le maître d'école, « le Gustave », un ardent républicain comme lui.

Cet homme arrivait sur le chemin de halage, perché sur une machine qui l'obligeait, pour descendre sans se rompre le cou, à s'arrêter à proximité d'une borne ou d'un muret, placé, plutôt, du côté gauche de son engin. Il posait le pied sur le support. Maintenant son équilibre en tenant son guidon avec fermeté, il passait la jambe droite au-dessus de la carcasse de fer. Quand son autre pied touchait le sol, il penchait son vélocipède vers lui. La gymnastique amusait Clément, qui ne désespérait pas d'assister à une chute avant le départ de la péniche.

Le Gustave appelait son véhicule « ma barisienne ». Il regrettait que ce mot ne remplace pas celui de « draisienne », dépassé comme l'était la machine elle-même. Il se flattait d'avoir partagé, quinze ans plus tôt, sur les bords de l'Ornain, à Bar-le-Duc, les jeux de l'inventeur du nouveau vélocipède, Ernest Michaux.

— Je suis allé spécialement à Paris pour acheter ce modèle, qui porte le numéro 397. Pierre Michaux occupait un atelier près du Rond-Point des Champs-Elysées ; 29, avenue Montaigne, précise la plaque sur le cadre. Il était carrossier à Bar-le-Duc, qu'il a quitté après l'épidémie de choléra. Ernest, son fils aîné, qui a le même âge que moi, travaillait avec lui comme apprenti. Il y a six ou sept ans, en réparant la draisienne d'un client, il imagina d'adapter à la roue avant le principe d'une meule, avec un axe coudé dans le moyeu et une double pédale pour l'actionner. L'invention rendait, enfin, la machine mobile, sans que l'usager relance son élan par des poussées au sol.

Peu connu en province, ni même dans leur ville natale, le vélocipède des Michaux père et fils enchantait les dandys parisiens et des sportifs qui se lançaient des défis de vitesse dans les allées du bois de Boulogne. La Compagnie parisienne des vélocipèdes produisait deux cents machines par jour grâce aux ateliers de l'avenue Montaigne et à quelques autres, installés à Lyon, Bordeaux, Marseille.

Malgré son désir, Clément ne pouvait enfourcher la « barisienne » de l'instituteur, trop haute pour lui. Norma accepta qu'Isidore se livre à un essai, mais à l'écart du canal et en bordure d'un fossé moussu. Le départ réussi, le débutant, emporté par l'élan sans avoir à pédaler, salua crânement de la main. Puis ses pieds ratèrent l'axe qui tournait. Déséquilibré, Isidore atterrit dans l'herbe en protégeant la haute structure métallique. Clément s'esclaffa bruyamment. Norma feignit une inquiétude qui vola bientôt en éclats.

Les moissons commençaient avec les premiers jours du mois d'août. Les paysans profitaient de belles journées sans nuage. Les Capitaine se tenaient à l'écart des travaux qui ne laissaient aucun répit aux lignes d'hommes et de femmes envahissant à coups de faux et de faucilles la muraille ocrée des champs de blé. L'odeur prenante de la paille venait jusqu'à la péniche.

Le matin Clément travaillait avec Félicien sur une table du Cours Merrimack. Une dictée succédait à un problème d'algèbre. Le maître et le lycéen feuilletaient ensuite un atlas ou un almanach, à la recherche de tracés de fleuves qui se perdaient dans l'abondance des noms de villes, de régions ou d'affluents. Parfois, Isidore profitait de la fraîcheur de la grande pièce. Il mettait de l'ordre dans ses pochettes de dessins qui suscitaient les questions de son fils.

— Sans effort d'imagination, disait Clément, je me sens capable de marcher dans la Rue du Village, entre le pont du Ruisseau et le domaine d'Octavie. Je sais quel chemin prendre, dans Havenport, pour aller du bassin des otaries aux casiers des pêcheurs de langoustes.

— Répète-le à ta mère.

Norma, dans l'après-midi, entraînait son fils dans les bois, en bordure du canal. Il cueillait pour elle des herbes, qu'il rangeait dans des enveloppes, et de courtes branches, mises en vrac dans son panier d'osier. Norma préparait ainsi les pots-pourris, aux bonnes odeurs de sous-bois, qu'elle enfermait dans des sachets de toile fleurie destinés à Mélanie. Pendant une semaine, l'armoise, les épis d'aulne, les racines d'iris séchaient, la tête en bas, dans l'oratoire du père François, près d'un plateau de copeaux de bois de cèdre, de pétales de fleurs, de graines d'aubépine ou de cynorhodon, de feuilles d'érable ou de tilleul. De la finition des mélanges champêtres dépendait la date du retour à Bar-le-Duc.

Le trafic estival encombrait l'embarcadère de la côte Sainte-Catherine. Les deux haleurs loués à leur passage, la veille du départ, tirèrent la péniche *Saint-Nicolas* à proximité du pont Triby, le plus ancien de la ville, et le plus neuf, également, avec ses aménagements répétés. En aval de la maison éclusière, le bief élargi offrait une place pour deux ou trois bateaux. Mélanie, qui trouvait ce lieu plus paisible que l'industrieux bassin de l'entrée de la ville, venait chaque jour bavarder avec ses amis. Avec Norma elle feuilletait le livre de comptabilité sans s'arrêter au détail. La somme qu'elle versait pour le fonctionnement de la péniche, son entretien, pour les gages qu'elle versait à Isidore et Félicien, ne dépassait pas le tiers de ce que lui rapportait la rente placée par John-John Standford. L'aumônier, pris en charge par l'évêché, versait un forfait mensuel que la généreuse bailleresse de fonds ajoutait aux autres ressources. Norma, au retour de chaque périple annuel, versait ses économies à la banque. Peu à peu la réserve assurait, pour l'avenir, les frais d'études de Clément et la vie du ménage en retraite de la navigation.

Le père François rejoignit son équipage après quelques semaines de sacerdoce itinérant. Il apportait un sac de toile empli de dragées, récoltées dans les baptêmes et les mariages célébrés à Vitry-le-François, Verdun et même à Reims, qu'il avait découvert en visitant les travaux d'achèvement du canal de l'Aisne à la Marne. Il évoquait peu les villes rencontrées, mais, abondamment, son expérience des chantiers de terrassement des écluses et des biefs, où ne comptaient plus, à son grand regret, ni saint Nicolas, ni sainte Honorine, ni sainte Rita.

— Des centaines de manœuvres cognent dans la terre crayeuse de Champagne dont ils avalent la poussière à pleins poumons. Dans des paniers, portés à deux, une noria de femmes amène le matériau dégagé vers des charrois. Sur les rives mieux équipées, des enfants poussent des wagonnets sur une voie étroite qui rejoint le quai d'une gare de campagne. Plus paisiblement, des maçons et des charpentiers construisent une maison d'éclusier ou les parois des quais d'une gare d'eau. Sur des chemins, des géomètres repèrent dans leur lunette le tracé de la ligne d'arbres à planter. Je pensais à nos pensionnaires, au service que nous leur rendons en leur offrant la chance d'accéder à un métier. En plus du gagne-pain, Félicien, sans que j'y mêle beaucoup les commandements de l'Eglise, leur donne une discipline, ou, plutôt, un art de vivre qui les protégera de malheureuses tentations. Dans le nuage blanchâtre du creusement final du canal de l'Aisne à la Marne, je n'ai pas croisé beaucoup les protecteurs habituels de la batellerie mais découvert la fascination de la sainte paye et les ravages de la divine bouteille.

Les échos recueillis par Félicien auprès des employeurs des quatre garçons du Cours Merrimack 1867 enchantaient Mélanie. Dans ses conversations avec ses amies, elle étalait peu la réussite de sa généreuse entreprise. Les dames de la communauté britannique prêchaient plutôt une discipline rigoureuse pour l'éducation des enfants. Elles ne s'indignaient pas des rossées de bois vert que recevaient leurs fils, dans les collèges d'Angleterre où ils étaient pensionnaires. Mélanie parlait plus volontiers du développement d'activité des anciennes de Behonne, impatientes de connaître les commandes passées par Joseph Kieffer. Après les groseilles, les confiturières entraient dans la saison des mûres et des prunes, des mirabelles, aussi, amenées par train de la région touloise où dominaient les vergers.

Isidore fixa à la mi-septembre le départ annuel de la péniche, juste après la reprise des cours au lycée. Félicien comptait déjà dans son effectif un garçon recommandé par le Gustave, l'instituteur vélocipédiste, intelligent et sérieux, menacé de croupir avec les cochons de son père dans un écart de chenapans et d'ivrognes. La promotion 1868 destinait ses pensionnaires à la Compagnie de chemins de fer de l'Est, intéressée par un long apprentissage d'employés de gare, à la billetterie ou au transport des marchandises.

— On leur achètera des casquettes, des drapeaux et des trompettes en cuivre, disait Norma, et un sifflet pour la péniche, qui répondra au tchou-tchou des mécaniciens des trains qui nous croisent ou nous doublent.

A la fin de la première semaine, en revenant d'une visite du lycée, Isidore et Clément trouvèrent dans l'alignement de la péniche *Saint-Nicolas* la silhouette blanche de l'*Istvan* parée, entre ses mâts, de guirlandes de drapeaux. Le comte Széchenyi bavardait sur le pont avec Norma et Félicien. Il félicita Clément, qu'il découvrait, pour l'abondance de ses prix cités par sa mère :

— La barbe en moins il ressemble à son père. L'ardeur des Garcia Ibanez passe dans la vivacité du regard.

Le comte Széchenyi repartait en Hongrie avec un carnet de commandes bien rempli. L'exemple de l'*Istvan*, ou des modèles plus grands, séduisait des compagnies et des transporteurs de l'Europe entière, des promoteurs des lacs de Genève, Annecy, Constance, qui attendaient beaucoup de l'afflux des touristes amenés par chemin de fer.

Comme sur le quai du port Saint-Nicolas devant le Louvre, le bateau à vapeur, avec ses cabines de promenade, attirait les curieux de Bar-le-Duc. Une cinquantaine de privilégiés profitèrent de la réception offerte par le président de la Compagnie magyare de navigation sur le Danube. Le préfet, le maire, informés de la personnalité du père du navigateur, ne boudèrent pas le plaisir de trinquer avec les verres de tokay. Seule manquait la Maréchale, fatiguée après les grandes chaleurs du mois d'août. Mélanie retrouvait sur le pont de l'*Istvan* des habituées de son salon, et quelques-uns des messieurs de professions diverses qui consacraient leurs loisirs à fouiller dans les archives pour ressusciter l'histoire du duché de Bar et le passé de la ville.

Près de là, sur la péniche *Saint-Nicolas*, Clément fêtait son dernier jour de vacances. Félicien offrait le repas du soir dans le Cours Merrimack. Avec le bon sujet, recommandé par son maître, partaient trois orphelins, le fils d'un cheminot, tué entre une locomotive et un tender, le fils d'un marinier, noyé dans la traversée d'un tunnel, et un jeune Polonais, resté seul à Bar-le-Duc avec sa mère, après l'expulsion de son père, soupçonné d'agitations politiques.

Norma supportait sans peine la séparation grâce aux itinéraires préparés par Isidore, avec un passage, tous les deux mois, à Bar-le-Duc. Au lieu de passer une partie de l'hiver dans des biefs glacés de Montceau-les-Mines, ou d'une lointaine étape, la péniche reviendrait dans la Meuse, au début de décembre, et y séjournerait jusqu'au-delà de Noël.

Au moment du dessert, un matelot de l'*Istvan* en fête frappa à la porte de la graveleine. Il apportait, enveloppé dans une serviette blanche, le *mathusalem* de champagne promis par le comte Széchenyi au départ de Paris.

Le lendemain matin, quand les chevaux tirèrent la péniche, l'équipage du vapeur forma une nouvelle fois une haie amicale sur le plat-bord. Une coupe à la main, le comte salua Isidore à la barre. La cheminée de l'*Istvan* siffla à petits traits.

Sur le quai, Clément agita sa casquette.

Norma sourit, en pressant contre ses lèvres le sachet de fleurs séchées trouvé, avec un mot gentil, sur l'écoutille de la cabine.

17

L'ANNEXION

Depuis quelques mois, Henri, le portier de l'Hôtel du Cygne, servait dans la salle de restaurant. Enrichie, au cours de l'été précédent, par de nouvelles leçons données par Norma, pendant le séjour de la péniche *Saint-Nicolas* à Bar-le-Duc, sa connaissance de l'anglais convenait mieux à la traduction des menus pour les clients étrangers qu'à une remise de clefs dans le hall de l'établissement. Quand il apprit que Norma et Isidore venaient partager le petit déjeuner de trois Américains, enregistrés la veille, il ne laissa à personne le soin de préparer la table.

Joseph Kieffer arriva le premier. Henri l'attendait à côté d'une chaise qu'il lui présenta.

— *Good morning, sir! Do you want some orange juice?*

Le consul leva un œil étonné. Il répondit, en anglais, qu'il commanderait son breakfast à l'arrivée de ses compagnons. Il enchaîna, en français :

— Le personnel des hôtels de province parle rarement anglais. Comment l'avez-vous appris?

— Au Cours Merrimack, sur une péniche.

— La péniche *Saint-Nicolas*? Nous voici entre amis.

Martial et Bejte arrivaient à leur tour, précédant d'un instant Isidore et Norma. Ils se revoyaient pour la première fois depuis la séparation. Martial portait un collier de barbe, peu épais, sous le menton.

— C'est la mode aux Etats-Unis. Les hommes favorables à l'Union ressemblent au regretté président Lincoln.

Bejte restait jeune avec ses tresses blondes qui encadraient son visage souriant. Sa jupe et son corsage étaient aussi colorés que sombre la longue robe de Norma.

Avec l'aide d'un collègue, Henri emplit les verres de jus d'orange, un peu désappointé de trouver une tablée d'Américains qui parlaient tous français. Joseph Kieffer fit les commandes pour le groupe.

— *The eggs in the shell must not be over done*, dit gravement Norma.

— *Muy cocidos*, ajouta Isidore sur le même ton.

— *Yes madam', si señor*, répondit Henri, sans perdre davantage de sa gravité.

Installés, les Bour d'Havenport et les Capitaine de Bar-le-Duc manifestaient leur joie en unissant leurs mains entre les couverts.

— Pourquoi le cours de la péniche s'appelle-t-il Merrimack? demanda le consul.

— Mélanie habitait *Merrimack Creek*, près de Manchester.

— Depuis la guerre de Sécession, tous les Américains connaissent le nom de Merrimack River.

— A cause d'une bataille?

— Oui, mais loin de là, dans la baie de Chesapeake. Le *Merrimack* était la plus importante frégate cuirassée de la flotte de Norfolk. Saisi par les Sudistes et rebaptisé *Virginia*, il coula, en un seul combat, trois vaisseaux plus puissants que lui. Confronté, à Chesapeake, au cuirassé nordiste *Monitor*, il résista, avec son blindage, aux obus d'un combat, achevé sans vainqueur après l'épuisement des munitions de part et d'autre. Le *Merrimack* est aussi fameux que le *Mayflower*.

— Cela incitera peut-être mon père et mes frères à s'engager dans la Navy. En tout cas l'anecdote plaira à Mélanie.

Poursuivant la conversation, Bejte dit la différence entre le voyage d'autrefois, sur le quatre-mâts anversois, et la traversée de New York au Havre à bord du *City of Boston* qui, selon le temps, hissait les voiles ou naviguait à moteur.

— S'il n'y avait le mouvement de la mer, on se croirait dans un hôtel, sur une plage du Massachusetts, avec salon de lecture, salle de billard, coiffeur et pédicure, boutiques de souvenirs et friandises.

— Trouve-t-on des confitures épépinées comme celle-ci ? demanda Norma, en passant l'assiette de gelée rouge à Joseph Kieffer.

— Sur le *City of Boston*, non. Mais les *Melany's* se multiplient. La dernière ouverture date de trois mois, dans Broadway, à New York. J'apporte pour Mélanie des articles de presse, des publicités et pour toi, Isidore, le tableau de ton panorama de Bar-le-Duc, placé au-dessus de la caisse dans toutes les boutiques. C'est une affaire qui marche. Sans gêner, ici, le commerce local ni les producteurs, les épépineuses de Behonne exportent chez nous le tiers de leur production. Conséquence inattendue : des parents américains de la Nouvelle-Angleterre commencent à appeler leur fille Lorraine, ou Laureen. J'envoie un mot de félicitations chaque fois que ma secrétaire remarque le prénom dans les faire-part de naissance du *Massachusetts Tribune.*

— Nous avions pensé à « Lorraine », pour l'*Elcheubise.*

Avant de rejoindre Anvers, leur port d'embarquement pour le retour à Boston, les trois voyageurs achevaient leur séjour. Joseph Kieffer souhaitait élargir son choix de produits de France avec les faïences d'une entreprise de Toul recommandée par un collectionneur américain de statuettes de Cyfflé, le sculpteur du roi Stanislas. Cette fabrique travaillait à la demande du client. Dans le décor de bouquets polychromes d'un vase ou d'une jardinière, son atelier plaçait, en camaïeu, le paysage ou le site souhaité. Le consul venait contrôler l'expédition de jardinières décorées d'une vue de Boston ou de la Batterie du port de New York.

Pour deux journées Martial conduisit Bejte à Metz et Gorze avant de revenir à Bar-le-Duc pour profiter un peu de leurs amis. Pendant trois jours, à leur retour, se succédèrent les invitations chez Mélanie, sur la péniche et à l'Hôtel du Cygne. En vacances depuis quelques jours, Clément évitait les agapes prolongées en filant à la campagne pour aider à la fenaison la famille d'un camarade de rhétorique, qui entrait avec lui en classe de philosophie en septembre.

A la table du restaurant de l'hôtel, la conversation évoqua Havenport, l'activité de Casimir et de son journal, l'ambition de son frère Emile qui, poussé par son épouse, souveraine dans sa résidence de *Little Gorzia*, rêvait de devenir maire. Chez Mélanie les propos portèrent sur les boutiques et les progrès des ventes de confitures, de vins des côtes de Bar et de dragées de Verdun. On se passa de l'un à l'autre les coupures de presse du *Massachusetts Tribune* sur la délicate fabrication des « *seed extractors* (épépineuses) *of the city of Bar-le-Duc* », illustrée par les dessins d'Isidore.

Dans la cabine de la péniche *Saint-Nicolas*, les deux couples échangèrent, plus librement, leurs projets. Les deux fils Bour terminaient leurs études de droit en se spécialisant dans les affaires maritimes. Isidore ne cherchait pas à connaître le choix de Clément, à un an de son examen du baccalauréat. Il s'inquiétait, plutôt, des emplois à trouver pour la promotion 1870 du Cours Merrimack à embarquer à la fin du mois d'août.

— Je te propose quelque chose, dit Joseph Kieffer. Ces garçons sont sérieux, je suppose.

— J'attends le retour de Félicien et du père François pour les choisir. Ils sont à Paris tous les deux. Mais c'est l'habitude de la maison : les quatre pensionnaires seront sérieux.

— Apprenez-leur l'anglais, comme au serveur de l'hôtel, puis la comptabilité, en dollars et en livres sterling, avec beaucoup de vocabulaire commercial. Je leur trouverai du travail à Providence ou à Boston, sur la côte où le commerce et les entreprises se développent. Leur voyage sera payé.

— L'idée mérite qu'on en parle. La décision dépend de l'évolution de la situation. L'Empereur est malade, paraît-il. L'Empire vacille avec lui, ajoute-t-on.

A la fin du dernier repas en commun, la joie des quelques jours de rencontre domina la nostalgie de la séparation. Le 10 juillet, tôt le matin, les Américains prirent le train pour Paris, salués sur le quai par les trois Capitaine et Mélanie. Quatre jours plus tard, de retour à Bar-le-Duc, Félicien et l'aumônier apportaient à la péniche l'annonce de la déclaration de guerre, apprise à la gare en descendant du train.

— Dès les rumeurs dans Paris nous avons rejoint la gare de l'Est. Les lignes seront fermées aux civils, d'un jour à l'autre, pour laisser à l'armée les voies libres jusqu'à Berlin.

Norma pensa déjà avec soulagement qu'Isidore, à quarante-huit ans, échappait à la mobilisation et que Clément était loin d'avoir l'âge d'un conscrit.

— Qu'allons-nous faire ? demanda-t-elle.

— Attendre ! Les événements décideront pour nous. Martial et Bejte sont en mer, aujourd'hui : ils ont échappé aux complications.

En quarante-huit heures la tranquillité disparut près de la maison éclusière où mouillait la péniche *Saint-Nicolas*, à proximité de la voie ferrée. Après une journée où se suivirent des trains vides descendant vers la capitale, commença un incessant passage de convois roulant lentement, dans l'autre sens, après un court arrêt en gare.

Serrés aux fenêtres, les soldats agitaient des casquettes, les foulards rouges de leur uniforme. Certains tendaient vers les curieux de la rive et des chemins une bouteille vide qu'ils retournaient avec un air contrit. Des compartiments, venaient des chants confus, où dominait le fameux refrain de *La Casquette du père Bugeaud.* Des trains de marchandises succédaient aux autres, avec des canons sur des plates-formes et des chevaux, entassés dans des wagons, aux portes ouvertes à cause de la forte chaleur. Parfois, une manœuvre ou un incident bloquait une rame. Les cris de protestation remplaçaient les chants, suivis d'appels lancés aux riverains. Des enfants de l'autre rive du canal grimpaient sur le ballast avec un pain, qu'on se disputait moins aux portières que le tonnelet de vin apporté par un adulte. Puis la locomotive sifflait plusieurs coups brefs et un plus long pour annoncer la remise en route, saluée par une rafale de « A Berlin ! A Berlin ! », « Chez Bismarck ! Chez Bismarck ! », « A bas la Prusse ! A bas la Prusse ! ».

Assis sur le toit du Cours Merrimack, Clément suivait le spectacle. Il interrompait sa lecture à l'approche d'un convoi nouveau. Félicien l'aidait à reconnaître les uniformes des fantassins, des zouaves ou des chasseurs à pied. Quelques marins se mêlaient aussi aux unités terrestres. Norma détournait les yeux quand passaient les wagons marqués de la croix rouge, adoptée par les armées depuis la bataille de Solferino. Sur le canal, le nombre des montants dépassait largement celui des avalants. Sans chargement, des péniches du Nord, de Paris ou de Normandie regagnaient leurs régions d'origine. Habituées, depuis quelques années, à la conduite et aux manœuvres, des femmes menaient seules, avec un fils ou une fille, un bateau quitté par le mari, parti par chemin de fer jusqu'à son centre de mobilisation. Au passage de l'écluse, des voyageurs, bloqués par l'absence de trains, sollicitaient un embarquement qui les rapprocherait de leur destination. Ressortant de vieux chars à bancs, des paysans proposaient leurs services jusqu'à Vitry-le-François, en direction de Paris, ou Ligny-en-Barrois, sur la route de Nancy.

Le père François ne tenait pas en place. Il quittait la péniche, tôt le matin, pour ne réapparaître qu'en début de soirée, informé de tous les communiqués affichés sur les panneaux de la nouvelle mairie, installée dans la maison de la famille Oudinot depuis le décès de la Maréchale. La municipalité appelait à la mobilisation civile pour apporter de l'aide aux soldats de passage en gare, organiser des centres d'accueil pour les blessés, préparer des réserves de couvertures et de draps, des accessoires pour les médecins, bandes découpées dans de bonnes toiles, charpie tirée des étoffes usées. L'aumônier songeait à s'engager.

— L'âge et le poids d'un prêtre ne comptent pas dans l'affaire. Je ne souhaite pas prendre un fusil mais soutenir les âmes en difficulté sur les grabats des infirmeries de campagne.

La confusion qu'il observait dans la montée des troupes vers la frontière l'incitait à attendre son heure, si la guerre durait plus longtemps que ne le prédisaient les cohortes de soldats convaincus de rentrer dans leurs foyers avant la fin de l'automne.

Pour se rassurer, Mélanie passait chaque jour chez ses amis. Elle ne s'inquiétait pas trop de l'arrêt de la circulation de l'or proclamé par la Banque de France : l'essentiel de son capital fructifiait à New York et à Londres. Son notaire de Bar-le-Duc gérait les réserves de la rente trimestrielle versée par les filatures Amoskeag de Manchester. Dans la confusion qui régnait en gare elle tentait d'organiser le ravitaillement des soldats de passage. Tenues à l'écart par les militaires, qui défendaient leurs prérogatives, les dames venues prêter leur concours rencontraient l'hostilité des clans que formaient des associations, d'inspiration laïque ou religieuse, qui n'entendaient pas collaborer entre elles. Les uns conservaient le pain collecté dans les villages, les autres le vin fourni par des viticulteurs de la ville. L'Intendance tenait à ses réserves, dont d'importantes quantités se gâtèrent rapidement dans la canicule de l'été.

Quand l'agaçait le désordre de la gare, de son buffet et de ses quais, Mélanie prenait un après-midi de repos parmi ses protégées. La récolte de groseilles rouges et blanches avait été exceptionnelle. Par crainte de pénurie de sucre, les épépineuses cuisaient, sans attendre davantage, les confitures destinées aux Etats-Unis.

Seule l'agitation des convois militaires modifiait la vie quotidienne. Les communiqués affichés à la mairie n'évoquaient que des contacts de frontière, du côté de l'Alsace plutôt que vers le nord de la Lorraine.

Une dizaine de jours après la déclaration de guerre, le passage du train impérial suscita la curiosité à Bar-le-Duc. Alertée par la présence de l'harmonie municipale et de fanfares d'associations ou de quartiers, la population envahit les abords de la gare, sans pouvoir accéder aux voies, protégées par le cordon des hommes en armes. Peu de gens, pendant l'arrêt assez bref du convoi, aperçurent l'Empereur, descendu, pour quelques pas sur le quai, avec son fils. Avec un officier, l'adolescent soutenait son père, courbé comme un vieillard, le visage marqué par la fatigue et les ravages de sa maladie. Le triste spectacle du chef de guerre abattu retint les ovations des dames de charité, alignées derrière des tables chargées de pain, de charcuterie et de boissons fraîches. Clément et Isidore remarquèrent, à son silence et à ses drapeaux, accrochés en faisceau, le train exceptionnel qui redémarrait vers Metz. Pour la première fois depuis deux semaines on ne voyait personne dans l'encadrement des fenêtres des compartiments.

Pour Félicien, le spectacle était, alors, dans l'écluse avec le passage d'une canonnière qui, au contraire des péniches, descendait vers Strasbourg. L'ingénieur retrouvait dans cette vedette la ligne des légers bâtiments fabriqués de son temps à Brest, pour les troupes de Chine et de l'Annam. Mise au gabarit des sas, l'embarcation à moteur et au faible tirant d'eau pouvait, avec son canon, protéger ou dégager un pont, contourner par un bief ou une rivière un obstacle ennemi. Le lieutenant de marine qui commandait ce bateau sans nom, seulement immatriculé, resta muet aux questions de Félicien. Malgré sa surveillance attentive celui-ci ne vit pas d'autres canonnières dans l'écluse pendant les jours suivants.

Les premières nouvelles arrivées du front annonçaient des victoires. Les bulletins officiels attribuaient au jeune prince impérial le succès de la bataille de Sarrebruck, décrite, avec ses destructions de ponts et ses assauts meurtriers, dans le lyrisme naïf des images d'Epinal. On disait, aussi, la flotte française présente devant les côtes de Prusse au large des îles de la Frise et du Schleswig-Holstein :

— Ils ne précisent pas, ironisait Félicien, si la canonnière du Yang-tseu-kiang est arrivée sur les bords du Rhin, entre Rastadt et Karlsruhe.

L'arrivée de wagons de blessés calma l'enthousiasme des premiers temps de l'offensive. Les trains venaient d'Haguenau, en Alsace, et de Forbach, en Lorraine. Malgré les consignes, les soldats les moins atteints parlaient de combats perdus. Mélanie, rejointe par Norma, ne cherchait plus à mettre de l'ordre dans la distribution des pots de café et des piles de tartines. Elles apportaient leur aide à l'hôpital installé dans les réfectoires et les dortoirs du lycée. Clément, son père et Félicien œuvraient comme brancardiers. Rescapés des batailles de Reichshoffen et de Frœschwiller, les Turco-Algériens et les chasseurs d'Afrique de Mac-Mahon livraient dans leur sabir la vérité de la situation. Un officier de zouaves que veillait Norma estimait à quatre-vingts pour cent les pertes de son régiment. Il répétait que la guerre était perdue :

— Dans un mois les Prussiens seront à Paris.

La déception et l'angoisse envahissaient la ville. Des voitures attelées amenaient chaque jour à Bar-le-Duc des familles qui fuyaient les frontières. Stationnés depuis une semaine sur les voies de garage de la gare, des wagons chargés de munitions montraient l'incohérence des acheminements ferroviaires. Les allers et retours d'un convoi transportant un régiment de cuirassiers de Lunéville illustraient les tragiques hésitations entre l'offensive et la retraite.

Dans les esprits il ne restait guère de confiance dans la capacité de l'Empereur à redresser la situation. Après les défaites de Mac-Mahon en Alsace, le maréchal Bazaine, qui commandait l'armée de Metz, portait les espoirs d'un sursaut.

— Je ne supporterai pas les Prussiens devant l'oratoire de la péniche *Saint-Nicolas*, disait le père François. Je n'étais pas l'ami de l'Empereur Napoléon III mais je suis l'ennemi du roi de Prusse et du prince Otto von Bismarck. Si je ne rentre pas un soir, sachez que j'aurais rejoint une brigade de gardes nationaux, pour les bénir, quand ils tireront leurs dernières cartouches, et me présenter devant Dieu, ou saint Nicolas, en homme libre.

L'aumônier disparut le 15 août, deux jours après l'entrée de l'ennemi à Nancy. Ce n'était plus le doute mais la panique dans Bar-le-Duc. Les trains, bloqués vers l'est, ne venaient plus de la ligne de front. Seuls, de plus en plus nombreux, arrivaient à pied, en charrettes, et quelques familles groupées sur une péniche, des réfugiés, avec leur lot de rumeurs d'atrocités et de représailles. Le père François laissait un message sur la table de la cabine :

— Merci pour tout. Ils seront ici dans quarante-huit heures. Mon heure est venue de monter une fois encore sur les barricades. Pensez à moi en mangeant de la salicorne. Je prie pour vous.

Mélanie ne rentrait plus chez elle. Elle prenait du service à l'hôpital du lycée, aux mêmes heures que Norma, puis revenait avec elle à la péniche. Les besoins des médecins diminuaient avec le départ de nombreux blessés dans un des derniers trains à quitter Bar-le-Duc en direction de Paris. Aucune rame ne passait sur la voie ferrée au long du canal. L'écluse ne sassait pas plus de cinq bateaux par jour, tous vers l'amont. L'absence de soldats français surprenait et en même temps rassurait, car elle écartait la crainte d'une prochaine bataille pour la possession de la ville.

Trois jours après le départ de l'abbé, Isidore et Clément, occupés comme brancardiers pendant la nuit, apportèrent, au matin, l'étonnante nouvelle de la présence dans Bar-le-Duc de quatre uhlans et leur officier, arrivés en avant-garde au lever du jour :

— Un médecin les a vus, une première fois, devant la préfecture puis l'entrée de la mairie où l'un d'eux déposait un paquet d'affichettes. Ils circulaient sans crainte, perchés sur leurs chevaux noirs, avançant et reculant pour mieux observer, comme des chasseurs à courre qui cherchent les traces de gibier. Ils disparurent à l'arrivée dans les rues des ouvrières des filatures et de curieux, alertés par les premiers témoins.

Avec le récit de ses ahurissantes rencontres, le médecin donnait d'alarmantes nouvelles des combats meurtriers disputés, autour de Metz, à Saint-Privat et Gravelotte :

— Avec, de part et d'autre, disait Isidore, des dizaines de milliers de morts. La voie de Paris est ouverte aux Prussiens qui encerclent, dans Metz, les survivants de l'armée de Bazaine, et leur maréchal avec.

L'occupation de Bar-le-Duc ne commença vraiment que le lendemain. Félicien, cette fois, en fut le témoin, sur la place Reggio.

Deux compagnies de hussards d'un régiment de Magdeburg campaient autour de la statue du maréchal Oudinot, qui avait conduit les Volontaires meusiens bien au-delà du Rhin, et les grognards jusqu'à Moscou. Pendant que les chevaux attendaient sous la rangée des tilleuls, les cavaliers défilaient en bon ordre devant un chariot, pour prendre leur ration de pain et une tranche de jambon, puis devant un second chariot de fûts de vin, réquisitionnés chez le premier vigneron trouvé à l'entrée de la ville. Plus calmement, les officiers mangeaient, près du socle de la statue du duc de Reggio, les ailes et les cuisses de poulets froids, apportés sur des plateaux par leurs ordonnances. Félicien se tenait à l'écart, avec une centaine de curieux impassibles.

Après ce détachement précurseur, qui ne laissa que des piquets de garde, le gros de la troupe prit ses cantonnements le lendemain, en négligeant les casernes pour loger chez l'habitant. Louise, affolée, alerta Mélanie à la péniche. Un soldat bavarois, en faction devant la maison de la Ville Haute, attendait l'arrivée d'un officier et de plusieurs camarades. Norma accompagna la marraine de Clément.

Dans les rues de la Ville Basse régnait une grande confusion. Chaque réquisition de maison entraînait des palabres, sur le seuil, entre les propriétaires ou locataires et les soldats qui exhibaient leur billet d'hébergement, certains en exigeant, avec force gestes, une écurie pour leur cheval. Sur le boulevard de la Banque et le boulevard de La Rochelle, artères principales de la cité, les ordonnances des officiers obtenaient, sans difficulté, en français, l'aide des domestiques de maisons cossues, requis pour le transport des cantines de leurs supérieurs. Le Bavarois de garde chez Mélanie attendait le retour de la locataire pour alerter son Oberkommandant. Un aide de camp vint présenter le règlement des cantonnements de l'armée prussienne, commandée par le fils de l'Empereur lui-même, le prince royal Frédéric-Guillaume :

— La nomenclature de l'état-major classe les logements par catégorie, de cinq croix à une croix. Cette maison, classée avec cinq croix, doit héberger un officier, son ordonnance et plusieurs soldats, en fonction de l'importance de la garnison.

— Avant toute chose il importe de savoir ceci : pour combien de temps comptez-vous occuper cette demeure ? demanda Mélanie.

— La guerre continue, madame. Selon les nouvelles en provenance des fronts, elle ne devrait pas durer longtemps. La victoire prussienne ne signifiera pas, pour autant, notre départ. Paradoxalement, c'est vous qui, peut-être, serez chez nous dans le nouveau Reichland, de la côte Atlantique aux rives du Rhin.

— Mélanie Standford-Malet est citoyenne américaine, dit Norma.

— Vraiment ? Puis-je consulter votre passeport ?

L'ordonnance nota sur un carnet les renseignements d'état civil, la naissance à Bar-le-Duc, le mariage à Manchester avec John-John Standford, le domicile de *Merrimack Creek.*

— Je dois consulter mon Oberkommandant.

— Accepteriez-vous une proposition de ma part ?

— Je vous en prie.

— Je ne souhaite pas profiter outre-mesure de ma citoyenneté américaine. Je suis solidaire de cette ville. Puis-je me considérer comme neutre ?

— L'Oberkommandant posera la question à son tour.

— La réponse est dans ce passeport. Dans ce cas, tenue à l'écart de la réglementation de la IIIe armée prussienne sur la réquisition des logements en territoire français occupé, je propose, pour partager un peu le sort de mes voisins, de mettre à votre disposition l'écurie et la chambre, inoccupées à l'arrière de ma maison depuis le décès de mon cocher. Ne serait-ce pas plus élégant pour tout le monde ?

L'affaire ne fut réglée que le lendemain, selon le vœu de Mélanie qui abandonna la péniche pour veiller au respect de la tacite convention. Provisoirement les bateaux n'entraient pas dans les catégories de casernement obligatoire. Domiciliés à Bar-le-Duc, et inscrits sur les listes électorales, Isidore et Félicien ne pouvaient échapper aux amendes et réquisitions qui frappaient la population de la ville. Comme à l'époque des bandes mercenaires, la guerre nourrissait la guerre.

— Combien de mariniers mangent comme ça? s'indignait Norma en énumérant les rations à fournir quotidiennement à chaque soldat prussien : sept cent cinquante grammes de pain, cinq cents grammes de viande, deux cent cinquante grammes de lard, trente grammes de café, soixante-neuf grammes, pourquoi pas soixante et onze grammes, de tabac ou cinq cigares, un demi-litre de vin ou un litre de bière. Pour le cheval, six kilos d'avoine, deux kilos de foin et un kilo et demi de paille.

En cette fin du mois d'août personne n'imaginait encore qu'en huit semaines plus de cinquante mille hommes, avec quelque dix mille chevaux, passeraient par Bar-le-Duc, renouvelant, jour après jour, l'éprouvante obligation du ravitaillement, et, soir après soir, la servitude de l'hébergement. Incapable de fournir les provisions exigées, Norma versait aux services municipaux une redevance qu'alourdissait, sous un prétexte ou un autre, le poids d'une amende imposée à la ville ou à la Lorraine entière.

Isidore n'envisageait pas de naviguer dans le pays en guerre coupé en maints endroits de poches inoccupées par les Prussiens. Malgré la présence de l'ennemi autour de Paris et la résistance de la citadelle de Metz, un retournement de situation semblait improbable. Après la proclamation de la République, le 4 septembre, au lendemain de l'abdication de Napoléon III, vaincu à Sedan, Félicien claironna l'espoir, que tempérait, à bord de la péniche *Saint-Nicolas*, le défilé des trains prussiens chargés de canons, de voitures d'intendance et, comme toujours, de fourgons-ambulances.

Mélanie, qui animait un groupe de dames de la Ville Haute appelé « Solidarité lorraine », proposa une formule pour cette période trouble. Elle suggéra de consacrer le

Cours Merrimack à l'instruction d'enfants et d'adultes des villages frontaliers de Moselle, réfugiés depuis les premiers jours du conflit, et de plus en plus :

— Ils parlent en patois, ou mal en français. Les enfants sont illettrés, les parents sans autre métier que celui des tâches saisonnières dans les fermes et les vignobles. Votre expérience aidera les plus jeunes à une prochaine rentrée scolaire et les aînés à une intégration dans une fabrique ou un entrepôt. Dois-je demander à Norma si elle souhaite garder Clément auprès d'elle pendant l'hiver d'incertitude qui nous attend ?

Rien ne pressait en ces heures troubles. Dans Bar-le-Duc anesthésié, ville soudain sans ressort, comme une famille errant, avec une angoissante appréhension, dans une maison récemment cambriolée. Omniprésents avec leurs réquisitions, leurs fifres et leurs tambours des relèves de la garde, les quinze cents Prussiens de la garnison s'efforçaient de ne pas gêner les activités habituelles. Le cours des choses reprenait lentement. Sur les marchés, abondamment fournis, les paysans vendaient à bon prix des volailles ou des récoltes de haricots et de pommes de terre menacées de la saisie, sans contrepartie, par une escouade à la traîne ou des permissionnaires en goguette. Sur les côtes Sainte-Catherine ou de Behonne les vendanges connaissaient leur ambiance habituelle. Les vignerons se consolaient de la rare qualité d'un raisin en grande partie promis aux réquisitions de l'occupant en partageant en deux le lot qu'ils se réservaient et celui destiné à l'intendance militaire.

— Un peu plus clairet quand on aura pissé dedans.

Félicien, que rien ne retenait à bord, quittait de temps à autre la péniche pour un séjour chez le Gustave, l'instituteur du village de la campagne barroise. Il ramenait des œufs frais, un lapin, un canard. Surtout, il revenait ragaillardi par les informations, qu'il prenait pour argent comptant. Pour lui, le gouvernement préparait la contre-offensive. Des armées se constituaient, autour de la Loire, dans les départements encore libres. Dans les régions occupées, des fantassins bavarois tombaient dans des embuscades tendues par des patriotes armés ; des trains, dérivés par des aiguillages bloqués, versaient dans les fossés.

— Ne serait-ce pas le pot de terre contre le pot de fer, demandait Mélanie quand Norma lui rapportait ces récits ? Les Prussiens exigent désormais la présence d'otages français sur les locomotives et les trains, au côté des mécaniciens. Partout, à Vitry-le-François, à Reims, à Bar-le-Duc, un maire ou un notable met un bleu de chauffe pour ne pas envoyer un concitoyen en première ligne.

— C'est le creux de la vague, estimait Félicien. Après deux mois de victoires, Guillaume et Bismarck piétinent. Leurs concitoyens trouvent le temps long. Les troupes engagées paniquent dès que claque une porte dans leur dos. Les Bavarois de l'arrière, comme ceux de la Ville Haute, s'endorment dans des délices de Capoue.

— Ils ne s'endorment pas seuls, dit Mélanie. Je ne sais pas si mes deux pensionnaires de l'écurie sont bavarois mais, plusieurs fois par semaine, ils rentrent au bercail avec des gueuses ramassées dans une taverne. Le plus vieux métier du monde fait ses choux gras des incessants passages de jeunes hommes en campagne. Faut-il jeter davantage la pierre à ces filles, descendues de nos campagnes pour se nourrir en thalers, qu'aux dames qui reçoivent pour leurs thés les officiers uhlans, les chefs de l'intendance et les fonctionnaires qui remplacent l'administration française ? Savez-vous que, dans les postes de garde installés en une vingtaine de points de la ville, des boîtes discrètes attendent les lettres de dénonciation, qui abondent ?

A la fin du mois d'octobre les cours pour les réfugiés de la frontière mosellane commencèrent dans la tristesse, avec l'annonce de la chute de Metz. Certains des adultes apprirent la nouvelle en arrivant à la péniche. Norma n'eut pas à dicter les syllabes écrites sur le tableau noir. Les deux heures passèrent en lamentations sur l'espoir perdu de retourner chez soi. Après les confidences sur la vie difficile menée par les familles dans les anciens bâtiments de l'armée française, s'exprimait l'envie de combattre le sort et préparer le proche avenir du travail. Malgré la première séance ratée, l'insolite accueil de la péniche assurait à ces hommes et à ces femmes désemparés un intérêt solidaire qui faisait souvent défaut autour d'eux.

La veille de Saint-Nicolas, un vicaire de Notre-Dame apporta l'annonce du décès du père François, tué près du fort de Rosny dans une attaque menée par des mobiles contre la ligne prussienne qui encerclait Paris. Il soignait des soldats blessés quand un obus pulvérisa l'ambulance et son aumônier. Isidore remit au visiteur les objets personnels et les livres qui se trouvaient encore dans l'oratoire à l'arrière du bateau.

— Avant que n'éclate la guerre, dit le prêtre, grandissait l'espoir de mieux organiser le sacerdoce du père François auprès des bateliers. La hiérarchie envisageait de lui confier la tête d'une mission de dix jeunes abbés, itinérants comme lui-même, allant de port fluvial en port fluvial, par le chemin de fer qui se développe partout.

— Paix à son âme, dit Isidore. Nous perdons un compagnon discret et souriant qui, parmi nous, restait un peu l'ermite de la Canardière. Les vanneaux huppés de l'étang de Gondrexange seront plus seuls encore, cet hiver.

— Je ne connais pas le curriculum vitae de votre ami, dit le vicaire. Nous célébrerons une messe à son intention, demain matin.

Alertés par Clément et Norma, une dizaine de péni-chiens accompagnèrent à l'office ceux de la péniche *Saint-Nicolas*. Le prêche, fort court, évoqua, sans chaleur, la généreuse activité du père François. L'officiant salua le combattant « sans fusil », tombé dans une mission militaire « conforme aux traditions ». Reprenant les conseils répétés par les municipalités, il condamna les « actes terroristes » qui valaient aux populations le contrecoup des « représailles physiques ou financières ». Le propos venait à point avec l'amende infligée aux habitants de Bar-le-Duc à la suite d'un coup de feu tiré contre la sentinelle d'un dépôt de vivres.

Il gelait par moins dix. Le givre couvrait les berges du canal, pris par la glace sans permettre encore les glissades des enfants. Entre ses heures de cours, Clément aidait son père et Félicien à dégager les abords de la péniche, prisonnière des plaques oppressantes. Malgré l'absence de quelques professeurs encore mobilisés, le lycée fonctionnait normalement, pour les externes seulement, dans les locaux de l'ancien collège Gilles-de-Trèves. Le nouvel établissement, ses dortoirs et ses réfectoires restaient à la disposition de l'hôpital prussien. Après les épreuves bâclées du baccalauréat du mois de juillet précédent, au moment même de la déclaration de la guerre, le proviseur ne promettait pas un examen de fin d'année aux élèves de la classe de philosophie.

— Avec un peu de chance, ils nous donneront le baccalauréat d'office, disait Clément.

Le garçon revenait parfois du collège avec le Corbeau, le professeur de quatrième, partenaire de Félicien dans un club de billard. « Rarus », son oiseau latinisant, n'existait plus, mais le maître gardait son surnom. Sur la péniche, Clément l'appelait « Monsieur », les autres par son prénom, Népomucène, qui sidérait Norma.

— Feu notre bon père François nous parlait de saints comme Adjutor et Hippolyte. Son martyrologe de la batellerie ne concernait pas de Népocumène.

— Népomucène, reprenait le professeur, Jean Nepomucky précisément. Il ne déparerait pas la collection de votre ami. Jeté dans la Vltava, qui traverse Prague, sur les ordres du roi de Bohême Venceslas, ce prélat tchèque est, dans son pays, le protecteur des périls de l'eau. A Prague la péniche *Saint-Nicolas* s'appellerait la péniche *Saint-Népomucène*, et plutôt *Saint-Jean-Népomucène.*

— Pourrai-je vous appeler Jean? Je mélangerai moins les syllabes.

— Je préfère Jean au Corbeau. Au lycée, cette histoire me colle à la peau, entretenue perfidement par mes collègues. Quand mes anciens élèves arrivent en troisième, au mois de septembre, il se trouve toujours un bon confrère pour demander innocemment : « Vous étiez avec le Corbeau, l'année dernière ? » C'est une tradition paysanne, qui enrichit ce qu'on désigne comme l'anthroponymie : les sobriquets deviennent des noms de famille. *Ballot* manquait-il d'esprit? *Lebastard*, l'était-il vraiment? Outre ceux de mes classes, je connais un Laskar, qui veut dire mercenaire en arabe.

Surpris par les cours donnés sur la péniche aux réfugiés de Moselle, le professeur apporta spontanément son concours après quelques visites. Son expérience de pédagogue convenait mieux aux adultes, impressionnés par sa fonction.

Félicien et Népomucène partageaient une autre activité, connue secrètement par Isidore. Par l'intermédiaire de l'instituteur du village, ils appartenaient à un réseau clandestin de patriotes, unis contre l'ennemi avec une grande foi dans la nouvelle république. L'espoir de ces hommes tenait dans l'arrêt imposé à l'avance prussienne, dans quelques contre-offensives victorieuses, et dans la constitution d'une « armée de l'Est », commandée par le général Bourbaki. Des mouvements de troupe, apparents dans le trafic ferroviaire, des signes d'impatience des officiers de la garnison barisienne ou des fonctionnaires prussiens montraient les craintes des occupants, harcelés par des groupes de soldats et de civils dans les proches forêts de l'Argonne.

A la mi-janvier, Félicien et Népomucène annonçaient comme prochaine la reconquête de Besançon et celle de

Belfort. Par sa position, au carrefour des voies ferrées allant de Paris vers Metz et l'Allemagne, ou Nancy et Strasbourg, Bar-le-Duc tenait un rôle stratégique, avec une possibilité de blocage dans le cas d'une retraite.

L'ambition des républicains meusiens, stimulés par les patriotes extérieurs, dépassait le simple coup de main. Leur chef, un officier de louveterie qui tirait depuis des mois le Prussien dans le défilé forestier des Islettes, disposait d'un peu plus d'une centaine d'hommes des campagnes, armés de chassepots, récupérés sur le terrain, et prêts à l'assaut, comme ils l'étaient auparavant pour la battue au loup ou au sanglier.

Dans Bar-le-Duc même, le louvetier comptait sur des volontaires, médiocrement équipés, et sur les habitants. Des complices civils avaient mission d'enivrer la soldatesque ennemie au signal donné, de l'enfermer dans les greniers réquisitionnés, avec l'aide, s'il le fallait, des racoleuses habituelles. Népomucène coordonnait ce plan urbain, destiné à paralyser chez l'habitant les trois quarts de la garnison. Félicien appartenait au groupe chargé de bloquer les officiers dans les restaurants, proches de la gare, et dans leur cercle du boulevard de La Rochelle. L'officier de louveterie et ses hommes préparaient l'assaut, plus périlleux, de la dizaine de postes de garde établis en ville avec des précautions de fortin.

L'opération dépendait des succès obtenus en Franche-Comté et du contournement des forces prussiennes, bloquées par le siège de Paris, la convoitise essentielle de l'état-major de Guillaume, le vice-roi de Prusse, impatient de prendre la ville pour coiffer la couronne impériale. L'exploit d'un commando, inspiré par le patriote italien Giuseppe Garibaldi, compromit définitivement le plan des audacieux Barisiens. Dans une nuit de la fin du mois de janvier, les garibaldiens de « l'Avant-garde de la Délivrance » de Lamarche, aux confins de la Haute-Saône, coupèrent la voie ferrée de Nancy à Paris par la destruction du pont sur la Moselle, à Fontenoy, près de Toul. La garnison de Bar-le-Duc secoua sa torpeur. L'état-major installa dans les hangars des locomotives ses hommes éparpillés dans les foyers. Délivrés, provisoirement, des exigences du bivouac, les habitants subirent de lourdes amendes imposées pour l'inutilisation du pont de Fontenoy pendant deux semaines.

Dans l'aventure, l'officier de louveterie perdit l'appui, essentiel, des civils, abondamment informés, par les affiches et les communiqués, de l'échec de Bourbaki en Franche-Comté.

La nasse se fermait, en même temps que la glace refermait son étreinte autour des coques des péniches du canal de la Marne au Rhin.

Félicien et Népomucène noyaient leur déception dans l'ardeur accrue des leçons du Cours Merrimack. Ils accueillaient les élèves le matin et l'après-midi, sans solliciter davantage Isidore et Norma, occupés à transformer en cabine, pour Clément, l'ancien oratoire du père François.

L'arrière de la péniche *Saint-Nicolas* devenait un logement plus vaste, avec la porte ouverte dans la cloison vers le vieux *reû* de l'Audacieux. Des étagères pour les livres remplaçaient sur les panneaux de la coque les évocations des saints de la batellerie. Une claire-voie, ouverte sur le pont, apportait de la lumière et, par une basse écoutille, une vue sur l'extérieur.

Par fidélité, Clément passait une nuit par semaine chez sa marraine. Mélanie lui gardait sa chambre sous les combles de la maison. Le lycéen retrouvait là ses livres de prix et quelques-uns des ouvrages de botanique qu'il consultait régulièrement. Clément restait aussi dans la Ville Haute, le soir où la Société des lettres, des sciences et des beaux-arts organisait une conférence. Créée quelques mois avant la déclaration de guerre, cette compagnie savante résistait, à sa façon, à l'occupation prussienne, en révélant aux habitants des événements oubliés de l'histoire de la cité. Grâce à elle, les Barisiens retrouvaient le poète Ronsard et Catherine de Médicis, au mariage des ducs de Bar et de Lorraine, Montaigne, sous le préau du vieux collège Gilles-de-Trèves, l'astronome Nostradamus, dans une ferme voisine, occupé à tromper son monde avec un tour de passe-passe entre une truie noire et un cochon albinos. L'animateur des débats, Antony Poincaré, était le père d'un bizuth du lycée, encore élève du Corbeau, qui dominait ses condisciples dans toutes les disciplines. Comme des archéologues grattent à la petite cuillère la poudre des sables pour retrouver la surface enfouie des pierres, les érudits de la Société des lettres fouillaient les poussiéreux dossiers des archives pour dégager les biographies estompées des moines savants, des amazones guerrières et des poètes oubliés. L'un d'eux consignait au jour le jour dans son journal les moindres faits de la vie locale de cette période d'occupation.

La guerre en France semblait lointaine pour Joseph Kieffer. Il adressait des courriers à Mélanie pour confirmer l'arrivée d'une livraison de confiture épépinée ou s'étonner du ralentissement des expéditions de pineau de la côte Sainte-Catherine que réduisaient les prélèvements de l'intendance prussienne. Il renouvelait sa proposition d'accueillir des pensionnaires de la péniche *Saint-Nicolas* armés d'un certain bagage en langue anglaise. Isidore appréciait l'offre.

— Je suis candidat, disait Clément en narguant sa mère.

L'offre de Joseph Kieffer trouva un nouvel élan quand arrivèrent de Metz des familles décidées à quitter leur ville à l'annonce de l'annexion d'une partie de la Lorraine, exigée par les Prussiens dans les préliminaires de paix et les articles du traité de Francfort. Chaque jour, débarquaient en gare des réfugiés chargés de cantines et de paniers. Mélanie et ses compagnes de Solidarité lorraine orientaient les nouveaux venus vers des maisons d'accueil ou, pour les moins démunis, vers des appartements en location. Dans son discours de bienvenue, Mélanie énumérait les aides proposées et, parmi elles, les cours donnés à la péniche *Saint-Nicolas*.

Trois familles, qui, par le cousinage, n'en faisaient qu'une, se portèrent candidates au début du mois de juillet. Les deux frères Becker et leur cousin Barbier travaillaient dans une brasserie depuis leur arrivée. Avec les garanties qu'apportait le consul de Providence, ils préféraient la rupture de l'exil à l'inconfortable proximité de leur ville abandonnée. Isidore proposa de commencer la formation à la mi-septembre. Il respectait ainsi le souhait de Norma d'accompagner Clément à Nancy. Reçu au baccalauréat, et couronné de premiers prix au terme de sa scolarité au lycée, le jeune Capitaine était inscrit, pour la rentrée de novembre, à l'Ecole secondaire de médecine et de pharmacie.

Pour la première fois, depuis la guerre, la péniche quittait son ancrage. Intéressé par l'expérience, Népomucène était du voyage, logé comme un pensionnaire dans la salle de cours, avec, pour compagnons, deux haleurs débutants, anciens manœuvres dans une fonderie mosellane, proposés par Mélanie qui les prenait à sa charge.

Le voyage était une agréable flânerie après les émotions et les troubles des mois écoulés. Isidore goûtait le calme des biefs retrouvés, le tracé paisible des allées de peupliers ou de hêtres. Les collines mêlaient le vert pâle des prés fauchés aux ocres vifs des champs de blé. Sauf dans les villes, à Ligny-en-Barrois ou Toul, les Prussiens semblaient absents.

Rien ne pressait pour arriver à Nancy. Le savant Népomucène servait de cicérone. Il connaissait les productions particulières des fabriques riveraines, lunetterie, confection de sous-vêtements de flanelle, malterie ou production de rivets et de boulons. Il délaissait la géographie, les grès, les marnes et les argiles du plateau calcaire pour l'histoire, sa discipline préférée. Avec lui l'étape proche de Vaucouleurs, prolongée de deux jours, fut un cours détaillé sur Jeanne d'Arc.

Après Toul, Félicien et Népomucène découvrirent, avec émotion, les échafaudages provisoires du pont de Fontenoy détruit huit mois plus tôt par les patriotes. Abasourdis par la défaite, troublés par les terribles règlements de comptes entre les insurgés de la Commune de Paris et les versaillais d'Adolphe Thiers, les deux compagnons tempéraient leur ardeur républicaine en espérant des jours meilleurs. Remettant les discussions politiques à plus tard, ils passaient des heures sur le pont à jouer aux dames.

Norma retrouvait sa place à la barre quand Isidore prenait des croquis des bateaux remontant la Moselle, en bordure du canal, avant la grande boucle qui conduisait à Nancy entre les taillis de mûriers, aux fruits encore bruns et poilus. Un long bief, sans écluse, menait ensuite à la ville. La dernière ligne droite, avec ses alignements d'arbres, semblait une autre allée de la belle Pépinière voisine. Les deux haleurs tirèrent la péniche en bordure d'un quai latéral du port Sainte-Catherine, où l'espace était rare.

Isidore et Norma accompagnèrent Clément jusqu'à l'Ecole de médecine, installée dans le Palais de l'Université sur l'ancienne place de Grève, que prolongeait le cours Léopold avec ses marronniers de haute taille. Les parents attendirent leur étudiant sur un banc de la galerie qui ceinturait la cour. Sur un panneau, Isidore prit connaissance du règlement universitaire, quasiment inspiré de la discipline militaire, encore empreint des exigences impériales sur le respect de la religion, des bonnes mœurs et du gouvernement. Sans imposer d'uniforme, le texte exigeait une tenue vestimentaire rigoureuse, sans fantaisie. Il annonçait également un appel des élèves, au commencement de chaque cours.

— Les notes sont adressées aux parents à la fin des trimestres, dit Isidore en reprenant place auprès de Norma.

— Clément est sérieux, mais l'Ecole de médecine n'est plus le lycée. Je me demandais, à l'instant, si le mieux ne serait pas de quitter Bar-le-Duc pour le port de Nancy.

— Nous ne pouvons pas abandonner les cours. Mélanie, qui prend en charge les études de son filleul, ne comprendrait pas que nous assurions le gîte et le couvert. Clément lui-même préférera vivre au milieu de ses camarades.

Le garçon sortait d'un bureau avec des feuillets à la main qu'il agita vers ses parents.

— J'ai le numéro soixante-dix-huit ! Nous serons cent dix-neuf au total. Devant moi s'inscrivait un Hongrois, parti de son pays avec ses parents pendant les bouleversements politiques. Il a été surpris que je connaisse le nom d'Istvan Széchenyi. J'ai de la chance : à partir de l'année prochaine, on ne prendra que les étudiants titulaires d'un diplôme de physique, chimie et sciences naturelles.

Dans le dossier remis par le secrétariat figurait une liste d'adresses de meublés et de propriétaires louant des chambres.

Isidore laissa à Norma le plaisir de chercher avec son fils un domicile proche de l'Ecole de médecine et de la gare. Il se rapprocha du canal en traversant la vieille ville qu'il ne connaissait pas. Des terrassiers dégageaient les abords de l'église Saint-Epvre terminée depuis quelques jours. A l'entrée de l'hémicycle de la Carrière se déroulait la relève de la garde du palais du gouvernement occupé par le général en chef, le baron von Manteuffel. Bordée de statues d'angelots, l'esplanade offrait son superbe cadre à la flânerie des officiers qui révisaient les théories militaires de von Clausewitz en fumant les cigares fournis, malgré elle, par la population riveraine de notables et grands bourgeois.

La péniche *Saint-Nicolas* rentra à Bar-le-Duc pour la mi-août, en pleine saison de récoltes de fruits. Les événements ne détérioraient pas les échanges commerciaux avec le dépôt des *Melany's*. Joseph Kieffer et ses commanditaires développaient le réseau des boutiques vers Detroit et Chicago. Dans une récente lettre, le consul assurait aux cousins Becker et Barbier un emploi dans une brasserie d'Albany, port important sur le fleuve Hudson, qui rejoint l'Atlantique à New York. Il garantissait le travail, le logement et recommandait, en plus d'une base raisonnable de la langue anglaise, une bonne qualification brassicole.

Le cycle annuel commençait, cette fois, dans de meilleures conditions. Sauf quelques mesures punitives, provoquées par un attentat ou une désobéissance, la garnison prussienne n'apportait pas plus d'incidents qu'une troupe qui caserne, bagarres d'après-boire avec des civils, rapines dans les poulaillers et les caves, affrontements et bousculades après échanges d'insultes. L'activité économique de la ville reprenait, malgré l'abandon des ateliers de textile dont il ne restait plus qu'une fabrique de corsets sans couture, spécialité locale fortement exportée vers la Prusse et l'Autriche. Les fonderies héritaient du marché perdu par les usines annexées en Lorraine et en Alsace. Des commerçants mosellans ouvraient de nouveaux magasins dans les grandes rues du centre. La gare, en plus du trafic militaire, profitait de l'élan donné aux industries des régions de Briey et de Longwy et du bassin de Nancy.

Les cours d'anglais aux enfants et aux parents des familles Becker et Barbier occupaient beaucoup Norma, que Mélanie aidait pour les plus jeunes élèves. Isidore tenait un répertoire de termes professionnels de la brasserie, comme la *maische* ou la *touraille*, qui ne se trouvaient pas dans les dictionnaires anglais consultés au lycée par Népomucène. Celui-ci participait aux cours, avec des leçons sur l'histoire des Etats-Unis et la géographie du pays. Les jeunes Becker et Barbier connaissaient mieux les capitales des Etats de l'Union que les chefs-lieux des départements français, de même pour les rivières et les fleuves, à commencer par le Merrimack et l'Hudson, où ils se baigneraient dans un an ou deux.

Après les premiers mois d'adaptation à ses nouvelles études, Clément revenait une fois par mois entre deux trains. Il échangeait son sac de linge sale contre celui que préparait sa mère. Pour ce jour de repos, Mélanie invitait les trois Capitaine. A la moindre toux elle demandait conseil au jeune carabin, qui n'en était pas à établir un diagnostic, moins encore à recommander une potion.

— Jusqu'à la fin de mes jours je me poserai cette question : pourquoi ce garçon, si habile à reconnaître l'orchis rouge ou le serpolet, n'a-t-il pas choisi l'herboristerie, qui est au programme de cette école de médecine ?

Clément gardait pour lui les raisons de sa vocation, qui venait des récits de son père sur le choléra du Village et du spectacle des ambulances amenant les blessés à l'hôpital provisoire du lycée. Il ne regrettait pas son choix, malgré son peu d'attrait pour la dissection qui l'orientait vers la médecine générale plutôt que la chirurgie. Mélanie se flattait de recevoir dans son salon la belle-sœur du professeur d'anatomie de son protégé, Louis Poincaré, le frère de l'ingénieur des Ponts-et-Chaussées de Bar-le-Duc, si actif au sein de la Société savante locale. Clément réservait sa connaissance de la botanique à ses vacances scolaires, et aux promenades dans la campagne meusienne, avec son père, ou Félicien ou Népomucène, car sa mère craignait toujours la mauvaise rencontre de quelque occupant éméché, vindicatif et sûr de son droit.

Retardé pour des raisons de passeports, le départ des familles Becker et Barbier ne se fit qu'à la fin de la seconde année de Clément à l'Ecole de médecine de Nancy, devenue faculté. Les Mosellans quittaient Bar-le-Duc quelques semaines avant la fin de l'occupation prussienne. Pendant plusieurs jours, après la mi-juillet, la péniche *Saint-Nicolas* vit passer sur la voie ferrée les trains des régiments de soldats assis comme de paisibles voyageurs. L'évacuation s'étalait dans le temps pour les cinq départements encore sous la botte ennemie : le 2 juillet pour Clermont-en-Argonne, le 23 pour Bar-le-Duc, le 1er août pour Nancy, le 2 pour Belfort. Dernière ville française laissée en gage au général de Manteuffel, Verdun ne devait connaître sa libération que le 15 septembre.

L'intermède des douloureuses années s'achevait. Mélanie vécut sur la péniche *Saint-Nicolas* le départ des troupes prussiennes, mises en ordre de marche devant la statue du maréchal Oudinot sur la place Reggio.

Le hasard d'un commandement arrêta cette petite armée en marche sur la route en bordure du canal. On entendait vers le centre de la ville les fanfares qui accueillaient les fantassins du 94e de ligne débarqués du train. Au-dessus des cris claquaient des coups de feu, tirés par les pétoires sauvées de la réquisition. A peine percevait-on la sérénade jouée par Clément avec ses castagnettes. Au moment où le détachement prussien reprenait sa marche sonnèrent les cloches de la ville, dominées par celles du vieux beffroi. Debout sur le pont, Népomucène, convié à la fête, leva les bras avec allégresse.

— Comme disait mon pauvre Rarus, *acta est fabula* : « la farce est jouée ».

Félicien et Clément débouchèrent les bouteilles de champagne, apportées de la Ville Haute par Mélanie et la fidèle Louise.

— Qu'allons-nous faire de notre liberté? demanda la marraine. Voici ce bateau devant un autre choix. Sans l'oratoire du pauvre père François, faut-il reprendre la formule antérieure?

— Savourons notre champagne et la victoire, dit Isidore.

— La victoire... la victoire...

— La liberté est une victoire! Nous discuterons de l'avenir autour de la quiche qu'a préparée Norma.

De la ville venaient le bruit des pétards et la rumeur de

la foule. La maison de l'éclusier, en face de la péniche, disparaissait sous les drapeaux tricolores.

Norma posa la large quiche sur la table de la cabine. La légère couche dorée craquait encore sous la chaleur.

— Voilà un travail de bonne Lorraine, dit Mélanie. Nous parlions de l'avenir : cette péniche ne ferait-elle pas un original restaurant ?

Pendant le repas, Norma sortit d'un tiroir son cahier de bord, pour rappeler quelques souvenirs de l'aumônier disparu. Sur la double page centrale, une carte d'Isidore traçait la toile d'araignée des voyages effectués sur les voies navigables depuis près d'une vingtaine d'années. Vers le sud-est, l'étape la plus lointaine se situait à Roanne, sur le canal latéral de la Loire. Vers le centre, le schéma poussait une pointe jusqu'à Noyers — « On prononce Noyère », précisa Félicien — sur le canal du Berry. Dans les régions de l'Est et du Nord, les biefs délaissés étaient rares. Plusieurs fois le père François avait entraîné ses amis chez les mariniers de Dunkerque et sur les canaux voisins des rivières du pays minier, la Scarpe, la Deûle, la Sensée, l'Escaut.

— L'Escaut, quel beau fleuve ! dit Isidore. Schelde, en flamand. *Schelde's trots*, la fierté de l'Escaut !

— Le calvaire de Mélanie Standford-Malet. Il a failli m'engloutir !

Félicien compléta l'évocation des croisières du Cours Merrimack avec un de ses cahiers de notes apportés comme exemple. Où Norma inscrivait une brève indication de lieu et de date, il développait une description, le récit d'une rencontre. La préférence du père François allait au canal de Bourgogne, un modèle pour lui de la vie batelière, malgré ses nombreuses écluses. La navigation offrait, à proximité des vignobles et des côtes, la sérénité d'une campagne riche. Pendant que l'aumônier promenait ses basques dans les chapelles romanes et les cloîtres d'abbayes, Félicien, dans les villages bourguignons, trouvait l'occasion de nombreuses visites pour ses élèves.

— Pas seulement les caves, précisait-il pour Mélanie qui feuilletait les pages, quelquefois illustrées d'un dessin d'Isidore.

La marraine arrêta son regard sur la perspective d'un long escalier dominé par une statue de Napoléon.

— Qu'est-ce que c'est, ce mausolée? On dirait un monument de Washington.

Isidore prit en main le cahier de Félicien.

— J'ai retrouvé ce jour-là, au milieu des meilleurs crus de Bourgogne, le souvenir de Manuelo Garcia Ibanez et d'Octavie Gervais.

Le dessin datait du premier grand circuit de l'abbé sur la péniche *Saint-Nicolas*. Isidore se souvenait de la promenade faite dans les villages de viticulteurs, autour de Marsannay et de Vosne-Romanée. L'étiage estival bloquait la navigation à proximité de Dijon. Les mariniers de quelques barques louaient un char à bancs pour sillonner le pays et trouver, à bon prix, quelques tonnelets pour les dimanches d'hiver.

Chez un viticulteur d'un hameau, appelé Fixin, les *Saint-Nicolas*, comme disaient les autres, avaient rencontré un vétéran des campagnes napoléoniennes qui ressemblait au portrait de Grognard que faisait Manuelo pour Isidore, autrefois au Village. Cet homme de soixante-dix ans guida les visiteurs jusqu'à sa propriété. Un escalier montait jusqu'au sommet d'une colline.

— Comptez les marches, dit le propriétaire. Vous comprendrez ce qu'elles signifient en posant le pied sur la plus haute.

Ces cent marches évoquaient les cent jours écoulés entre le retour d'exil et la seconde abdication de Napoléon.

— Pas un seul jour, de l'île d'Elbe à Waterloo, je n'ai quitté l'Empereur.

Il se trouvait que le vétéran Claude Noisot connaissait Maximilien Gervais, le mari de la baronne du Village, à l'île d'Elbe, lui aussi, avec l'exilé.

— Un brave parmi les braves. Si je devais donner un nom de fidèle à chacune de ces cent marches le sien y figurerait, à côté de celui de Drouot, son chef.

En haut de l'escalier des « Cent Jours » dominait la statue du *Réveil de Napoléon*, commandée par Claude Noisot au sculpteur dijonnais François Rude.

Félicien referma le carnet de souvenirs.

— Il faudra que tu me prêtes un jour tes Mémoires, dit Clément. C'est une mine.

— Tu ne trouveras pas la fin de l'histoire. Le vétéran Claude Noisot souhaitait qu'on l'enterre debout, en face de la statue de l'Empereur. Ce ne fut pas possible, à cause de la dureté du sol, aussi résistant que celui des marbreries voisines de Comblanchien. Il est parti en poussière, comme les autres.

Sur la carte du cahier de bord passé par sa mère, Clément lut les noms des principaux ports de chargement de charbon sur les canaux du Nord : Arleux, Landrecies, Bouvin, Condé-sur-l'Escaut.

— Ces villes de grand trafic apporteront des témoignages pour ma thèse. Je verrai comment fonctionne la solidarité des femmes de mineurs quand les femmes de mariniers accouchent, sans personne autour d'elles. *L'Enfant dans la batellerie, de la naissance à six ans* comptera bien un chapitre sur les gamins et les gamines des corons voisins. J'enquêterai aussi à Conflans-Sainte-Honorine, cette plaque tournante, et à Rouen, le grand port de rencontre entre le canal et la mer. Tout cela sera plus facile depuis Paris.

— Nous revenons à notre point de départ, dit Mélanie. Voici vingt ans, ne vous faisais-je pas cette remarque : « Nous avons une péniche, sans destination, un curé, sans paroisse, un homme intelligent, sans emploi. » Vous connaissez la suite. Aujourd'hui, je formule la même observation. Nous avons une péniche, sans destination, un étudiant, sans logis, et, toujours, le même homme intelligent, Félicien, sans autre emploi. Je confirme à mon filleul que ses études sont à ma charge, par le biais de sa mère, aujourd'hui si experte en comptabilité que je lui confierais volontiers la mienne. L'âge venant, je me sens, pour ce garçon, une âme de grand-mère. Quand on me parle de lui la tentation me vient de dire « mon petit-fils ».

— Tu ne dépares pas la collection, auprès de Georgina et de Manuelo Garcia Ibanez.

— Merci. Sans doute m'avez-vous comprise ? Je paierai le tarif, normal, d'une pension pour loger et nourrir mon étudiant en médecine sur la péniche *Saint-Nicolas*, amarrée à Paris. Reste la question de l'homme intelligent.

— Réfléchis pour mieux comprendre, Népomucène *dixit* !

— Tu fais bien de parler de Népomucène, dit Félicien. Il nous apporte la solution. Grâce à lui le directeur de l'école technique qui se crée à Bar-le-Duc m'offre un poste de professeur. Je débarque mais je réserve une place sur la péniche, si on monte une nouvelle pièce de Victor Hugo à Paris.

Vers la ville claquaient mollement les bombes d'un feu d'artifice. De la maison éclusière venaient les échos de deux ou trois crincrins qui invitaient les fêtards à la danse. Sur les péniches voisines des voix éraillées et les chants annonçaient une joyeuse nuit de célébration.

Félicien et Clément raccompagnèrent Mélanie. Isidore et Norma attendirent leur retour, assis sur des coussins placés sur le plat-bord, les pieds dans le vide, comme des pêcheurs au bord de l'eau.

— Quand nous sommes heureux, dit Norma, passe toujours dans la conversation le souvenir de Georgina et de Manuelo. Je voudrais bien visiter le Village, un jour.

— Nous irons, quand le canal de l'Est le permettra. Il descend, doucement, de Verdun vers Toul. Encore dix ans et il frôlera les prés du Village.

— Dix ans? Nous devrions tenir.

— Je tiens surtout à toi. Quand je regarde derrière nous, je n'arrive pas à croire que nous avons fait tant de choses.

— Nous commencions l'année en faisant l'amour, après le douzième coup de minuit, et, en décembre, nous la finissions en guettant l'horloge.

— Entre-temps, nous ne manquions pas d'occupation.

— Tu m'as fait voir du beau pays.

— Maintenant, te voilà presque parisienne.

— N'est-ce pas la bonne solution?

— L'ancien Cours Merrimack servira de logement à Clément. « Ma turne », dit-il. A l'arrière, nous agrandirons la cabine pour nous. Demain, je reprendrai le marteau et la scie. J'ai l'habitude. Que me disais-tu quand tu étais jeune?

— Quiche me! Et toi?

— *Bésame!*

D'autres fusées illuminaient le ciel de Bar-le-Duc. Dans le court instant de l'éclair coloré, la silhouette de la Ville Haute découpait son feston, sombre comme une ombre chinoise. Quand revenait le noir croissaient les bruits des clairons et des tambours des fanfares.

Debout, à l'avant de la péniche, Isidore embrassa Norma :

— Hier, à cette heure-ci, les Prussiens relevaient la garde, pour la dernière fois, sous le mur de la grosse horloge.

— Après le douzième coup de minuit, disais-je à l'instant[1] !

1. Les détails de la présence prussienne à Bar-le-Duc sont extraits de l'ouvrage *Les Allemands, à Bar-le-Duc et dans la Meuse, 1870-1873* de J.-J. Laguerre (1874).

18

LA THÈSE

Félicien posa le porte-plume sur le socle de l'encrier.

— Page deux cent quatre-vingt-quatre !

Sur la table, dans la salle qui, à l'arrière de la péniche *Saint-Nicolas*, prolongeait la cabine, s'étalaient les feuillets du manuscrit de la thèse de Clément et la copie, écrite dans la régularité des lettres penchées, le respect des pleins et des déliés. Le professeur de mathématiques de l'école technique de Bar-le-Duc occupait ses vacances à ce délicat travail de transcription.

A tour de rôle, Norma ou Elisabeth, sa future bru, dictait le texte, soigneusement relu par l'auteur. Elles épelaient les noms propres les plus difficiles en accompagnant chaque lettre de l'exemple d'un mot, *L*, comme Louis, *C*, comme cabine. Félicien en connaissait quelques-uns, souvent cités dans la presse, baron Guillaume Dupuytren, Hyacinthe Laënnec, ou fréquemment évoqués, dans l'argumentaire, comme Jacques Alexandre Le Jumeau de Kergaradec, le « père de la révolution obstétricale ».

— Sauf les parturientes des péniches, on ne rencontre pas beaucoup de femmes dans tout ça, disait Norma.

Grâce à Elisabeth, la thèse citait Madeleine Brés, née Gabelin, première femme admise au doctorat, à trente-six ans, par la faculté de médecine de Paris. Clément évoquait les travaux en cours, sur les nourrissons, de cette consœur, elle-même mère de quatre enfants. Au risque de déplaire à quelque cacique du jury, il notait l'intérêt, pour une consultante de l'ausculation, de découvrir, avec une femme, les premiers symptômes de la grossesse, « ainsi que le suggère lui-même Jacques Alexandre Le Jumeau de Kergaradec », ajoutait-il par prudence.

Dans les pages d'enquêtes, menées sur les péniches charbonnières d'Arleux ou de Condé-sur-l'Escaut, Elisabeth découvrait la rude condition morale et physique des marinières, les accouchements précipités avec, pour médiocre sage-femme, une éclusière qui sentait encore la lessive, l'angoisse des quintes de toux du bébé pendant les froides traversées des campagnes désertes, les charges des cordages à reprendre, peu de temps après les fatigues de la naissance.

— Ma crainte la plus grande a toujours été que Clément, enfant, ne glisse dans l'eau. Il a été plus longtemps ficelé qu'emmailloté, nota Norma.

Félicien leva, au-dessus de sa plume, un regard vers Elisabeth :

— Et maintenant, il a un fil à la patte.

A quelques mois de son mariage, la jeune fille appartenait déjà à la famille Capitaine. L'amitié de Clément et de son frère Louis Champion, condisciples à la faculté de médecine, facilitait l'adoption. Les deux garçons partageaient les mêmes classes depuis la quatrième de Népomucène Thierry, que personne n'appelait plus « le Corbeau » sur le bateau.

Le père de Louis possédait une brasserie à Bar-le-Duc, en bordure du canal. Pendant ses séjours dans la Meuse, la péniche trouvait un havre tranquille près des entrepôts, dans une odeur de malt et de houblon, tenace comme celle du pain d'épice. Bachelière, Elisabeth gérait, depuis le décès de sa mère, la maison familiale dans la Ville Haute, à proximité des ormes et des tilleuls séculaires du Pâquis. Comme Clément, elle herborisait. Leur idylle datait de l'automne précédent, pendant le retour de la péniche à

Paris. Par curiosité pour la promenade fluviale, la jeune fille accompagnait son frère. Entre les biefs elle errait avec Clément à travers les broussailles ou les terrains incultes. Les deux jeunes gens revenaient à bord avec un panier de feuilles d'arroche et de bourrache, qu'Elisabeth cuisait comme des épinards, avec des brisures de roquette poivrée.

Le frère et la sœur appréciaient l'ambiance inhabituelle de la vie en bateau, la lenteur des journées, l'absence de contraintes, sauf celle de la navigation pour Isidore et Norma. Par convenance, Norma logeait Elisabeth dans la salle arrière. Clément hébergeait Louis dans la grande pièce de l'ancien Cours Merrimack, aménagée par son père sur le modèle de son appartement d'Havenport, avec les sabords à la place du bow-window. A la façon des maisons américaines, qui gardaient, dans les alignements de cadres, les premières photographies de l'histoire familiale, les dessins d'Isidore couvraient les cloisons, classés par ordre chronologique, du Village à Metz, du *Schelde's trots* à l'*Elcheubise*, des épépineuses de Behonne aux amarrages d'occasion de la péniche *Saint-Nicolas*.

Grâce à cette exposition de portraits et de paysages, Isidore collaborait à des magazines parisiens, intéressés par des récits illustrés, comme l'*Havenport News* quand il publiait les aventures de Davy Crockett. Les Capitaine devaient cette collaboration à un ami de Louis Champion, son voisin de la rue du Jard à Bar-le-Duc, Albert Cimovitchi. Ce garçon, un peu bohème, à peine plus âgé que Clément, fils d'un immigré polonais, cherchait sa voie dans les journaux où il signait Cim, par simplification. Il publiait des critiques de théâtre ou de livres dans *Le Magasin pittoresque, Le Musée des familles* ou *La Cloche*. Grâce à cela paraissait chaque semaine une *Chronique de Norma Hopkins*, dont le titre flattait l'anglomanie, qu'on trouvait dans la lecture comme dans l'élégance et les nouvelles activités sportives.

Pour l'essentiel, les carnets de route de Félicien fournissaient la matière première aux récits de Norma. Les premiers, couronnés de succès, reprenaient, illustrés par Isidore, les légendes des châteaux de Lorraine et d'Alsace racontées aux étapes, par les bergers ou d'autres compagnons de soirée. La plupart des anecdotes, consignées par le témoin attentif du Cours Merrimack, concernaient des péripéties, peu connues, de personnages découverts dans les témoignages des éclusiers et des villageois.

La parution de la semaine de ce mois de juillet 1877 racontait le tour du monde en bateau réalisé, pour la première fois, dans de rocambolesques conditions, par une femme. Félicien tenait la source du séjour prolongé à Montceau-les-Mines et d'un vendeur de bestiaux de Toulon-sur-Arroux, à la limite du Charolais. L'homme se prétendait le lointain cousin d'une modeste fille d'un village voisin de Bibracte, la capitale des Eduens. Déguisée en valet de chambre, Jeanne Baret, la parente de ce marcaire, avait accompagné son médecin de mari dans l'expédition du navigateur Bougainville. L'époux décédé à l'entrée de l'océan Indien, la femme, habillée en garçon, affronta son sort étrange au milieu des trois cents hommes d'équipage de la *Boudeuse*. Lors d'une escale, en Chine, elle convola avec un officier d'infanterie, qui mettait deux billets de retour dans la corbeille de mariage. Chaque *Chronique de Norma Hopkins* tenait ainsi du roman. Par des échos, qu'il obtenait dans des colonnes amies, l'efficace Cim entretenait la réputation de la mystérieuse feuilletoniste, dont il n'omettait jamais le nom de l'illustrateur, Isidore Capitaine, réapparu avec ses deux initiales d'antan, *G.I.*, qui amusaient Clément.

A cause de la thèse, la péniche *Saint-Nicolas* passait cet été à Paris. Le bateau avait sa place au long du quai de la Marne du bassin de la Villette, réservé à des mariniers résidants, trop âgés pour naviguer. Le canal Saint-Martin et, surtout, le canal de l'Ourcq amenaient un trafic journalier important grâce aux liaisons avec la Seine, l'Oise, la Loire, via Saint-Mammès et le canal de Loing, Strasbourg, par le canal de la Marne au Rhin. Au cœur de la capitale, les pénichiens préservaient, entre les entrepôts de la Villette, le calme habituel de leur vie indépendante.

Elisabeth aimait ce mélange de la ville et de la navigation, l'insolite des logements flottants, la proximité des magasins et des boutiques, rapidement atteints par de nombreuses passerelles. Dans les promenades vespérales, elle s'attardait avec Clément près du pont de la rue de Crimée, qui hissait la partie mobile de la chaussée avec les treuils de ses quatre roues latérales. Une péniche glissait sous eux, accoudés sur le passage des piétons, au-dessus d'un arc-boutant traditionnel. Ils parlaient du calendrier des mois à venir : la thèse, en octobre, le retour à Bar-le-Duc, avec, pour le jeune médecin, un emploi au laboratoire de la brasserie Champion, le mariage, au printemps.

— Attends-toi aux jumeaux, disait Elisabeth. Du côté de ma mère, ils foisonnent. Seuls Louis et moi avons échappé à l'épidémie.

— Mon père s'en réjouira : Manuelo Garcia Ibanez rêvait de reconstruire une famille. Fais-moi surtout des garçons.

— Ne faut-il pas quelques filles, pour appliquer, plus tard, les conseils d'obstétrique de Jacques Alexandre Le Jumeau de Kergaradec ?

— Tu lis bien ma thèse.

— Je ne la lis pas, je la dicte. Pas un mot ne m'échappe.

A cause des circonstances troubles de la politique, entre plusieurs élections successives, Clément Capitaine soutint sa thèse de doctorat en médecine, *L'Enfant dans la batellerie, de sa naissance jusqu'à l'âge de six ans*, hors de la présence de sa famille. Isidore souhaitait attendre son fils, après l'épreuve, à proximité de l'Ecole de médecine, en compagnie de sa femme et d'Elisabeth. Norma l'en dissuada :

— Ce n'est plus la sortie de la classe de quatrième du lycée de Bar-le-Duc. Clément est un homme, aujourd'hui. Laissons Elisabeth le guetter seule. Il faut, aussi, qu'ils se fabriquent des souvenirs.

— Les murs de pierre de taille de l'Ecole de médecine offrent moins d'abris aux amoureux que les cloisons de paniers à homards sur un quai de port de pêche.

Clément fixa le rendez-vous avec sa fiancée devant la fontaine de la place Saint-Sulpice.

C'était un jour de marché aux fleurs, autour du monument. Dans les niches au-dessus du bassin, Elisabeth découvrit les quatre gloires de l'éloquence sacrée du Grand Siècle. Elle se souvenait de ses récents devoirs sur le *Télémaque* de Fénelon, les oraisons de Bossuet, le nom de Massillon ne lui était pas inconnu. Elle ignorait tout du quatrième prélat, Esprit Fléchier, que l'inscription, dans la pierre du socle, disait membre de l'Académie française, comme ses trois confrères.

Les marchandes de fleurs proposaient leurs bouquets sur le plateau de voiturettes alignées sous la rangée de tilleuls, en face du porche de l'église. A l'opposé, leurs ânons, accrochés à des piquets enfoncés dans le sol, attendaient sous la surveillance d'un garçon, habillé comme un petit paysan de *La Mare au diable.* Sans exagérer leur bagout, les jardinières, de quelques mots aimables, invitaient les promeneuses et les passants à profiter de leurs dernières cueillettes ou de leurs derniers arrivages. Des hommes achetaient volontiers un œillet que la vendeuse, ou son aide, passait aussitôt dans la fente d'une boutonnière.

Elisabeth, qui regardait sans cesse l'horloge sur la façade du séminaire, au-dessus du parc des ânons, choisit un étal plus important que les autres, qui proposait, en plus des fleurs traditionnelles, des herbes fraîchement coupées. Sur ce parterre, qui mêlait le vert foncé du houx au gris argenté de l'armoise, dominait l'évanescence aromatique de la menthe et des pélargoniums.

— Quelques feuilles de myrte et une belle rose, ma petite dame ? Tous les symboles de l'amour.

— Préparez-moi un bouquet harmonieux. Je me chargerai moi-même des messages et des symboles.

La marchande composait son mélange avec des gestes précis. Elle entourait de branches claires de camomille, de thym et de marjolaine, l'éclat rouge du géranium choisi pour le centre de la composition. Quand elle hésitait, Elisabeth montrait du doigt un des vases du plateau, « un peu de sauge », « de la valériane », « des feuilles d'alchémille, plutôt que la menthe ».

— Voulez-vous ajouter deux ou trois tiges de romarin, s'il vous plaît ?

— Pour le souvenir ?

— Non, pour le vert.

— J'aimerais, également, quelques petites fleurs blanches de sarriette, dit Clément arrivé doucement derrière sa fiancée.

— Clément ! Raconte-moi vite !

— Très bien ! Mention très bien.

Ils oublièrent la marchande de fleurs et s'embrassèrent au-dessus des bouquets de l'étal.

— Tu es encore tout pâle !

— La sarriette me donnera des couleurs. Elle apporte tant d'ardeur qu'on interdisait autrefois son usage dans les monastères.

— Ne brûle pas les étapes.

Ils quittèrent la fontaine Saint-Sulpice en balançant leurs mains serrées. Elisabeth tenait le bouquet contre elle, un peu à l'écart pour ne pas frôler son visage avec les feuilles les plus hautes. Clément raconta la solennité de la cérémonie, la lecture de sa synthèse devant l'aréopage des maîtres, impénétrables, alignés dans leurs toges rouges :

— Selon la coutume, peu à peu abandonnée, un professeur m'a questionné en latin, en regrettant l'essai actuel des thèses prononcées en français. « *Latinus non rarus est* », disait le Corbeau du lycée. Jusqu'à quand? s'interrogeait-il.

Ils traversèrent le faubourg Saint-Germain jusqu'aux quais de la Seine.

Il était midi. Isidore et Norma n'attendaient pas le retour de Clément avant le milieu de l'après-midi, ce qui laissait le temps d'un déjeuner en amoureux au bord du fleuve. Ils mangèrent une friture sur la plate-forme d'un restaurant flottant, à côté du quadrilatère de bois d'une piscine. En prenant leur dessert et un café, à la terrasse d'une brasserie, ils demandèrent de quoi écrire. Le garçon apporta un sous-main contenant du papier et des enveloppes à l'enseigne de l'établissement, un encrier, un porte-plume et un tampon buvard, relié à l'accessoire par un cordon pour éviter la rapine. Elisabeth annonça le résultat de la thèse à son père. Clément rédigea une longue lettre pour sa marraine.

De l'autre côté du Pont-Neuf ils décidèrent de rentrer au bassin de la Villette dans un fiacre.

Le parcours longeait la Seine jusqu'au Châtelet, avant d'emprunter le boulevard qui aboutissait à la gare de l'Est. Clément demanda au cocher de quitter le faubourg pour rejoindre, par une rue étroite, le quai de Valmy, le long du canal Saint-Martin. C'était son itinéraire, quand il descendait à pied jusqu'à l'Ecole de médecine, et vers le haut, pendant son internat à l'hôpital Saint-Louis. Dans leurs promenades du soir il entraînait parfois Elisabeth dans cette longue rue que formait le bief avec ses maisons basses, hâtivement construites pour les employés des chemins de fer de l'Est et de la proche Compagnie du Nord. On ne trouvait pas, dans le quartier, que des cheminots mais, aussi, des boutiques où les Auvergnats vendaient du charbon à côté de leur estaminet. Les riverains, les mariniers du bassin de la Villette, découvraient dans ces folkloriques bistrots l'entrecôte au roquefort et la façon de faire chabrot en buvant, à même l'assiette, le reste de potage mélangé à son vin rouge. Elisabeth préférait cette soupe au roquefort.

L'arrivée du fiacre sur le quai de la Marne fit sensation. Les deux fiancés se tenaient debout, la main posée sur la barre du siège du cocher. La péniche *Saint-Nicolas* se distinguait des autres avec le pavois de drapeaux, hissés, en toute confiance, par Félicien qui ne doutait pas du résultat attendu. Isidore et Norma marchaient sur le quai, un peu en avant du bateau. Elisabeth agita son bouquet, au bout de son bras libre, annonçant de loin le succès de Clément. Quand le sapin s'arrêta, les parents applaudirent, suivis par les pénichiens voisins qui guettaient, aussi, le retour de leur docteur.

Clément, après avoir réglé la course, prit Elisabeth dans ses bras. Il la porta sur la planche du bord jusqu'au seuil de la graveleine devant Norma.

— Les maîtres ont tressé les lauriers du lauréat. Moi, je vous offre des fleurs, dit la jeune fille. Elles m'ont aidée pendant la dernière heure d'attente. Elles vous disent mon bonheur partagé.

Félicien sortit de la cabine avec des verres de champagne sur un plateau.

La fiancée et son frère rentrèrent à Bar-le-Duc par le train, précédant de trois semaines le retour de la péniche *Saint-Nicolas*.

Le quai de la brasserie formait un petit port à lui tout seul. Un bâtiment de bureaux l'isolait de l'usine et de son alignement d'entrepôts. Avec de petites grues à vapeur ou des appareils de levage équipés de bennes, des manutentionnaires assuraient le débarquement des approvisionnements en malt, avoine, houblon. Plusieurs fois par jour, une locomotive de chantier passait devant les bateaux avec ses wagons de tonneaux portés à un raccordement de la ligne de chemin de fer, près d'une rampe de chargement, plus spécialement affecté au transport militaire. Sur le chemin de halage, de l'autre côté, continuait la vie habituelle du canal, en bordure de nouveaux quartiers habités par les employés des nombreuses brasseries de la ville.

Dès l'arrivée à Bar-le-Duc de la péniche *Saint-Nicolas*, le brasseur Adolphe Champion retrouva à bord son futur gendre, appelé à devenir son employé. Une femme de service l'accompagnait avec, dans un panier, quelques bouteilles de la spécialité de la maison, « la Champion », une bière blanche dominée par le goût de froment.

— C'est mon champagne, disait Adolphe Champion, en regardant les bulles légères qui pétillaient dans son verre.

Le père d'Elisabeth était un homme austère qui rappelait à Norma le William Hopkins de ses jeunes années, sans atteindre la même gravité puritaine. Son travail avait priorité sur tout. Industriel, grâce à la fortune de sa femme, il cherchait encore, bien longtemps après, à imposer sa réussite personnelle, symbolisée par la marque de sa production. Elisabeth trouvait que le gentleman de l'étiquette, qui dégustait sa chope en frôlant de ses moustaches le duvet de la mousse, ressemblait à son père. Celui-ci s'en défendait en parlant des ressemblances des bourgeois de son âge, habillés et coiffés comme les Parisiens portraiturés par Nadar. La fille et le père entretenaient des rapports distants. Plus que l'heureuse utilisation de la dot maternelle, Elisabeth reprochait au brasseur le mépris manifesté à son épouse, qu'il appelait « ma potiche ». Cette situation rapprochait la jeune femme de Norma et, aussi, d'Isidore, attentif, enjoué avec Clément, comme un grand frère aîné.

Invité à partager « la Champion », Félicien interrogea le fabricant sur le mélange des ingrédients :

— Froment, malt, avoine, houblon... Ce n'est un secret pour personne. La différence tient au fait que « la Champion » n'est pas filtrée après la garde, c'est-à-dire la fermentation en cave. L'industrie de la bière évolue rapidement en Lorraine. Grâce aux professionnels alsaciens, arrivés chez nous après l'annexion, et aux recherches faites par des savants, comme Pasteur chez mes confrères Tourtel, à Tantonville, la bière de Lorraine rivalise avec celle de Munich ou de Francfort. D'ailleurs, Tourtel appelle celle de Pasteur « la bière de la Revanche ». Je compte sur le jeune docteur, que voici, pour m'aider à obtenir cette qualité rare, la constance de la fermentation. Mais oublions la technique.

Adolphe Champion prit un citron un peu vert dans le panier de bouteilles. Il sortit de sa poche un gros canif, qui faisait également office de tire-bouchon. Il coupa de fines tranches du fruit qu'il distribua autour de lui :

— Goûtez ma bonne blanche avec ce zeste amer.

— Pour la réception de la thèse de Clément, il faudra proposer ce rafraîchissement aux invités, suggéra Louis Champion.

— Puisque madame Standford-Malet a choisi l'Hôtel du Cygne, ce sera chose facile, répondit son père.

Les relations de Mélanie plus celles d'Adolphe Champion amenèrent le Tout-Bar-le-Duc à la célébration du diplôme du docteur Clément Capitaine.

Dans la grande salle de l'Hôtel du Cygne, la marraine tenait son rôle de maîtresse de maison comme dans ses propres salons. Elle tirait son filleul vers les uns et les autres pour le présenter. A chacun elle posait, sensiblement différente, la même question :

— Ne m'avez-vous pas dit que vous ne connaissiez pas le jeune docteur Capitaine?

Elle restait avec lui, pour deux mots de conversation, puis l'entraînait à nouveau dès qu'entrait une personnalité de la ville. De récents adversaires politiques se croisaient avec une froide courtoisie. Le jeune étudiant en droit Raymond Poincaré accompagnait son grand-oncle Paulin Gilson, ancien maire conservateur, battu aux élections législatives par l'avocat républicain Grandpierre, son successeur à l'hôtel de ville. Mélanie leur présenta Clément, en même temps qu'à leur concitoyen Jules Develle, préfet de l'Aube révoqué, quatre mois plus tôt, par le président de la République Mac-Mahon, et secrétaire particulier de Jules Grévy, le président de la Chambre des députés. Depuis des mois, Bar-le-Duc frissonnait dans le conflit des légitimistes et des républicains, avec un choix électoral, plusieurs fois répété, en faveur de ceux-ci. Félicien et Népomucène ne manquaient pas une occasion de crier leurs convictions sous les préaux.

La vedette de la réception n'était pas un parlementaire ou un futur ministre mais un poète, amené à la fête par le journaliste Cim, le visiteur occasionnel de Clément au bassin de la Villette. La réputation d'André Theuriet dépassait la Meuse, dont il chantait, depuis plusieurs années, les forêts et les vallons dans des œuvres publiées par la *Revue des Deux Mondes*. Employé de l'administration, attiré par les lettres, et soutenu par une romancière anglaise installée dans la Ville Haute pendant quelques années, il profitait de l'élan de curiosité intellectuelle que connaissait Bar-le-Duc à travers sa Société des lettres, sciences et arts. Dans les soirées organisées par celle-ci, les Barisiens découvraient les sonnets et les odes qui paraissaient, ensuite, dans d'honorables colonnes de la presse nationale, ou en librairie. Ils avaient eu ainsi, en avant-première, la lecture de son drame *Jean-Marie*, que devait jouer Sarah Bernhardt à la Comédie-Française lorsque Napoléon III déclara la guerre à la Prusse. Les salons de Bar-le-Duc s'arrachaient cet auteur en vogue dont les enfants de France apprenaient les quatrains dans les manuels des écoles primaires.

A la demande de Cim, André Theuriet apportait au jeune docteur Clément Capitaine un exemplaire, numéroté et dédicacé, de son recueil de poèmes *Le Chemin des bois*, paru quelques semaines plus tôt. Mélanie ne manqua pas l'occasion de demander un extrait à l'auteur, habitué aux lectures publiques, qui se contenta de livrer cinq vers de sa *Forêt.*

Voici l'hiver venu, la neige sur les branches
En silence répand ses touffes de fleurs blanches.
D'un sommeil éternel les bois semblent dormir,
Et les germes féconds des printemps à venir
Fermentent doucement sous l'épais tapis de neige

Tandis que les invités congratulaient le poète, le clan Capitaine, avec Félicien, Népomucène et Elisabeth, se tenait à l'écart autour du consul de Providence. Joseph Kieffer, atteint par l'âge de la retraite, effectuait une tournée en France avec un attaché commercial, chargé à Boston de l'importation des produits français. Les boutiques *Melany's*, régulièrement fournies par les anciennes épépineuses de Behonne, continuaient de prospérer, avec un choix élargi à la bimbeloterie, aux petits jouets, flacons de parfum, mercerie de qualité. Dans les grands magasins de New York, les *Melany's Corner* connaissaient le succès, avec une gamme de cadeaux qui ne nuisaient nullement au prestige de la confiture de groseilles de Bar-le-Duc.

Les rangs des familiers se clairsemaient à Havenport avec les décès successifs des Bour venus de Metz et de Gorze. Casimir, son frère Emile — mort sans avoir accédé à la charge de maire — et Berthe disparus, il ne restait que Bernard, le fils de l'imprimeur, chroniqueur patenté de toutes les régates de Newport, et Martial, qui élevait, avec Bejte, dans leur maison en bord de mer, les quatre garçons de leurs fils John et Jan, avocats, à Boston, de la compagnie transatlantique *P and O.* Joseph Kieffer espérait les recevoir un jour à Nancy, où il s'installait dans la maison familiale de sa femme.

— Nous ressentons, l'un et l'autre, le besoin de rechausser nos sabots de bons Lorrains. Responsable de l'immigration de quelques dizaines de Mosellans, Vosgiens ou

Meusiens, je renie ma vocation en replongeant dans mes racines. Les Américains parlent de *feeling*. Je ressens un profond *feeling* pour la Lorraine.

— Que deviennent les Becker et les Barbier préparés par nous à brasser la bière des saloons ?

— Ils tiennent ensemble, à Cleveland, une taverne, pas du tout lorraine, sauf pour la quiche, avec des spécialités alsaciennes ou autrichiennes qui enchantent la main-d'œuvre d'origine allemande de la vallée industrielle de l'Ohio.

Joseph Kieffer, désormais équipé de lunettes conventionnelles, cherchait à se débarrasser de sa chope vide qui l'encombrait. Un maître d'hôtel approcha :

— *What can I do for you, sir?*

— Henri ! dit Norma, tu as encore pris du galon.

— Savez-vous que maintenant on m'appelle « Monsieur Henri » ? Le dimanche, quand le restaurant est pris d'assaut par les bonnes familles de Bar-le-Duc, on m'appelle à chaque table : « Monsieur Henri, pouvez-vous couper encore quelques tranches de gigot ? », « Monsieur Henri, nous comptons sur vous pour nos crêpes flambées. » Que serais-je sans vous ?... « Henri, sors la vache », « Henri, nettoie les cochons. »

— Il faudra le répéter à madame Standford-Malet, si son état d'excitation lui permet d'écouter quelque chose, ce soir.

— J'ai une surprise pour Clément. Avec Jules, chef de travaux sur le chantier du canal de l'Est, j'ai créé le *Club des anciens du Merrimack*. Le nom fait un peu association de rescapés d'un naufrage. Il convient donc parfaitement. Sur les soixante-deux garçons embarqués sur la péniche *Saint-Nicolas*, le club en regroupe cinquante, presque tous restés dans la Meuse : employés de chemin de fer, comptables, dessinateurs, un contremaître, un abbé, qui est vicaire à Notre-Dame-d'Avioth.

— Et ma surprise ? demanda Clément.

Henri s'éloigna un instant. Il revint de l'arrière-salle avec un serveur qui tenait un grand objet plat recouvert d'une nappe.

— Clément, et vous aussi mademoiselle, les « anciens du Merrimack » sont heureux de vous offrir ce présent, pour le brillant succès universitaire et en gage d'amitié pour votre prochain mariage.

— Que se passe-t-il ? Que se passe-t-il ? dit Mélanie en approchant du groupe des Capitaine. Monsieur Henri, quelle surprise nous réservez-vous ?

Henri souleva la nappe. Avec son commis il présenta le cadeau, un tableau sans cadre, avec les bords de la toile repliés sur le châssis. Les invités applaudirent.

Clément plaça la peinture sur le tablier de la cheminée pendant qu'Elisabeth embrassait le maître d'hôtel. A l'invite de Mélanie, Henri expliqua son geste :

— Cette vue du canal de la Marne au Rhin est signée par un jeune artiste de la Meuse, Jules-Bastien Lepage, qui expose cette année au Salon de Paris. La péniche, que tirent les deux chevaux dans le bief, n'est pas la péniche *Saint-Nicolas* mais elle lui ressemble parce qu'elle montre de la force et de la sérénité. Grâce à ce bateau je suis « Monsieur Henri », bien installé dans ce métier, comme d'autres compagnons de route dans le leur. En remerciement à tous ceux qui, avec le Cours Merrimack, ont soigné les cœurs, nous offrons ce gage de reconnaissance à celui qui se prépare à guérir les corps.

Cette manifestation inattendue éclata les groupes formés par affinités. Les brasseurs se mêlèrent aux professeurs du lycée, les anciennes dames du Solidarité lorraine de Mélanie questionnèrent Joseph Kieffer sur son aventure américaine.

— Quelle est votre principale satisfaction ?

— La rencontre de Norma Hopkins et Isidore Capitaine, et leur retour de Boston avec Mélanie Standford-Malet.

— Et votre plus grand regret?

— L'échec d'un autre Lorrain dans le Connecticut. Il était le concurrent, dans la vente des bicycles, de vos concitoyens Michaux.

— Les pauvres! La guerre de 1870 les a ruinés.

— Leur rival, aussi, est sur la paille.

— Ecoutez, cria Mélanie en tapant dans ses mains; monsieur Kieffer, ancien consul de France en Nouvelle-Angleterre, nous parle des Michaux père et fils.

Les conversations s'arrêtèrent. L'ami des Capitaine raconta l'aventure de Pierre Lallement, fils d'un maréchal-ferrant de Pont-à-Mousson. Ancien employé des Michaux à Paris, et conjointement inventeur de la fameuse pédale, il avait choisi de tenter fortune aux Etats-Unis. Installé à New Haven, il déposa son modèle de pédalier au bureau des brevets de Boston. Son entreprise, montée avec un associé, périclita. Pierre Lallement rentra en France. A distance il tenta un procès à son partenaire, « remis en selle », disait Joseph Kieffer.

— Vainqueur du litige, l'infortuné Mussipontain ne garda de ses dommages et intérêts, une fois payés les frais d'avocat, que la somme nécessaire à un billet de bateau pour New York. Il végète maintenant, du côté de Portland, dans une fabrique de voitures d'enfant, sa première spécialité.

— La Société des lettres, sciences et arts de Bar-le-Duc vous accueillera volontiers, monsieur le Consul, pour en connaître davantage sur ces Lorrains qui ont un peu contribué à construire l'Amérique, dit le président du savant cénacle.

Après le succès de la réception de l'Hôtel du Cygne, Clément et Elisabeth souhaitèrent un mariage discret. La fiancée prétexta l'absence de sa mère. Le jeune docteur craignait le mauvais effet d'un coûteux raout dans les cités ouvrières où le conduisait son rôle de médecin des brasseries. Adolphe Champion, si discret pendant l'arrosage de thèse, préférait également l'intimité familiale. En proposant de faire le repas à bord de la péniche *Saint-Nicolas*, Norma et Isidore fournirent un bon prétexte à l'absence d'invitations extérieures.

Après la brève cérémonie religieuse et le consentement à la mairie, les Champion, sans leurs nombreux cousins, et les Capitaine, avec quelques rares amis, se retrouvèrent à une quinzaine dans l'ancien Cours Merrimack débarrassé des meubles de l'appartement de Clément. Monsieur Henri orchestrait le repas, apporté, en plusieurs fois, en tilbury, depuis les cuisines de l'hôtel, où les mariés passèrent leur nuit de noces.

Le lendemain même se tint à la brasserie une réunion, proposée à ses confrères de Bar-le-Duc, par Adolphe Champion. Avant de s'y rendre, Clément reconduisit Elisabeth à la maison de son père qui leur fournissait un appartement. Ils montèrent doucement les cent huit marches de l'escalier de l'Horloge qui contournait la vieille tour. L'un demandait à l'autre s'il était heureux. Ils se promettaient davantage de plaisir, encore, avec l'expérience. Ils se réjouissaient que l'installation dans l'étage de la maison de la rue du Jard leur offre, avec la nouveauté, une seconde nuit de noces.

— Puis nous irons dans mon ancienne chambre chez Mélanie, disait Clément. Et dans ma turne, sur la péniche.

— Là nous rattraperons le temps perdu, car, sans l'arrivée de ta mère avec les tasses de tisane, je n'aurais plus été demoiselle en devenant madame Capitaine.

— J'aimerais que tu dises, quelquefois, Capitaine Garcia Ibanez.

— Capitaine Garcia Ibanez Champion ! Monte une marche et embrasse-moi !

— Du bout des lèvres. Le syndicat brassicole meusien m'attend.

Le bureau d'Adolphe Champion dominait le quai sur le

canal. La fenêtre donnait sur le bâtiment du brassage, carré comme un donjon, au-dessus des toits rouges des entrepôts de fermentation et d'embouteillage. Une haute cheminée crachait en douceur une fumée noire, poussée par le vent au-dessus du bief. Elle rappelait à Clément ces volutes identiques qui, dans les campagnes, semblaient si proches de la péniche *Saint-Nicolas* et s'éloignaient, dans les courbes de la navigation, avant de passer, enfin, au-dessus du bateau, à la sortie d'une large boucle.

Les brasseurs meusiens goûtaient la blanche de Champion. Ils se passaient de l'un à l'autre une chope de bière naturelle ou une autre, aromatisée par une rondelle de citron vert, puis échangeaient leurs impressions.

— Une bonne bière se suffit à elle-même.

— Connaissez-vous la Krick?

— Certes! la Belgique n'est pas si loin.

— La Krick ne s'enrichit-elle pas de la saveur de la cerise?

— Je préfère la Gueuze.

— ... A laquelle on ajoute du blé. La bière naturelle, comme vous dites, n'existe pas! La preuve : la belle blonde cuivrée de l'abbaye d'Orval, de notre Gaume belge et meusienne, doit sa couleur à l'eau miraculeuse de la fontaine Mathilde. Une bière miraculeuse n'est pas naturelle.

— Il est temps de donner la parole au docteur Capitaine.

La discussion des brasseurs rappelait à Clément celle de ses maîtres d'école de médecine, qui dissertaient encore sur les avantages et les inconvénients de l'usage des sangsues dans les soins aux malades. Sans donner son avis sur la blanche de son beau-père, il rappela les expériences menées dans les brasseries du département de la Meuse pour passer de la fermentation haute à la fermentation basse, indispensable à la livraison en bouteilles. Il cita les méthodes de sélection des orges et de la culture, plus scientifique, du houblon, abandonnées du côté de

Commercy, ou sur les rives de l'Ornain, mais prospères entre Toul et Nancy.

Sans marquer de temps d'arrêt il demanda soudain :

— Vous, qui connaissez par cœur votre production hebdomadaire d'hectolitres, savez-vous de combien de mètres carrés dispose la famille d'un ouvrier de vos brasseries? Avec l'accord de monsieur Adolphe Champion, je voudrais vous parler moins de maltose et davantage de la tuberculose, moins du cru et plus du croup. Je travaille sur la maltose pour le compte de la brasserie Champion. Pour le reste je souhaiterais, avec votre aide, soigner mieux, dans des consultations prises en charge par vous, les enfants, les parents aussi, des cités que nous apercevons de l'autre côté du canal.

— Où commencent les soins, où finissent-ils? demanda le directeur de L'Etoile de Meuse. J'accepte de payer le diagnostic d'un ulcère de la jambe gauche. Devrais-je payer, également, l'amputation, puis la prothèse, la pension d'invalidité et, *in fine*, celle de la veuve?

— Parons au plus pressé, avec des vaccins, des soins. A l'usage, nous parlerons d'assurance et de caisse sociale. Je veux aider les enfants qui toussent, les hommes qui boivent et les femmes qui trinquent.

Adolphe Champion regardait son gendre avec étonnement. Les réunions professionnelles des brasseurs ne connaissaient pas ce ton déterminé, à l'extrême limite de l'agressivité. L'intérêt porté par ses confrères aux propos de Clément le rassurait.

— Concrètement, dit-il, par quoi commencerions-nous?

Le docteur proposa une cotisation, qui couvrirait ses modestes honoraires, ceux d'une infirmière, pour les piqûres ou les pansements, les médicaments. Il consulterait à domicile et, certains jours, à bord de la péniche de ses parents, assez grande pour héberger un dispensaire dans ce qui avait servi de pensionnat.

Après l'accord, unanime, Adolphe Champion souhaita

une réunion ultérieure pour régler les détails matériels. Il appela un employé qui revint avec, sur un plateau, les bières diverses évoquées au début de la discussion, Krick, Gueuse, Stout, Trappiste, Pilsener, une « Amos-bier » de Metz, une « Royale » de Charmes, une « Viennoise » de « Maxéville » et une « Mathilde » de l'abbaye d'Orval.

— Dois-je couper quelques rondelles de citron? demanda Clément sur un ton badin qui n'éclaira pas le visage austère d'Adolphe Champion.

19

LE MARTIN-PÊCHEUR

Manuel renversa le cornet sur le tapis vert de la table de la cabine. Un des deux dés roula jusqu'au bord et tomba sur le plancher.

— Je te demande, une fois de plus, de jouer moins fort. Recommence, doucement, dit Isidore.

Manuel et sa sœur Georgina passaient chaque jeudi avec leurs grands-parents. Elisabeth les amenait à la péniche *Saint-Nicolas*, le mercredi, en sortant de l'école communale où elle enseignait, dans la cité des brasseries.

La soirée commençait par les devoirs. Manuel récitait ses leçons à Isidore, Georgina copiait ses lignes d'écriture avec Norma. Avec leur grand-mère, le frère et la sœur préparaient ensuite la pâte à crêpes ou le pain perdu. Après le souper, le grand-père lisait deux ou trois pages d'un livre de contes puis les bambins jacassaient un peu avant de s'endormir.

Le jeudi matin ils partaient tous quatre au marché ou en course. Parfois, pour distraire Manuel, Isidore prenait sa canne à pêche, qu'il lançait en aval, vers la sortie plus calme de la ville. Le garçon négligeait les lancers de son grand-père pour suivre, dans la cour de la caserne, en bas du chemin de halage, l'exercice de maniement d'armes des jeunes recrues, ou la répétition des parades des pelotons de hussards. Les sonneries du quartier, annonçant le vaguemestre ou la soupe, indiquaient l'heure du retour à la péniche, le filet généralement peu garni.

La partie du jeu de l'oie du début d'après-midi était sacrée. Les cases ne reproduisaient pas les images habituelles mais un circuit de chemin de fer. Il commençait par le guichet de l'achat des billets, en *numéro un*, et s'achevait, en *soixante-trois*, à la gare extrême. C'était le dernier cadeau de Mélanie, à la précédente Saint-Nicolas, un mois avant sa mort.

Le jeu didactique était l'œuvre d'un chef de train de Nancy. Il respectait les règles, avec les deux tours d'arrêt obligatoire au buffet — *case dix-neuf* — ; l'attente illimitée au déraillement — *case trente et un* — ; le *retour au trente* sur la plaque tournante — *case quarante-deux*. Les dessins reconstituaient la vie du rail. Les locomotives portaient des noms de ville : Bordeaux, Marseille, Paris, Strasbourg, Le Grauilly, la bête de Metz, pour la plus poussive qui crachait le feu comme le monstre de la Moselle terrassé par saint Clément. Georgina fermait les yeux quand elle posait un pion à la *case cinquante-huit* sur le cheval coupé en deux par le passage du train aveugle. Manuel préférait aux autres le pont sur la rivière — *case quarante* — qu'il rebaptisait canal. Isidore imposait la règle stricte. Norma forçait la chance des dés pour équilibrer les victoires entre les jumeaux.

Le jeudi soir, Clément et sa femme soupaient à bord. Elisabeth occupait la journée sans classe et sans enfants aux transformations de la maison de Mélanie, héritée par son filleul avec les meubles, les bibelots, les dessins de Grandville. Elle modifiait la disposition des pièces, les dessins des papiers peints, les couleurs des tentures.

La pitoyable mort de la bonne dame de la Ville Haute venait plus de ses tracas que de sa maladie de poitrine. Depuis deux ans, un changement à la direction des filatures Amoskeag de Manchester la privait de la rente versée à la mémoire de John-John Standford, inconvénient suivi par un effondrement des actions. Comme dans la tempête sur le voilier, Mélanie s'affola au point de perdre une partie de la raison. Quand la rigueur d'un mois de décembre transforma de nouveau le canal en patinoire, elle s'abandonna sans combattre à sa toux bronchitique et à ses divagations. Elle laissait sa maison à Clément, un placement en banque à Isidore, l'équivalent d'une bonne retraite d'employé, des bijoux à Elisabeth, le reste à ce qui fonctionnait encore de son association Solidarité lorraine et aux « Anciens du Merrimack » de Monsieur Henri.

Le souvenir de la bienfaitrice de la péniche *Saint-Nicolas* survivait d'une plaisante façon. Depuis plusieurs semaines, dans les colonnes de plusieurs hebdomadaires de Paris, *Les recettes de Mélanie* remplaçaient la *Chronique de Norma Hopkins*, arrivée à bout de souffle. En les animant d'anecdotes ou de commentaires, Norma transcrivait les pages d'un cahier de cuisine, écrites depuis son adolescence par la marraine de Clément. Grâce à l'intervention du journaliste Cim, les colonnes s'ouvraient à la tourte lorraine, à la soupe à la bière, plus rare, aux oignons farcis.

Elisabeth gardait précieusement l'original de cette anthologie gastronomique, avec ses lignes d'écriture penchée, dont l'encre changeait fréquemment, du noir au violet, du rouge au bleu, sans rature et sans marge. Elle entreprit elle-même de rédiger un carnet de cuisine avec l'espoir qu'un jour il servirait à Georgina et à une autre fille, si Clément lui en donnait une seconde. Elise, sa bonne, lui apportait les ressources de la campagne meusienne mais, surtout, des compositions originales recueillies par sa sœur Germaine, cuisinière au château de Jean d'Heurs, dans la belle vallée de la Saulx, à quelques kilomètres de Bar-le-Duc, l'ancienne propriété du maréchal Oudinot, qui avait donné son nom à l'un des deux chevaux du cocher Frédéric.

Les riches patrons de Germaine recevaient beaucoup. Chaque été, séjournait chez eux, pendant plusieurs semaines, leur cousin, le romancier Edmond de Goncourt. Gourmet, habitué des bonnes tables de Paris, l'écrivain appréciait les matelotes d'écrevisses ou de petits poissons de la Saulx, que préparait la sœur d'Elise. Grâce à lui, ou aux descriptions fournies par écrit par la gouvernante, les châtelains de Jean d'Heurs, et Elisabeth par sa bonne, découvraient le cassoulet, les pâtes à la carbonara, selon une recette d'Emile Zola, prétendait l'invité, et même le poisson, mariné dans l'huile, le poivre et le citron, à la façon des Chinois, dont monsieur de Goucourt appréciait la cuisine autant que les porcelaines.

Comme elle réservait son jeudi soir à ses beaux-parents, Elisabeth recevait à déjeuner, chaque dimanche, son frère Louis et sa femme Philomène. Le docteur Champion dirigeait la brasserie depuis la mort de son père. Il occupait, également, la maison familiale. Clément collaborait avec lui, davantage dans le domaine social que dans la recherche sur la fermentation, ses préparatifs ou ses à-côtés. Peu à peu, les trouvailles de fabrication, gardées secrètes à leur début, arrivaient à la connaissance de tous. Les machines nouvelles, les installations de glacières uniformisaient la production, au détriment des brasseries artisanales, autour de Commercy ou de Stenay. Avec le reste de la Lorraine non annexée, la Meuse profitait de l'absence sur le territoire de la bière alsacienne, de la consommation accrue par le développement des villes industrielles et minières de la région, et par l'importance des garnisons, à proximité des frontières nouvelles avec la Prusse.

La blanche, avec ou sans rondelle de citron, restait le fleuron de la fabrique voisine de la péniche *Saint-Nicolas*. Elle représentait mieux la production que la blonde ordinaire. Louis la réservait à une clientèle avertie des grands cafés de Paris et des principales villes de province, aux salons-bars et aux wagons-restaurants des grands express nationaux et internationaux, à la carte des paquebots de l'Atlantique et de la Méditerranée.

Comme la blonde, la blanche s'appelait désormais « la Meuse de Champion ». Le gentleman moustachu qui ressemblait à Adolphe Champion ne figurait plus sur les étiquettes des bouteilles, les réclames ou les affiches. Les dessins nouveaux portaient, minuscule, presque illisible, la signature de l'auteur, *Icgi*, pseudonyme choisi par Isidore Capitaine Garcia Ibanez pour préserver sa propriété.

Familier de la péniche, au temps de la faculté de médecine de Paris, Louis Champion connaissait les talents d'illustrateur du père de son camarade. En lui confiant le projet d'imager sa marque, il donna pour seule consigne d'associer la bière et son nom : « La Meuse de Champion est la boisson des hommes forts. »

Ce travail ramena Isidore aux heures de découvertes graphiques du *Havenport News*. En souvenir de John Werk, le prote de la *Bour's Books ans Press Company*, et aussi de Gastounet, celui de Casimir, à Metz, il utilisa délibérément le garamont comme caractère des lignes imprimées. Pour « muscler » le nom de Champion, comme il disait, il trouva le symbole d'un homme qui portait une chope comme des commissionnaires vélocipédiques transportaient, dans Paris, la copie des journaux, les ordres de la Bourse et les pneumatiques du courrier urgent. L'étiquette, commune à toutes les bouteilles, montrait, sur un fond de décor vallonné, un cycliste aux allures sportives, tenant fermement son guidon d'une main et, de l'autre, la poignée d'un bock, frappé d'une petite croix de Lorraine. Plus habile au coloriage que le dessinateur, un professeur de dessin de l'école technique de Félicien donna sa vie à l'étiquette avec la blondeur de la bière, le vert du fond champêtre, les carreaux jaunes et violets du maillot du champion de « la Champion ».

A cause de cette collaboration, Isidore signait ses dessins : *d'après Icgi*, de façon toujours discrète.

Pour les affichettes, destinées aux divers lieux d'achat ou de consommation, Isidore, après son livreur musclé, imagina, dans des ambiances différentes, l'homme le plus fort, le meilleur ou le plus favorisé : un joueur de billard, dans un club privé, un voyageur avec cigare, dans le salon Pullman d'un grand train, un chanteur, devant une affiche de *La Vie parisienne*, mais, aussi, un marin pêcheur en suroît, « la Meuse de Champion » appuyée sur le gouvernail, un maçon, à l'heure de la pause, et, enfin, pour ne pas négliger l'importante clientèle des villes de garnison de Lorraine, un soldat en permission, son bonnet de police sur la table d'une guinguette, en bordure du canal, une péniche à l'arrière du bief.

Norma et Elisabeth réagissaient, complices, à la série mise en valeur par les couleurs des pochoirs :

— La « Meuse » aux champions, et régime sec pour les femmes !

— Je ne triche pas, répliquait Louis. Je brasse une bière d'hommes. Les dessins d'Isidore le proclament. Vous devriez remarquer, mesdames, que je n'utilise pas, pour vendre ma blonde, des images de serveuses qui allument l'œil du client avec les rondeurs de leur décolleté ouvert. A vélo, au billard ou à la caserne, mes « Champion » atteignent leur but. De mois en mois nous augmentons nos quantités d'hectolitres, ce qui donne du travail aux pauvres vignerons de Bar-le-Duc, mis au chômage par le ravage du phylloxéra. Cette ville de petits vins est devenue, avec ses quatre brasseries, une cité de la grande bière. Sans savoir s'il s'agit d'une Champion, je me réjouis, dans un grand café des boulevards de Paris, quand j'entends le garçon crier vers son comptoir : « Une bonne Meuse », « Encore une bonne Meuse. »

— La bière de Meuse devrait être reconnue d'utilité publique, disait Clément. Elle concurrence l'absinthe, qui ravage les corps comme la vérole. Je soigne autant de cirrhoses que de chancres et de chaudes-pisses.

Le docteur Capitaine consacrait tout son temps aux familles des brasseurs. Il intervenait à domicile dans des cas délicats, y compris pour des accouchements dont la complication dépassait la compétence d'une sage-femme. Il conseillait l'organisation sociale de la vie des cités. Il encourageait les activités musicales et sportives, les associations de femmes pour la couture, la cuisine, la lecture.

Clément réservait chaque matin à la consultation sur la péniche *Saint-Nicolas*. Le Cours Merrimack se partageait en une petite salle d'attente à la descente de la graveleine, et un cabinet vers l'avant. La matinée passait en vaccinations contre la variole, soins de petites blessures, auscultations de nourrissons, de personnes âgées, d'ouvriers des brasseries aussi. La rotation des plus jeunes révélait les dégâts des maladies vénériennes, facilités par les changements fréquents des troupes de la garnison et la prostitution, qui ne profitait pas qu'au seul repos du guerrier. Dans ce domaine délicat, le médecin généraliste bénéficiait des conseils de Louis Champion, préparé, à l'hôpital Saint-Louis de Paris, à la dermatologie et aux complexes affections d'origine sexuelle.

Le dispensaire de la péniche servait aussi aux consultations des mariniers de passage. Avec eux, l'habitude persistait : ils appelaient Clément « le docteur Saint-Nicolas », comme leurs aînés avaient utilisé le bon patron pour le père François.

La batellerie vivait une révolution, particulièrement sur son réseau de l'Est et le canal de la Marne au Rhin. Vingt ans après les vœux de l'administration de Napoléon III, le ministre des Travaux de la Troisième République, Charles Freycinet, imposait l'indispensable aménagement des liaisons fluviales des régions les plus industrielles. Il créait des voies, ouvertes aux convois de houille, charbon, minerai de fer. Il élargissait les écluses, ouvertes au plus grand gabarit qui allongeait les bateaux de huit mètres et accroissait le tonnage de la cargaison.

Venus des canaux de Belgique, les premiers chalands au

« gabarit Freycinet » dominaient de près d'un mètre le pont de la péniche *Saint-Nicolas.*

— Je n'aime pas qu'on me regarde de haut comme ça, disait Isidore, conscient du vieillissement de l'ancien *Kléber.*

La carcasse, plusieurs fois passée au calfatage pour le renforcement des joints des bordés, résistait mieux à l'âge que des coques soumises aux lourdes charges du transport. La peinture noire sur les flancs, les tôles blanches des toitures des cabines, les vitres des nombreux sabords conservaient à la silhouette, basse et étroite, une allure qu'enviaient les anciens pénichiens.

— La coque tiendra aussi longtemps que ta carcasse, répétait Norma à son mari. Je n'ai pas passé ma vie sur l'eau pour m'enfermer dans un appartement ou une maisonnette, avec clapier et poulailler.

— *Fluctuat nec mergitur*, ironisait Clément, qui s'amusait à parler latin avec le vieux professeur Népomucène quand il le rencontrait. Puisque nous embarquons tous pour la croisière de l'été, je citerai, également, Virgile : *Audaces fortuna juvat*, la fortune favorise les audacieux. J'ai promis à Elisabeth qu'à notre retour Manuel et Georgina sauraient nager.

En cette mi-juillet, la péniche *Saint-Nicolas* quitta Bar-le-Duc pour Nancy où Joseph Kieffer annonçait la visite de Martial et Bejte pour le mois d'août. Les enfants attendaient ce départ avec impatience. Elisabeth projetait de longues marches au long des biefs, avec des escapades vers les curiosités des villes et des villages proches.

Soumis par Isidore et Norma à une rigoureuse désinfection, avec lavage à l'eau de Javel, badigeonnage à la chaux, vapeurs de formol et d'eucalyptus brûlé, l'ancien Cours Merrimack redevenait un appartement. Manuel ne quittait pas sa grand-mère quand elle tenait la barre du gouvernail.

Il considérait qu'il guidait lui-même le bateau quand, dans l'élan vers le sas de l'écluse, elle lui abandonnait totalement la rallonge d'amintau. Le garçon ne comprenait pas qu'Isidore ne demande pas aux haleurs d'accélérer l'allure pour rattraper la péniche, plus lourde, qui les précédait de peu.

Avec l'un ou avec l'autre, Georgina ne quittait pas la proue, à l'affût des martins-pêcheurs. Sa curiosité venait d'un bief du canal, après Ligny-en-Barrois. Loin, avant une écluse que passait un autre avalant, la péniche *Saint-Nicolas* courait sans bruit sur son aire, dans un passage encombré, sur les rives, par des noisetiers touffus. Sur une branche, indifférent au chuintement du glissement du bateau, guettait un oiseau, figé comme une image. Clément, le doigt sur les lèvres, recommanda le silence à ses enfants qui profitèrent de la demi-minute pour observer le long bec, rougeâtre vers le bas, la huppe verte au-dessus de l'œil rond, le jabot brun blanchi de quelques plumes, le dos émeraude et presque bleu, les pattes orange serrées sur la tige de bois. Georgina regarda l'oiseau derrière elle quand il piqua vers le ras de l'eau, qu'il piqueta d'un coup de tête, avant de partir, dans une courbe qui sembla le ramener vers les taillis.

— Bec rouge sur le dessous, c'est une femelle, précisa Isidore.

— Je n'ai jamais vu un oiseau aussi beau, dit Georgina.

— Regarde-toi, tu verras une tête de linotte, lança Manuel.

— Mami Norma, Manu me traite d'idiote.

— Linotte, et pas idiote. Ne dis pas Manu : ton grand-père n'aime pas ça. Manuel !

— Manuel Capitaine Garcia Ibanez, comme mon arrière-grand-père.

— Celui qui fabriquait des castagnettes.

— Georgina, ne fais pas l'idiote.

— Pas idiote, linotte ! Je ne suis pas une tête d'idiote.

Après le tunnel de Mauvages, la péniche *Saint-Nicolas* retrouva la halte de Sauvoy, à proximité de Vaucouleurs. Dans les prés, sur la rive gauche, s'achevait la fenaison. Derrière le chemin de halage et ses plots d'amarrage grimpaient les massifs de la forêt. Un chemin de quatre kilomètres entre les arbres menait à la ville. Comme Népomucène, une fois précédente, Elisabeth profita de l'étape pour la leçon d'histoire. Clément loua une guimbarde pour conduire les enfants, à trente kilomètres, jusqu'à la maison natale de Jeanne d'Arc, à Domrémy.

La route remontait le cours de la Meuse, encore bien timide, tassée entre deux rives sauf dans un écart qui, brusquement, s'élargissait avec panache. Par endroits, la rivière, butant sur un obstacle, au fond d'une courte boucle, repartait à l'opposé, isolant deux vaches ou trois moutons dans une presqu'île bordée de saules et de tiges de roseaux. A la sortie d'un village, les statues d'une fonderie, destinées à coiffer le socle central des fontaines, attendaient le passage d'un charroi, alignées comme des pèlerins en procession. Les nymphes et les cupidons côtoyaient les vierges et les Pères de l'Eglise.

Au flanc de la colline, qui mêlait des bois denses et des pâturages pentus, Domrémy étalait ses maisons au long d'une Meuse plus large qu'en aval, aux eaux basses où s'étiraient des touffes d'herbes molles. A la sortie du village, la maison de Jeanne d'Arc se terrait, menue, dans un recoin, derrière quelques grands arbres. Sur son flanc droit, la Meuse à l'humeur vagabonde filait dans une direction nouvelle, reconstituant l'îlot qui, au temps de la Pucelle, séparait la rive du duché de Lorraine de celle qu'occupaient, en territoire français, les Anglais.

Georgina n'appréciait pas :

— Des maisons comme ça, j'en vois vingt par jour, au long du canal.

— C'est la maison de Jeanne d'Arc !

— J'aime mieux la péniche de ma mami Norma. Qu'est-ce qu'on est venus faire ici ?

Elle n'apprécia pas davantage, le lendemain, la marche à travers les bois puis les champs, sur des chemins secs et caillouteux, vers les ruines du château féodal de Gombervaux, à deux kilomètres du havre paisible de Sauvoy. Autour des murs et du donjon, qui coiffait la porte centrale, les douves formaient un étang.

— Le roi de France et Du Guesclin ont signé, ici, un traité de paix, expliqua Elisabeth.

— Moi aussi je veux qu'on me fiche la paix ! Il n'y a même pas de pont-levis. Je veux retourner à la péniche pour guetter les martins-pêcheurs.

Manuel se tenait à l'écart avec son père. Derrière une vanne de la douve, sous une tour en ruine, coulait vers la Meuse le surplus de l'eau d'une source. Sur le sol calcaire paressaient ou nageaient quelques dizaines d'écrevisses. Clément montra au garçon les quatre doigts écartés des pattes arrière, le crochet ouvert de la queue brune, tachetée de reflets blancs et noirs. Plusieurs fois, le garçon caressa la surface de l'eau avec la casquette de son père, maniée comme une épuisette. Entre la toile et la visière gigotaient les pinces et les pattes autour des carapaces. Après trois ou quatre prises, la colonie éparpillée échappa à l'attaque surprise.

Avec fierté Manuel rapporta dans sa chemise, nouée en balluchon, ses deux douzaines de crustacés, que son père prépara en gratin avec une sauce au madère, à la manière de Mélanie.

Clément profita de la halte prolongée pour multiplier les leçons de natation de ses deux enfants. Pour la journée, il les conduisait vers les eaux calmes de la Meuse, sous l'église d'un village, à la sortie de Vaucouleurs. Peu profonde, la rivière permettait au garçon et à la fille de répéter, sans risque, les mouvements appris sur un tabouret de la péniche.

Elisabeth observait, assise sur les galets d'une grève, sous un saule. Elle lisait, dédicacé à son mari, le récent roman du poète André Theuriet, *La Maison des deux Barbeaux*. Le titre s'inspirait d'une vraie maison de la rue du Bourg, à Bar-le-Duc, décorée sur sa façade des deux poissons des armes héraldiques de la ville. L'histoire des deux frères, encombrés par l'arrivée d'une cousine parisienne, lassait un peu la jeune femme qui se consola en retrouvant un mot lorrain sorti de sa mémoire, la *charpagne*, qui désignait un panier. La découverte enchanta Georgina, habituée aux passages des vanniers sur les chemins de halage. La gamine, grâce à son grand-père, quitta l'escale douce avec sa *charpagne* d'osier, qui la consola des longues marches et des visites barbantes.

A quelques heures de navigation de cette étape, Isidore attendait avec impatience de passer sous les voûtes du canal de l'Est. Avant Pagny-sur-Meuse, la branche Nord, descendue de Givet, rejoignait le canal de la Marne au Rhin pour prolonger sa marche vers le sud et la petite Saône, en empruntant les boucles de la Moselle, autour de Toul.

— Dans trois ou quatre ans les biefs conduiront la péniche *Saint-Nicolas* à la hauteur du Village de Manuelo Garcia Ibanez, observa Isidore.

— Tu rentreras chez toi? demanda Clément.

— Il paraît qu'un marinier est un homme de nulle part. Je suis un Lorrain de partout, Lorrain de l'ouest, à Bar-le-Duc, du nord, à Metz, du centre, à Nancy, du sud, au Village. Je m'échouerai où le bon vent le voudra.

A la bifurcation de l'ancien et du nouveau canal, les chantiers, autour des ponts et des écluses, montraient l'intérêt du gouvernement pour l'aménagement du réseau fluvial. Dans les deux sens, vers l'amont et vers l'aval, abondaient les péniches, chargées lourdement, à l'aller comme au retour, pour les besoins des bassins sidérurgiques et miniers du haut de la Lorraine. Seules la largeur entre les plats-bords et la hauteur des cabines, plus spacieuses, distinguaient les gabarits neufs des barques anciennes, enfoncées jusqu'à la limite de la coque. Conséquence de l'internationalisation du réseau, avec la percée ardennaise en direction de Namur, puis au-delà, Anvers, et, par la Meuse, Amsterdam, Isidore voyait, pour la première fois, à l'arrière des bateaux, des pavillons nationaux, français, belges, néerlandais. Dans le bassin Sainte-Catherine, à Nancy, les drapeaux coloraient agréablement l'alignement des coques noires, fraîchement goudronnées.

— Ce serait original de planter devant l'amintau un fanion espagnol, dit Clément.

— Ou un tissu noir avec des tibias et une tête de mort, suggéra Manuel, fasciné par un livre sur les corsaires, acheté, autrefois, par Félicien dans une étape à Dunkerque, le pays de Jean Bart.

Joseph Kieffer habitait le premier étage d'une maison du cours Léopold, en face de l'esplanade couverte de marronniers qui rappelait un peu le Pâquis de Bar-le-Duc. Il hébergeait sans difficulté Martial et Bejte qui arrivaient de Metz. Mal comprise depuis les lointaines rives de l'Atlantique, l'annexion de la ville et d'une partie de la Lorraine prenait tout son sens pour eux après leur visite. Ils gardaient en tête les incessantes musiques des fifres, des tambours et des cuivres. Le bruit marquait le poids de l'occupation et de la germanisation, entreprise, avec difficulté, par les Prussiens.

— Il est réconfortant de voir comment une population résiste aux interdits et aux obligations. Dès qu'un Prussien a le dos tourné, les parents parlent français à leurs enfants. On n'enferme pas l'âme d'une cité derrière des chevaux de frise ou des baïonnettes au canon.

— Metz est occupée, dit Joseph Kieffer, Nancy mobilisée. Nous menons une vraie vie de quartier. Le matin, passent les troufions en treillis, qui courent au palais du Gouverneur nettoyer les latrines de l'état-major. L'après-midi, les trainglots entraînent leurs montures à tourner avec les fourgons des équipages. Si Metz a les fifres, nous profitons de la diane, de l'appel des sergents de semaine et de l'extinction des feux.

— A deux pas de la caserne, le port Sainte-Catherine n'échappe pas aux sonneries du piquet d'incendie ni à *l'appel des cons — des cons — des consignés*, ajouta Isidore en imitant les notes de la consigne régimentaire.

Les amis d'Havenport se retrouvaient plutôt sur la péniche pendant que Clément promenait Elisabeth et ses enfants dans la ville. Félicie Kieffer, que Norma et Isidore rencontraient pour la première fois, s'occupait de l'intendance pour laisser les autres à l'évocation de leurs souvenirs et à l'échange des dernières nouvelles des uns et des autres.

Mélanie Standford-Malet fut la première au cœur des conversations. Norma raconta sa pénible fin avec l'égarement de sa tête qui perdait toute cohérence.

— Pourquoi ne venez-vous jamais me voir ? demandait-elle, sans le tutoyer, à Clément, qui passait chez elle, matin et soir. Parfois elle se croyait encore à *Merrimack Creek*. Dans sa dernière folie elle se querellait avec des promeneurs qui souhaitaient transformer sa maison américaine et son jardin en parc zoologique. Clément la veilla pendant sa dernière nuit, comme nous l'avions fait pendant la traversée mouvementée sur le voilier anversois, avec autant de succès car, après son dernier souffle, elle sembla dormir en paix, sans se poser d'autre question sur les troubles de fortune responsables de sa dégradation.

— Dommage que je ne vous aie pas envoyé ces photographies des boutiques *Melany's*, dit Martial.

Il étala sur la table de la cabine les épreuves cartonnées,

avec une bordure festonnée autour de chaque image. La couleur sépia donnait de la vie à ces scènes de magasin et même aux façades, qui se ressemblaient toutes, avec la porte, entre les deux vitrines, le nom de *Melany's* sur le panneau couvrant le tout. Un étalage annonçait « *International sweets* » et l'autre « *Products of France* ». Des vues de l'intérieur montraient des étagères alignant des pots de confitures de Bar-le-Duc, un présentoir de plats et de soupières des faïenceries de Toul, une caissière souriante, en dessous du panorama de la Ville Haute dessiné par Isidore.

— On m'écrit de Boston que les confitures épépinées connaissent un succès constant, observa Joseph Kieffer. Le pinot de la côte Sainte-Catherine n'intéresse plus personne. Les vignerons de Bar-le-Duc n'approvisionnent plus les Américains qui se méfient du phylloxéra et découvrent les vins de pays envoyés d'Italie.

— Ma mère se flattait du nom lorrain de sa résidence d'Havenport, *Little Gorzia*, dit Martial. Aujourd'hui, un quartier entier, en bordure du port, s'appelle *Little Italia*. Le linge sèche aux fenêtres des maisons, comme dans les rues de Naples. Les femmes se chamaillent d'un étage à l'autre, au-dessus, en dessous, ou en face. La rue sent bon l'olive, devant les trattorias où des commis tournent au-dessus de leur tête la pâte des pizzas, rondes comme de grandes crêpes.

Bejte montra encore des photographies de ses fils qui régataient dans la baie de Newport et de ses petits-enfants, montés sur des poneys dans un parc d'Havenport. Quand elle revint de sa promenade avec ses parents, Georgina ne put échapper à la récitation d'un poème de *L'Art d'être grand-père* dc Victor Hugo, qu'Elisabeth découvrait dans l'exemplaire offert à Isidore par Félicien. Clément mit au point avec Martial un échange de correspondance entre Manuel et le fils cadet de John Bour, un des avocats de la *P and O*. Ils parlèrent, aussi, de la différence de vie entre les villes américaines et françaises :

— Havenport n'est pas engourdie. En ce moment le

transport est à l'ordre du jour. Des compagnies créent des circuits dans la ville et la banlieue avec des omnibus à galerie tirés par des chevaux, pour les longues distances, et des voitures à six places, pour les circuits plus courts.

— Des fiacres?

— Non, des sortes de nacelles avec des vitres. Le voyageur monte et descend par l'arrière. Chaque compagnie a sa couleur : les jaunes, les verts, les rouges, selon les directions. Grâce à un renflement du toit, derrière le cheval et le cocher, les clients aperçoivent de loin le véhicule qui les intéresse. Les boulevards appartiennent au transport des personnes et des marchandises. Les piétons qui n'attendent pas un jaune ou un rouge marchent sur des trottoirs surélevés, des passerelles métalliques, à hauteur du premier niveau des immeubles.

— Y a-t-il des canaux et des péniches? s'enquit Isidore.

— Des chalands, qui descendent et remontent les fleuves, avec des biefs de jonction quelquefois. Rien de comparable avec ce que nous voyons en Hollande, en Belgique et en France.

— L'Audacieux qui m'a vendu ce bateau annonçait l'âge d'or de la batellerie. Nous y sommes presque. La voie d'eau transporte à peu près autant que le chemin de fer. Le volume accru des marchandises donne du fret à tout le monde, à cent kilomètres à l'heure, sur le rail, ou en trois jours, sur l'eau. Le vrai bonheur du pénichien viendra quand il naviguera à l'hélice, ou au moteur, sans cordes dans les bricoles. Il sera libre comme un martin-pêcheur.

Où? cria Georgina.

Isidore montra à sa petite-fille un oiseau, taillé dans le bois pendant l'étape nancéienne, peint avec ses bruns, ses verts, et verni. Equilibré par des lamelles de plomb sous le bec et sous les rémiges, le martin-pêcheur tenait sur ses pattes, aux aguets comme celui du bief de Ligny-en-Barrois :

— Tu me le donnes, Papiche?

— Je le fixerai sur le pont. Il attirera peut-être des camarades.

Pour la rime avec péniche, les enfants appelaient leur grand-père Papiche, expression usuelle en Lorraine, avec un accent circonflexe sur le *a* pour garder le ton.

Georgina souhaita baptiser l'oiseau, qui était plutôt un mâle, avec son bec noir. Clément trouva le nom latin de l'espèce, *Alcedo atthis*. Le jouet fétiche devint *Alcide*, compagnon de route de la fillette.

Pendant le retour vers Bar-le-Duc, Georgina plaça, matin et soir, une soucoupe de grains et une autre d'eau devant l'oiseau de bois scellé sur le toit de la cabine. Alcide était le plus heureux des martins-pêcheurs du canal de la Marne au Rhin.

20

LE CANAL DE L'EST

— Ces deux-là ont été conçus dans un bief derrière Vaucouleurs, dit Clément en présentant Charles et Mélanie à sa mère.

— Nous entendions le cri perçant et sans fin d'un martin-pêcheur. Ou de deux peut-être, avec Alcide.

— Elisabeth, reposez-vous. Manuel et Georgina sont ravis de prendre pension sur la péniche.

— Deux garçons, deux filles ! J'ai bien travaillé. Le moule familial des jumeaux n'est pas cassé.

— Papiche sera content. Nous voici à quatre Capitaine Garcia Ibanez sur le pont. Manuelo peut dormir du sommeil du juste.

L'heureuse grand-mère ajouta sans hésiter :

— Elisabeth ! Georgina ! Mélanie ! Norma ! Georgina Méline serait heureuse, elle aussi.

Seul le prénom de Charles gênait Norma. Clément, pour le plaisir de son père et au nom de la mémoire familiale, pensait à Ignacio, comme l'alcade de Grenade. Sa femme ne supportait pas la prononciation française, Ignace, qu'elle trouvait ridicule. A Adolphe, en souvenir de son père, elle préféra Charles, comme l'oncle Midon. Mélanie ne faisait de doute pour personne. Choisi comme parrain pour Charles, Félicien complétait la galerie des parents et des amis. Il ne vit qu'à son retour de Paris, après les obsèques nationales, son filleul né le jour même de la disparition de Victor Hugo.

Pour le baptême des nouveau-nés, la péniche *Saint-Nicolas* retrouva l'ambiance des réceptions qui réunissaient des familles de mariniers autour du père François. Isidore et Norma rencontraient encore, au quai de la brasserie Champion, des pénichiens mariés par l'abbé Saint-Nicolas. Comme dans toutes les professions et corporations, s'estompait le respect des légendes. Sauf saint Nicolas et sainte Honorine la batellerie n'honorait plus guère ses protecteurs. Il fallait, de plus en plus, s'aider soi-même pour accéder au gabarit nouveau des bateaux, imposer son tonnage et ses prix dans les affrètements, combattre les conséquences des droits de douane imposés à l'importation des céréales.

Depuis l'installation d'un dispensaire dans un local des brasseries, la cabine de la péniche communiquait avec l'espace de l'ancien Cours Merrimack. Norma et Isidore disposaient d'un appartement tout en longueur que n'encombraient ni couloir ni cloison. La cuisine restait à sa place d'origine. Elle séparait la chambre de l'arrière de la grande salle avant qui servait pour les repas, avec un coin de salon où dormaient Manuel et Georgina, fidèles à leur séjour du jeudi.

Les invités du baptême étaient des familiers du bateau. Le nombre des hommes l'emportait sur celui des femmes avec Félicien, Népomucène, Henri, le maître d'hôtel, convié comme président des « Anciens du Merrimack ». Le journaliste Cim retrouvait Clément et Louis Champion, à l'occasion d'un séjour à Bar-le-Duc pour dédicacer son nouveau roman *Service de nuit*. Sa notoriété grandissait dans le monde des lettres comme dans la presse. Il amusa son monde en racontant qu'il collectionnait, pour des publications ultérieures, quand son inspiration romanesque serait tarie, des coquilles parues dans les colonnes des journaux et des envolées incongrues des débats parlementaires qu'il suivait pour un quotidien :

— Je vous livre celles-ci qui résument les autres. A notre concitoyen Jules Develle, actuel ministre de l'Agriculture, un député, dans le débat sur les droits de douane, a répondu l'autre jour : « Protéger le porc, c'est nous protéger nous-mêmes. » Le même jour, un ministre interpellé a lancé : « Votre main droite sait sans doute ce que fait votre main gauche, mais elle ne le dit pas. »

Laissant les autres à leurs joyeux échanges, Louis Champion et le docteur Capitaine bavardèrent sur le pont, assis sur un plat-bord. D'année en année changeait la situation brassicole de Bar-le-Duc et de la Meuse. Après la disparition des petits brasseurs, limités par la haute fermentation, arrivait une concentration d'entreprises, provoquée par des industriels alsaciens, privés du marché français par l'annexion. A la concurrence de la puissante brasserie de la Croix de Lorraine, productrice de cent cinquante mille hectolitres par an, s'ajoutait celle de la brasserie Franco-Strasbourgeoise développée par des investisseurs de Schiltigheim, sans parler des bières de Stenay, Vaucouleurs, Verdun et Ligny-en-Barrois.

— Toute cette Meuse me submerge, observait Louis Champion. Au lieu de brasser comme tout le monde, j'aurais dû m'en tenir à la blanche. Nos réclames d'hier ne signifient plus rien, aujourd'hui. Autour d'un billard, à la vitre de l'Orient-Express ou à la cantine des aciéries du Creusot, la Meuse de Champion n'est pas différente de celle de la Croix de Lorraine. Qu'est-ce qui nous sépare ? Champion est sur la rive du canal, la Croix de Lorraine au bord de l'Ornain.

— C'est le pot de blanche contre le pot de Meuse.

— Tu comprends toujours très vite, Clément. La vraie médecine ne te manque-t-elle pas ?

— Je ne traite pas les gens des brasseries en rebouteux.

J'aimerais plus de diversité, des réussites moins programmées.

— Je pense, aussi, que trois années de vérole et de blennorragie à l'hôpital Saint-Louis peuvent m'ouvrir une large clientèle dans une ville de garnison où quatre recrues sur cinq perdent leur pucelage dans les mêmes draps.

— La Meuse de Champion donne du travail à cent personnes.

— Je ne mets pas la clé sous la porte. Je l'accroche au trousseau d'un autre, la Croix de Lorraine, qui s'impatiente, ou Hanus, de Charmes, qui mordrait volontiers dans le houblon meusien. Je rencontre, après-demain, le brasseur vosgien. M'accompagnes-tu ?

La visite à l'éventuel repreneur prit deux jours à cause de la correspondance des trains à Nancy et de la lenteur de l'omnibus qui ne ratait aucune station sur les lignes secondaires.

A son retour, Clément retrouva chez lui ses parents qui reconduisaient Manuel et Georgina après leur jeudi de péniche. Louis accompagnait son beau-frère.

— Quoi de neuf? demanda Isidore.

— La réponse appartient à Elisabeth, répondit Clément.

— Les femmes ne votent pas, mais on les consulte, dit la jeune femme en riant.

— Tel père, tel fils, glissa Norma.

— Je demandais donc : quoi de neuf?

Louis Champion expliqua que le brasseur Hanus, de Charmes, ne garantissait pas de garder l'effectif de la brasserie du canal s'il s'installait à Bar-le-Duc, au contraire de la Croix de Lorraine qui visait l'extension de son marché vers le sud de la France, la Corse et même l'Algérie.

— En quoi ma réponse importe-t-elle ? demanda Elisabeth.

— Si tu acceptes de céder à ton frère la maison de la Ville Haute.

— Pour en faire quoi ?

— Son foyer et son cabinet d'urologie.

— L'ouvrage ne manque pas. Et comptes-tu m'installer avec nos quatre enfants sur une péniche, au gabarit Freycinet de préférence ?

— Je te propose une belle demeure de campagne, une salle d'attente et ma consultation en bas, notre appartement au premier, les chambres des garçons et des filles au second avec la nurse, un parc, avec des tilleuls, et un jardin, pour la plantation d'herbes.

— Vous êtes fous tous les deux. La blanche de Champion vous monte à la tête.

— A la campagne, on aura des poules et des lapins ? demanda Georgina.

— Je pourrai pêcher ? ajouta Manuel.

— Des carpes dans le canal et des écrevisses dans le Ruisseau.

Isidore regarda Clément.

— Dans le Ruisseau ? Au Village ?

— Oui, au Village. Le maire s'appelle Albert Leborgne. Il a ton âge. Il te croyait mort. Il sait tout des Méline et des Garcia Ibanez. Il cherche, depuis longtemps, un médecin.

— Tu es allé au Village !

— C'est un bourg, avec une brasserie, une usine de textile, des commerces et deux écoles, le canal de l'Est, au bout des prés, que la Moselle n'inonde plus, une propriété à vendre.

— La Résidence ?

— Elle a brûlé. Elisabeth, qu'en dis-tu ?

— Je pensais que mon avis ne comptait plus. Vous me semblez tous d'accord.

— Je ne connais pas la réponse pour les poules et les lapins, dit Georgina.

Elisabeth et Clément consacrèrent l'été aux préparatifs de déménagement pour que Georgina et Manuel commencent l'année scolaire dans leur nouvelle école.

Ils campèrent un mois dans la future maison, transformée en chantier par les maçons, les peintres et les tapissiers. Les Capitaine cédaient l'ancienne maison de Mélanie à Louis Champion avec ses meubles et sa décoration, à l'exception des dessins de Grandville, auxquels tenait Clément. A la fin du mois d'août, les parents quittèrent Bar-le-Duc avec les aînés, laissant Charles et Mélanie en garde aux grands-parents, prêts, eux aussi, à rejoindre le Village.

Norma était la plus impatiente. L'installation dans la campagne avec ses petits-enfants éliminait les craintes qu'elle ressentait d'une retraite sans réel intérêt. Le retour aux sources familiales comblait Isidore, sans qu'il le montre beaucoup. Félicien et Népomucène partagèrent le dernier repas à bord de la péniche *Saint-Nicolas* en promettant de venir pendre la crémaillère de la maison du docteur Capitaine avant les mauvais jours de l'hiver.

En quittant, le dernier matin, le quai de la brasserie, Isidore montra à sa femme l'échafaudage des peintres qui remplaçaient sur le mur extérieur de la salle des cuves les lettres de la Meuse de Champion par trois croix de Lorraine, jaunes sur le fond bleu d'un immense écusson chapeauté de tours crénelées.

Jusqu'à Toul, la péniche retrouva une navigation familière. Pour la première fois, Isidore découvrit au tunnel de Mauvages, avant le virage vers la forêt de Vaucouleurs, un système nouveau de traction, beaucoup pratiqué sur les canaux du Nord, la Loire, le Rhône. Avec un câble enroulé sur un treuil, une barge longue et plate tirait, en une seule fois, une dizaine de péniches. Ce touage se faisait également avec une chaîne mouillée au fond de l'eau. Isidore préféra les remorqueurs qui, par la Moselle, assuraient la liaison jusqu'au canal de l'Est. La rivière sinuait, après Toul, entre des collines boisées, blanchies par des falaises que les mariniers habitués disaient habitées, jadis, par des mammouths et des dinosaures. Au-dessus des flancs forestiers planaient, dans les courants d'un ciel léger, des oiseaux de proie, les adultes entraînant dans la leçon de vol les jeunes nés au printemps.

Le canal de l'Est, ouvert depuis peu sans atteindre encore son terminal de Pont-sur-Saône, offrait une promenade tranquille dans une plaine peu habitée que coupait, vers la gauche, la voie ferrée. Les maisons éclusières jalonnaient la route, isolées entre de longs biefs bordés de peupliers. Avant Charmes, Isidore reconnut la campagne traversée en quittant le Village.

Au-delà de la ville, il repéra l'approche de son berceau natal par le cours voisin de la Moselle. Il serrait le gouvernail avec fermeté, guetté par Norma qui tenait Charles et Mélanie devant l'écoutille de la cabine, comme Clément autrefois.

L'amarrage de la péniche dans la halte creusée dans la berge, en haut des prés, fut aussitôt connue dans la commune par le passage des haleurs, soucieux de trouver un autre transport. Les Capitaine arrivèrent peu après. Clément conduisait un cabriolet à quatre roues, Manuel près de lui, Elisabeth et Georgina sur une des banquettes latérales :

— Je n'ai pas osé appeler ma jument Elche, dit le docteur. La Blanche, c'est un peu la même chose.

Elisabeth embrassa ses deux derniers. Georgina tracassa sa grand-mère pour qu'elle caresse son lapin blanc, baptisé Nemo comme le capitaine du *Nautilus* de Jules Verne. Vexée par le peu d'intérêt manifesté, elle frotta le nez de sa bestiole sur le bec verni d'Alcide, le martin-pêcheur, figé dans sa veille au-dessus de la claire-voie de la cabine.

Calée contre les piquets, alignés en retrait du bief, la péniche ne gênait nullement la navigation.

— Nous voici à bon port, dit Norma en servant du thé à la famille.

— Papiche, tu as acheté un nouveau jeu de l'oie? demanda Manuel en montrant une boîte sur l'étagère.

— Non, je l'ai dessiné.

— Pas bête, dit le garçon, le jeu devant lui. Avec les péniches, à la place des trains, et des écluses, au lieu des gares.

— *Case trente-deux :* travaux dans le bief, passez deux tours.

— *Quarante et un :* moins quinze degrés, attendez l'arrivée du brise-glace.

— Et on arrive où?

— Il manque la dernière case. Je la finirai ce soir. Ce sera le Village.

Isidore voulait descendre tout de suite vers les lieux de sa jeunesse.

— Veux-tu attendre demain? Le maire souhaite te recevoir à la mairie.

— Ce sera long.

La Rue traversait le Village de la même façon. Elle servait de route vers le canal et la Moselle. La chaussée mordait sur les usoirs encombrés de quelques rares tas de fumiers. Des boutiques, des ateliers d'artisans remplaçaient les maisonnettes. Des arbres bordaient un chemin pour les piétons. L'auberge, agrandie, était à la même place. Une rue s'ouvrait à l'emplacement de la maison familiale. L'ancienne « maison Maximilien », rehaussée par un logement, entourée par une cour et une grille, accueillait l'école maternelle. L'ancien local communal servait d'entrée à la nouvelle mairie.

Albert Leborgne attendait sur le seuil avec deux ou trois conseillers municipaux. Il prit Isidore dans ses bras :

— L'école, les vendanges, la baronne, la chéchia, le pacha!

— Le choléra, la mort! L'existence!

— Viens, je vais te montrer quelque chose, avant de boire un pot.

Albert entraîna Isidore et Norma vers la Rue, à hauteur d'une maison que coupait l'espace d'un jardin. Elisabeth et Clément étaient là, avec les enfants.

Le maire tendit le bras vers la plaque émaillée. Norma lut à haute voix :

— Rue Manuelo Garcia Ibanez.

Une petite ligne en blanc, entre parenthèses, ajoutait : *Bienfaiteur de la commune.*

— Qu'en dis-tu ?

— Tout est rentré dans l'ordre. Une famille revient. Une famille revit.

DANS LA MÊME COLLECTION

Jean Anglade
Un parrain de cendre
Le Jardin de Mercure
Y a pas d'bon Dieu
La Soupe à la fourchette
Un lit d'aubépine
La Bête et le Bon Dieu (essai)
La Maîtresse au piquet
Le Saintier
Le Grillon vert
Sylvie Anne
Mélie de Sept-Vents
Le Secret des chênes
Jean-Jacques Antier
Autant en apporte la mer
La Croisade des Innocents
Marie-Paul Armand
La Poussière des corons
Le Vent de la haine
Le Pain rouge
La Courée
tome I *La Courée*
tome II *Louise*
tome III *Benoît*
La Maîtresse d'école
La Cense aux alouettes
Nouvelles du Nord
Edouard Axelrad
Au fil du fleuve
Erwan Bergot
Les Marches vers la gloire
Sud lointain
tome I *Le Courrier de Saigon*
tome II *La Rivière des parfums*
tome III *Le Maître de Bao-Tan*
Rendez-vous à Vera-Cruz
Mourir au Laos
Annie Bruel
La Colline des contrebandiers
Le Mas des oliviers
Les Géants de pierre
Michel Caffier
Le Hameau des mirabelliers
Jean-Pierre Chabrol
La Banquise
Alice Collignon
Les Jonchères
Didier Cornaille
Les Labours d'hiver
Les Terres abandonnées
La Croix de Fourche
Etrangers à la terre
L'Héritage de Ludovic Grollier
Georges Coulonges
Les Terres gelées
La Fête des écoles
La Madelon de l'an 40
L'Enfant sous les étoiles
Les Flammes de la liberté
Ma communale avait raison
Les blés deviennent paille
Yves Courrière
Les Aubarède
Anne Courtillé
Les Dames de Clermont
Florine
Dieu le veult
Les Messieurs de Clermont
Alain Dubos
Les Seigneurs de la haute lande
La Palombe noire
La Sève et la Cendre
Alain Gandy
L'Escadron
Adieu capitaine
Quand la Légion écrivait sa légende
Un sombre été à Chaluzac
L'Enigme de Ravejouls
Les Frères Delgayroux
Michel Hérubel
La Maison Gelder
La Falaise bleue
Denis Humbert
La Malvialle
Un si joli village
La Rouvraie
La Dent du loup
L'Arbre à poules
Michel Jeury
Au cabaret des oiseaux
Louis-Jacques Liandier
Les Gens de Bois-sur-Lyre
Jean Markale
Notre-Dame de la nuit

Dominique Marny
A l'ombre des amandiers
Du côté de Pondichéry
Henry Noullet
Sur la piste de Samrang
La Falourde
La Destalounade
Michel Peyramaure
Les Tambours sauvages
Pacifique Sud
Louisiana
Frédéric Pons
Les Troupeaux du diable
Claude Riffaud
Mékong Palace
La Crique de l'or
Rêve de Siam
Jean Rosset
Vir'vent
Les Derniers Porteurs de terre
Annie Sanerot-Degroote
La Kermesse du diable
Le Cœur en Flandre
L'Oubliée de Salperwick
Jean Siccardi
Le Bois des Malines
Jean-Claude Sordelli
La Dernière Saison
Jean-Michel Thibaux
La Bastide blanche
Le Secret de Magali
La Fille de la garrigue
Le Roman de Cléopâtre
La Colère du mistral
Violaine Vanoyeke
Les Schuller
Le Serment des quatre rivières
Brigitte Varel
Un village pourtant si tranquille
Les Yeux de Manon
Colette Vlérick
La Fille du goémonier
Le Brodeur de Pont-l'Abbé

Achevé d'imprimer en avril 1999
sur presse Cameron
par ***Bussière Camedan Imprimeries***
à Saint-Amand-Montrond (Cher)

N° d'édition : 6743. N° d'impression : 991862/1.
Dépôt légal : avril 1999.
Imprimé en France